岩宿時代日本列島の生業と集落

鈴木忠司 著

同成社

1 デンマーク国立博物館所蔵の植刃槍 左：長さ 25.9cm

オニグルミ

コケモモ

クロマメノキ(ブルーベリー)

ヒメウスノキ

2　食料となった植物(著者撮影)

　　　　　　　まえがき

Ⅰ　「岩宿時代」という呼称について
　現在、縄文時代に先立つ時代を旧石器時代と呼ぶことが一般的である。これに対して、筆者は主に二つの点で違和感を持っている。一つ目は、ヨーロッパやアジア大陸の時代呼称を援用するのであれば、縄文時代を新石器時代と呼ぶべきではないかという点である。
　二つ目は、日本列島はユーラシアなのかという点である。日本列島に最初にヒトが足跡を印すずっと以前から、ここは四周を海に囲まれて大陸東端部と隔てられ、大小の島々から構成される島嶼部をなし、個性的で独立した地理空間が広がっていた。中緯度にあって四季があり、大陸に較べ湿潤で森が広がり、気候的には亜寒帯から亜熱帯に及ぶ。その距離およそ南北3,000km。固有の歴史的舞台として成立しうるに十分な地理的、生態的基盤があった。
　佐原眞（1987）は、日本列島の歴史を『体系日本の歴史、第1巻　日本人の誕生』として編み、列島に最初にヒトが足跡を記した時から弥生時代までを一書に纏めている。そこで、縄文時代に先立つ列島史初源の時代を「岩宿時代」としている。また、近藤義郎も早くから、世界各地ではそれぞれ固有の時代区分・呼称が用いられていることを縷々述べ、ユーラシアに接する人類発祥の地アフリカでさえも、ユーラシアと異なった時代区分・呼称を用いていることなどを紹介している。
　最近の研究では、日本列島最古のヒトの確かな証拠は、おおよそ約39,000～37,000cal BP頃のこととする意見が有力である。最古段階の石器群を特徴づける台形様石器などのほか、刃部磨製石斧、3万年を超す年代を示す陥穴など、このころからすでに、日本列島の石器群は大陸側に対して十分個性的な姿を呈している。以上の点などを踏まえて、日本列島史の初源の時代対して「岩宿時

代」の呼称こそがふさわしいと、筆者は考えている。

Ⅱ 本書の構成について

　植刃器、食料と生業、礫群、集落の四つのテーマを掲げた。主として岩宿時代人の暮らしの実像の理解という点を意識したものである。その研究過程としては、礫群の実態を解明するために試みた石蒸し調理実験の着手（1999年）をもって、この前後で研究課題が大きく分かれることとなった。前半期のそれは細石刃文化の立地論から出発した食料と生業の研究（第1・2章）、後半期のそれは石蒸し調理実験と礫群・集落研究である（第3・4・5章）。以下、章ごとにその主旨を述べておきたい。

　第1章　前半期の研究は、細石核の技術型式学的研究として始まった。日本列島東北部から山陰地方には湧別系細石核があり、これに対置すべき西南日本の細石核をどのように捉えるべきかという問題意識である。筆者は長崎県野岳遺跡の細石核をこれと捉えた。その後、全国各地の多くの遺跡を歩くことになった。そのなかで、石器と同時に遺跡をきちんと見ることの重要さを痛感することとなった。石器の分析を遺物論とすれば、それ以上に遺跡論が必要であることを意識した。

　それ以降、遺跡を尋ねる度に、遺跡周辺の地形環境、水流環境、植生、作物などに注意を払い、遺跡周辺の地形略図を描くことを常とすることとなった。そのことが、やがて立地論・生活空間論・土地利用論などと筆者の呼ぶ遺跡観察法となった。人々の暮らしを支えたのはまぎれもなく土地であり、遺跡周辺の土地の中で食料獲得に励むのが日常であるとすると、土地利用論・立地論は生業論へと自然に移行することになった。

　細石刃文化の研究対象に細石刃がある。湧別系と野岳系では細石刃は形状も用いられ方も異なっている。共に植刃器として用いられたとしても、軸柄への装着のされ方、その用いられ方が異なっていた可能性が高いと考えられた。こうした点を確かめるべく、1982年デンマーク国立博物館所蔵の植刃槍を主とする植刃器の調査を行った。その結果をここに示す。

　第2章　植物食料、動物食料、陥穴猟として食料と生業を具体的に論じた。

植物食料として重視しているのがチョウセンゴヨウ（松の実）であるが、その可能性を植物化石産出地分布から探った。傍証として、これをメジャーフードとして食していたネイティヴ・アメリカンの民族誌を引いた。

　縄文時代の食料として重要であったドングリは、岩宿時代でも何らかの方法でアク抜きをして、食したのではないかという意見が根強くあった。これに対し、筆者はアク抜き実験、石蒸し調理実験、石皿・磨石・敲石などの調理加工具、食品科学的な観点などから批判的検討を行った。

　第3章　磐田市寺谷遺跡の調査をかわきりに、広野北遺跡、匂坂中遺跡、高見丘遺跡群など、合わせて10万m^2以上に及ぶ遺跡の石器群・礫群などの出土状況をつぶさに観察することになった。こうして、累々として姿を現し、圧倒的な存在感を示す礫群に意識が引き寄せられていった。礫群とはいったい何者なのか。それはまぎれもなく、そこに暮らした岩宿時代人が日々の命をつなぐために行った調理行動の痕跡である。そうであるならば、その調理行動の実体を明らかにすることこそが、礫群研究の中心的課題であるべきだということが強く意識された。こうして、出土礫観察主体の研究方法を超えて、実際に礫を焼き、食料を調理してみようと思い至った。こうして始まったのが石蒸し調理実験であった。

　実験開始後3年間は、どのような焚火法で礫を加熱すべきかの検討に費やされた。その結果、後にヴァヌアツ法と呼ぶ最も効率的な焚火法に辿り着いた。その後の18年間の実験では様々に課題を設定し、砂岩・安山岩・チャート・凝灰岩などと石質を変えて繰り返し実施した。その結果、石質によって礫の割れ易さ、割れ方が異なること。割れの進行過程は石質ごとに異なったパターンを示すとともに、それぞれに規則性のあることが判明した。

　たとえば砂岩では、礫の加熱回数と破損の進行度は比例することなどである。このデータを用いて、砂岩構成礫群の礫加熱・調理回数を推定することが出来ることが明らかになった。また、礫の諸属性のうち、重さがもっとも重要な指標属性であることも判明した。具体的には、礫群の重量分布グラフから多数回使用が証明されること、実験による礫の重量変化に着目して、礫群の使用過程

を把握できることなどである。

　こうした成果を別な角度から捉えれば、実験によってはじめて、遺跡出土礫群の観察だけからは得られない、実質的な礫群分析法を手にしたことになり、ひいては集落研究が実効的に可能になったということである。言い換えれば、礫群研究は実験以前と以降では、別次元のものとなったのである。

　第4章　岩宿時代は定住以前の移動の暮らしの時代だとされる。それでは岩宿時代人はそれぞれのムラに幾日間ほど滞在していたのだろうか。アフリカの民族調査などでは、あるバンド集団がどのムラで何日間滞在し、その後どこに移動して行ったか詳細に記録されている。岩宿時代においても、同じような問いかけに対し答えを得ることが出来るだろうか。礫群は、破損率の高さから見て、ムラでの暮らしの中で、安定的に持続的に日々繰り返し用いられた可能性が極めて高い。そのために、上述の方法によって使用回数ひいては滞在日数も推定できると筆者は考えている。

　石蒸し調理実験で得られた知見を通して、礫群を取り込んだ実効的な集落研究を推し進めることができるようになった。従来の集落研究は、ともすると石器だけがその研究手段とされがちであった。この場合、石器製作は基本的に食料獲得のための狩猟具の製作を目的に行われるものであるから、それは男性の営為を反映したものだということになる。

　一方、礫群が調理のための道具であるならば、これを成人女性が担ったものと考えることは無理のない自然な解釈である。人類学的な見地からも、調理の担い手は女性であることが首肯される。このことをもってすれば、石器だけによる従来の集落論は、女性の存在への視線を欠いた集落論ということになる。分析対象として石器に礫群を加えることによって初めて、男女が共に暮らす自然な集落論が可能になると考えられる。

　一対の成人男女から構成されるのが世帯（家族）の基本であり、ムラはいくつかの世帯の集合体として成立しているとすると、石器だけではなく礫群も合わせて集落分析をする必要があることは自明のこととなる。こうした観点から、礫群と石器群がともに検出されている埼玉県砂川遺跡、千葉県東林跡遺跡、東

京都法政大学多摩校地遺跡 A-0 地点の集落分析を行った。

　このうち、法政大学 A-0 地点では木炭ブロックの検出があり、石器・礫群にこれを加えた 3 点セットから世帯認定を行うことができた。木炭分布が様々な火の使用の痕跡であるという観点から、集落分析にとって強力な武器になることが明らかになった。砂川遺跡については礫群を誌上復元することによって、従来とは全く異なった集落像を提示することとなった。

　第 5 章　第 1 章から第 4 章までに論じたところを足掛かりにして、筆者なりの岩宿時代観を示したものである。

　なお、註は各章末に、引用・参考文献は巻末にまとめた。

目　　次

まえがき

序章　時代背景―年代・気候・動植物― ……………………………………… 1

第1章　植刃器と遺跡立地 ……………………………………… 7
　第1節　細石刃はどう装着されたのか
　　　　　―デンマーク国立博物館所蔵資料から―　7
　第2節　遺跡立地の研究　45
　第3節　細石刃文化以前の立地　64
　第4節　立地と生業　69
　第5節　暮らしの舞台装置を見る目　77

第2章　食料と生業 ……………………………………… 85
　第1節　植物食料　85
　第2節　ネイティヴ・アメリカンのマツの実利用　136
　第3節　ドングリの可食化をめぐる食品科学的検討　151
　第4節　動物食料　157
　第5節　陥穴猟　175

第3章　石蒸し調理実験と礫群 ……………………………………… 191
　第1節　石蒸し調理実験　191
　第2節　調理回数と滞在日数の推定　206
　第3節　礫群の意味と意義　235

第 4 章　集落—ムラの実像— ……………………………………………… 249
　第 1 節　埼玉県砂川遺跡：砂川にも礫群あり　252
　第 2 節　千葉県東林跡上層遺跡　272
　第 3 節　東京都法政大学多摩校地遺跡 A-0 地点　300

第 5 章　岩宿時代のヒト・ムラ・暮らし ……………………………… 347
　第 1 節　列島最古の居住者　347
　第 2 節　二つの生活空間と行動圏　375
　第 3 節　ムラと暮らし　381
　第 4 節　岩宿時代観—結語にかえて—　387

引用・参考文献　397
巻末付表　チョウセンゴヨウ出土地一覧　422
あとがき　435

岩宿時代日本列島の生業と集落

序章　時代背景―年代・気候・動植物―

　アフリカ大陸に出現したヒトは、はじめ700万年前に動物学的ヒトとして誕生した。その後、石を打ち割って刃物を作りだし、この石器という名の道具を駆使して文化を持つヒトが登場する。約330万年前の猿人である（Harmand,S. et al. 2015）。そして、原人、旧人、新人（現生人類）へと進化を遂げるなか、その都度、出アフリカを果たしたとされる。その最後の出アフリカの延長線上に現在の私たちがいる。

　このヒトの拡散の波がいつ日本列島に達したのか。ヒトが日本列島に第一歩の足跡を印したその時が日本列島史の始まりであり、岩宿時代の始まりである。列島にヒトが住み着いたのはいつの頃だったのか。年代にしてどれくらいの古さなのか。筆者の理解では、現在年代測定値が明示され、石器群の内容も明瞭なのは、岩手県遠野市金取遺跡である。同遺跡には縄文時代以前とされる遺物包含層（文化層）が2枚あり、上位から順に第Ⅲ文化層、第Ⅳ文化層とよばれている。その年代は第Ⅲ文化層で約4.5万年前、第Ⅳ文化層で約8万年前とされる。これが列島史の初源の時代に関わる遺跡の有力候補の一つである（第5章）。

　ユーラシア大陸では、ヒトの誕生の時代、人類史の始まりの時代を旧石器時代と呼び、これを前期・中期・後期と三分して捉えている。現生人類特有の文化の成立は、後期旧石器時代のこととされる。洞窟壁画やヴィーナス像の製作、抽象的思考、高度な言語能力など、現生人類の創造性や合理的思考・行動につながる様々な文化要素が生み出された時代である。

　本書では、日本列島固有の事情を踏まえ、日本列島史の初源の時代を岩宿時代と呼ぶ（佐原1987、鈴木1990・1994）。縄文時代以前のヒトの居住の証拠が

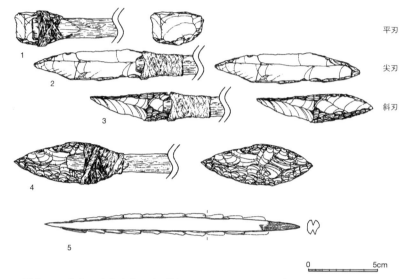

図序-1 槍先の時代変化―台形様石器から細石刃へ― 1台形様石器 2・3ナイフ形石器 4槍先形尖頭器 5細石刃（植刃槍）（安蒜2010を改変、加筆）

初めて確認された、群馬県岩宿遺跡にちなんだものである。そして、金取遺跡が候補に挙がるような列島史の淵源の時代を前期岩宿時代とし、その後、一気に遺跡が増加し、ヒトの活動の内実が詳しくわかるようになる時代を後期岩宿時代とする。本書では主として後期岩宿時代について記述する。

年代 後期岩宿時代の始まりは暦年較正年代で37,000～39,000年前、縄文時代の始まるのが16,500年前とされている（森先2022、諏訪間2023）。そして、後期岩宿時代人が槍の穂先として携えた石器は、台形石様器に始まり、ナイフ形石器、槍先形尖頭器と形を変え、最後には小さな細石刃へと大きく姿を変えていった（図序-1）。その後、縄文時代に入ると鏃が出現する。この2万数千年余りの時代を、ATの降灰（3万年前）を挟んで、AT以前、AT以降と大きく2分してまず捉える。

もう少し詳しく見る場合、石器の変化の実情に照らして5期に区分すると、この間の経過が分かりやすい。第1期は台形様石器と刃部磨製石斧とを特徴とする。第2期はナイフ形石器（古期）と石刃技法が発達する。第3期はナイフ

形石器に加えて角錐状石器が盛行する。第4期はナイフ形石器（新期）とともに槍先形尖頭器の存在が顕著となる。第5期は小さな細石刃を埋め込んだ植刃槍が圧倒的な存在となる。富士山に近く火山灰が厚く堆積し、多数の層序に区分されている神奈川県相模野台地や静岡県愛鷹山山麓での調査の層位学的所見から導かれたのが、この5期区分法である（図序-2）。

5期区分法とは別に、特徴的な石器の名称を用いて、台形様石器文化（第Ⅰ期）、ナイフ形石器文化（第2期から第4期中盤）、槍先形尖頭器文化（第4期終盤）、細石刃文化（第5期）と呼び分けることがある。こうした石器の名称による呼び分けは、数字の羅列による時期区分よりも、石器自体の特徴や時代性をイメージしやすいという利点がある。本書では、これらの呼称を適宜用いる。

気候　縄文時代に先立つ岩宿時代は、現在と較べ総体的に寒冷で乾燥した気候下にあって、年平均気温が7〜8℃も低かったとされる（坂口1989、安田喜憲1980）。比較的ゆっくりと寒冷化がすすむ時期と時には数十年という短い期間で急激な温暖化を示す時期とが頻繁に繰り返す、激しい気候変動をともなう時代とされる。かつて氷期・間氷期として呼びならわしたこのサイクリックな変動の波を、ダンスガード・オシュガーサイクルと呼び、現在では海洋酸素同位体ステージ（MIS）1、2、3と番号をつけて表わす時期区分（以下、ステージ1、2、3）が用いられている。温暖な時代を奇数、寒冷な時代を偶数で表わす（小泉2014、町田他2004）。

後期岩宿時代が始まるのはMISステージ3の後半に位置し、最終氷期の中でもやや温暖な時期であった。ステージ2は約3万年前に始まる。ちょうどこのころ、現在の鹿児島湾奥・姶良カルデラを噴源とする姶良Tn火山灰（AT：3万年前）の降下が全国的にあり、その影響で寒冷化が促進されたとされる。このうち、ステージ2の中にあっても約2万3千年前から1万9千年前までの間を最盛期（以下、LGM）とよぶ（工藤2012、小野2019）。寒冷化が最も進んだ時代である。寒冷で乾燥した時代は、その後、晩氷期を経て後氷期の始まる約1万2千年前まで続く。ここまでが本書の対象範囲である。縄文時代の開

始期はまだ寒冷気候下にあった。

植物相　岩宿時代の日本列島東北半部は、総じて針葉樹林に覆われていた。LGM には北海道東北部に亜寒帯性の疎林と草原が、北海道南部から東北日本北部をへて中央日本高地まで、グイマツの有無の違いはあるが、亜寒帯性針葉樹林が広がっていた。東北南部の低地から関東地方を経て九州地方まで、トウヒ属、チョウセンゴヨウなどの温帯性針葉樹とナラなどの冷温帯性広葉樹の針広混交林が成立していた。房総半島・伊豆半島・紀伊半島・四国・九州南部の沿岸部を経て、琉球諸島まで照葉樹林が広がっていた。

動物相　北海道を中心にマンモス・バイソン・ヘラジカなどのマンモス動物群が棲息し、バイソンやヘラジカは、津軽海峡を冬季の氷橋を渡って中央日本まで南下していた。主として本州以南では温帯性のナウマンゾウ・オオツノジカなどの絶滅種の他、現在の日本列島の動物種を代表するヒグマ・ツキノワグマ・カモシカ・シカ・イノシシ・サル・タヌキ・キツネ・ノウサギなどが分布していた。沖縄本島を中心とする琉球諸島には、イノシシ・リュウキュウジカ・リュウキュウムカシキョンなど、古本州島地域とはまた異なった中・小型の哺乳動物に特色があった。

現在の日本列島は周りを海に囲まれているが、寒冷期の岩宿時代では、海面が 100 m 前後低下していたと考えられている。そのため宗谷海峡と間宮海峡は陸化しており、北海道は大陸と陸続きの古樺太 - 北海道半島の一部であった。一方、津軽海峡、対馬海峡は陸化せず、瀬戸内海はいまだその姿を現さず、東北地方から屋久島・種子島までが、一つづきの古本州島を形成していた。琉球諸島の周辺海域は総じて深く、台湾に至るまで、現在と基本的に変わらない一連の島嶼部をなしていた。

このように、日本列島は南北約 3,000 km にわたる花綵をなしていて、北海道から台湾に近い石垣島まで、岩宿時代の遺跡が分布している。2010 年の日本旧石器学会による集計では、その数 1 万ヶ所以上に及ぶとされている。そこに成立した文化は北海道、古本州島、琉球諸島それぞれに特色があり、個性的である。本書では、これらについて、それが第何期の出来事か、年代値として

序章　時代背景　5

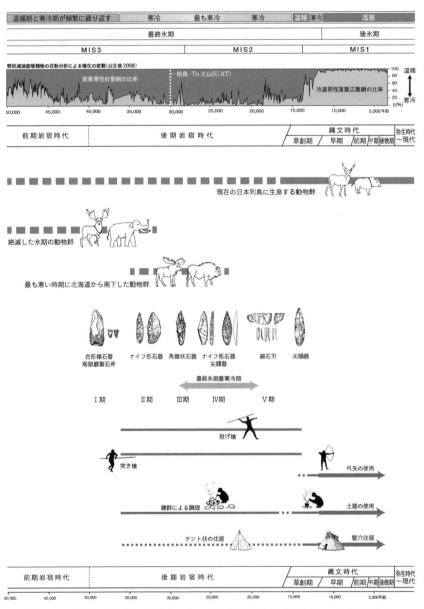

図序-2　過去5万年間における文化の推移と時代背景（小林他2011を改変、加筆）

どのくらいかといった細部にこだわらず、大まかにLGMを含むステージ2を中心とする時代前後のこととして述べ、特に必要な場合にかぎって、5期区分法やMISステージ、^{14}C年代値およびこれに基づく暦年較正年代によって説明する。

第1章　植刃器と遺跡立地

第1節　細石刃はどう装着されたのか
　　　　―デンマーク国立博物館所蔵資料から―

　いまから40年程前、1982年12月11日から1週間、デンマーク国立博物館へ、同国出土の中石器時代・マグレモーゼ文化（Maglemose）の細石刃を装着した組み合わせ石器（植刃器）の調査に赴く機会があった（鈴木1983）。改めて言うまでもなく、細石刃はその名が示すとおり小さな石器で、単独で用いられたものではなく、シベリア、デンマークなどでの出土資料が示すように、軸柄に埋め込まれて各種の道具に仕立て上げられて使用されたと考えられている。細石刃がそうした植刃器の部品として用いられたものであるというイメージは、研究者間に共有されたものではあったが、当時、日本出土の細石刃の特徴に即して、その装着法、使用法を具体的に明らかにしなければならないという課題があった。

　列島の細石刃文化は北方系の細石刃石器群（湧別系細石刃石器群）と西南日本系の細石刃石器群（野岳系細石刃石器群）からなり、それぞれ道具仕立てにあたっての細石刃の扱いが異なっていた。北方系のそれは新潟県荒屋遺跡出土例を典型として、優美な柳葉形を呈する細石刃は基本的に完形のまま使われ、左右両縁辺のある特定の部位に独特の細部加工が施される。かたや長崎県野岳遺跡や長野県矢出川遺跡例は完形で用いられることは少なく、三分割するなどして、湾曲の少ないまっすぐな部分を主に使用するといった違いがあった。こうした細石刃の実態に即して、細石刃の装着法を突き止めることが、その当時意識された使用法解明に向けての問題意識の一つであった。

その細石刃の装着法案は後に綿貫俊一・堤隆によって公表されることになった（綿貫・堤 1987）。その後、堤は顕微鏡観察による使用痕研究や植刃器の製作・使用実験などの手法によって、細石刃研究を強力に押し進めることになった（堤 1994）。このほかに鹿又喜隆によって、新潟県荒屋遺跡・北海道タチカルシュナイ遺跡出土例をもとに、もう一つの装着法案が提示されている（鹿又 2004）。

　上記したように、今となってはあまりに遅きに失した感があるけれども、ヨーロッパの細石刃の使用例の調査記録の一つとして、あるいは先行研究の評価に資する可能性のある材料の一つとして、ここに書き留めておくことにした。

I　調査資料

　筆者がデンマーク国立博物館での資料調査中に実測、観察した植刃器は 39 例である[1]（表 I-1　口絵 1　図 I-2〜9）。なお、図 I-8・9（No.30〜39）は、時間的制約から詳細観察には至っていないが、植刃器の形態的なヴァリエイションの参考資料として掲げておくこととする。

　これらの記載に当たっては、おもに細石刃の器体（軸）への装着状況について記載する。ただし、細石刃の先端・基部、折り取りの状況など、細部への言及に当たっては、詳細観察を行った 28 例を主な対象とし、それ以外は必要に応じて言及することとし、観察結果の全体は表 I-1 に委ねることとする。なお、細石刃はすべてフリント製である。

　これらは、骨製の軸に細石刃が埋め込まれて槍先状の道具となり、さらに持ち手となる柄に装着されるなどして、突き槍または投槍の穂先となり、また矢柄の先端に装着されれば鏃ともなりうる。あるいは短剣状の利器や切裁具にもなるなど、具体的な道具の完成形を想定したうえで、大きく次の 3 類に区分して記載する（図 I-1）。なお、以下の記載に当たっては、煩瑣を避けるため、挿図番号を省き実測図 No. のみを示すこととする。

I A 類　I 類は槍先となる細長い棒状の骨製軸の左右両側縁に細石刃を埋め込み、槍本体の持ち手の柄の先にソケット式に装着、あるいは緊縛すべく基端

第1章 植刃器と遺跡立地 9

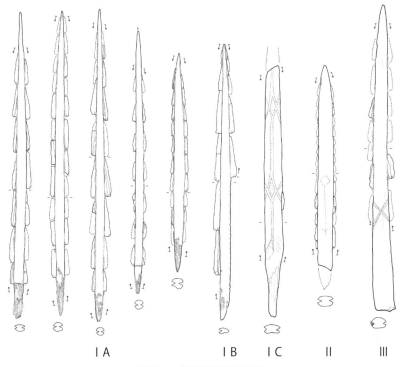

図 I-1 植刃器類型区分図

部を尖らせたもの（No.1〜No.23、No.30〜No.33）。

ⅠB類　片側の一部分には細石刃を埋め込まず、骨製軸に刻みを入れるもの
（No.24・25、No.34〜No.37）。

ⅠC類　上部を欠損し、細石刃もほとんど脱落しているが、茎相当部分以外
の全側辺に細石刃の装着が推測される、いわばⅠA類の大型品とでもいうべ
きもの（No.29）。

Ⅱ類　細石刃を埋め込む軸がⅠ類に比して幅広で平坦なもの（No.26）。Ⅰ類に
含めて理解すべきかもしれない。

Ⅲ類　Ⅱ類同様Ⅰ類に比して器体の幅が広く平坦で、器体の下半部には溝切り
がなされておらず、ここに細石刃を埋め込む意図のないもの（No.27・28、

表Ⅰ-1　植刃器観察表

表中の細石刃個々の記載については、長さ（単位のmmは省略）/図表面に現れる背面・腹面の別/細石刃の処理・加工（遺存）状況/細石刃の処理・加工（未加工は完とする）の順で記す。1字空けた後の＋αは、膠着剤に印されたネガ型から推測された脱落細石刃数を示す。

図No.	長(cm)	幅(mm)	厚(mm)	重(g)	列	細石刃数	細石刃現存長(mm)/図表面の背・腹面/遺存状態：図中の上下位置（カッコ内に細石刃の先端・頭部の別）	標本No.
1	25.8	7.0	6.5	16	左	6	①：30mm/腹/完　②：21/背/上部(頭)欠・顕著な刃こぼれ　③：32/腹/完　④：10/背/下半(頭)欠　⑤：26/腹/完　⑥：19/背/完　+2(推定存在細石刃数：以下同様)	A3202
					右	6	①：12mm/背/上半(先)欠　②：22/腹/完　③：27/背/完　④：32/背/完　⑤：32/腹/完・上裏リタッチ　⑥：18/腹/完　+2	
2	25.3	8.5	5.5	18	左	7	①：26mm/腹/完・顕著な刃こぼれ　②：26/背/完・顕著な刃こぼれ　③：28/背/完　④：24/腹/完・下半顕著な刃こぼれ　⑤：29/背/上(先)欠　⑥：30/腹/上(先)欠　⑦：18/背/完	A22389
					右	7	①：21mm/背/完　②：27/腹/完　③：24/背/完　④：32/腹/完　⑤：10/腹/完　⑥：19/腹/上(先)欠　⑦：10/腹/上半(先)欠　+1	
3	*24.8*	8.5	7.0	9	左	2	①：28mm/背/完　②：10/背/下半(頭)欠　+5	A42789
					右	3	①：32mm/腹/中折　②：17/腹/下(先)欠　③：10/腹/下半(頭)欠　+4	
4	25.0	6.0	5.0	—	左	1	①：42mm/背/完　+5	A38898
					右	5	①：33mm/腹/完　②：34/腹/完　③：26/腹/22/腹/完　④：22/腹/完　⑤：29/腹/完	
5	25.1	8.0	8.5	18	左	5	①：20mm/腹/上(先)欠　②：20/背/下(先)欠　③：26/腹/上(先)欠　④：20/背/完　⑤：24/腹/上(先)欠　+6	A3203
					右	5	①：17mm/腹/上(先)欠　②：16/腹/上(先)欠　③：26/腹/上(先)欠　④：20/腹/上(先)欠　⑤：21/腹/上(先)欠　+6	
6	24.2	9.0	8.0	13	左	1	①：29mm/背/完　②12/背/完	A12335
					右	2	①：21mm/腹/完　②：34/背/完　+4	
7	*23.3*	7.0	6.0	*15*	左	6	①：10mm/?/下(頭)欠　②：24/背/上(先)欠　③：26/背/中欠　④：19/背/上(先)・下(頭)欠　⑤：23/背/上(先)欠　⑥：21/背/完　+2　③は3分の貴重な例	A9053/527
					右	7	①：3mm/?/下半(頭)欠　②：11/背/上(先)欠　③：28/背/完　④：30/背/完　⑤：23/背/完　⑥：26/背/完　⑦：17/背/完　+1	
8	*22.8*	7.0	8.0	*16*	左	6	①：15mm/腹/完　②：18/背/完　③：13/背/完　④：13/背/完　⑤：13/背/完　⑥：6/背/完　+8	A22008
					右	3	①：12mm/背/完　②：3/腹/下(頭)欠　③：11/背/完　+11	
9	*22.5*	9.0	8.0	*15*	左	1	①：18mm/背/下(頭)欠　+8	A29439
					右	2	①：10mm/腹/完　②：22/腹/上(先)欠　+7	
10	22.4	9.5	8.0	—	左	8	①：20mm/腹/完　②：21/背/完　③：28/背/完・下端リタッチあり　④：17/背/完　⑤：10/背/完　⑥：17/背/完　⑦：12/背/下(頭)欠　+1	260
					右	7	①：21mm/腹/完　②：17/腹/完　③：20/腹/完　④：19/腹/先端欠　⑤：18/腹/下(頭)欠　⑥：10/腹/下(頭)欠　⑦：14/腹/完　+2	

第1章　植刃器と遺跡立地　11

図No.	長(cm)	幅(mm)	厚(mm)	重(g)	列	細石刃数	細石刃現存長(mm)/図表面の背・腹面／遺存状態：図中の上下位置（カッコ内に細石刃の先端・頭部の別）	標本No.
11	21.8	7.5	7.5	15	左	6	①：15mm/腹／完　②：14/腹／完　③：16/腹／完　④：15/腹／中折　⑤：6/背／下(頭)欠　⑥：17/腹／完 +1	A16875
					右	6	①：4mm/背／下半(頭)欠／中折　②：16/背／完　③：11/腹／上(先)欠　④：16/腹／完　⑤：15/背／完　⑥：6/背／上半(先)欠 +1	
12	23.2	13.0	6.0	16	左	—	溝切りあり	A14633
					右	4	①：23mm/背／下(頭)欠　②：27/背／下(頭)欠　③：23/背／完　④：25/背／下(頭)欠	
13	21.3	9.0	6.5	17	左	2	①：27mm/腹／上(先)欠　②：24/背／下(頭)欠 +5	A4706(638)
					右	4	①：30mm/背／完　②：25/腹／完　③：5/背／下(頭)欠　④：12/背／完？ +4	
14	20.2	9.0	7.0	—	左	1	①：29mm/腹／完 +5	A9054
					右	3	①：19mm/背／上(先)欠　②：26/背／完　③：32/背／完 +3	
15	19.6	8.5	5.5	11	左	1	①：34mm/背／完・先表リタッチ +3	A50430
					右	1	①：34mm/腹／完・先表リタッチ・先裏リタッチ +3	
16	18.2	9.5	9.0	17	左	8	①：18mm/背／完　②：13/背／上(先)欠　③：12/背／完　④：13/背／完　⑤：13/背／完　⑥：18/背／上(先)欠　⑦：14/背／完　⑧：15/背／上(先)欠 +2	A9052
					右	8	①：11mm/腹／完　②：15/腹／完　③：13/腹／完　④：13/腹／完　⑤：14/腹／完　⑥：16/腹／完　⑦：15/腹／上(先)欠　⑧：4/腹／下(頭)欠 +2	
17	15.6	9.0	6.0	12	左	5	①：10mm/背／下(頭)欠　②：17/背／完　③：22/背／完　④：7/背／下(頭)欠　⑤：7/背／下(頭)欠 +1	A27313
					右	4	①：20mm/腹／完　②：18/腹／完　③：20/腹／完　④：22/腹／完 +2	
18	18.2	7.0	6.0	10	左	2	①：22mm/背／上(先)欠・下(頭)欠、先端付近にリタッチ　②：18/背／下(頭)欠 +4	A39207
					右	5	①：24mm/腹／下(頭)欠　②：19/腹／下(頭)欠　③：25/腹／下(頭)欠　④：19/腹／下(頭)欠　⑤：28/腹／完 +1	
19	16.3	9.5	8.5	14	左	—	溝切りあり	21848(4711)
					右	3	①：18mm/腹／上(先)欠　②：19/腹／上(先)欠　③：20/腹／下(先)欠 +2	
20	17.7	9.0	7.0	12	左	6	①：19mm/背／完　②：13/背／完　③：11/背／完　④：12/背／完　⑤：10/背／完　⑥：10/腹／完 +4	A31211
					右	7	①：13mm/背／完　②：12.5/腹／完　③：9/背／完　④：10/腹／完　⑤：8/背／完　⑥：9/背／完　⑦：11/腹／完 +4	
21	17.7	8.0	6.0	10	左	3	①：51mm/背／上(先)欠？　②：30/背／下(先)欠　③：40/背／上(先)欠	A29319
					右	1	①：28mm/腹／下(頭)欠 +3	
22	15.3	8.0	6.5	8	左	5	①：21mm/腹／完　②：22/背／完　③：20/背／完　④：20/背／完　⑤：16/背／完 +2	A38562
					右	5	①：21mm/背／完　②：22/背／完　③：17/背／完　④：14/腹／完　⑤：13/腹／完 +2	
23	14.4	8.0	6.5	11	左	1	①：19mm/背／下(先)欠・中折 +4	A8567
					右	2	①：21mm/背／完　②：19/背／下(先)欠・中折 +2	
24	16.9	—	—	—	左	1	①：44mm/背／上(先)欠 +2	A32746/710
					右	1	①：47mm/背／上(先)欠 +1	

図No.	長(cm)	幅(mm)	厚(mm)	重(g)	列	細石刃数	細石刃現存長(mm)/図表面の背・腹面/遺存状態:図中の上下位置(カッコ内に細石刃の先端・頭部の別)	標本No.
25	22.8	8.5	5.5	13	左	6	①:12mm/腹/完 ②:21/腹/下(頭)欠 ③:36/腹/上(先)欠 ④:39/腹/上(先)欠 ⑤:42mm/腹/上(先)欠 ⑥:37/背/上(先)欠	A39827
					右	3	①:7/腹/下(頭)欠 ②:31/腹/中折 ③:34/腹/完 +1	
26	*17.1*	17.0	9.0	*27*	左	6	①:4mm/背/完 ②:7/背/完 ③:12.5/背/上(先)欠 ④:10.5/背/完 ⑤:12.5/腹/上(先)欠 ⑥:6/背/完 +8	A5864
					右	4	①:11mm/腹/完 ②:12/腹/完 ③:14/腹/中折・下(頭)欠 ④:18/腹/上(先)欠 +8	
27	*22.9*	14.5	9.0	*28*	左	4	①:5mm/腹/上(先)欠? ②:31/背/中折 ③:25/背/中折 +1	—
					右	3	①:22mm/腹/中折 ②:29/腹/中折 +1	
28	25.4	12.0	9.0	55	左	2	①:17mm/背/下(頭)欠 ②:19/背/下(頭)欠 +5	21344
		18.0	1.1		右	1	①:20mm/背/完・顕著な刃こぼれ +5	
29	23.5	—	8.0	*31*	左	4	溝切りあり 細石刃脱落	13706
					右	7	①15mm/? + a	
30	23.5	—	8.0	*17*	左	4	1:16/腹/下(先)欠 2:15/背/下(先)欠 3:14/背/下(先)欠 4:17/背/下(先)欠 +11	A25984
					右	7	細石刃残存せず。右列下半部は細石器刃の脱落か本来未装着部分か未記録。左列に残る4点は先端がすべて折り取られ小型に揃えてある + a	
31	20.1	—	—	*17*	左	8	①:6mm/?/? ②:11/腹/完 ③:14/腹/完 ④:18/背/下(頭)欠 ⑤:5/背/下半欠 ⑥:17/背/完 ⑦:8/背/完 ⑧:11/背/側縁欠 +5	A25984
					右	4	①:9mm/腹/下半欠 ②:14/腹/完 ③:14/腹/完 ④:12/腹/上半欠 +9	
32	18.9	—	6.0	11	左	2	①:24mm/背/完 ②:23/背/上(先)欠 +7	A31544
					右	1	①:24mm/背/完 +8	
33	*18.0*	—	—	*12*	左	5	①:10mm/腹/完 ②:14/腹/先・基欠 ③:10/背//先・基ともに折欠 ④:11/背/完 ⑤:7/腹/完 +8	21846 (5653)
					右	1	①:17mm/腹/完 +11	
34	*17.5*	—	—	*11*	左	?	溝切りあり 3〜4本細石刃脱落	A3204
					右	?	溝切りあり 6〜7本細石刃脱落	
35	*16.0*	—	—	*11*	左		溝切りあり 細石刃脱落	21852 (4882)
					右		溝切りあり 細石刃脱落	
36	*11.2*	—	—	*11*	左		溝切りあり 細石刃脱落	A1884
					右		溝切りあり 細石刃脱落	
37	*14.0*	—	—	*5*	左		溝切りあり 細石刃脱落	21849 (4104)
					右		溝切りあり 細石刃脱落	
38	20.5	23.5	7.5	—	左		溝切りあり 細石刃脱落	A39219
					右	2	①:13mm/?/? ②:14/?/? + a	
39	*17.6*	—	—	*29*	左		溝切りあり 細石刃脱落	A28535
					右		溝切りあり 細石刃脱落	

No.1〜28は実測図、No.29以下はスケッチによる。器厚・器幅は横断面位置で計測。太字は完存値、細字斜体は欠損品の現存値。完は膠着剤外の見える範囲で判断(中で折り取りあるかも)。折り取り部位:先端・打面側・基端、上(先)・下(基)。欠=欠損、脱=脱落で細石刃なし。途中折れは1本とする(ex.23右②、25左④、ただ折るだけ)。

No.38・39)。幅広の軸の平坦面に刻線で文様を施すものもある（No.28）。細石刃の埋め込まれない下半部（基部）のつくりは尖らされてはおらず、あたかも把手に相当するかと見受けられ、器種としては手持ちの刺突具・切裁具と理解しておきたい。

Ⅱ・Ⅲ類に見られる刻線による図柄は、器体が幅広だということと関係しているであろう。その上で、作り手、使い手の個性・属人性を反映したものでもあった可能性も考えられよう。

Ⅱ　装着時の細石刃の扱い

一見して、実測図からは、柳葉形の細石刃が先端部・中間部・頭部などに折り分けられてから、軸に装着されるのではなく、ほぼ剥離時の全形を保ったままの状態で用いられたものが多いという印象を受ける。その一方で、先端部をわずかに欠いているように見える例も多い。膠着剤に覆われて、厳密なところは分からないという面もあるが、外から見える範囲でその実態の把握に努めてみよう。

まず、1例ずつ具体的に見てみよう。なお、器体脇に添えた破線による描画は、膠着剤のネガ型から推定される、かつてそこに埋め込まれていた細石刃の存在範囲を示す。資料の記載に当たっては、植刃器・細石刃それぞれに、上下、先端・下（基）端、表・裏面、背・腹面、頭部・先（末）端部などと表現が若干煩わしく、分かりにくい側面がある。そのため、植刃器自体に関しては、実測図の現状において上下、左右、表裏の表現を用い、細石刃自身の説明に際しては、先端部・頭（基端）部、背面・腹面を用いることとする。植刃器実測図中の説明においては、上位方向にあるものを上（端）、下位方向にあるものを下（端）、実測図に現れた面を表（面）、隠れた面を裏（面）として記述する。

No.1　軸長 25.8cm（茎部分を含む。以下同様）で完形品である。細石刃左列①は先端部をわずかに欠いているが、ほぼ完形。②は先端部を大きく欠いている。下半部に刃こぼれ状の顕著な使用痕（傍線）がある。③は明らかな欠損部位は見当たらない。④は先端部が膠着剤に隠れ、下半が脱落し、実態はよく分

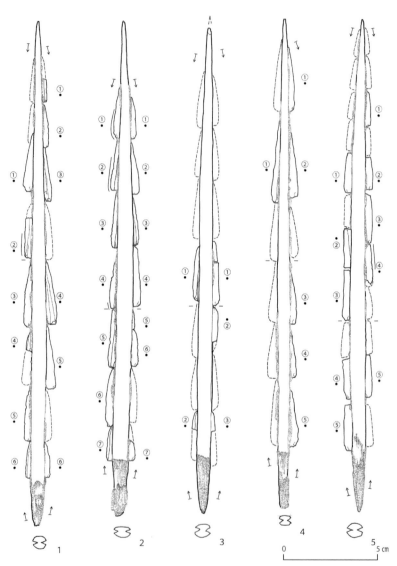

図 I-2 デンマーク国立博物館所蔵の植刃器実測図 1
○番号の上下に印したドットは、打点の位置を示す。以下、同様。

第1章 植刃器と遺跡立地　15

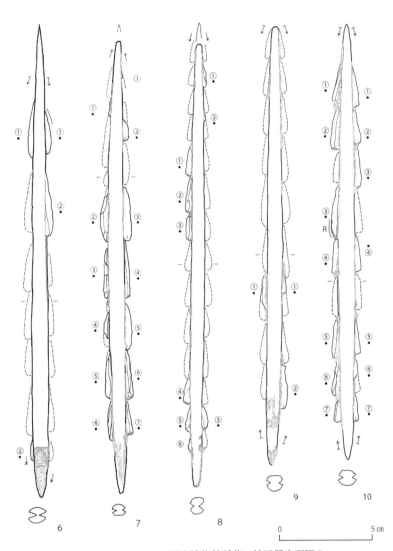

図 I-3　デンマーク国立博物館所蔵の植刃器実測図2

16

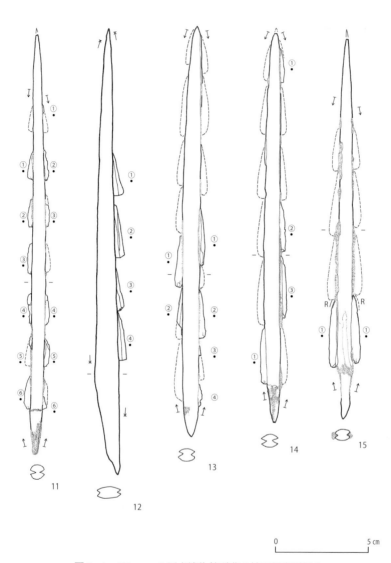

図 I-4　デンマーク国立博物館所蔵の植刃器実測図 3

第1章 植刃器と遺跡立地 17

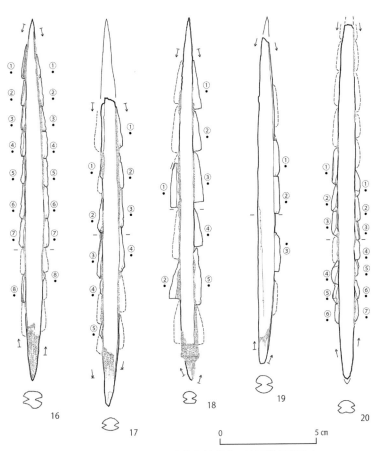

図 I-5 デンマーク国立博物館所蔵の植刃器実測図4

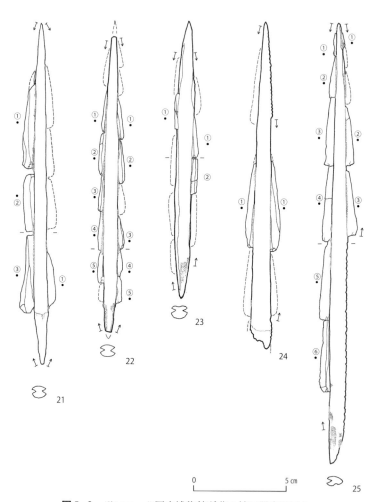

図 I-6 デンマーク国立博物館所蔵の植刃器実測図 5

第1章 植刃器と遺跡立地　19

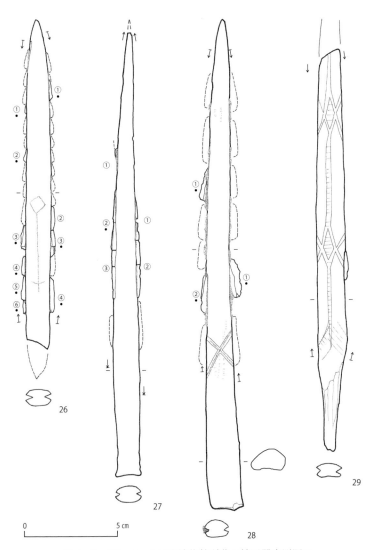

図 I-7　デンマーク国立博物館所蔵の植刃器実測図6

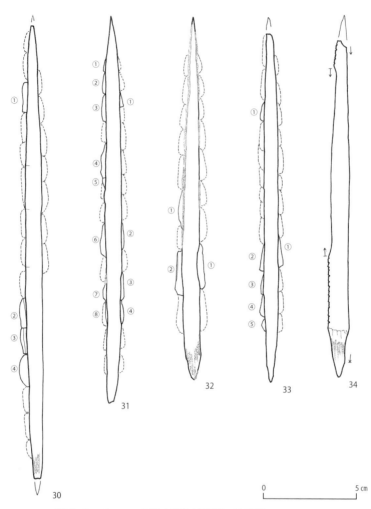

図 I-8　デンマーク国立博物館所蔵の植刃器スケッチ 1

第1章 植刃器と遺跡立地 21

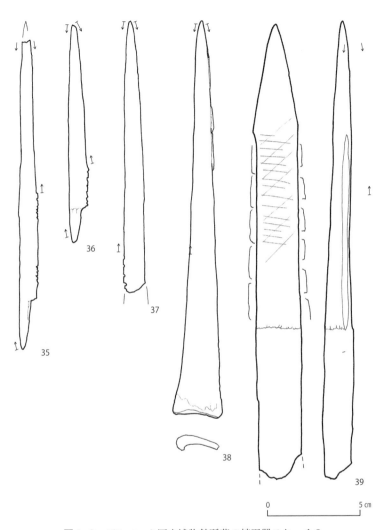

図 I-9 デンマーク国立博物館所蔵の植刃器スケッチ 2

からない。⑤は③同様明らかな欠損部位は見当たらない。⑥は先端部分をわずかに欠いているが、ほぼ完形。

　右列①は上半部が脱落し実態が分からない。②は外から見える範囲では、欠損部はない。③も同様である。④は先端部をわずかに欠いている。⑤は外から見える範囲では、欠損部はない。背面側数ミリの範囲に、図示できないがリタッチ風の微細剥離痕がみられる。⑥は見える範囲では、欠損部はない。

No.2　軸長25.3cmの完形品である。左列①は欠損部位は見当たらない。下半部に刃こぼれ状の顕著な使用痕（傍線）が認められる。②は刃縁最上部の延び具合と①の頭部との距離関係から、先端部を一部欠いているとみられる。下半部に刃こぼれ状の顕著な使用痕（傍線）が見られる。③・④は明らかな欠損部は見当たらない。④の基部数ミリの範囲に顕著な刃こぼれ状の使用痕（傍線）が認められる。⑤は先端部を一部明瞭に欠いている。⑥は先端部を一部欠いているとみられる。⑦は完形。

　右列①～⑤はいずれも明瞭な欠損部は見えない。⑥は先端部をわずかに欠く。⑦は上半部が脱落し実態は分からない。

No.3　軸長24.8cmで、先端部をわずかに欠く。左列①の欠損部位は見当たらない。②は下半部が脱落しているが、残る先端部に欠損はない。同図右列①は同一個体で、中間部で折れたものが並べられている。②は下端部を欠く。③は下半部を欠く。

　本例は全体で5ヵ所しか細石刃をとどめていないが、細石刃の軸への埋め込みにあたってのいくつか重要な点に気づかされる。右列①は同一個体の細石刃が中間部で折れている例であるが、これは中間部で二つに折り離し、溝幅を超える強い湾曲を解消して、埋め込みを可能にするための処置と理解できる。同様の例は、No.11左列④・右列④、No.23左列①・右列②、No.25左列④・右列②、No.26右列③、No.27左列②・③、右列①・②がある。

　本例左列②および右列③はともに下半部が脱落しているが、残存部位も脱落部位もほぼ同じ大きさである。これは軸を挟んで左右に向き合った、ほぼ同じ大きさで同じ程度の湾曲率を示す細石刃に対し、中間部のほぼ同じ位置で折り

離し、埋め込みを可能ならしめたものと理解され、右列①と同様の処置を行ったものの、下半部が脱落したものだと考えられる。

　これと同様に、下半部（あるいは上半部）が脱落状況を示すNo.1左列④・右列①、No.2右列⑦はいずれも同じ意図のもとに折り離しが行われたもので、同一個体の一つの細石刃が二つに折られたものであると理解できる。No.7左列①・③、右列①・②、No.9左列①・右列①、No.10右列⑥、No.11左列⑤・右列①・③・⑥、No.13左列②・右列③、No.17左列①・④・⑤、No.25左列④・右列①も同様の例である。

　結局、本例における下半部を欠く左列②および右列③の例は、右列①のように一つの細石刃が中間部で折り離しが行われ埋め込まれたものの、下半部が後々脱落したものと解され、他の上・下半部の脱落例も同じ経過をたどったとみることができよう。

No.4　軸長25cmで、先端部をかすかに欠く。本例は左右2列に埋め込まれた細石刃は半分が脱落していて、残っているのは6例に過ぎないが、脱落部のネガ型から推測される大きさは比較的長めで、左右列の細石刃の長さが揃っているうえに、一部を折り取って除いたり、中間部で折り離した形跡のない例である。そういう意味で、理想的な細石刃の埋め込みの在り方の一つの典型を示しているということができる。

　以下は、上記4例とは異なった特徴を示すものについて、煩瑣を避け適宜記述する。

No.5　軸長25.1cmの完形品である。左列①は明らかに先端部を欠く。②は頭部を上に置き、下端部を欠く。③は先端部を欠き、②の下端部と向き合う形となっている。④・⑤は先端部を明瞭に欠いている。上記左列諸例は、①を除き細石刃の形状が柳葉形というより矩形に近く、先端部が明瞭な柳葉状に収束しない。それゆえ明瞭な折取りがなされたように見える。

　右列①は先端部をわずかに折り取っている。②は先端部を欠く。③〜⑤はいずれも明瞭に先端部を欠く。④の上半部は刃こぼれ状の顕著な使用痕がある（傍線）。

No.6　軸長24.2cmの完形品である。左列①は背面側を表にし、先端部を上位に置く完形品である。左列②は最下段にあり、背面を表に置く小型完形の細石刃である。右列①は腹面を表にし、裏側の背面側の上端部には、7mmほどの範囲に比較的規則的な微細剥離痕（傍線）があり、リタッチの可能性として注意される。②は長め完形の細石刃が埋め込まれている。

No.7　軸長23.3cmで先端部をわずかに欠く。左列に6点、右列に7点の細石刃を残し、比較的脱落部位の少ない貴重な例である。

No.8　軸長22.8cmで先端部を欠く。上記7例は、長さが30～40mmほどのやや大きめの細石刃を主として用いた例であったが、本例は長さ15mm前後のやや小振りの細石刃を中心に埋め込まれた例である。上記資料No.1～No.7が茎の部分も含めて約25cmの軸長に対して、片側に細石刃7、8点が埋め込まれているのに対し、やや小振りの細石刃を用いた本例では、14点と倍近い数の細石刃が用いられている。

No.9　軸長22.5cmで先端部を欠く。左列①、右列①はともに下半部を欠き、②は上（先）端を欠く。

No.10　軸長22.4cmで、完形品である。左列①は頭部を欠く。②は先端が膠着剤に覆われ、欠損部の有無は分からない。③も欠損部は見当たらない。基部から1cm程の範囲にリタッチ状の微細剥離痕が連続する（傍線）。④は先端部を欠く。⑤・⑥は先端部が膠着剤に覆われ、露出部に欠損部は見当たらない。⑦は頭部を欠く。

　右列①～③は欠損部は見当たらない。④は下（先）端部を欠く。⑤・⑥は頭部を欠く。⑦では欠損部は見当たらない。

No.11　軸長21.8cmで完形品である。本例は中型の細石刃を用いる。上部4cm程の間には細石刃を埋めず、それより下の位置から、各細石刃間を通例のように接近させるのではなく、1cm程の間隔を空けるという点で、例示中の特例である。左列④・右列④はともに頭部側を下に置き、先端部付近を折り分け、埋め込んでいる。

No.12　軸長23.2cmで完形品である。左列全体、右列上段、最下段に脱落が

ある。残る右列の4例から見る限り他の諸例に較べて極めて特徴的な点がある。右列③が頭部を残すほかは、他の3例とも頭部を欠く。本来あるべき細石刃からすれば一部に過ぎないが、主に頭部を欠く細石刃から構成される例は本例のほかNo.18と合わせて2例に過ぎない。その結果、頭部を欠きとられた下端部が軸柄から直角に突出する様が際立ったものとなっている。器体の茎の作り出しはⅠB類に似る。

No.13 軸長21.3cmの完形品である。左列に2点、右列に4点の細石刃を留める。先端部を上位に配する点で共通するが、背・腹面の置き方はまちまちである。左列①は上（先）端を欠き、②は下半の頭部を欠く。右列③も下半の頭部側を欠く。膠着剤のネガ型から推定すると、左列の長めの細石刃7点に対し、右列は短めの細石刃を交え8点を当てて、不揃いな長さの細石刃を適宜組み合わせて刃部を形成している。

No.14 軸長20.2cm、先端をわずかに欠く。現存細石刃は左列①、右列①～③と少ないが、左右列の細石刃の長さがよく揃った優美な仕上がりが想定される。先端部を上位に置く点で共通するが、背・腹面の配置に統一性はない。右列①は上位の先端を欠く。

No.15 軸長は長さ約19.6cmと中型に属するが、上部5cm程は細石刃を埋め込まず、それ以下の部位に30mm前後のやや長めの細石刃を用い、左右列とも4点ずつと、最も少ない数の細石刃を充填させて構成されたものであることが分る点で特徴的な1例である。残された細石刃は左右列とも各1点であるが、その形状、リタッチの施し方（傍線）が瓜二つである。

　左列①は背面を表に、右列①は腹面を表にしている。膠着剤に印された脱落部のカーブから、左列は全て背面を表にし、右列は全て腹面を表にしていることが分る。本例の左列はすべて背面を表に、右列はすべて腹面を表にしていること、細石刃の大きさ、先端部の位置、リタッチの有る細石刃が最下段に配されていることなど、完全な左右シンメトリーに作られて優美な仕上がりとなっている。

　左列細石刃の先端表（背）面側に、右列の細石刃の表（腹）面側先端と裏（背）

面側の両面にリタッチがある。この点は、別途、Ⅲ細石刃装着法 7.使用痕・加工痕の項（29頁）で改めて記載することとする。

No.16 軸長18.2cmの完形品である。本例はNo.2、No.7、No.10、No.11、No.25などと並んで、細石刃の脱落例が少ない貴重な例の一つである。左右列ともに8例ずつが残存し、13mm前後の小振りな細石刃が10点ほど、各細石刃の下端と上端の間を空けず密接させるように、埋め込まれている。左列に残る8例は全て背面側を表にし、右列の8点はすべて腹面側を表にしている。脱落部も含め完全に左右対称の埋め込み方で構成されている。一定程度細石刃剥離工程が進み、細石刃核の体高が小さくなった段階で剥離された一群の細石刃が、一括されて装填されたように受け止められる。

No.17 残存部の軸長は15.6cmである。欠損する上端部や細石刃の脱落部の推定要素を含むとしても、現状では左列はすべて背面を表にし、右列はすべて腹面を表にしている点、用いられている細石刃の大きさなど、No.16の前例と瓜二つの作りとなっている。

No.18 軸長は18.2cmの完形品である。本例は左列の2点が背面側を表にし、右列の5点は腹面側を表にしている。脱落部のネガ型の観察結果も含めて、左列はすべて背面を、右列はすべて腹面を表に揃えられていたと推定される。

　軸への埋め込み前の細石刃への加工は、打面部・先端部とも処理されず完形のままの右列⑤を除いて、全て下端の頭部が折り取られている。No.12とともに細石刃の頭部を除去し、ここを下向きにはめ込んだ例として特記される。両例とも下端部が軸から直角に軸外に飛び出す様は、あたかも逆刺効果を意識したかの印象を受ける。

No.19 現存軸長は16.3cmである。右列に3点の細石刃を残すのみである。この3点はすべて腹面を表側に置くが、①・②は先端部を上に、③は頭部を上に配している。3例とも先端部を欠く。

No.20 現存軸長は17.7cmである。No.8、No.11、No.16と並んで、小ぶりの細石刃を利用した例である。左列の6点中5点は背面を表にし、右列は7点中3点が腹面側を表にしている。細石刃の先端を上位に置くこと、細石刃の大き

さ以外は、列ごとに背・腹面のどちら側を表にするか、細石刃の形状など、処理法にいささか不統一な感がある。しかしながら、植刃槍の製作に当たっての要件の範囲というものを示す点で興味深いともいえる。

No.21 軸長は 17.7cm で完形品である。最長例の一群と比較するとやや小振りの中型の例であるが、左列 3 点、右列 4 点と、埋めこまれた細石刃数としては No.24 とともに最も少ない例である。それだけに用いられている一個一個の細石刃は大きい。左列①が 51mm（完形）、②が 30mm（完形？）、③が 40mm（先折れ）、右列①は 28mm（基部若干折れ）である。左列②は頭部を上に置く。

No.22 本例の現存軸長は 15.3cm で、小型の例である。脱落細石刃は少なめで、全体像を推定するに足る標本である。左列に残る 5 点、右列①～③は全て背面を表にしている。右列下部の④と⑤のみ腹面を表にしている。軸の外に出て膠着剤に覆われていない部分で、明らかに折り取ったと思われる例は観察できない。

No.23 軸長 14.4cm の小型の植刃槍である。残存する細石刃は左列 1 点、右列 2 点で、すべて背面側を表にしている。残存する細石刃は 3 点と少ないが、左列①と右列②は明瞭に先端部を欠いているうえに、残る部分は同一個体が折り離されているので、細石刃の 3 分割例として貴重である。右列①には欠損部は見当たらない。

No.24 現存長 16.9cm で下半部を欠くが、左側縁の溝切りはさらに下方に延びる一方、右側縁では下部で止まり、それ以下は刻みが入ることから、No.25 のような器形に近いものと推定される。

　左右列の対向する位置に 1 点ずつ残る細石刃はそれぞれ 44mm、47mm で、ここで扱う事例中では大型の部類に属する。ともに先端部を欠く。脱落部にはめ込まれていた細石刃も大型であったことがネガ型から推測され、左右にほぼ同じ大きさの細石刃が埋め込まれていたものとみられる。

No.25 全長 22.8cm の大型の完形品である。器体は完存し、埋め込まれた細石刃の脱落も少なく、紹介した資料中では最も優れた標本の一つである。

　左列①は小型、②は中型、③～⑥は大形の細石刃が用いられている。①～⑤

は腹面を、⑥は背面を表にして埋め込まれている。全て先端部を上位に置く。②は下（頭）部を欠く。③〜⑥は先端を欠き、④は中間部で折り離されている。
　右列①〜③例は全て腹面を表にしている。①は下半を欠く。②は先端部が折り離されている。③は先端を欠く。これ以下の器体中程から最下部まで、溝切りはなく、細石刃は埋め込まれず、器体には刻み目が施されている。植刃槍の一つの重要な類型であろう。

No.26　現存軸長 17.1cm で、これまでの諸例と較べて幅広で、中型の植刃槍である。下端を欠く。現存する細石刃では下半部でやや長めであるが、中段より上位では 10mm 以下の小型の細石刃が埋め込まれている点も特徴的である。さらに、右列④が最下部の細石刃であり、これ以下の加工は茎状に丸く削り出した形跡はなく、次の No.27・No.28 同様に把手の作りとなっていた可能性がある。表面下半に細かな列点による文様が刻まれている。

No.27　現存軸長 22.9cm の大型植刃器で、上端をわずかに欠く。No.26 同様器体は幅広で、下端部は茎状の削り出しがなされず、把手状に作り出されている。残存する細石刃は僅かで、左列は背面を右列は腹面を表にしている。この 4 点は全て中央で折り離されていることに特徴がある。

No.28　全長 25.4cm の大型の完形品であり、No.26・No.27 同様に軸は幅広で、下端は茎状に削り出されておらず、把手状の作りとなっている。残存する細石刃はごく一部であるが、すべて背面を表にし、先端部を上に置いている。下半部には No.26 同様の刻線で文様が描かれている。器体の断面を見ると、素材は管骨を半裁して用いていることがよくわかる。

No.29　本例以降は、時間不足で詳細観察に至っておらず、器形見本の意味を込めて、ラフスケッチをしたものであることをお断りしておきたい。そういう意味で、概括的に記載しておくこととしたい。
　本例は現存長 23.5cm で、上部を欠く。器体は No.26・No.27・No.28 同様幅広で、文様が刻されているが、基部は茎状に作り出されており、柄に取り付けられたものであろう。No.29〜No.32 は幅に違いはあるが、No.1〜No.23 と同様の植刃槍であろう。No.34〜No.37 は、No.24・No.25 の I B 類と同類型の植刃

槍。No.38 は No.27・No.28 と同類型の植刃器であろう。No.39 は No.26 同様のやや大振りの把手付き短剣状植刃器。

Ⅲ　細石刃装着法

　以下に、細石刃の軸への埋め込み方法について記す。その際、実測図に細石刃の背面・腹面のいずれが現われているかを表にまとめ、細石刃の打点（頭部）が、上下両端のいずれにあるかを、細石刃脇に記した○付き番号の上下にドットを添えることによって示す。

1. 装着細石刃先端部の上下位置

　観察資料 39 例に残った細石刃 249 点の内、少数の観察不能例を除いて、細石刃の先端部と頭部の区別がつく例の大部分が、細石刃の先端部を上に置いている（表Ⅰ-2）。細石刃の形状は荒屋遺跡例のように、柳葉形を基本としていることから、効果的な刺突性を求められる道具として、投射方向に沿って細石刃の先端が上に置かれ、下半に至るほど細石刃本体の刃部がより広く軸からせり出し、槍先が動物の体内に侵入する際のスムーズな切開性を高めることにつながっているものとして、至極自然で合理的に受け止められる。こうした実情に即する意味で、上記の原則とは異なる希少例について、以下に記載する。

1）No.3 右列②は頭部が上にむけられ、腹面側を表にして埋め込まれ、①の細石刃の頭部と向き合う形になっている。

2）No.5 左列②は頭部が上に向けられ、背面側を表にして埋め込まれている。先端部は折り取られ、③の細石刃の折り取られた先端側と向き合う形になっている。

3）No.19 右列③は先端部を折り取ったうえで、頭部を上にし、腹面側を表にして埋め込まれている。

4）No.21 左列②は先端部を折り取ったうえで、頭部を上にし、背面側を表にして埋め込まれている。

5）No.23 左列①は中央付近で折ったうえで、先端側を取り除き、頭部を上にし、背面側を表にして埋め込まれている。

表I-2 植刃器中における細石刃の先・基端（頭部）の位置（左）と背・腹面の別（右）一覧表

A：細石刃先端部の植刃器上の上下位置　　B：表面側細石刃の背・腹面の別

資料No.	列	①	②	③	④	⑤	⑥	⑦	⑧		列	①	②	③	④	⑤	⑥	⑦	⑧	細石刃数	腹面の数
1	左	上	上	上	上	上	上	―			左	腹	背	腹	背	腹	背	―		6	3
	右	上	上	上	上	上	上	―			右	背	腹	背	背	腹	腹	―		6	3
2	左	上	上	上	上	上	上	上	―		左	腹	背	腹	背	腹	背	―		7	3
	右	上	上	上	上	上	上	上	―		右	腹	腹	背	腹	腹	腹	腹	―	7	6
3	左	上	上								左	背	背	―						2	―
	右	上	下	上							右	背	腹	腹	―					3	3
4	左	上									左	背								1	―
	右	上	上	上	上	上					右	腹	腹	腹	腹	腹	―			5	5
5	左	上	下	上	上	上					左	腹	背	腹	腹	腹				5	4
	右	上	上	上	上	上					右	腹	腹	腹	腹	腹				5	5
6	左	上	上								左	背	背							2	―
	右	上	上								右	腹	背							2	1
7	左	上	上	上	上	上	上	―			左	?	背	背	背	背	背	―		6	―
	右	上	上	上	上	上	上	上	―		右	?	腹	腹	背	腹	背	背	―	7	3
8	左	上	上	上	上	上	上	―			左	腹	背	背	背	背	背	―		6	1
	右	上	上	上	―						右	背	腹	背	―					3	1
9	左	上	―								左	背	―							1	―
	右	上	上	―							右	腹	腹	―						2	2
10	左	上	上	上	上	上	上	上	―		左	背	背	背	背	背	背	背	―	7	―
	右	上	上	上	下	上	上	上	―		右	腹	腹	腹	腹	腹	腹	腹	―	7	6
11	左	上	上	上	上	上	上	―			左	腹	腹	腹	腹	背	腹	―		6	5
	右	上	上	上	上	上	上	―			右	背	背	腹	腹	背	背	―		6	2
12	左	―									左	―									
	右	上	上	上	上	―					右	背	背	背	背	―				4	―
13	左	上	上	―							左	腹	背	―						1	1
	右	上	上	上	?						右	背	腹	背	背					4	1
14	左	上	―								左	腹	―							1	1
	右	上	上	上	―						右	腹	背	背	―					3	1
15	左	上	―								左	背	―							1	―
	右	上	―								右	腹	―							1	1
16	左	上	上	上	上	上	上	上	上		左	背	背	背	背	背	背	背	背	8	―
	右	上	上	上	上	上	上	上	上		右	腹	腹	腹	腹	腹	腹	腹	腹	8	8
17	左	上	上	上	上	上	―				左	背	背	背	背	背	―			5	―
	右	上	上	上	上	―					右	腹	腹	腹	腹	―				4	4
18	左	上	上	―							左	背	背	―						2	―
	右	上	上	上	上	―					右	腹	腹	腹	腹	―				5	5
19	左	―									左	―									
	右	上	上	下	―						右	腹	腹	腹	―					3	3
20	左	上	上	上	上	上	―				左	背	背	背	背	背	腹	―		6	1
	右	上	上	上	上	上	上	上			右	背	腹	背	腹	背	背	腹	―	7	3

資料No.	列	①	②	③	④	⑤	⑥	⑦	⑧	列	①	②	③	④	⑤	⑥	⑦	⑧	細石刃数	腹面の数
21	左	上	下	上	─					左	背	背	背	─					3	
	右	上	─							右	腹	─							1	1
22	左	上	上	上	上	上	─			左	背	背	背	背	背	─			5	
	右	上	上	上	上	─				右	背	背	背	腹	腹	─			5	
23	左	下	─							左	背	─							1	
	右	上	?	─						右	背	背	─						2	
24	左	上	─							左	背	─							1	
	右	上	─							右	背	─							1	
25	左	上	上	上	上	上	─			左	腹	腹	腹	腹	腹	背	─		6	5
	右	上	上	上	─					右	腹	腹	腹	─					3	3
26	左	上	上	上	上	上	─			左	背	背	背	背	腹	腹	─		6	1
	右	上	上	上	上	─				右	腹	腹	背	腹	─				4	3
27	左	?	上	?	─					左	腹	背	背	─					3	1
	右	上	?	─						右	腹	腹	─						2	2
28	左	上	上	─						左	背	背	─						2	
	右	上	─							右	背	─							1	
																			211	98

　以上5例は、植刃器に埋め込まれた249点の内の稀少例といえるが、あえて意味を求めるとすると、器体に埋め込まれた細石刃列の形成する刃縁が凹凸なく、まっすぐな刃縁を形成しうることであろうか。

　これらに対し、細石刃の先端部を上に置く多くの例について見ておこう。こうした例の場合、細石刃の刃部は下に向かうにつれその刃縁は斜辺となり、下端の頭部の部分が埋め込まれた軸から一番外に飛び出す形となる。これによって、植刃器全体の刃縁は出入りを繰り返し、凹凸のあるものとなる。

2. 細石刃の折り取りの位置と植刃器の形態

　ここでは細石刃の先端部を上に置く一般的な例の中にあって、No.12のように下に位置する頭部を折り取る例について触れる。No.12では右列4点の内、③を除く3点の頭部が折り取られている。同様の例はNo.18においても顕著である。同例では残存する7点の内、右列⑤を除く6点の頭部が折り取られている。この2例を典型としてその特徴を一言で表せば、細石刃の三角形をなす底辺が軸から直角に突出し、二等辺三角形状を呈することである。その結果、細石刃が形成する刃縁は鋸歯状となり、逆刺効果を発揮したものではないかと思

わせる。下端に位置する頭部を除去するこの例のような端的な姿を示すものではないが、No.1・No.2・No.4・No.7・No.8・No.10・No.11・No.25・No.28 の諸例も、鋸歯縁効果あるいは逆刺効果を狙ったもののようにも見える。

3. 細石刃の折り取りの意味

　器体へ埋め込まれた個々の細石刃を見ると、先端や下半部の欠損、一本と思しき細石刃の中間部の欠落などに一目で気づく。No.1 左列②の上端部欠損、④の下半部欠損、No.7 左列③の中間部欠損などがそれである。欠損部位に関する個々の詳しい状況は、表 I-1 に委ねるとして、以下に、先端欠損例、頭部欠損例、中間部欠損例の具体相のいくつかを見ておこう。

No.1 左列②は上部に位置する細石刃の先端部を欠く。④は下半部を欠く。頭部のほかに中間部を含めて欠いている可能性がある。右列①は上半（先端）部を欠く。右列③・④、⑤・⑥の間は細石刃一本分がまるまる欠落している。

No.2 左列⑤・⑥は先端をわずかに欠く。右列⑥は先端を、⑦は上半部を欠く。

No.3 左列②は下（頭）部を欠き、右列③も下（頭）部を欠く。

No.5 左列①は上（先）端、②は下（先）端、③・④・⑤は上（先）端を欠き、右列①～③・⑤は上（先）端を欠く。④は頭部を欠く。

No.7 左列①は中間部を含む下半を欠き、②・⑤は上（先）端を欠く。③は中間部を欠く良い例の一つである。④は中間部と下（頭）部を欠く。右列①は中間部を含む下半部を欠き、②は上半部を、③は上（先）端をわずかに欠く。

No.16 左列②・⑥・⑧、右列④・⑤・⑦は先端部をわずかに折り取る好例である。

No.23 左列①、右列②は 1 本の細石刃を折り離して用いている好例である。

No.25 左列③～⑥は先端をわずかに折り取っており、④はその上に中間で下半と折り離しをおこなっている。

No.27 は左右列に残る 4 点それぞれが、1 本の細石刃を折り離して用いている。

　以上から、1 本の細石刃全体が抜け落ちている例は別にして、細石刃の部位の一部が欠落しているのは、それが使用中の衝撃による欠損・破損である場合もあったであろうが、多くの場合は、あらかじめ折り取り、折り離して装着したものが、脱落したものと理解するのが実状に近いであろう。

湾曲の強い部分、特に先端部の折り取られるケースが多いが、全体に湾曲が大きい場合などは、中間部で折り、どちらかを捨て去るのではなく、そのまま並べて使用していると思われる例が散見される（No.3 右列①、No.11 左右列④、No.23 左列①・右列②、No.25 左列④、No.27 左列②・③、右列①・②）。このことからすると、細石刃の先端部を折り取ったり、中間部で折り離す行為は、2～2.5mm ほどの溝幅に、はめ込む際の支障になる強い湾曲という要素を取り去ることに、その主旨があったと理解される。

4. 細石刃の背面と腹面

実測図表面側に現われた、細石刃の背面と腹面のあり方をここでは見ておきたい。その配置が規則的で分かりやすい例からまず見ておこう。

No.12 右列はすべて背面側を表にしている。No.16 は残存細石刃のうち左列はすべて背面を表にし、右列はすべて腹面を表にしている。No.17 は No.16 と同じパターンで、左列は背面を、右列は腹面を表にしている。No.10・No.18 も No.16・No.17 同様、左列は背面、右列は腹面を表にしている。No.19 の右列はすべて腹面を表側に置いている。No.21 は左列背面、右列は全て腹面の可能性がある。No.23・No.24・No.28 は残存例を見る限り、すべて背面を表側に置くが、残存資料数が少ないので、全細石刃が背面を表に置くか明らかではない。これと同様の意味で、全細石刃がすべて腹面を表に置く例もない。No.25 は残存例に限るが、左列⑥のみが背面を表にする珍しい例である。

以上諸例は、一定の規則性を見せるものであるが、多くは、表に背面・腹面のどちらを置くかには、こだわっていないとみられる。

5. 細石刃の大きさ（長さ）

装着された細石刃の大きさについて記す。ただし、細石刃は、多くの場合、一端が折り取られているので、細石刃が剥離された時点での大きさではないうえに、器体に埋め込まれ、膠着剤に隠れて見えない部分があるので、本体の大きさの最小値と受け止めていただきたい。さらに同じ理由で幅や厚さは計測の対象外であることを断っておきたい。

実測図から一見して分かるように、一番大型の例は No.21・No.24・No.25 に

埋め込まれた細石刃あたりであろう。これらの細石刃の内最長は No.21 左列①の 51mm であり、これに次ぐのが No.24 右列①の 47mm である。

　これに対して、一番小型の例は No.17・No.20 や No.26 等に埋め込まれた例であろう。No.17 左列④は 7 mm、No.20 例では、残存細石刃 13 例のうち左列①の 19mm をのぞくと、すべて 13 mm 以内におさまる。No.26 例では、細石刃 10 例中右列④の 18mm をのぞくと、すべて 14 mm 以内におさまる。さらに左列①は 4mm、②は 7mm、⑥は 6mm ときわめて小さい。

　上記の最長、最小クラスを除く 20～30mm 台の大きさが一般的であるといえよう。

6. 植刃器の長さと細石刃数

　器体の長さとそこにはめ込まれる細石刃の大きさによって、一つの植刃器に用いられる細石刃数は変化する。その現実的な姿の一端をここでみておきたい。No.1 のような軸長 25cm 程で、2.5～3cm 程度の標準的な細石刃を利用する例では、左右各列とも 8 点が一つの標準値といってよいであろう。No.2・6・11 のように先端部から少し下がった位置から埋め込みを始める例では 7 点となっている。

　No.5 のように用いられる細石刃が 2～2.5cm 程度の標準的な大きさより少し小振りな細石刃を用いる例では、1 列に 11 点が用いられている。逆に No.4 のように用いられる細石刃が 3.5～4cm 程度のやや大振りの細石刃を交える例では、1 列に 6 点が用いられている。同じクラスの軸長の例の内、1.5cm 前後の小振りの細石刃ばかりで密植構成される No.26 は、左右列とも 14 点ずつで構成される。

　軸長が約 22cm とやや小振りの上に、用いられる細石刃も 1.5cm 程と小振りで、さらに細石刃同士の間隔を 1cm 程開ける No.11 のような例では、左右列とも 7 点という少数の細石刃で構成されている。これと対照的なのが、軸長 19.6cm と最長例と比較するとやや小振りで、先端部から 5cm 程も下がった位置から最上段の細石刃の埋め込みが始まり、3cm 前後のやや長めの細石刃を用いる No.15 では、左右列とも 4 点という最少数で構成されている。No.16 は

軸長 18.2cm の中型完形品の例であり、13〜15mm 程度の小型の細石刃を密植させた例で、左右列とも 10 点の細石刃で構成される。

このように用いられる細石刃の大きさは多様であり、器体の大きさとの関係で、1点の植刃器に用いられる細石刃の数は多様に増減するが、ここまで細かく細石刃の構成数を列記してきて印象深いのは、左右の対称性が際立っていることである。左列と右列を構成する細石刃数をそろえるため、とりわけ相対する左右列に用いる細石刃の大きさを揃えることに、格別の意識が働いているように印象付けられる。

7. 使用痕・加工痕

植刃器に埋め込まれた細石刃の側縁には、しばしば使用痕と思われる刃こぼれとリタッチと思われる連続する規則的で微細な剥離痕が認められる場合がある。刃こぼれ状の使用痕はどの植刃器の細石刃にも多かれ少なかれ認められ、あえて特記しない（図Ⅰ-10）。その中で、No.1・No.2・No.5 のように、特に顕著な例には、背面側か腹面側かの区別はせず傍線を添えた。

加工痕と思われる例は、No.1・No.10・No.15・No.18 にみとめられる（傍線脇に R）。表側に現れたものには実線を、裏側に現れるものは破線で示す。No.1 右列⑤の先端部裏（腹）面側 3mm ほどの間に規則的な微細剥離痕が認められる（傍線略）。No.10 は左列③の背面側基部 1cm 程にわたって、連続的な微細剥離痕が認められる。No.15 は左右列の最下段に残った細石刃に、ともに規則的な微細剥離痕が認められる（傍線）。左列の例は背面側先端部 6mm ほどの間にリタッチがある。右列の例は腹面先端にも僅かにリタッチが顔を出している。No.18 左列①は背面側先端部に、右列④の裏（背）面側先端部にリタッチが認められる（傍線略）。

以上 4 例の植刃器に埋め込まれた 6 点の細石刃に見られるリタッチは主に背面側にあ

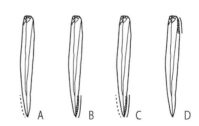

図Ⅰ-10 細石刃上のリタッチの位置概念図（推定）
A 先端裏（破線） B 先端表 C 先端表裏 D 基端表

り、その部位はNo.10左列③の基部に施された例（図Ⅰ-3）以外は、すべて先端部表側にある。それに加えて、No.15右列①の例（図Ⅰ-4）だけは、先端腹面側にもリタッチが施されている。類型としてA～Dに区分できる。

8. 器体の重量

器体の逐一の重量は表Ⅰ-1に譲り、概略を記す。No.1～No.8を典型とするⅠ類大型の植刃槍の例で13～18g程度、中型の例で10g程度である。なお、No.29の大型幅広の植刃槍は欠損品であるが、31gとかなり重い。これに対して手持ちの刺突具あるいは短剣状のⅡ類では27gの値を示し、Ⅲ類は28～55gと一般的な植刃槍と比較すると格段に重い。この点は植刃器の形態差を反映したものであろう。いずれにしろ、資料は発掘後乾燥状態で保管されていたもので、その程度は分からないが、本来はこれより重かったに違いない。

9. 溝切りの実際

細石刃を軸に埋め込み植刃器を完成させるために、器体に施すもっとも手間のかかる重要な作業は、軸柄に細石刃を埋め込むための溝を切ることであろう。ここでその実際を見ておきたい。器体の図の脇の天地に添えた上下方向の矢印は溝切が行われた範囲を示す。器体が完存するかほぼ完存する諸例を見ておこう。植刃器は大きく3類型に分けられるが、溝の切り方はⅠ類とⅢ類で異なる。

Ⅰ類　最上段の細石刃が埋め込まれている位置より少し上から始まり、細石刃が埋め込まれない、柄に差し込まれる茎部分にまで及ぶのを基本とする。茎部分の最下端にまで及んでいる例もある（No.11・No.18・No.19・No.21・No.22）。器体は下方に向かって太くなるが、茎部分からまた急に細くなり末端が尖って終わる。その極端な例がNo.18で、下端まで12mmの位置で、急激に細く削り出されているように見える。ほかの諸例同様末端に向け徐々に尖るように削り出されているが、本例がこのように特例的に見えるのは、器体と柄がソケット状に合体された部分の膠着剤が、立体的によく残っているためである。

なお、器体の一部に当初から細石刃を埋め込む意図がなく、側縁を尖った凸レンズ状に成形し、そこに刻みを入れて鋸歯状の側縁を設けるⅠB類を区分

できるが、本類型では断面が薄く細石刃を埋め込む余地はない。

Ⅱ類　Ⅰ・Ⅲ類とは異なる特徴があり、あえて一つの類型としたが、1例のみに留まり、多くを語ることができない。

Ⅲ類　共通する特徴は、溝切りが下端にまで及ばずに、下半部を溝切りせぬまま残して終わることである。手持ちの道具を想定して、この部分を把手とする意図があるためであろう。

10. 細石刃の埋め込みの深さ・傾き

　溝の幅は 2～2.5mm が一般的で 3mm を測るものは少ない。溝の深さもほぼ同様な値を示し、4mm を数えるものはない。溝の状況はこのようなものであるが、この溝に埋め込まれる細石刃の幅は 6～3mm で、5mm 前後が標準的な幅である。細石刃の幅と軸に刻まれた溝の深さを勘案すると、細石刃の幅の半分ほどが埋め込みうる値と予測される。こうした点について、植刃器から脱落、抜け落ちた 11 例に残る膠着剤の痕跡を図示した（図Ⅰ-11）。これらから細石刃幅の半ばまで膠着剤の痕跡が残るものと、1/3 程度に収まるものとがあるが、1/3 程度のものの方が多い。

　植刃器実測図 No.1 や No.12 のように、下端（頭部）側を張り出させ、鋸歯縁、逆刺状になる場合は、細石刃の軸中に埋め込まれる部分は、器軸に対し斜めに埋め込まれることになり、膠着剤が細石刃の器体に対して斜めに付着することになる。これをうかがわせる例は、脱落細石刃の中の 1・2・5・9 などで

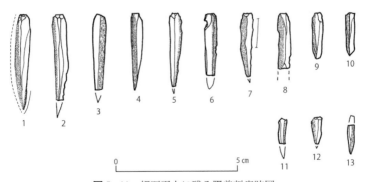

図Ⅰ-11　細石刃上に残る膠着剤痕跡図

ある。

　なお、植刃器の側面に刻まれた溝への細石刃の埋め込みにあたっては、上位の細石刃の下端とそれに続く下位の細石刃の上端とが、近接するように装着されるのが原則だが、両者の下端と上端の位置が少しずれて、溝幅の中で上下に重複している場合が時にある。この場合、側面からの観察抜きに表・裏面側からの実測図だけからでは、欠損の有無が分からないことになる。

11. 器体の厚さ・幅

　細石刃個々の大きさ集計のための計測はしていないが、器体から抜け落ちた細石刃の実測図（図Ⅰ-11）から、その最大幅（打面下肩辺り）は、計測可能な資料12点を集計した結果では、4mm台が一番多く7例、5mm台がこれに次いで4例、6mm台が1例となる。これから、平均的な細石刃の幅は、4〜5mm程度が一般的であるとみてよいであろう。これに対し、器体No.18・21・24・25（図Ⅰ-5・6）の諸例は、幅も長さも一段と大きい大型の細石刃であることが、装着状態からでも確認できる。

　また、細石刃に残る膠着剤の範囲を見ると（図Ⅰ-11）、植刃器本体に埋め込まれ膠着剤に覆われた範囲は広くて幅の1/2、多くは1/3程度であり、時には1/4程しか埋め込まれていない例もある（図Ⅰ-11No.2）。こうした例からは、細石刃を器体に深く埋め込み、しっかり固定させようとしているようには見えない。使用時の容易な脱落・逸失を前提に、その後の修復を常のこととして、植刃器づくりをしているのではないかと感じさせる。

12. 器体の素材

　細石刃の埋め込まれた器体の素材については、当時十分な注意を払っていなかったため、器体の表裏面の上端から下端までの間のどの部分が素材面を残し、どの部分が研磨あるいは削り取りなどの加工がなされているか記録を欠いている。そのため断面から分かる器体の厚さ、幅、一部骨端の関節部分を残すとみられるNo.28、No.38などを手掛かりとするしかない（表Ⅰ-3）。

　まず、Ⅰ類の植刃器の断面図からその厚さを見ると、器体の長さに拘わらず5〜11mmの間に収まり、6mm台が一番多くて31％を占め、これに次ぐのが

8mm台で25％を占める。全体的にみると6〜8mm台で72％を占めることになり、総括的には6〜9mmまでの厚さの骨を使用していることになる。Ⅱ類（No.26）、Ⅲ類（No.27・28）では、Ⅰ類に較べ幅が広いのに比例して厚さも増し、9〜11mmを測る。

表Ⅰ-3　断面の厚さ（左）・幅（右）別構成比

	厚さ		幅	
	点数	比率(%)	点数	比率(%)
5mm台	4	12.5	—	—
6mm台	10	31.0	2	6.9
7mm台	5	16.0	5	17.2
8mm台	8	25.0	13	44.8
9mm台	4	12.5	3	10.3
10mm台	—	—	—	—
11mm台	1	3.0	1	3.4
12mm台	—	—	1	3.4
13mm台	—	—	3	10.3
14mm台	—	—	1	3.4
計	32	100.0	29	99.7

次に断面の形状を見てみよう。断面の描かれた29例（No.1〜No.23、No.25〜No.29、No.38）を見ると、全体としては厚さと幅がほぼ同じ大きさで、円形の断面を示すものから、幅の方がやや広くて楕円形を呈するものまでがあり、量的には相半ばする。その一方で、Ⅱ・Ⅲ類は明らかに幅が広く、したがって断面の形状は楕円形・凸レンズ状を呈する。

断面の形状にはもう一つ特徴的な点がある。断面の上下の辺の内、上下とも明瞭な凸レンズ状を呈するもののほかに、上下いずれかの辺が水平になっているもの（No.2上・No.4下・No.9上・No.10上・No.18下・No.26上）と、くぼんでいる例（No.16下・No.23上・No.25下・No.29下・No.38下）が散見されることである。断面の上辺か下辺のいずれかがくぼんでいる後者の例は、素材となった骨の緻密質が内側の海綿体部分と接する側の内湾するカーブを反映している可能性があるのではないかと考える。前者の上下いずれかの一辺が水平であるものも内湾する側に当たっている可能性があるのではないだろうか。

次に、素材となった骨の部位についてはどうだろうか。図示したものの内、完形例では最長が25.8cmである一方、最小例は11.2cm（No.36）、次が14.4cm（No.23）であるが、総じて20cm前後の長さを有している。この植刃器の器長を考慮すると、長管骨であることが望ましいといってよいであろう。そうであれば用いられた骨の部位はシカ類などの大型哺乳類の中手骨か中足骨の可能性が高いと推測される[2]。

Ⅳ 細石刃処理の原則

　全体の特徴として印象的なのは、ある種の美意識を感じさせるほど、一つの器体の中央軸を挟み、左右列に埋め込まれた細石刃の大きさ・形の対称性である。これに加えて、先端部・頭部の折り取り、中間部での折り離し、下端部の軸外への張り出し加減など、細石刃自体への手の加え方、扱い、器体への埋め込みの深さなど、細石刃の取り付けにあたっての、各器体ごとの斉一性である。一つの器体には、同じ程の大きさ（長さ）の細石刃を取り揃え、左右列における位置の対称性を意識しながら、先端部・頭部の折り取り、中間部での折り離しなどを行っている。

　こうした形で植刃器の製作が行われるのは、少なくとも三つのケースが考えられよう。

1. 植刃器の製作時に、手元にある体高の異なる複数の細石核[3]の中から、目的とする植刃器に見合った大きさの細石刃が剥離可能な細石核を適宜選び出し、細石刃を剥離し、埋め込まれる場合。
2. 手元に大小多数の細石刃が保持されていて、意図する植刃器の大きさ等の条件にしたがって、適宜大きさの揃ったものを選び出して埋め込む場合。
3. 植刃器製作時にたまたま手元にあった細石核から細石刃を剝取し、そのうえで、適宜折り取りなどの処理を行い、埋め込みを行う場合。

　筆者は第3のケースで、臨機応変に製作したのではないかと考えるが、1・2のケースであれば、植刃器ごとに多少なりとも用途差や刺突効果などが意識されていて、埋めこむ細石刃の大きさを意図的に選んでいたか、あるいはそうでなければ製作者の嗜好性が発揮された可能性もあるであろう。

　いくつかの例には意匠性に富み、独特の個性的な刻線を施したものがあり、単なる機能的な狩猟具というよりは、狩猟者個人の美意識や人格の表出であり、心を込めた製作の証ではなかったかとの思いに駆られる。

　つぎに、手元に用意された細石刃の軸への埋め込みに当たっての扱い、処理法についてまとめておく。

1. 先端部をわずかに折り取るのは、細石刃の湾曲是正のためであり、しばし

ば先端で湾曲が顕著になる、柳葉形細石刃特有の性格に対処するためであろう。
2. 中間部で折れ、上下いずれか脱落しているのは偶然ではなく、細石刃全体の湾曲率が大きい場合に、中間部で折り離し、埋め込みの支障となる湾曲の大きさという要素を取り除くための処置を、当初から行っていたことによるものであり、使用中の衝撃によるものではない可能性が高い。
3. 左右列の対向する側の細石刃の大きさと数をそろえる傾向がある。
4. 細石刃の先端を上、頭部側を下に置くことを基本とする。
5. 細石刃の軸への埋め込みにあたっては、細石刃の中心軸を境に半々あるいはそれと並行に埋め込むというよりも、頭部が下に位置する場合、その頭部は器体外に飛び出す傾向が強い。一種の逆刺効果を意識したものであろうか。
6. 各細石刃間に間隙を設けず、それぞれが相接する状態で埋め込まれることを基本とする。これと異なる例外的な存在が No.11 で、各細石刃間に 1cm 程の間隔を空けている。
7. 一つの植刃器に用いられる細石刃の大きさは、一つの器体ごとに、大中小それぞれにおおむね揃えられている傾向が強い。その上、先端部を折り取るか頭部を折り取るかも、それぞれの器体で揃えられている傾向が強い。そのことは、細石刃剥離過程のほぼ同じ段階のものを揃えて用いられていることをも同時に示唆していると受け止められる。

西南日本の野岳系細石刃に限らず、列島の湧別技法による細石刃も、しばしば完形ではなく折損状態で出土する。上記諸点は、この折損した細石刃の従来の理解に対しても大きな示唆を与えるだろう。

V デンマーク資料から見た細石刃装着法案の検討

日本列島の湧別系細石刃の装着法想定案は二つある。A案は綿貫・堤によるもの（綿貫他1987）であり、荒屋遺跡出土細石刃の観察によっている（図Ⅰ-12）。B案は鹿又喜隆（鹿又2004）によるものであり、タチカルシュナイⅤ遺跡に加え、荒屋遺跡資料に基づく想定案が提示されている（図Ⅰ-13）。ま

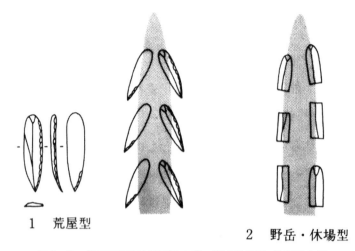

図 I-12 細石刃装着法復元図 A 案 （綿貫他 1987、堤 1994 より）

ず初めに、両案の異同を見ておこう。

A 案は、1）左列（腹面側表面）、右列（背面側表面）共に頭部を上に、細石刃の先端部を下に置いている。2）細部調整（リタッチ）の施された側が、背面を表面にする場合も腹面を表面にする場合も共に器体の外に出ている。

B 案は、1）荒屋遺跡・タチカルシュナイ遺跡例共に細石刃の先端部を上に、頭部を下に置いている。2）リタッチ側が、器体の中に入っている。

以上のように、A・B 両案は 1) 細石刃の頭部側を上に置くか、下に置くかでまず異なっている。2) リタッチ側を器体の外に出すか、中に入れるかという点でも異なっている。要するに、二つの着目点において、いずれも異なった真逆の想定をしている。

ここでは、デンマーク資料と日本資料がどのように符合するかを見ておきたい。ただし、デンマーク資料と日本資料には決定的な違いがある。まず、デンマークがフリント、日本が頁岩と黒曜石という石材の違いがある。このほかの大きな違いは、デンマーク資料には、基本的にリタッチが施されていない可能性が高いことである。当然のことながら、軸に埋め込まれた側は分からないが、一部の脱落資料にはリタッチは見られなかったし、装着資料にもはっきりリ

タッチがあると認められる資料はほとんどなかったことである。

その可能性のある一部の例外は、No.10・15である。No.10は左列③の背面頭部付近にリタッチが認められる（Rと表示）。No.15は左右列①の例である。ともに先端部にリタッチが施されているが、左列は背面側、右列は腹面側とそれぞれ異なっている。リタッチのあるこれら少数例からありうる一つのリタッチのパターンを例示した（図 I-10）。

なお、No.15右列①は腹面側を表にしており、この先端左側にかすかにリタッチが認められることから、リタッチCの可能性を窺わせる。こうした不確定要素は別にして、デンマーク資料の細石刃埋め込み法の特徴を以下に列記しておこう。

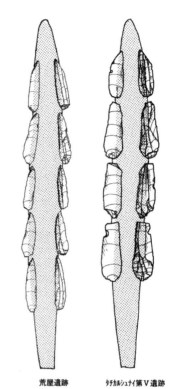

図 I-13　細石刃装着法復元図 B 案
（鹿又2004より）

1. 細石刃の先端側が上に、頭部側が下に位置するのが原則である。わずかな例外がある（No.21左列②）。
2. 細石刃の下部（頭部側）が、上部（先端側）より器体の外にせり出す傾向が強い。したがって刃部は器体の長軸線に対し並行ではなく斜交する。No.5は器体の長軸線と細石刃の刃縁の走行がほぼ並行しており、例外の部類に属す。
3. 埋め込まれた複数の細石刃間は密接し、間が空くことは少ない。No.11・12は例外に属す。No.12は間が空く上に、下端の頭部が折り取られ、さらに下端が極端に器体からせり出し、逆刺のようになっている。
4. 左右列に並んで埋め込まれた細石刃の長さはほぼ等しい。長いものは長いもの、短いものは短いもの同士が組み合わされているのが原則である。

5. 左右それぞれの列内では表面に背面側を置くか、腹面側を置くか揃う傾向が強い。

　以上の特徴を日本側のA・B装着案と比較すると、B案に符合する部分が多い。ただし、全く接触のない両地の石器文化には異なった技術伝統が根付いている可能性も高い。どのように装着されたかは使用痕分析など独自の方法によって決められるべき性質のものであろう。

　ここで紹介した植刃器の調査は1982年のことであった。そのきっかけは、1973年2月オルドゥヴァイ遺跡出土の人類最古の石器の実見観察に赴いた調査旅行の帰途、コペンハーゲンに立ち寄ったことにあった。当時（財）古代学協会で発行していた雑誌「古代学」の国際編集委員をなさっていた、コペンハーゲン大学教授Johan Bekker先生にご挨拶に伺うよう、故角田文衞博士に仰せつかっていたからである。

　先生へのご挨拶の後、書店巡りのついでに立ち寄った国立博物館の展示の中に、植刃器の実物展示を発見し、いつの日か、植刃器の調査に是非再訪したいという思いを強く懐くことになった。それが実現したのが1982年のことであったというわけである。

　筆者がデンマーク国立博物館で調査に臨んだのは、細石刃文化研究の一齣においてのことであったが、その後、勤務先の（財）古代学協会・平安博物館が閉鎖され、京都文化博物館の開館準備室に勤務となった。以降その準備のために忙殺されることとなり、写真の公表を果たす機会はあったものの（鈴木1984）、調査記録の詳細を公にする機会を果たしえぬまま今日に至ってしまった。

　植刃器の現地調査は、時間のかかる多数の調査資料の実測・写真撮影・記録作成を最優先させ、調査対象資料の出土遺跡、報告書などの調査は、調査未了資料の追加調査の際に果たそうと考えていた。しかしながらそれを果たせぬまま今日に至ってしまった。

　本来ならば、資料の出土地、所属時期、年代などを明らかにしつつ紹介する

のが望ましいが、そういう経過で、「すべては時間のなせる業」と諦めることとし、せめて調査記録だけは残しておきたいと筆を執った次第である。

第2節　遺跡立地の研究

I　立地研究の経緯

　遺跡の立地に重要な意味があると考え出したきっかけは、最初の論文（鈴木1971）で、西南日本の細石刃文化の俯瞰をしたあと、地域ごとの実態をまとめてみる必要性を感じ、職場からさほど遠くない静岡県西部から三重県にかけてその作業を始めたことにあった。ただこの当時、この地域では博物館・資料館も発掘事例も少なく、資料は表採品に限定された。その結果、おのずと採集家のご自宅をお訪ねすることになった。資料は多くの場合、ご自宅付近の畑などで採集されたもので、遺物を見ることはすなわち遺跡を見ることになり、その遺物を出土した場所の地形景観、立地環境が自然に目に入ることになった。現地の案内を受け、作物を見、風よけの植栽を見、土地柄をお聞きし、水場や季節風などにも話が及ぶことになる。そうして、遺物の実測、現地の写真撮影に加え、地形のスケッチを繰り返すことが続いた。

　こうした経過の中で、細石刃文化研究の第2、第3篇（鈴木1979a・b）を書き終えるころには、関心は細石刃製作の技術型式論から立地論へと移っていった。立地論の最初の視点は遺物論に対して遺跡論の必要性を訴えたものであった（鈴木1983）。ここでは北海道から九州までの全国482カ所の遺跡が、列島の地形区分、平野（段丘・台地）・丘陵・谷・高原・盆地・山地・山岳のうち、どこを生活領域としていたかを考えてみようとしたものであった。ただ、遺跡の所在地が上記の地形区分のどこに当たるかは、簡単なようでいてなかなか厄介な側面があり、結局、遺跡の標高をもってこれに代えることとした。

　こうして集計した結果を俯瞰してみると、北海道では平原状のオープンな地形空間に遺跡は多く、長野県では白樺湖周辺や野辺山高原あるいは開田高原など、火山山麓の高原にも多くの遺跡が位置していることが第一の特徴として浮

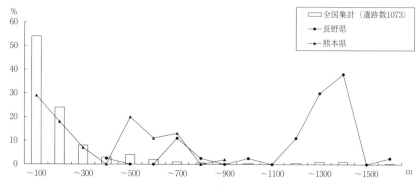

図Ⅰ-14 細石刃文化の標高別遺跡占有率グラフ（鈴木 2010）

かび上がってきた。高地の遺跡の多くが日本屈指の山岳地帯を擁する長野県下に位置していた（図Ⅰ-14、鈴木 1983）。その一方、一番標高の低い遺跡は三重県ママ田遺跡の 5m であることが判明するとともに、高所遺跡が信州に集中するのとは対照的に、低所の遺跡が全国に広く分布することが分かった。ちなみに全国平均は 193m であり、標高 100m 以内に全体の 51％が位置していることが大きな特徴であることもはっきりした。これを 200m 以下にまで広げると全体の8割に近い 77％を占めることも判明した。結局、細石刃文化の遺跡は基本的に低地に圧倒的に多く、高所に位置するのは長野県の山岳地帯の山裾の高原や阿蘇山を擁する熊本といった山国の現象であることも、全体傾向の一つとして捉えることができた。こうした結果を「細石刃文化の生活空間概念図」として提示した（図Ⅰ-15）。

つぎに、これを多数の遺跡を抱える地域ごとに見てみよう。北海道の常呂川流域では標高 200m までに 81％が集まっている。東北地方の山形でも全国平均と同じ傾向を示している。北海道に次いで遺跡の多い関東平野はその地形特性からも想像されるように、97％が 200m 以下の値を示す。長野県下の遺跡の平均標高は 1,174m であるが、東海地方では 90％が 200m 以下にある。低標高立地の傾向がもっとも典型的に表れるのが大阪府の事例であろう。大阪府下には草創期を含め 450 遺跡が登録されている（日本旧石器学会 2010）。細石刃文

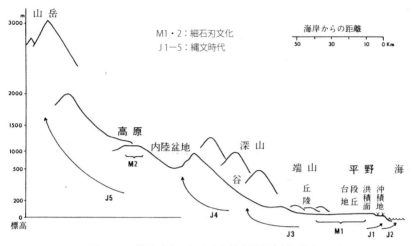

図 I-15 岩宿時代における生活空間概念図（鈴木1983）

化段階の遺跡はごく少数なので、時代を包括的にみると最高所遺跡は和泉葛城山頂の850m、これに次ぐのが東大阪市草香山355m、この他は200〜300mに3カ所、100〜200mに17カ所であり、残りすべてが100m以下にある。瀬戸内地域の岡山、香川、山口はすべてが100m以下の値を示している。

　北海道、関東に次いで遺跡の多い九州に目を転じてみよう。ここでは200m以下に74％が含まれることは全国集計と同様だが、500〜1,000mまでに5.5％の遺跡が存在することが注意を引く。高標高遺跡の多い熊本県で最高所遺跡は長倉峠の850mであり、ほかの高標高遺跡は阿蘇山麓に位置する。なお、1983年の当論文執筆時、熊本県の細石刃文化の遺跡数は22カ所であったが、2010年の集計では50カ所を挙げることができる。

　さて、ここで彼我の間の調査事例の増加によって遺跡立地の状況に変化はあったのかみてみよう。最高所の遺跡は長倉坂860mでほぼ変わらず、遺跡出現標高域比率もおおむね変わらない。変化といえば、遺跡数が倍以上に増えた分、各標高域に万遍なく遺跡が分布するようになったことと、100m以下の比率がやや減った一方、〜200m域の遺跡が明瞭に増加した点であろう。いずれにしても、彼我の間に遺跡立地の標高域とその占有率の関係は基本的に変わっ

ていない。

　こうして、遺跡立地の標高、地形区分を通して、細石刃文化の遺跡が多く集まる主たる地形領域を生活空間と捉え、そしてその土地利用形態を「低地・平坦地（平野）型＝平原型」を原則とし、一部に「高地・平坦地型＝高原型」を認めることができるとして、後に細石刃文化の生活空間概念図を「野辺山（矢出川）における遺跡周辺の生活環境模式図」、「武蔵野における遺跡周辺の生活環境模式図」として提示することになった（図Ⅰ-16・17、鈴木1988）。そこには、それぞれ異なった固有の生活があったことを予測したものである。

　そして、こうした生活空間論が高地での槍先形尖頭器文化との強い結びつきを示すのと同時に、低地での細石刃文化と対比的にとらえられるのではないかと考えた。低地と高地の二つの生活空間の間には1,000m以上の標高差があり、温度差にして7℃に相当する。この差は現在と氷河期の年平均気温差に匹敵する。これはひいては植物相や動物相そして、生活様式の差に通じる大きな要素であるとした。

　そのうえで、石器石材の原産地と遺跡立地との関係を検討しなければならな

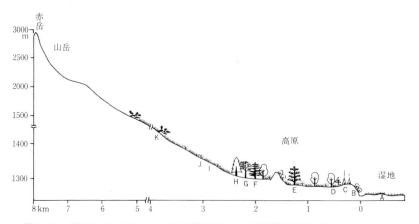

図Ⅰ-16　野辺山（矢出川）における遺跡周辺の生活環境模式図（鈴木1988）
　　Ａ コケスギラン　Ｂ ハシバミ　Ｃ キャンプ　Ｄ カバノキ属　Ｅ ゴヨウマツ亜属
　　（チョウセンゴヨウ）　Ｆ モミ属　Ｇ ツガ属　Ｈ トウヒ属　Ｉ コケモモ　Ｊ クロマ
　　メノキ　Ｋ ハイマツ

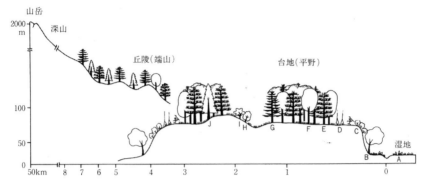

図 I-17 武蔵野における遺跡周辺の生活環境模式図（鈴木 1988）
A スゲ・ミズバショウ　B ハンノキ　C ハシバミ　D キャンプ　E ゴヨウマツ亜属（チョウセンゴヨウ）　F コナラ亜属（ミズナラ）　G モミ属（シラベ）
H シナノキ　I カエデ　J トウヒ属（ヒメバラモミ）

いとも記した。北海道の白滝や信州の男女倉、九州の上場高原を意識してのことであったが、筆者の関心はその後ここに向かうことはなかった。

　また、この二つの生活空間がどのような意味を持っているかという点については、それぞれの空間で通年の暮らしがあった可能性と季節ごとに行き来していた可能性を漠然と想定してはいたが、そのいずれか判断する材料を欠いていた。この点については、後に堤隆によって、高原と低地の二つの生活空間の関係が、黒曜石の獲得行動との関係で、季節的すみわけとして見事に説明されることになった。それは、堤の明確な目的意識と、長年にわたる精緻で精力的な、気の遠くなるような長い道のりを経た野辺山高原での細石刃文化研究の結晶であった（堤 2004、堤他 2015）。

　堤は野辺山の矢出川第 I 遺跡を中心に、細石刃を1,000余点、細石核を600点余り実測・資料化すると同時に、219点の黒曜石の産地同定を集中的に行った。その結果は、近隣の星ケ台産46点（28%）、冷山産28点（12%）、神津恩馳島産78点（34%）、残りは産地同定不能黒曜石となった。驚くべきことに矢出川遺跡の細石核の約1/3が、伊豆諸島の神津島産であることを突き止めたのである。こうした膨大で綿密な執念の調査の結果、八ヶ岳や霧ケ峰の黒曜石原産地では、冬場の黒曜石の採取はできないということを前提に、矢出川人

は冬期には相模野台地などの低地を訪れるなどして神津島産黒曜石を入手し、また気候が穏やかになるころ野辺山に回帰したとした。黒曜石石材研究の成果がここに見事な解釈となって結実した。

　さて、ここでいったん目を転じて、九州から本州中央部までの高原の遺跡を通覧してみよう。九州地方では、先に全国の遺跡の標高を一覧した際に、長野県に次ぐ高所の遺跡が多い県として熊本県を挙げたが、ここでは大分県の高原地帯の遺跡も見ておきたい。話を簡明にするために、基本的に細石刃文化の遺跡をたどりながら進めるが、多くの場合そこにはナイフ形石器文化の段階からの居住があった。その逆に細石刃石器群未発見の遺跡群を含むこともある。

　大分県天瀬町には亀石山（798〜803m）がある。ここから出土した石器は表採品を含めて21,300点近くに上るが、そのほとんどが「細石刃文化期の所産である」（今田他2003）。おそらく本州の荒屋遺跡や矢出川遺跡に匹敵するような大規模の遺跡であろう。出土石器は21,274点を数え、石材別の集計によると黒曜石製石器が18,559点にのぼり、そのうち腰岳系黒曜石が99％を占める。

　ここから、約60km南に位置するのが熊本県西原村河原第3遺跡（500m）である。同4遺跡のⅥ層（第6文化層）からは、2,724点に上る細石刃石器群が出土している（芝2011）。そのうちの70％を腰岳産の黒曜石が占める。両遺跡はともに野岳型の細石核に特徴づけられる。河原第3遺跡の標高はさほど高くないが、阿蘇周辺には700〜800m台の遺跡が点在する。こうした事実から、筆者はこの2遺跡間には、亀石山遺跡のある天瀬高原から飯田高原、九重高原を経て、河原第3遺跡の位置する阿蘇外輪山の西肩に当たる西原村方面にかけて、高原の道が通じていたと考えている。

　このあたりの事情を、九州細石刃文化の研究に革新的貢献をした芝康次郎（2011）は、「相対的に移動性が高く、長距離を遊動する行動パターンが認められるが、それは石材原産地から離れた高地に認められる行動パターンの一側面である」との認識を示している。九州にはほかにも上場高原の遺跡群などがある。これも同様な観点から見ることができるであろう。

中国地方について、藤野次史（1985）は、広島県冠遺跡、下本谷遺跡、地宗寺遺跡、岡山県恩原遺跡群などを挙げ「中国山地を一つの文化圏として設定しうる」としている。冠高原に位置する冠遺跡群D地点（795m）では、台形様石器を指標とする第1期石器群から、槍先形尖頭器・細石核を指標とする第3期石器群が確認されている（沖2005、藤野2001）。こうして、先にも述べた河原第3遺跡の例や亀石山（803m）の腰岳産黒曜石を用いた野岳型細石核を指標とする大遺跡、広島県冠遺跡群（780〜820m）・樽床遺跡群（749〜796m）、岡山県恩原遺跡群（730m）などの中国山地只中の高原に位置する遺跡群、中国山地の東端に近く鳥取県境に聳える扇ノ山（1,310m）から氷ノ山（1,510m）の東面の鉢伏山を含む高原地帯には、兵庫県下最高所遺跡の畑ヶ平遺跡（1,000m）、上山遺跡（900m）、鉢伏高原遺跡（850m）、杉ヶ沢遺跡の3地点（795〜760m）を含む高原の遺跡群が知られている（高松他1984・1985）。

　ここを過ぎ、JR播但線を越えると、氷上回廊沿いの板井寺ヶ谷遺跡など低地の遺跡群となり、京都盆地、琵琶湖低地、濃尾平野まで高原の遺跡はない。岐阜県飛騨地方では池ノ原遺跡群（1,299〜1,304m）、愛知県では茶臼山高原の茶臼山A遺跡（1,250m）と挙げていくことができる。

　茶臼山A遺跡は、茶臼山山頂直下に開ける高原に位置し、A〜Gの7カ所の地点からなる遺跡群である（鈴木1998）。ここはまた豊川の源流域でもある。豊川流域でこれに次ぐ高所の遺跡は、黒曜石製のナイフ形石器を中心とする石器群の出土でしられる市場口遺跡（700m）である。茶臼山遺跡からここまで高原状の地形景観が続く。これを過ぎると一気に北設楽郡の渓谷・深山地帯に入り、古戦場で名高い長篠に至って、豊川平野の眺望が開けるまでこの間約20km、市場口遺跡に近く近年細石刃石器群が発掘された川向東貝津遺跡（樋上他2020）を除いて、岩宿時代の遺跡はない（鈴木2020b）。なお、茶臼山遺跡の細石核群の主体は白色不透明のメノウで、その産地は遺跡から遠くない位置にある。

　岐阜県下飛騨地方に入ると、御岳北麓、標高約1,300mの日和田高原一帯に広がる池ノ原遺跡群（図I-18）がある。同遺跡は湧別系細石刃石器群の良好

図 I-18　日和田高原池ノ原遺跡群（後方に乗鞍岳を臨む、2022年著者撮影）

な資料の出土で知られる（高山市教育委員会 1986、飛騨考古学会旧石器分科会他 2001・2005）。県境を挟んで指呼の間に開田高原の遺跡群がある。

　長野県に入ると高原(4)の遺跡が多い。木曽地方では御岳山の裾野に広がる開田高原の柳又遺跡（1,100～1,125m）や越遺跡（1,160m）などの高原の遺跡群の存在をまず挙げることができる。諏訪湖以北になると霧ケ峰周辺、男女倉遺跡群、鷹山遺跡群、菅平遺跡群、そして上信国境の八風山周辺まで、高原の遺跡が続く。

　これらの高原の遺跡群については、そこには高原の生活空間があって、冬に高原のムラを去って、低地に降りる必要性はかならずしもなく、通年にわたって高原で暮らす人々がいたのではないかと筆者は考えている。あるいは冬期に、耐寒性能が極めて高いカモシカの毛皮を求めて、平野部からあえてここを目指して訪れる集団がいた可能性さえあるのではないか。

　長野県下では岩宿時代遺跡の分布する高原地形は多く、それはやがて佐久平を経て、香坂山や八風山遺跡の位置する上信国境地帯に至り、さらにこれを経

て新潟県下や北関東地域につながっていく。山梨県域での最高所の遺跡は丘の公園遺跡群であり、1.5km四方ほどの範囲、標高約1,150～1,230mの間に、第2遺跡のほか5遺跡が知られている（保坂他1989）。ここは高原と牧場の町として知られる観光地清里念場原の一角を占め、野辺山まで約5kmと近い。山梨県下の遺跡というより、八ヶ岳南東山麓の遺跡群として捉えておくのが妥当であろう。

　群馬県下の遺跡立地に関して、橋本勝雄（1997・2012）が、関東地方の細石刃文化期を例にとって論じている。そこでは、関東地方で見られる3種類の細石核の型式の遺跡ごとに、「ホロカ型は『山の民』、野岳・休場型は『平原の民』、札滑型は『川の民』」とし、『川の民』は内水面漁撈に深く関与した集団とするなど、遺跡立地を俯瞰的に象徴的な捉え方をしているので、ここで一瞥しておきたい。

　橋本はその立地特性を「総じて、ホロカ型の遺跡は関東地方周縁部の山麓または付近の台地上に偏在している」と述べ、湧別系や野岳・休場型よりも相対的に高所に立地しており、桝形遺跡（420m）を代表とする赤城山麓がその好例であるとする。同様の遺跡として芳見沢遺跡（378m）、龍ノ口遺跡（450m）、三峰山（745m）がある。

　また、「特に赤城山麓の事例は、標高の高低・地形に応じて、高所からホロカ型（山麓台地）→野岳・休場型（山麓台地）→札滑型（台地）の遺跡が整然と分布しており、住み分け（局所空間への適応）の問題検討課題として残る」とも述べ、技術型式／立地／石材／生業を複合的に捉えようと試みている点で興味深い。

　群馬県下では、赤城山南麓から利根川流域などの低標高地帯に遺跡は集中するが、利根川の上流域利根郡みなかみ町の後田遺跡、善上遺跡など多数の遺跡が、標高400～600mの間に分布している。これらに細石刃文化期の桝形遺跡、龍ノ口遺跡、三峰山などをくわえて、高原の遺跡群と捉えておきたい。

　そして国境の峠を越えて新潟県に入ると、中魚沼郡津南町には上原E遺跡など標高400m台の遺跡が30カ所以上存在する。

栃木県の高所の遺跡としては、矢板市高原山産黒曜石の原産地遺跡として剣ヶ峯地区（1,394m）、八の沢地区（1,320m）の2カ所が知られている。同じ矢板市には標高1,000m台の遺跡が3カ所、塩谷郡塩谷町には標高400m台の遺跡が5カ所、那須郡那須町に400m台の遺跡が3カ所挙げられている。遺跡の詳細ははっきりしないようだが、いずれも高原山の山麓ともいうべき位置にあり、黒曜石原産地との関係で、遺跡の性格がどのようなものか興味が持たれる。

ここからもう少し北上してより寒冷な東北地方、北海道における高原、高地の遺跡を辿ってみよう。福島県の最高所遺跡は、出土遺物不詳だが阿武隈山中の相馬郡飯舘遺跡の680mとなっている。これに次ぐのが猪苗代湖畔（西岸）にある笹山原遺跡群や小石ヶ浜遺跡で、これらの標高は510～530mである。猪苗代湖東岸には林口遺跡（560m）がある。国土地理院の「20万分の1地勢図」には猪苗代盆地と表記されているが、この西方約10kmに広がり「あいづだいら」とも呼ばれる会津盆地の標高を約200mとすると、笹山原遺跡群一帯はこれより300m以上高所にあり、磐梯山（1,819m）南麓の高原に位置していることがわかる。

宮城県で高所遺跡と呼びうるのは、「掻器・削器」出土とされる苅田郡七ヶ宿町長老沼北遺跡（720m）1カ所に過ぎない。山形県での高所の遺跡は西村山郡西川町内、月山火山帯の一つ、姥ガ岳起源とされる溶岩流で形成された台地の末端部に位置する月山沢遺跡、弓張平遺跡群（B～H・K・L・O）がある。弓張平の標高は625～525mを計り、長さ約3km、幅500mほどの細長い平坦地に11カ所の遺跡が記録されている。400m台の遺跡は上屋地A遺跡のみで、県のイメージに反して、大半の遺跡は低標高地にある。こうした状況から、弓張平遺跡群は高原の遺跡群として捉えることができるだろう。

秋田県はどうだろうか。同県下での最高所遺跡は雄勝群東成瀬村大柳沼遺跡の560mで、「細石刃・細石核」出土とされる。ほかに標高400m台の遺跡2カ所、300m台が3カ所、200m台が3カ所ある。県下87遺跡のうち、78カ所が標高200m以下に位置することになる。岩手県の最高所遺跡は盛岡市岩洞湖

小石川遺跡Ⅱの標高710m、盛岡市大橋遺跡680m、岩手郡葛巻町泥這遺跡640m、北上市夏油温泉遺跡580mとなり、その他はすべて500m以下にある。このうち明確に岩宿時代の遺跡と判断されるのは、ナイフ形石器、細石刃・細石核を出土した大橋遺跡の1遺跡のみであり、高所の遺跡群ははっきりしない。

　つぎに本州最北の青森県を見てみよう。青森県下の最高所遺跡は八戸市黄檗遺跡の214mで、これより高所に位置する遺跡はない。

　最後に北海道を見ておこう。『日本列島の旧石器時代遺跡』には、岩宿時代から縄文時代草創期にかけての遺跡として、872カ所が挙げられている。この中で最高所の遺跡は、紋別郡遠軽町所在標高1,135mの赤石山遺跡である。白滝産黒曜石の岩体の中核部にあたり、両面調整石器・槍先形尖頭器なども出土しているが、いわゆるムラ跡ではなく、黒曜石の採取行動にともなって残されたものであろう。

　こうした特殊例を除くと、白滝産黒曜石の採取・加工・利用に関連して残された遺跡は、湧別川上流域の段丘上などにおもに位置し、標高は400m台を中心とする。こうした地域の遺跡数として、遺跡名に「白滝」の付く遺跡、紋別郡遠軽町内の白滝の名の付く地区に所在する遺跡数を数え上げると230カ所以上に上る。赤石山を中心とする黒曜石原産地とその直下の湧別川流域という限られた地域に、いかに多くの遺跡が集中しているかがわかる。まずこの地域の遺跡の立地状況について標高を手掛かりに一瞥してみよう。

　先の赤石山を除くと次に高いのが、幌加川遺跡遠間地点札幌大学調査区、幌加川遺跡遠間地点昭和47年度調査区、幌加川遺跡遠間地点の3カ所で、いずれも標高600mを計る。遠間地点は木村英明（2020）によれば、通常の集落・ムラではなく、原石切り出し基地の下方にある第1次加工を行う「中継地」である。さらにこの下方、標高400m台を主とする湧別川流域の段丘面などに残された、多数の「奥白滝」「上白滝」「白滝〇〇地点」遺跡群がある。これらが、木村によって最終加工・使用・再生作業の行われる「集落・ムラ」として区分された遺跡群である。ここから黒曜石製品は広く北海道全域へ、本州域へ、さ

らには遠くサハリンにまで広がっていくことになる。

　ここでいったん白滝周辺から離れて、改めて北海道全域の遺跡を見渡してみよう。河東郡上士幌町所在の 13 の沢遺跡は標高 850m を測り、群を抜いて高いが単独遺跡である。次に目を引くのが同町所在の糠平湖西岸 1～6 遺跡である。6 遺跡とも標高 500m を測るが、出土遺物などはっきりしていないようである。さらに道内を広く見回しても、高所、高原の名にふさわしい地形空間に遺跡群が形成されている例は認められない。こうした集計作業を通してみると、北海道においては高原に立地する遺跡群の存在は認められないとみてよいであろう。

　その背景はどこにあるだろうか。木村のいう「白滝の石材獲得と石器生産の分業システム」による黒曜石利用は、大型で良質な黒曜石が赤石山（1,172m）山頂直下を中心として産出するという産状の特殊性と、石材を大型両面加工石器として搬出するという石材の搬出形態ゆえに、標高 600m という高所に幌加沢遺跡遠間地点のような第 1 次加工「中継地」遺跡を必要とする。赤井川、置戸、十勝地域といったその他の主要黒曜石産地は、こうした条件下にはないからであると、ひとまず考えることができるであろう。

　さて、立地論は土地利用論と言い換えることもできる。岩宿時代のあと縄文時代では、海や川・湖近くの水域環境に進出し、居を定めて漁労活動を行い、水産資源を重要な食料資源とした。また、深山・奥山、渓谷地帯など、それまで岩宿時代人が利用してこなかった土地にも進出し、新しい山棲みの暮らしを拓いた。それを象徴するのが、こうした地域における、縄文時代草創期以降の岩陰・洞窟遺跡の急増である。ここでは平野に較べ、カモシカ・ツキノワグマが多く検出されるという奥山地帯ならではの特色がある。

　弥生時代に入れば稲作が始まり、平野部の低湿地が積極的に開拓、利用される（鈴木 1995・2020b）。

　こうした時代変化の中で、これまで岩宿時代人の暮らす二つの生活空間の存在を主張してきた。それは列島全域の細石刃文化期の遺跡の立地を検討した結果を踏まえてのことであった。そして、これまでは、それを細石刃文化期以前

の岩宿時代全般にわたっても敷衍できるとして、縄文時代と対比的に述べてきたにすぎなかった。この度、2010年刊行の『日本列島の旧石器時代遺跡』のデータによって、愛知県下や熊本県の事例などを見直してみた。この結果、細石刃文化以前の諸段階（台形様石器群段階・ナイフ形石器群段階・槍先形尖頭器群段階）についても、これが岩宿時代の一貫した特徴であることを、改めて確認することができる（第3節）。そしてこの二つの地理空間・生活環境の意味が問われることになる。

その意味するところについて、信州高地での冬季の黒曜石採取は困難と捉え、冬季と夏季で低地と高地の両所を季節的に棲み分けると考えるのではなく、筆者はこれまで述べてきたように、通年居住を前提に、そこにはそれぞれ固有の資源利用環境と生活があると捉える。

二つの生活空間には季節の移ろいにも違いがある。そこに生きる岩宿時代人たちの生活観、季節観、自然観、宇宙観もそれぞれ異なったものとなっていたであろう。寒冷な気候下にあったこの時代、低地平野部でも季節の移ろいは早く、長い冬に続く待ちに待った春の後、夏は一気に訪れ、一帯は一斉に生気に満ち溢れる。それも束の間、秋は足早に近づき、カラマツの葉が風に舞い、やがて湿地には薄氷が張り始め、そして、厳しい寒さの冬が始まる。

平野では春・初夏の訪れはツツジ科の木々の開花か。高原では一気に夏が訪れる。それは草原一面に広がるキスゲや池塘に影を映すワタスゲの白い穂先が風に揺れる光景だっただろうか。高原にはそこをホームグラウンドとする人々だけではなく、平野からやってきては行き過ぎていく集団もあれば、武蔵野や愛鷹山麓などといった平野地帯を起点に、平野と高原とを行き来するのを常としていた集団もあったであろう。その中には、耐寒性にとりわけ優れた動物の毛皮や北方系の大型動物を求めて、冬期に上ってくる人々もいたであろう。

シベリアの極寒の大地に暮らす多くの細石刃文化集団がいることを思えば、長野県の高原、低山岳地帯においても無理な想定ではないのではなかろうか。日本列島における黒曜石利用は後期岩宿時代の初期から始まり、矢出川第Ⅰ遺跡の細石刃文化の時代、そして縄文時代まで長い伝統がある。この間の初期か

ら、地域社会間に様々なネットワークが生まれ、黒曜石もそのネットワークの一つに乗って流通していた可能性は十分にあると筆者は考える。

　ここで改めて、矢出川第Ⅰ遺跡の神津島産黒曜石をめぐって、本項冒頭付近（49〜50頁）で紹介した堤見解を振り返ってみたい。

　相模野台地では、諏訪間順（2019）の相模野編年段階Ⅸ・Ⅹが細石刃文化段階に当たり、黒曜石主体の時期の一つとされる。同期の相模野台地の遺跡では神津島産が多数を占め、残りの2〜30％を箱根・天城エリアが占め、信州系は皆無に等しいという（池谷2009）。相模野の代官山技法によって特徴づけられる「細石刃石器群出現期」の黒曜石原産地を概観した砂田佳弘（2020）は、その産地は伊豆柏峠であるとしている。西富岡・長竹遺跡では中部山岳系原産地に一極集中（約97％）する中で0.9％の神津恩馳島産を含み、当麻遺跡第1地点では信州系12.5％に対し、恩馳産にほぼ一極集中（71.3％）するとしている。このように信州産と神津島恩馳産とは相反的な出土状況を示すようである。

　ここで、矢出川第Ⅰ遺跡出土の細石核と同時期・同技術型式の細石核・細石刃に利用された黒曜石の産地を改めて見てみたい。同遺跡の細石核の型式は野岳・休場型あるいは矢出川型と呼ばれるものと捉えることができる。これを相模野台地の出土例から見ると、初期細石刃石器群であるL1H層準の代官山型の次の段階、B0層準の段階に位置するものと考えてよいであろう。幸い、L1H層準からB0層準段階の細石刃石器群に用いられた黒曜石の産地に関するまとめがあるので、これを見てみたい（鈴木次他1996）。

　まず、代官山段階では、信州・箱根・柏峠西・神津島の4産地が挙げられ、このうち、箱根・伊豆柏峠西が主体を占め、信州産がわずかにあり、神津島産は無いとされる。B0下位では信州産が主体で、伊豆柏峠産を少量含んでいる。この段階まで神津島産は入っていない。B0中位ではじめて神津島産黒曜石が登場して主体を占めるようになる。その後は神津島一辺倒となる。同報告書刊行時点の1996年段階では、B0中位から神津島産黒曜石が用いられたことになる。

　なお、その後の黒曜石の産地研究は格段の進捗を見せているので、同じ相模

野台地における諏訪間順（2019）の研究を見てみよう。問題の細石刃石器群の前半は、相模野段階Ⅸ石器群、後半は段階Ⅹ石器群となる。段階Ⅸ石器群はL1H上部〜B0下部に検出層準があり、L1H上部の吉岡遺跡群B区、代官山遺跡第Ⅲ文化層では、伊豆柏峠産黒曜石の小角礫を用いた「代官山型細石刃核」を特徴とする。B0層では「野岳・休場型」となり、神津島産や信州産に原産地が変わり、わけても野岳・休場型には神津島産黒曜石が多用されるという。

　段階Ⅹ石器群は、B0中部〜L1S上部までを出土層準とし、新たに「船野型」細石刃核が加わる。引き続き神津島産を多用するが、「船野型」細石刃核は硬質細粒凝灰岩を用いる。

　ここまで、矢出川第Ⅰ遺跡の神津島産黒曜石に関連して、相模野台地の細石刃石器群における実情を見てきた。

　ここからは愛鷹山麓遺跡群の実態を見ることにしたい。というのも、ここは「黒曜石考古学」の提唱者池谷信之と黒曜石の産地分析法を確立した望月明彦のフィールドであり、この二人の共同研究は愛鷹山麓遺跡群出土の黒曜石分析抜きには語れないからである。それに加えて、信州の黒曜石原産地群や男女倉、霧ケ峰、鷹山、野辺山などの高原の遺跡群からは、相模野とほぼ等距離にあるからである。

　愛鷹山麓では愛鷹・箱根編年第5期：YLU層が細石刃石器群の時期となる。池谷の著書『黒曜石考古学』（2009）の問題部分をさっそく見てみよう。YLU層の主体となる石器群は「野岳・休場型」細石刃核と細石刃である。第4期では信州系黒曜石が比較的安定した割合で存在したが、第5期に入ると一転して神津島恩馳島産黒曜石が80％以上を占めるようになり、草創期以降もこの状況が継続していくという。この点を図によって具体的に見ておこう（図Ⅰ-19）。

　第5期の西洞aYLU（上部休場ローム層）、中身代ⅢYLUでは神津島エリアの黒曜石が圧倒的な位置を占め、これに伊豆天城エリアが続き、信州系と箱根エリアがわずかに加わる。遠方の信州系はほとんど入っていないという状況である（池谷2009、高尾2006）。ちなみに、西洞a遺跡YLUでは、10％に満

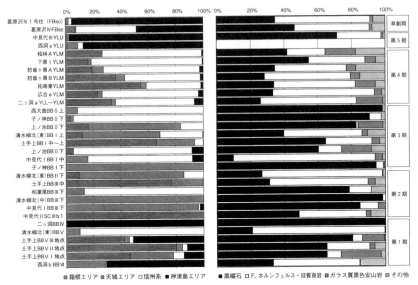

図 I-19 愛鷹山麓の黒曜石組成（池谷 2009 より）

たない箱根・天城エリア産黒曜石と神津島産黒曜石でほとんどが占められ、信州系黒曜石は数％を占めるに過ぎない。相模野 B0 下位・中位に信州産黒曜石が多くを占めていたのとは大きく相違している。もし、相模野と愛鷹山麓における信州産黒曜石の有無が、相模野と愛鷹山麓における矢出川居住集団の来訪の有無を示すということであれば、神津島産黒曜石であふれかえっている愛鷹山麓には、ひとまず矢出川第Ⅰ遺跡の居住集団が、冬季の寒気を避けて移動してきた様子はうかがえないということになろう。

筆者は次のような解釈もありうると考えている。相模野の B0 下位、中位の細石刃集団は、信州の黒曜石を安定して保有する一方、少ないとはいえ近場の箱根、伊豆産の黒曜石を保有したうえで、神津島産黒曜石を保有している。もし矢出川第Ⅰ遺跡の神津島産黒曜石が、冬期相模野に下っていた矢出川集団によって、春の訪れとともに矢出川第Ⅰ遺跡にもたらされたものならば、箱根、伊豆産の黒曜石も少しは持ち込んだと考えるのが自然ではないか。

しかしながら、矢出川第Ⅰ遺跡には箱根産も伊豆産黒曜石も入っていない。

その理由は、矢出川集団が野辺山周辺の高原地帯を通年の居住・行動領域としていた集団であるからではないかと筆者は考えている。九州から中国地方、中部地方南部から北部を経て東北地方南部に至る間の広い範囲の高原地帯を、行動域・ホームグラウンドとしていた集団がいた一方、低地には平野部を行動領域とする平野集団がいたのであり、彼ら相互の接触で神津島の黒曜石が間接的にもたらされた可能性が大いにあるのではないだろうか。

先に、愛鷹山麓の細石刃文化期の遺跡群には信州産黒曜石の痕跡がないとする池谷らの研究を引いたところだが、堤の考えるように冬季に寒気を避け、同時に神津島産黒曜石を求めて、本来のホームグラウンド・矢出川第Ⅰ遺跡のある野辺山を降りて低地に移動して行ったというのなら、神津島産黒曜石が圧倒的な愛鷹山麓に足を延ばさない方が不自然ではないか。

矢出川第Ⅰ遺跡へ神津島産黒曜石がもたらされる契機は、ほかにもあったであろう。細石刃石器集団は最も移動性に富んだ集団だといわれる。愛鷹集団に限らず神津島産黒曜石保有集団が、折に触れて野辺山高原に猟に来る機会もあったのではないか。高原の集団と平野の集団は、それぞれその二つの地理空間を固有の生活圏として行動しつつも、折に触れ平野と高原の間を行き来することもあったのではないかと筆者は考える。平野の民と高原の民を想定すれば、黒曜石の動きも、冬季における高原・山岳地帯での黒曜石採取不能とするところから考えるのではなく、高原地帯での通年居住を考える中でも、低地・海の黒曜石と高原・山岳地帯の黒曜石の交叉は起こりえたのではないだろうか。

さて、野辺山高原にはもう一つの細石刃石器群があった。中ッ原第5遺跡B地点（堤1991）、中ッ原第1遺跡G地点（堤1995b・1996）出土の湧別系細石器群である。堤は両遺跡の発掘成果から両遺跡間の関係を、石材補給と遺跡形成をめぐる行動形態という観点から、以下のように見事に説明してみせた。両地点の石器には接合関係があり、その個体の消費や製作順、石材補給の観点から、八ヶ岳周辺での黒曜石の獲得という中継地点での行動を挟んで、5-B地点から1-G地点への移動を想定した。

そして、5-B地点には下呂石の細石刃が存在していることから、まず、この

集団の出発点を、下呂石原産地のある岐阜県湯ヶ峰周辺であると想定する。さらにここから野辺山高原との中間地点にある開田高原には、湧別系細石器群を多数出土した柳又遺跡A地点（國學院大學文学部考古学研究室1997）があることから、湯ヶ峰を起点に開田高原を経由して野辺山に至る移動と、その間の石器石材獲得行動が以下のように復元されることになった。

①前地点（下呂～開田周辺）からの移動→②黒曜石・チャート原産地での石材補給→③中ッ原5B地点への移動・居留（→石材の枯渇）→④黒曜石・チャート原産地への移動→⑤黒曜石・チャート原産地での石材補給→⑥中ッ原1G地点への回帰・居留→⑦他への移動、というものである。

石器群を構成する石材に着目するとどのような移動と居住にかかわる行動論を展開しうるのか、野辺山の細石刃石器群を知悉している堤ならではの見事な解釈である。

さて、中ッ原1-G、5-B地点から読み取れる石材獲得行動からは、高原から高原への移動の道筋と行動形態が見えてきた。これに日々の食料獲得行動、石材獲得・石器製作、生活資材の調達、生活用具の製作、移動とムラでの滞在といった様々な生活行動が加わって、日々のそして季節ごとの、さらに通年の暮らしが成り立っていることの実感が湧いてくる。言い換えれば高原という地理空間が季節を通じての生活空間として認識されてくるということになる。

中ッ原1-G、5-B地点居住者が暮らす同じ野辺山には、この湧別系細石刃集団とは別の、もう一つの石器伝統を持った矢出川遺跡居住集団があって、同じ高原を舞台に異なった生活行動をとりながらも、ともに高原で通年を暮らす人々がいたことが想定される。

開田高原には柳又遺跡A地点から南西に2km程の距離に越遺跡（松原1999）がある。細石刃34点、細石核4点、細石核打面再生剥片2点（下呂石・黒曜石）、作業面再生剥片1点（下呂石）などが出土している。これらは、野岳型あるいは矢出川型の細石核を指標とする石器群である。細石刃の石材は黒曜石18点、下呂石2点、珪質頁岩2点、チャート2点であり、黒曜石が75％を占める。細石核では下呂石1点、黒曜石2点、チャート1点の内訳となる。

また、黒曜石の産地は細石刃では霧ケ峰系と和田峠系（1〜5群）が相半ばし、男鹿産1点を含む。細石核は2点とも和田峠5群である。ここには、神津島産黒曜石は含まれていない。

　開田高原でも、野辺山高原同様、同じ高原を生活空間として利用する湧別系と野岳系の技術伝統を異にする二つの集団の居住があった。この点を本州域で俯瞰してみると湧別系が東北地方から中国山地の日本海側まで、野岳系が西北九州から東海・中部・関東地方の太平洋斜面までを占めていることになる。そのうえで、湧別系も野岳系集団もともに高原から低地・平野部までを生活空間とし、年間を通して時に相互に接触しながら暮らしていたものと考えられる。

　なお、これまで細石刃石器群の二者に触れてきたところであるが、これは岩宿時代末期、縄文時代直前の短い時間帯のことであった。それに先立つ岩宿時代初期の台形様石器の時期、これに続くナイフ形石器を指標とする岩宿時代の盛期のころから、高原には人々の暮らしがあった。

　この間、彼らの暮らしを支えた食料資源分布には南北間の差があった。植物食料資源のうちチョウセンゴヨウは青森県南部から北九州まであまねく分布していたから、LGMの短い間の一時期、ヤギュウ・ヘラジカなどの動物が中央日本まで南下していたことが、彼らの暮らしにどのような影響を与えていたかが、今後の課題となろう。

　矢出川第Ⅰ遺跡の形成をめぐって、中部高地の黒曜石／冬季の採取不能／低地（相模野）への移動／神津島産黒曜石の確保／夏の訪れに合わせて野辺山高原への回帰という、黒曜石の入手と季節性とのリンクを鍵とするシナリオが語られてきた。しかし、これまで縷々述べてきたように、再考の余地があるのではないだろうか。後期岩宿時代の初期に始まる黒曜石利用は、細石刃文化段階を待たず全国にいきわたり、その間に成立したであろう社会的ネットワークに乗って、信州産黒曜石も神津島産黒曜石も、広く流通した可能性もあるだろうし、低地と高原との間を冬季も含めて行き来する集団によって、山の黒曜石と海の黒曜石が交叉した可能性も十分にあるのではないだろうか。

　岩宿時代人が入手を渇望した黒曜石である。冬期採取不可能説も再考の余地

があるのではないだろうか。

第3節　細石刃文化以前の立地

　これまでに述べたような細石刃文化の遺跡立地の在り方は、遺跡踏査の実感から、これ以前のナイフ形石器文化の段階にも敷衍できるものとして、筆者はこれまで発言を行ってきた。しかし、自ら全国集成、分布図作成を行なわざるを得なかった1990年代までの状況（鈴木1983・1994・1999）とはことなり、日本旧石器学会の集成が公表されている今日、岩宿時代全般の立地の実情を把握することは、それほど困難な課題ではなくなっている。しかし、その膨大な資料はただ集計をすれば済むというものではなく、現地踏査を必要とすることを考えると、筆者には今その余力はなく、一つの代替的方法によってその責をふさいでおきたい。

　川合剛（1996・2002・2010）は、愛知県を中心に岩宿時代〜縄文時代草創期の表採資料を長年にわたって丹念に収集・紹介してきた。その詳細なデータは極めて貴重なものである。愛知・岐阜・三重県は火山灰層を欠いていて、東海東部や関東諸県あるいは九州地方のような良好な包含状態の発掘資料に恵まれず、研究には不向きな地域と認識されているように見える。しかし、逆説的な意味においても、あるいは研究テーマや研究方法によっても、極めて恵まれた地域であると筆者は考えている。

　これまでの一連の記述のように、遺跡分布や立地を長く追いかけてきた筆者にとって、この3県ほど恵まれたフィールドはないと感じている。堆積環境に恵まれた火山周辺地域の多くでは、火山灰によって覆い隠され、露わになっていないために目に見えず、実態をつかみ切れていないものが多々あるように思う。また、火山灰地帯ではなく堆積環境に恵まれない東海西部地方だからこそ、可能な研究法があると考えている。これを具体的に述べてみたい。

　川合は愛知県下の岩宿時代のナイフ形石器を指標とする遺跡（台形石器・角錐状石器を含む）、細石核を指標とする遺跡、有舌尖頭器を指標とする遺跡計

185 遺跡について、地形区分との関係、河川流域との関係、標高との関係について遺跡分布を検討している。その方法は極めて合理的でユニークなものである。まず県下を 5km 四方のグリッドに区切り、A〜V までの東西 22 区画、1〜20 までの南北 20 区画計 440 グリッドを設定し、それを地形区分図上に重ねる。これによって時期ごとの遺跡分布と地形区分との対応関係が一目でわかるようになっている（図 I-20）。時期ごとに見てみよう。

1. ナイフ形石器等を指標とする時期（ナイフ期）：遺跡所在グリッド 43 区画、遺跡数 100 カ所（図 I-21）。
2. 細石核を指標とする時期（細石核期）：遺跡所在グリッド 26 区画、遺跡数 41 カ所（図 I-22）。
3. 有舌尖頭器を指標とする時期（有舌期）：遺跡所在グリッド 54 区画、遺跡 90 カ所。

ここでの主題は、1・2 の時期の遺跡分布・立地が同じか、異なった特徴を示すのかという検討である。ここで山地・丘陵・台地・低地ごと、あるいは標高ごと比較するのも可能だが、まず、グリッドに注目し、遺跡所在グリッドの時期間重複率を計ってみたい。細石核の時期の遺跡所在グリッド 26 カ所のうち 18 グリッド（69％）が、ナイフ形石器の時期の遺跡所在グリッドと重複している。69％という数字の意味だが、ほとんど全てのと言えば言いすぎだが、ナイフ期の長さはおそらく細石核期の 6、7 倍はあるから、その点を考慮すれば、大部分の遺跡が重複しているとみることができる。すなわちナイフ形石器の時期も細石刃文化の時期とほぼ同じ立地傾向を示すとみてよいであろう。

つぎに標高を比較する（川合 2010・2020）。はじめに、両期の最高所遺跡を紹介しておこう。ナイフ期の最高所遺跡は市場口遺跡の 700m、細石核期の最高所遺跡は愛知県最高所の茶臼山（1,416m）高原に位置する茶臼山 A 遺跡 1,250m であるが、これを除けば、両期ともほとんどの遺跡が 200m 以下に位置するという点で軌を一にし（図 I-23・24）、同じ立地様式を示す。

有舌尖頭器期になると遺跡数も遺跡所在グリッド数も細石核期にくらべ大幅に増え、少なくとも 7〜10 倍近い時間幅のある岩宿時代全般の遺跡数とほぼ同

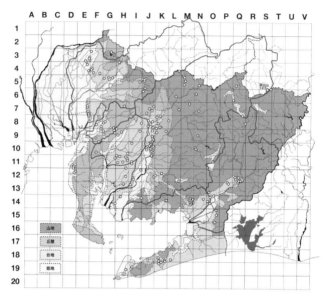

図Ⅰ-20 愛知県における地形区分と岩宿時代遺跡分布（川合2020より）

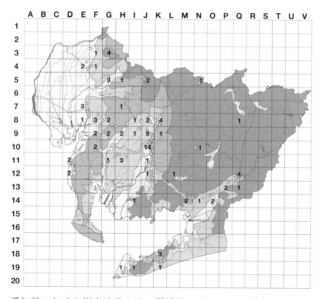

図Ⅰ-21 愛知県における岩宿時代ナイフ期遺跡のグリッド別分布図（川合2020より）

第1章　植刃器と遺跡立地　67

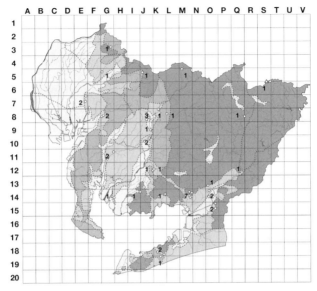

図Ⅰ-22　愛知県における岩宿時代細石核期遺跡のグリッド別分布図（川合2020より）

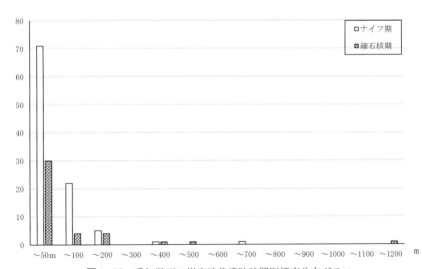

図Ⅰ-23　愛知県下の岩宿時代遺跡時期別標高分布グラフ

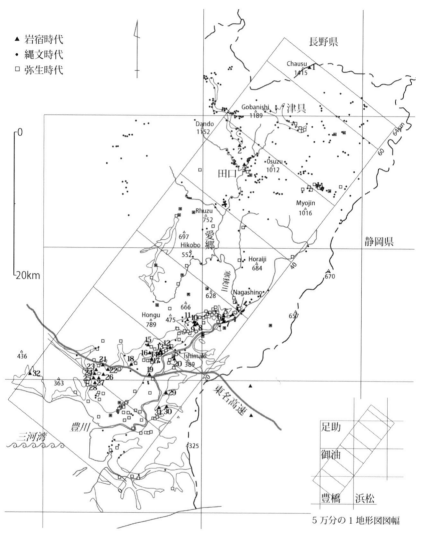

図 I-24　豊川流域の岩宿時代遺跡分布（鈴木 2020b）

じ程度になる。草創期における人類活動の活発化、人口増大を示すものであろう。山地部における遺跡所在グリッド数はナイフ期、細石核期を通じて変わらないが、有舌期で急増していることもその表れの一つであろう。なお、有舌期

についてはここでの議論の対象外であり、上記諸点を確認するにとどめる。

　海岸から河川沿いに豊川流域を遡行し、地形と標高をたどりながら、愛知県最高所遺跡の立地する茶臼山高原の岩宿時代遺跡群までを、岩宿時代から弥生時代までの時代別立地の移り変わりとして俯瞰したことがある。その時代変化を示す資料をここで掲げておくこととする。岩宿時代の遺跡が低地の平野部と高原に集中し、縄文時代の遺跡は山地部に、弥生時代の遺跡は豊川下流域に集中することがよくわかる（図Ⅰ-24・27、鈴木1995・2020）。

　このように、愛知県下の細石刃文化期の遺跡立地の実情は、前節で述べた全国傾向と軌を一にする（図Ⅰ-14・15参照）と同時に、この特徴が先立つナイフ形石器文化期以来受け継がれてきたものであることを示している。

第4節　立地と生業

　生業論そのものは第2章で述べることとし、ここではそこに至る過程について述べておきたい。遺跡の立地を調べ、そこを取り巻く周辺の土地を生活空間として捉えると、おのずと遺跡周辺の土地を生業活動の舞台として理解することになる。薪集めや水場、季節風、陽当たりなどにも思いが及ぶ（鈴木1999）。ここでまず、生業の舞台を川の流域との関係でとらえる藤本強と海に沿った沿岸部との関係でとらえた後藤和民の見方をみておこう。

　藤本は北海道東部常呂川流域の遺跡分布の検討の中から、先土器（岩宿）時代の遺跡のほとんどすべてが、中・上流域にみられ、遺跡の規模も大きいのに対して、土器が出現した後では、この関係が逆転し、下流域に大遺跡が集中的にみられることを明らかにし、「この遺跡の分布の濃淡の差が、上、中流域と下流域の間に見られるのは、（中略）それは人々の生き方、生活のありさまの差である。何を多く食べたか、いいかえれば主な食料はなんであったかということである。（中略）そこで、何を主な食料資源にするかによって生活の舞台の中心が選ばれることになる。先土器時代の人々は主に内陸部に豊富にあるものを主な食料資源としていたので、北見盆地に多くの遺跡が残されることに

なったであろうし、それ以降の時代の人々は海岸地帯に豊富にあるものを主な食料にしていたから、海岸近くに多くの遺跡がみられるようになったと思われる」と記している（藤本1981）。

なお、上記引用文以前の文章では「内陸部に豊富にあるもの」について、「主として狩猟、陸獣の狩猟を生業にしていたものと考えられる。シカなどの集団で棲息している動物を主な資源とする生活を送っていたものと考えられる」とより具体的に記している（藤本1979）。

一方後藤は、漁労活動を論じる中で、「先土器時代には、その遺跡がおもに内陸の山岳や丘陵地帯の台地上に分布し、沿岸地帯にはほとんど占拠せず、海に対して積極的に挑んだ痕跡が全く見られない。（中略）このように、従来海に接することもなく、貝塚を残すこともなかった先土器時代に対して、縄文時代に入るとにわかに海とかかわりを持つようになった」と述べている（後藤1979）。当時の学会の通説を述べたに過ぎないようにもみえるが、遺跡分布の海との関係から漁労を論じようとしたという点に意味がある。

近年の沖縄県サキタリ洞遺跡の発掘調査によって、海棲貝類（マルスダレ科の二枚貝やクジャク貝）を用いた切削具や釣り針、海棲魚類の発見、それとともに石製利器の極端な乏しさなど、我々のこれまでの常識を打ち破る極めて個性的な岩宿文化の一つの姿が明らかになった。利器の材質の違いによって、石器時代・青銅器時代・鉄器時代と呼び分ける三時代法の主旨にのっとれば、さながら貝器時代・貝器文化とでも呼びたくなるような海浜環境適応型の生計と暮らしの存在が明確になった。サキタリ洞遺跡が海浜環境下にあった沖縄本島に存在したればこその事例であると捉えられる。最初に引いた藤本の発言「何を主な食料資源にするかによって生活の舞台の中心が選ばれる」状況が、そこには典型的に見られる。筆者が最初に琉球諸島を訪れた際の第一印象は、「内陸のない土地」というものであった。どこからも海が見える。海岸まですぐに行ける。最大の沖縄本島を含め琉球諸島全体が海浜環境下にあるということであった。

琉球諸島はこうした陸域の狭さという性格から、陸生哺乳類資源に乏しい。

おのずと海浜の資源、河川に生息する魚類（オオウナギ）や甲殻類（モクズガニ）、カワニナも食料として大きな意味を持つことになった。立地論から生業論に向かおうとしていた1980年代当時の筆者としては、今日の沖縄本島での展開を想像すらできなかったわけであるが、ともかく藤本・後藤の言に従って、細石刃文化の遺跡に関して、沿岸漁労の存否問題の検討のために、まず、海岸近くにどれほどの遺跡が分布するか、海岸からどれほどへだたった内陸側に遺跡は多いのか、遺跡の海からの距離を調べてみようと思い立った（鈴木1985）。

当時把握していた細石刃文化期の遺跡480カ所の対象遺跡に対する集計結果は以下の通りであった（図Ⅰ-25）。現海岸〜10km以内に39％（186遺跡）、〜20kmに20％（98遺跡）などとなるが、海岸から10km以上離れれば漁労を生業とする暮らしは難しいであろう。そこで、海岸から10km以内に位置す

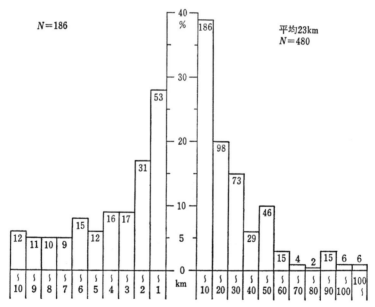

図Ⅰ-25　岩宿時代遺跡の海からの距離（鈴木1985）
　　　　右：現海岸からの距離別遺跡占有率分布図
　　　　左：現海岸から10km県内の距離別遺跡占有率分布図
　　　　図内の数字は実数

る遺跡を 1km ごとにその割合を測ってみた。その結果、1km 以内に 53 遺跡（28％）が位置することが判明した。全 480 遺跡のうちの 11％に相当し、10km 以内に位置する全 186 遺跡の 28％に相当する。これを漁労可能な海際遺跡とすると、長崎・佐賀県に多数の遺跡があり、岡山・香川・山口県の例もこの数字に含まれる。この 5 県で 53 遺跡 89％を占める。岡山・香川・山口県は言うまでもなく岩宿時代には内陸であるから、海際の遺跡は佐賀・長崎県内遺跡ということになる。

　佐賀県では現海岸から 1km 以内に位置する遺跡が 10 カ所、長崎県に 13 カ所存在するが、細石刃文化期の海面が現在より 50m 低かったと仮定すると、1km 以内の遺跡は長崎県青方遺跡の 1 カ所のみで、ほぼ皆無となった。その場合、現海面下に没していた遺跡の存在の可能性を考慮しなければならないから、こうした作業は遠浅の海域では意味のないことになる。現海岸から一挙に深くなる海域、言い換えれば現在と岩宿時代の海岸線の位置が変わらない場所、それはまさに愛鷹・箱根山麓に無数の岩宿時代遺跡を擁する沼津・三島市域に囲まれた駿河湾沿岸域である。

　この辺りの事情を、愛鷹山麓をフィールドとし数々の刺激的で斬新な発言をし続ける池谷は、「いま駿河湾と愛鷹・箱根山麓の間には沖積平野が横たわっているが、かつて両山麓の斜面はそのまま駿河湾へと落ち込んでいた。つまり、愛鷹・箱根山麓の遺跡集中地帯は、列島の旧石器時代としては極めて希な海に近接した生活環境下に」あると述べている（池谷 2009）。

　さて、話題は海での漁労活動である。すでに沖縄本島のサキタリ洞遺跡で海産魚類の利用、釣り針の存在などから漁労活動の存在は議論の余地のないものとなっている。その背景として、陸生哺乳動物類としてイノシシ・リュウキュウジカ・リュウキュウムカシキョンが確認されているとはいえ、島（陸域）の面積等を勘案すれば、その哺乳動物資源量は豊かとはいえないことを大きな理由として挙げた。そして、サキタリ洞人の漁労活動は、釣り針があるとはいえ、海浜での貝類の採取活動がおもなものであって、オオウナギやモクズガニ・カワニナなどの河川での採捕資源の方が食料としてのウエイトが高かった可能

性も大きく、縄文時代の沿岸漁労といったものとは内容と性格を異にするものではなかっただろうか。

　翻って愛鷹山麓と駿河湾周辺ではどうだろうか。遺跡分布は海岸近くまで及んでいるとしても、より内陸側に遺跡分布のウエイトは高く、陸上食料資源に重きを置いたものであったことは容易に想像される。海に近い遺跡が多くあったとしても、食料資源の分布状況の全く異なるサキタリ洞の例を念頭に、海産資源の利用を意図したものとあえて考える必要はないであろう。結局、古本州島での漁労活動の可能性を探ってみたが、積極的に想定することはむつかしいと言わざるを得ない。なお、沖縄本島に位置するサキタリ洞遺跡の発見・発掘の当事者である山崎真治（2020）は、広範な世界的視野から岩宿時代の海洋での漁労の可能性を強く主張していることも、立場を異にしているとはいえ記しておかなければならないだろう。

　池谷（2009）は神津島産黒曜石の獲得、流通にかかわって渡海術に長けた「伊豆諸島あるいは伊豆南岸をホームゲレンデとする集団の存在を考えざるを得ない」としているから、このあたりを視野に入れているのかもしれない。しかし、駿河湾内でと考えると、愛鷹山に続く山麓の遺跡分布の濃厚さからみて、陸域の哺乳動物資源への依存の濃厚さを想定せざるを得ず、駿河湾沿岸での漁労活動に結びつくとは安易には想定できない。岩宿時代の漁労活動ということになると、おのずとサケ・マスを対象とする内水面漁業をどう捉えるかということになろう。その場合、遺跡の分布、生活空間論的観点からして、それは河川の中・上流域でおこなわれたとするのが自然であろう。

　岩宿時代とりわけ湧別系細石刃文化に関して、研究史の早い段階からその可能性を積極的に唱えたのが加藤晋平（1981）であった。その後、佐藤宏之（1992）、堤隆（2005）がこうした立場で積極的に発言している。西田正規（1986）は、人類史的観点から漁労活動が遊動生活から定住へのきっかけになりうることを指摘している。佐藤も新潟県荒屋遺跡などをよりどころに、列島の細石刃文化が定住社会の先駆けとなったと主張した。こうした意見に対して、筆者は一貫して否定的な立場をとってきた。しかし、筆者は端からその可能性を否定して

いるものではない。筆者が思うのは、遺跡・遺物と発掘調査などの考古学的成果に基づいて、実証的な方法で検証しようとする姿勢がより大事だという点である。こうした観点からすれば、列島の細石刃文化には定住化の兆しさえ見えないことは、多くの認めるところである。

　定住の兆しがはっきりするのは、東京都前田耕地遺跡の例が典型的に示すように、縄文時代草創期においてのことであった。同遺跡からは住居址状の遺構とともに大量のサケの顎骨が検出されたことはよく知られるところであるが、それは生活と社会の様々な面において、岩宿時代とは異なった一歩進んだ段階の社会に到達した縄文時代だからこそのことである。岩宿時代研究が始まって75年が経過し、その遺跡数も1万数千か所におよび、おそらく発掘調査された遺跡数も数千カ所に及ぶであろう。こうした資料的な積み上げを背景に控える遺跡と遺物の語るところに従って、検証作業を進めることこそ大事なのではないだろうか。

　以上のような立場から、そして立地論的観点から、岩宿時代の漁労活動の存否について検証を試みたことがある（鈴木2006）。サケ・マス類の資源分布が北半球の中緯度以北に濃いことはあえて述べるまでもないことであり、肯定、否定のいずれであれ、日本列島であればその検証の場は、現代でもその水揚げ日本一の北海道こそがふさわしい。そこで筆者が選んだのは石狩川中流域の上川盆地であった。同地では擦文時代のサケ漁についての考古学的調査が進んでいることも、もう一つの理由である（瀬川2003）。

　そこでの議論をかいつまんで述べると、以下のようになる。瀬川は擦文・縄文時代遺跡の分布図に、石狩川本流、左岸の支流牛朱別川・ペーパン川・沼倉川・忠別川・美瑛川・雨紛川・伊野川、右岸の比布川・ウッペツ川・オサラッペ川・江丹別川を示し、これに石狩川水系のサケの遡上河川、産卵場の位置を示している。筆者はこれに岩宿時代の遺跡を重ね合わせてみた（図Ⅰ-26）。岩宿時代の遺跡が存在するのは左岸では牛朱別川沿いの段丘面上のa群（1～7）、沼倉川沿い（8）、雨紛川沿い（14）、右岸ではウッペツ川沿いのb群（9～11）、石狩川本流に面する近文台先端（12）、オサラッペ川沿い（13）、雨紛川沿い（14）

第1章 植刃器と遺跡立地　75

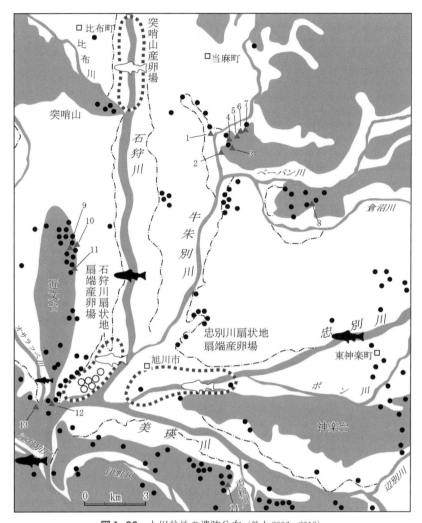

図 I-26　上川盆地の遺跡分布（鈴木 2006・2010）
岩宿時代の遺跡（▲）　縄文時代の遺跡（●）　擦文時代の遺跡（○）
　　　　　　　　河岸段丘 III（高位）面および山地・丘陵
　　　　―･―河岸段丘 II（中位）面と（低位）面の境界（段丘崖）
　　　　🐟 サケの遡上河川　　　🐟 サケの産卵場
（A：突哨山産卵場　B：石狩川扇状地扇端産卵場　C：忠別川扇状地扇端産卵場）
1. 射的山　2. 三角山　3. 桜岡 2　4. 桜岡 1　5. 桜岡 5　6. 桜岡 3　7. 桜岡 6　8. 倉沼 2
9. 末広 8　10. 末広 5　11. 末広 1　12. 旭岡 1　13. 嵐山 2　14. 共栄 7 遺跡

である。

　このうちサケの産卵場のあるA突哨山、B石狩川扇状地扇端、C忠別川扇状地扇端の三カ所の産卵場の流域に岩宿時代遺跡はない。岩宿時代遺跡の面する河川のうちサケの遡上する川はほとんどない。唯一の例外が13（嵐山2）の面するオサラッペ川である。ただし、オサラッペ川への遡上は非常に少ないという。このように、上川盆地の遺跡の立地論的検討からは、サケ漁の存在に否定的にならざるを得ない。

　もう一つの問題の遺跡である新潟県荒屋遺跡の場合はどうだろうか。同遺跡の荒屋型彫刻刀の使用痕を分析した鹿又喜隆（2003）は、「研究史を振り返ると、石器群の分布や遺跡立地を踏まえてサケ・マス類の内水面漁業を想定することが多かったようである（橋本1989、佐藤1992、桜井1993、堤1997）。荒屋型彫刻刀の機能から見れば、哺乳動物を対象とした狩猟を中心とした生業活動を行っていたと考えるのが妥当だろう。」と述べている。加藤博文（1996）も同様の見解を述べている。

　北海道の細石刃文化の初源の年代は2万年前を超えることが明らかになり、なおかつその代表的な遺跡の一つである恵庭市柏台1遺跡では、多数の石器ブロックにともなって炉址が検出され、これに伴って、炭化した動物骨が出土したことで知られる。その量は、シャーレ一杯ほどであったと記憶する。その鑑定結果は以下のとおりである。

1. 魚骨と思われるものはない。
2. ゾウに該当すると思われるものはない。
3. ヒグマ（食肉目）とウサギに相当する可能性は低い。
4. 5試料のうち3試料までが偶蹄目のものであった可能性が指摘できる。
5. 偶蹄目にはオオツノジカ、ヘラジカ、シカ、バイソン等が考えられるが、ブロック4などはバイソンよりシカに似ているように思われるが、断定は避けたい。

　荒屋遺跡の発掘調査の示すところの重要性は、検出された多数の焼土や焼土遺構の存在から、火の使用行動が盛んであったこと、出土した炭化物は日本の

岩宿時代の遺跡としては、例をみないほど多くの種実類を含んでいることにある。それにもかかわらず、サケの骨は一片も出土していないという事実である。あまり時間に隔たりのない細石刃文化に後続する縄文時代草創期の前田耕地遺跡で、あれだけ多量のサケの顎骨が検出されていることを想起するとなおさらである。長い時間をかけ多くの考古学従事者が膨大な発掘調査を行ってきた。その結果を受けての荒屋遺跡や柏台1遺跡の示す資料的現実は、もっと重視されるべきではないだろうか。

第5節　暮らしの舞台装置を見る目[5]

　考古学は地面を掘り返し、土器や石器を、あるいは住居や墓を調べて、太古の人々の生活を明らかにしようとしている学問であるから、土地とのかかわりは極めて深い。土地とは山や河、森や林、そこに生きる動植物、梢をぬらす雨、野面を渡る風など、地上的な自然すべてを意味している。このような地理的要素への目配りなくしては、考古学は成り立ちにくい。

　ところが筆者の専攻する岩宿時代考古学は、人為的、社会的、文化的側面に注目するあまり、遺物・遺構に関心が集中し、人が生まれ、育ち、やがて土にかえる、この暮らしの舞台装置への関心が案外薄い。この点にいささか物足りなさを感じて、文化を育み、その基盤となっている地理的背景に注目し、そこに暮らす人と自然との関係を考えようとしてきた。そうした事例のいくつかを紹介する。

岩宿時代人の生活

　日本列島の岩宿時代は、少なくとも今から約4万年前に遡り、縄文時代が始まる16,500年前までつづく。遺跡数は約1万カ所以上といわれている。このうちの大部分の遺跡は3万年前以降の後期岩宿時代に属する。後期岩宿時代は台形様石器文化・ナイフ形石器文化から末期の細石刃文化段階へ移行するが、細石刃文化段階で1,000カ所以上の遺跡が確認されている。ここで取り上げるのは、主としてこの細石刃文化期の遺跡データに基づいている。

遺跡の標高を見ると、100m以下の低標高地帯に54％、200m以下に78％、300mまでに全体の86％が集中し、これ以上高さを増すと急激に遺跡数は減っていくが（図Ⅰ-14）、1,100～1,600mのもっとも高い分布域も約3％を占めている。これを立地という面からみれば、低地の段丘や台地上にほとんどが位置しているということになる。

　長野県のような山国のことを考慮して、長野・熊本両県を比較対象としてみると、長野県では野辺山高原に代表される1,300m前後の高標高地帯に遺跡が集中し、全国傾向と著しい対照をみせている。熊本県でも低地と高所に二極化する。全国比率から見ると割合は小さいが、明らかにこうした高原地帯にも、一つの集中的に利用された地理空間が存在していることが分かる。

　日本列島を山岳、高原、山間盆地、深山、谷、端山、丘陵、台地・段丘、沖積地、海からなっていると地形区分してみよう。すると、山岳、山間盆地、山地や谷、海岸にはほとんど遺跡はのこされず、そこはかれらの生活の舞台ではなかったことになる。この地理的空間こそ、グラフに現れた低地と高原の間によこたわる遺跡の痕跡のもっとも希薄な地域であった。

　こうしたことから、岩宿時代人の生活空間が「低地平野型」と「高原型」からなっていたとすることができる（図Ⅰ-15）。

二つの生活空間

　愛知県豊川の河口から北にさかのぼって、長野県境に聳える愛知県最高峰の茶臼山（1,415m）までを辿ってみよう（図Ⅰ-24）。

　豊川下流域の西方に本宮山（789m）に連なる山地が、東方に静岡県と境する600m前後の山並みが連なる。両山地の間には河口から約30km上流の位置にある長篠城址付近を三角形の頂点として扇状に平野がひらけ、沖積地、扇状地性の台地や段丘が発達する。

　長篠を過ぎると一帯は山地となるが、ここから寒狭川沿いに谷間を進むと山間の小盆地田口にいたる。周囲を1,000mを超す嶺々がとりまき、山はいっそう深さを増して茶臼山へとつづいていく。

　この間を豊川を中心とする幅20km、長さ64kmの方画を設け、遺跡数の推

移をみてみよう。遺跡総数は461カ所、時代別の内訳は岩宿時代25、縄文時代304、弥生時代132カ所である。これを河口から10kmごとに区切って、時代別に集計してみるとどのようになるだろうか。

岩宿時代では11〜20km圏に15カ所（60％）が集中し、30kmにわたる山地帯に1カ所、64km圏の茶臼山高原に1カ所という結果となる。茶臼山遺跡は7地点からなるから、この事例でも平野部の段丘地帯と高原の2カ所に顕著な集中傾向を示す。

縄文時代では上流に向かうにしたがって遺跡数がふえる。長篠より上流の山間部と下流の平野部に二分してみると、上流の31〜60km圏に約80％が集中し、岩宿時代と全く逆のあり方を示している。弥生時代では下流平野部に76％が位置し、残りを上流山地帯がしめる。このように、時代ごとに三者三様のあり方をはっきり現している。

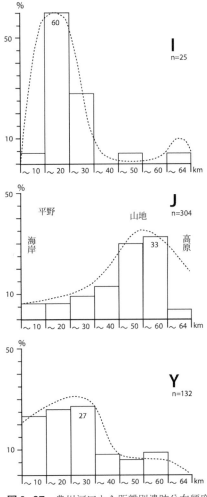

図 I-27　豊川河口から距離別遺跡分布頻度および分布類型概念図
I：岩宿時代　J：縄文時代　Y：弥生時代

狩猟採集の岩宿時代から、これに漁業が加わる縄文時代、沖積低地での水田稲作農耕を主とする弥生時代への推移と、それぞれの時代の生業構成の特徴を背景とした土地利用の違いがよく現れている（図I-27）。

岩宿時代は狩猟採集の時代であり、海岸に出る必要はなく、内陸の平坦地が

広がる空間と高原を主な生活の舞台とした。狩猟採集といえば奥深い山間地向きの生業を考えがちだが、長篠より上流の山地帯にはほとんど遺跡のないことが示唆するように、いまだ人口が少なく山野の動植物資源も豊富な時代には、起伏に富み平地の少ない山地をあえて暮らしの場とする必要はなかったのである。

　岩宿時代遺跡の集中する20km圏付近には、有海原、長篠の合戦の主戦場となった設楽原、川田原、炭焼平、才原、西原、日吉原と、「原」「平」と呼び慣わされてきた、広く平坦な地形面が発達する。こうした事実から、この時代を「野と原」の暮らしの時代ということができる。

　縄文時代の遺跡分布で注意すべきは、集計区域外の渥美半島に多くの貝塚が知られているように、海岸部が山地帯とともにもう一つの生活の重要な舞台であったことである。

　このように、海岸に出て漁労活動を活発に行う一方、山地奥深くにまで分け入り山住みの暮らしを立てるようになった背景には、人口増加と新しい環境に進出して新しい生活を立てることを可能にする道具・技術の開発があった。これを象徴するのが、縄文時代になって初めて登場する土器、磨石・石皿、鏃（弓矢）、漁労具などであった。

　こうして縄文時代は、山地を中心に海岸まで多様な地理空間を利用し、土地土地の資源を満遍なく利用していった。この時代を「山と海」の暮らしの時代とすることができる。

　弥生時代に移って水田農耕主体の時代となると、河口部周辺の沖積地や下流域の平野部に遺跡が集中するのは当然である。山地帯で分布が急減するのも、これと連動した現象である。新たな食料生産方式の採用によって、縄文時代の広汎で多角的な土地利用から、下流域の水辺への積極的な接近と集中利用のかたちを示すようになる。

　先立つ時代にならえば、弥生時代はさしずめ「平野」の暮らしの時代ということになろう。

八ヶ岳の高山植物

　岩宿時代の二つの生活空間を、武蔵野台地と野辺山高原を例にとり、古生物学の成果を借りながら、そこでの暮らしの舞台を描いてみよう。時代は2万年前前後の最終氷期の最盛期で（LGM）、細石刃文化に先立つナイフ形石器文化の時代を念頭におく。

　当時の日本列島の自然は、西南日本に温帯針葉樹広葉樹混合林、中部高地から東北日本に亜寒帯針葉樹林が覆っていた。動物は西南日本のオオツノジカ、シカ、イノシシなどの温帯系の動物群、東北日本にはヤギュウ、ヘラジカ、ウマ、ヒグマなどの北方系のマンモス動物群が生息していた。

　まず八ヶ岳東麓の野辺山高原ではどうだろうか。そこは草原が広がり、パークランド的な景観を呈していた（図Ⅰ-16）。草原にはコケスギラン、イネ科、キク科、フウロウソウ属が生い茂り、コケモモ、クロマメノキ、トウヒ属、ツガ属、モミ属、チョウセンゴヨウ、カバノキ属などからなる疎林がつづいている。初夏、八ヶ岳の山麓一帯に高山植物の咲き乱れる頃には、ひときわ美しい光景がひろがっていたことであろう。

　野辺山固有の動物相を特定するのは難しいが、東北日本に生息した北方系の動物群であるヤギュウ、ヘラジカなどのほか、オオツノジカもしばしば姿を見せたことであろう。もちろん、カモシカ、ノウサギや毛皮獣も重要であった。

　武蔵野台地のへりに居をかまえた岩宿人は林縁にキャンプを設けていた（図Ⅰ-17）。水辺にはスゲやミズバショウ、クルミ、台地上にはハシバミ、チョウセンゴヨウなどの食用植物をはじめ、ミズナラ、シナノキ、カエデのほか、モミ属、トウヒ属などからなる針葉樹広葉樹混合林が生育し、オオツノジカ、シカ、イノシシやノウサギなどの小動物が生息する。このような自然が彼らに食料と、その他の必要な生活資材を提供している。

　この二つの地理空間に生きた岩宿人は、口にする食料、その他の生活資材の利用法、そこでの暮らしぶり、季節のうつろい、目にする風景を含め、すべてがそれぞれに特徴的で対照的であったであろう。

地域全体を捉える

　以上のように、岩宿文化の成立基盤とその時代性を、いわゆる考古学的資料を抜きにして素描してみた。考古学はこのほかに、石器に関する膨大な情報と遺構やキャンプ地に関するデータを有している。

　そして、岩宿遺跡の発見から75年目の今日までに、縄文時代のそれには及ばないまでも、資料の収集と整理の段階をこえて、解釈と文化の叙述の段階にいきつきつつある。とはいえ考古学者が通常念頭におく、遺物、遺構、遺跡からなる考古学的データだけから、どれほど彼らの暮らし、社会、文化を描き得るだろうか。重要な何ものかが大きく脱落しているのではないか。

　このように考えたとき、先に紹介したような地理的背景への目配りが大きな役割を果たしうるのではないだろうか。このあたりの事情を考えれば、地理学との協力関係は岩宿時代研究をよほど豊かにするにちがいないと思う。

　岩宿時代の遺跡の調査では、年代測定、土壌分析、火山灰の同定、岩石鑑定、花粉分析を含む各種の古生物学的分析が日常的に行われている。そのような意味で、岩宿時代考古学と関連科学との連携は非常に緊密だとも言える。

　しかしながら、これらの分析は多くの場合、年代指標をうることが主眼であり、その他の分析は分断された個別の情報にとどまり、遺跡を含むその地域のトータルな理解へと統合されていかないことが多い。

　岩宿時代研究と関連科学との連携の問題を考えるとき、個々の局面では地質・古生物学的分野の知恵を借りる。と同時に、本当に必要とされているのは、遺跡という暮らしの拠点とそれをとりまく土地を、人の一生とともにあり、あるいは有用な資源の採捕の場として、あるいはまた文化を社会とを包み込む暮らしの舞台装置として、人も草木も動物も山河も気候も風景までも地域全体を丸抱えして捉えるような、地理学的な目ではないかと思う。地理学は本来そうした目を具えているのではないか、とひそかに期待しているのである。

註

(1) デンマーク国立博物館のガイドブック（The National Museum 1967）によると、展示は Stone Age、Bronze Age、Iron Age の3部門から構成され、そのうちの Stone Age の最初の展示は Palaeolithic and Mesolithic で、古い順に The Ice Age、The Reindeer Age and the Maglemose Period、Kitchin Midden Period、The Neolithic Period となっていた。そこでは、展示品の植刃器は stray finds とあり、国立博物館の展示でさえ、当時は由来の明確な資料を展示できる研究状況でなかったことがうかがえる。

(2) 実測図からその素材となった骨の部位を推測するにあたっては、（公財）滋賀県文化財保護協会（当時）の動物考古学研究者・佐藤巧庸氏のご教示を得た。推測に過ぎる部分があるとすれば、その責は筆者にあることを明記しておきたい。

(3) 植刃器資料調査期間中には、細石刃が剥離された石核の調査をする暇がなかった。展示中のケースの中にあった一例はいわゆるホロカ型であった。

(4) 南原公平編『最新　信州の高原』（令文社、1972年）では、路線別に多数の高原が紹介されている。例えば、「信越線・飯山線に沿って」軽井沢高原、浅間高原、高峰高原にはじまり、「飯田線に沿って」茶臼山高原まで。県下5路線沿いに、53の高原が挙げられている。

(5) 本稿は、鈴木忠司 1999「暮らしの舞台装置を見る目」『地理学がわかる。』AERA MOOK No.48 を基にし、適宜、改稿したものである。筆者の考古学に対するスタンスを、心情を込めて綴った唯一の文章として、ここに掲げておくこととした。

補記

遺跡分布の時代変化を論じた豊川流域は、矢作川流域の私の故郷からも遠くない地にあり、三河弁が飛び交い、土地勘もあり、何度も訪れた場所であった。ここでしばらくの間、イノシシ猟（鈴木 1992）やシカ猟の参与観察を行った。猟後の仲間とのおひまちの席では、鉄砲打ちの失敗談や自慢話に花が咲いた。お世話になった愛郷・筒井家の夕食ではとろろ汁で満腹になった。懐かしい思い出の地である。

また、『猪・鹿・狸』、『花祭』（ともに講談社学術文庫）の著者・早川孝太郎の生地の近くでもあった。早川は三遠地方での狩りの話や言い伝え、人々の暮らしぶりなどの膨大な記録を残している。『早川孝太郎全集　第4巻　山村の民俗と動物』（未来社、1974年）では、狩猟伝承の浩瀚な著作のある千葉徳爾が、「早川さんと狩猟伝承」と題する解説文を寄せている。

第2章　食料と生業

　　第1節　植物食料

　筆者はかつて、「日本先土器時代の食糧と生業」について素描を行ったことがある（鈴木1988）。そこでは、動植物食料全般に対して目配りをおこなったが、花粉分析や出土大型遺体から推定される植物相とそこでの可食植物を中心として取り上げ、食料と生業、その季節性、武蔵野台地（平野部）と野辺山高原（高地）といった生活環境の違いを意識しながら、課題の概観を行った。その際の検討材料のほとんどは、既往の発表資料によったが、筆者自身の独自の作業として唯一のものが、LGMのチョウセンゴヨウ（花粉化石と大型植物遺体）の全国分布図の作成であった。

　そしてその20年後、「岩宿時代の植物質食料」に関する専論の形で研究状況の俯瞰を行い、その後の進捗状況や課題を記した（鈴木2008）。本章は、これを経て今日に至るまでの35年間の研究経過と現状をまとめ、植物食・動物食の両面から、生業問題も含め検討を加えたものである。現時点と最初の素描段階での作業との違いは、岩宿時代におけるアク抜き技術の存否と利用可能食料との関連を中心に検討したことである。

　これまで、複数の論者が、トチノキを始め、ナラ・カシ類までを含めて、水さらしによってアク抜きが可能であるから、その利用は岩宿時代にまで遡るとしたこと（名久井2006、山下編1985、山下他1991、山下1992）への批判的検討である。その際の筆者の立場は、水さらしによるアク抜き技術の適用で、水溶性のアクを抜くことが可能であるとしても、そのことが、アク抜きを必要と

するナラ・カシ・トチノキなどの堅果類などの利用推定の実質的な根拠にならないという点である。すなわち、アク抜きとそれによる食料としての利用には、そのための道具立てがあってはじめて可能だということである。

　具体的に言えば、トチノキにしろドングリにしろ、殻を取り除くための道具立て、すなわち縄文時代風に言えば敲石・磨石や石皿類がまず必要であり、これに加えてともにデンプンを摂取する食料である以上、籠・桶といった類の器の存在の可能性の検証が不可欠であるということである。上記の水さらしアク抜き法による堅果類利用肯定論の課題は、こうした検討を欠いていることであった。こうした問題意識のもとに、筆者は黒坪一樹（1983・1984・2004）の所論で検討対象となっていなかった、縄文時代では敲石・磨石とセットになる石皿に相当する、台石の検討を積極的に行った（鈴木 2007a・b、鈴木・八田 2007）。

　その詳細は第3節の記述に譲るとして、この間、食料と生業の分野の研究は長く停滞していたというのが実情で、近年やっと大きな転機が訪れた。青森県尻労阿部洞窟遺跡や沖縄県サキタリ洞遺跡・白保竿根田原洞穴遺跡での発見がそれである。食料を動物食と植物食とに分ければ、それは動物食の分野においてのことであった。一方、植物食についてはほとんど前進がなかったといっても過言ではないであろう。結局、岩宿時代人の食性と生業に関する資料蓄積と研究には、大局的にみてこの間の進展はあまり見るべきものがなかったといってもよく、今後の研究の進展が最も待たれる分野である。

　こうした実情がある一方で、とりわけ2000年代に入って、年代測定法、気候・環境変動（氷期・間氷期の区分）に関する認識が、年代測定精度の飛躍的な高まりと測定データの蓄積とがあいまって劇的に変わり、旧来の区分法が一新され、関連諸分野の統合軸が整備されるという展開もあった。

　気候変動の実態については、グリーンランド氷床のボーリングコアから導かれたダンスガード・オシュガー・サイクル、ハインリッヒ・イベントの発見などを通じて、長期にわたるそのサイクリックな変化が明らかにされ、人類史と環境史との関係を精密に議論できるようになってきた。そうした機運を一書に

まとめ、考古学的イベントと環境変動を統一的に把握するためのガイドブックともいうべき貴重な研究が、工藤雄一郎（2012）によって著されることになった。近年の注目すべき労作である。

　また、潜在植物食料資源に関わる領域では、花粉分析データの蓄積に象徴されるように、植生史に関する研究が着実な前進を見せている点も見逃せない。以上のような現状認識のなかで、食料資源問題につらなる研究と資料的現実を一度まとめて、俯瞰しておくのも意味のあることのように思われる。

　岩宿時代の暮らしや食料問題を考えるにあたっては、その背景として最終氷期後半のLGMにおける列島規模での植生の実態を、その変遷史のなかで理解することが不可欠であった。より具体的にはそれに伴う植生図の作成が求められたのであるが、1970年代から80年代にかけてこれが盛んに作成され、その条件が徐々に醸成された。塚田松雄（1974、1984、Tsukada1982）に始まるこうした分野への精力的で挑戦的な試みは、安田喜憲（安田1978・1980）、那須孝悌（1980・1985）、相馬寛吉、辻誠一郎（相馬・辻1987・1988、辻1985・1998・2002）、小野有五・五十嵐八重子（1991）らによっていっそう発展させられていった。

　考古学界と植生史研究との関係でいえば、塚田松雄著『花粉は語る―人間と植生の歴史―』（1974、岩波新書）、安田喜憲著『環境考古学事始　日本列島2万年』（1980、NHKブックス）が、考古学界に投じた影響は極めて大きなものがあった。石器以外にほとんど研究資料を持たない岩宿時代研究にとっては、とりわけ衝撃的なものであった。氷河時代の日本列島の植生を一枚の図として俯瞰できる植生図が教養書として刊行されたことは、花粉学の専門家は別として、隣接諸科学の研究者にとってわかりやすく、きわめて有益であった。ここでは、以下の記述の参考に二つの植生図（図Ⅱ-1・2、塚田1974、小野他1991）を掲げておく。

　また、1990年前後に宮城県富沢遺跡、兵庫県板井寺ケ谷遺跡における発掘調査で泥炭層が発掘調査され、花粉化石に加えて大型植物遺体や遺跡の周辺に生育していた樹木の根株が広く検出され、当時の遺跡周辺の森の樹木の配置を

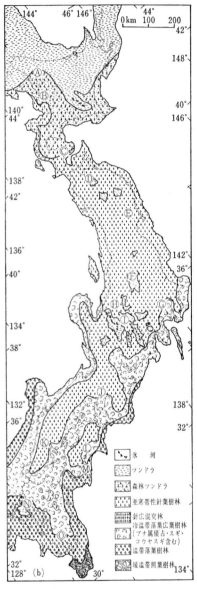

図Ⅱ-1　日本における最終氷期最盛期
　　　（2.5〜1.5万年前）の植生帯
　　　（塚田1974より）

明らかにすることができ、人類の生活行動の舞台としての周辺環境、とりわけ森林環境が明らかにされたことも、斯界の研究の進展に大きく寄与することになった（仙台市教育委員会 1992、兵庫県教育委員会 1991）。

以上のような経過を経た列島規模での植生史研究と植生図作成ではあったが、近年ではその見直し、再検討がなされるようにもなってきているのは、その成熟の証にほかならない。日本の植生史研究に甚大な貢献をした辻（1995）は、LGMの植生に言及する中で、「チョウセンゴヨウやバラモミ節、カラマツなどの針葉樹は、現在の分布温度より下方に、かつ南方・北方に広く分布域を占有したのである。だから、当時の植生を、現在との温度の違いだけ上昇・北上させても現在のような植生にはならないのである。気温だけでなく、降水量や年間の雨の降り方が、種の入れ替わりや、種の集団の大きさあるいは生活の仕方に大きくかかわっていたのであろう」と述べている。

また、大井信夫（2001）は、「年

第 2 章　食料と生業　89

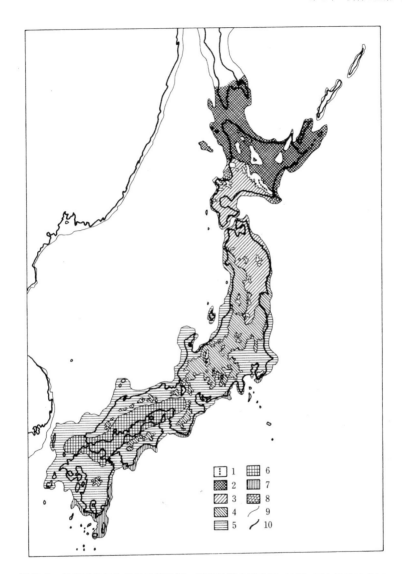

図 II-2　日本列島における最終氷期・最寒冷期の植生図（小野・五十嵐 1991 より）
1：氷河（黒点）および高山の裸地、草地（ハイマツ帯を除く高山帯に相当する地域）　2：グイマツ・ハイマツを主とする疎林と草原　3：グイマツを主とする亜寒帯針葉樹林　4：グイマツをともなわない亜寒帯針葉樹林（中部地方および近畿地方では一部カラマツを伴う）　5：冷温帯落葉広葉樹林（ブナを伴う）　6：ブナをほとんどともなわない落葉広葉樹林　7：暖温帯常緑広葉樹林　8：草原　9：最終氷期最寒冷期の海岸線　10：現在の海岸線

代決定法の進歩にともなう花粉分析や植物化石の資料の蓄積は、最終氷期の植生は、現在の日本列島の植生を単純に南北に移動させただけでは説明できない」と述べ、西内李佳（2017）は、一律的、概念的な植生配置、森林構成の復元法から、局所的な地形条件や気候環境などによって、多様に展開している森林構成を把握する方法に移行する必要があるとする。これらを要約すれば、現生の植生配置を寒暖・乾湿の変化に応じて、標高の上下移動や南北方向の地理的な移動に置き換えることはできず、当時の環境要因とそれに対応した固有の樹種構成とその変遷を、花粉分析や大型植物化石などの資料の着実な蓄積によってトレースする必要があるということになろう。

　なお、90年代以降の約30年間、LGMの列島規模の植生図は今日まで現れていない。LGMの列島規模の植生図の作成という学界の目標が、ひとまず達成されたからであろう。しかし、当然のことながら専門分野の研究はその後も営々として続けられ、より精度の高いデータに基づいたより正確な植生図を描くべく、努力が続けられていた。

　大井（2016）は、最終氷期中期約5万年前以降の植生史を編んでいる。「主要な25樹木花粉型の産出率の分布図を九つの時期ごとに作成し、植物の分布変遷」を論じた。これはその好例であろう。そして、ここに引用する高原光（2011）の研究は、一枚の俯瞰図としての公表には至っていないのが惜しまれるものの、小野・五十嵐、辻等の植生図以降の植生史研究の進展を代表するものの一つである。そうした観点から、既往の諸説を現在と比較、概観する意味で、ここにかいつまんで紹介しておきたい（図Ⅱ-3）。そこでは、北はカムチャッカから南は南西諸島までの東北アジアの沿岸部を覆い、最終氷期後期（MIS2：約3万〜1万年前）の植生を地域ごとに記述している。原著では地域ごとに最終氷期後期から現代までの数段階にわたる植生変遷がたどられているが、ここでは議論の性格上、最終氷期後期の植生だけを取り上げて地域ごとの説明を追っていくこととする。また、LGMのデータを欠くカムチャッカ半島は除いて、ここに引用する。

サハリン　2万数千年前のLGMには、グイマツ、ハイマツからなり、エゾマ

ツをともなっていた。

ハバロフスク周辺のアムール川流域　LGM ではグイマツが散在し、カンバ類、ハンノキ類などからなる疎林が発達していた。

北海道　LGM にはグイマツ、ハイマツからなる落葉針葉樹林が認められる。現在のシベリアに分布するグイマツ林に類似している。1万2千年前からエゾマツとトドマツが増加し、8千年前まで常緑針葉樹林が優先する。

東北地方　LGM にはチョウセンゴヨウ、トウヒ類、コメツガ、モミ類などのマツ科針葉樹を中心とした森林が発達していた。宮城県以北では、これらに加えてグイマツも認められた。1万2千年前以降には、これらのマツ科針葉樹は急速に衰退し、ナラ類を中心とする落葉広葉樹林が発達した。

関東地方　約2万年前

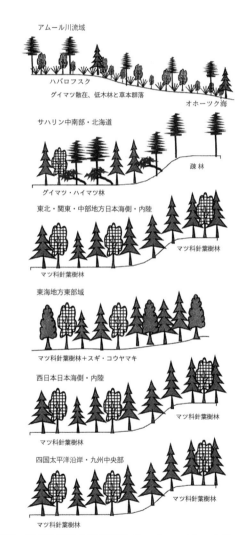

図Ⅱ-3　10,000〜30,000年前の日本列島・サハリン・アムール川の植生（高原2011を編集・改変、簡略化）

のLGMの終盤には、マツ科を中心とする針葉樹林が広がっていた。関東の標高500m以下の地域ではチョウセンゴヨウ、カラマツ、バラモミ類、シラカンバなどの温帯性針葉樹林、500～1,000mではシラビソ、トウヒ、カラマツ、ツガ類、ダケカンバを主とする亜高山性の針葉樹林であった。完新世初期の約1万年前には落葉広葉樹林が発達する。

東海地方東部　約2万年前までの最終氷期終盤までの時期の山地では、マツ類、ツガ類、モミ類、トウヒ類などのマツ科針葉樹に加えて、スギ、コウヤマキをともなう温帯性針葉樹林が広がっていた。2万年から1万年前の時期になるとマツ科針葉樹は衰退し、スギやブナを中心とする植生が成立し、1万年前以降には、スギ、コウヤマキが優勢となった。

中部地方　約3万年前から1万2千年前の最終氷期後期の山地では、マツ類、モミ類、トウヒ類、ツガ類などのマツ科針葉樹を中心とする針葉樹林が認められる。これらは西日本の低地で見られた温帯性の樹種ではなく、トウヒ、コメツガ、シラビソなどの亜寒帯性針葉樹であった。1万2千年前以降になると、落葉広葉樹が増加し始める。浜名湖など中部地方の太平洋岸の後氷期初頭には、マツ類、モミ類、ブナ、クリなどからなる針広混交林が認められるようになる。

西日本　西日本の日本海側、内陸、四国太平洋岸、九州中央部の約3万年～1万2千年前には、モミ、ツガ、チョウセンゴヨウ、トウヒ類などの温帯性のマツ科針葉樹を主とする針葉樹林が広がっていた。特に瀬戸内周辺では、乾燥気候のためゴヨウマツ類の優先する森が広がっていた。四国沿岸部ではスギがブナやモミ類、ツガなどに混じって、比較的高い割合で生育していた。最も寒冷で乾燥していたLGMには、ブナやナラ類などの落葉広葉樹は沿岸域を中心に分布していたが、その前後にはナラ類は西日本全域に分布していた。このようなナラ類などの広葉樹とチョウセンゴヨウを交えた植生は、現在のハバロフスク周辺のアムール川流域に分布する植生に類似している。

南西諸島　カシ類、シイノキ類など照葉樹林要素に加えてニヨウマツ類（リュウキュウマツ）が優勢であった。約3万年前には、鹿児島湾奥にあった姶良カルデラで巨大噴火が起き、大量のATの降灰があり、九州南部では厚く積もっ

た火山灰により、広範囲に植生が衰退したと考えられる。しかし、熊本・大分・福岡などでは、マツ類、モミ類、トウヒ類、ツガ類などのマツ科針葉樹の優先する植生が認められている。

晩氷期にはマツ科針葉樹は衰退し、各地で広葉樹林へ移行する。特に日本海側ではブナが急増し、低地から山地までブナ林が広がる。内陸部や太平洋側では日本海側ほどではなく、ナラ類やマツ類などが比較的多い傾向にあった。

なお、サハリンを含む点で有用な植生図が佐藤宏之（2011）によって提示されているので、ここに掲げておきたい（図Ⅱ-4）。

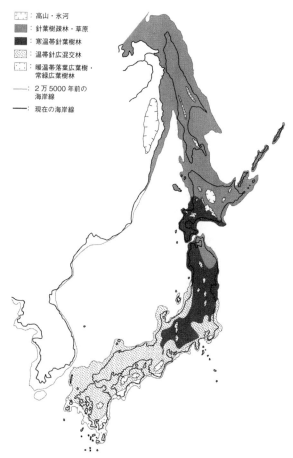

図Ⅱ-4　25,000年前の古本州島と古サハリン－北海道半島の古地理と基本植生（佐藤他2011より）

また、田端英雄（2000）は、大陸側の植生帯区分と日本との整合性が求められるとして、日本側の植生帯区分、特に亜寒帯の位置付けに再考を促した。日本では、従来ハイマツ帯・ダケカンバ帯の扱いが曖昧であったが、これを独立した亜寒帯（森林ツンドラ）として捉え、その上位を寒帯（高山ツンドラ）、

その下位の従来日本では亜寒帯としていた常緑針葉樹林帯を寒温帯と捉え直し、その下の冷温帯を温帯と呼び替えることを提起した。

　なお、長白山地では、標高2,000m以上、高山ツンドラ帯にはキバナシャクナゲ、チョウノスケソウなどとともにクロマメノキ、コケモモが生育する。その下位1,700mまでのダケカンバ帯（寒温帯）の林床には、キバナシャクナゲ、クロマメノキ、コケモモもみられ、下部ではチョウセンゴヨウもかなり混生するという。この下の1,150m以下は温帯のチョウセンゴヨウとモンゴリナラを主とする落葉広葉樹の針広混交林である。以上の記載は、岩宿時代の食料問題を考える際にもきわめて有用である。

　また、考古学的事象の時間軸との関係で、年代測定値と年縞との関係は不即不離の関係にあり、年代測定の精緻化と年縞研究の進展で火山灰層準の年代が精密に押さえられると、関連諸分野の相互関係の定点として大きな意味を持つことになるが、水月湖の年縞研究がその象徴的な位置にある（Nakagawa,T. et al.2005）。とりわけ、後期岩宿時代を前後に分かつATの降下年代が3万年前（Smith,V.C. et al.2013）と固まったことによって、考古学的な事象との対比も確固たるものとなった。

　本節では、岩宿時代の植物食料として重要な位置を占めると考えられるチョウセンゴヨウの分布について、その後の調査、研究の進展を踏まえて、改めて産出地の集成を行うこととした。集成に当たっては、LGMを中心に行ったが、3万年前のAT降灰期をある程度遡る範囲も含めることとした。

I　チョウセンゴヨウ

　現在の日本列島では「四国に僅かに例外的に分布するのを除けば、本州中部山岳に散在するだけ」（鈴木他1971、沖津他1997）である。また、最終氷期以降の植生変遷のなかには、後氷期に分布を拡大したものと、その逆に後氷期に分布を縮小したものとがあり、前者の例としてオオシラビソやブナが、後者の例としてチョウセンゴヨウが挙げられるとされる（沖津他1997）。

　こうした背景もあって、チョウセンゴヨウが生育する岩宿時代の広汎な森の

存在は、現在の分布からは想像しにくいが、日本列島と較べ乾燥している大陸側では、現在でも朝鮮半島北部から中国東北部をへてロシア沿海州にまで優勢な分布をなしている。岩宿時代のチョウセンゴヨウの森もこれに近いものと理解される。こうした植生史を念頭に、チョウセンゴヨウ産出地を改めて集成しておきたい。

さて、現在までに、遺跡の発掘調査で検出され、そこに暮らした人々の食事行動によって残されたと考えられる植物食料は、ほぼオニグルミ一種に限られる。そして、その出土地は、北から順に新潟県荒屋遺跡（芹沢他 2003）・東京都御殿山遺跡 A 地点（加藤他 1987）・静岡県広野北遺跡（山下 1985）の三カ所にすぎない。こうした資料的な現実を踏まえると、当時の植生復元をもとに、そこにふくまれる植物種の中から有用食料ひいてはメジャーフードとなりうる樹種の生育状況を背景に、岩宿時代人の食料基盤を考えるのも意味のあることと考えられる。その際に、まず第一に取り上げるべきはチョウセンゴヨウであろう（図Ⅱ-5）。その理由は、本稿の記述からおのずと明らかになるであろう。

辻誠一郎（1985a）は関東地方の最終間氷期以降の植生史を論じた先駆的な業績の中で、LGM の関東地方の植生について、「平野部では、・・・2.1 万年前以降 1.1 万年前まで、チョウセンゴヨウとバラモミ節を主とする針葉樹林が広範囲に分布していた。・・・チョウセンゴヨウやバラモミ節は、現在、高所の山岳地帯に分布が限られているが、当時はかなり広範囲に分布し、極めて普通な森林要素であった」と早くに指摘している。

また、同年には AT の降灰と植生との関係に触れて、「23,000 年前を境に、台地を覆っていたコナラ亜属を主とする落葉広葉樹林は、チョウセンゴヨウ林に急速にとってかわられた。・・・台地ではチョウセンゴヨウの分布拡大がむしろ促進され、ヒメバラモミなどのバラモミ節やモミ属、カラマツが急増した。AT 降灰を機に急激な変貌をとげたこのような森林植生は、その後約 1 万 8,000 年前まで存続し、少なくとも 4,000 年間にわたって関東地方の中部の植生景観を作っていった」とも述べている（辻 1985b）。

つづいて、「植物遺存体の内容を基礎にして後期旧石器時代の植生を復元し

96

図Ⅱ-5　飛騨高山西芳寺境内のチョウセンゴヨウの木立と球果・種実の状態

てみると、・・・日本列島の内本州の広い範囲にわたって、チョウセンゴヨウ・トウヒ属・カラマツなどの針葉樹とナラ類を代表とする落葉広葉樹が混生する温帯針広混交林におおわれ、大陸の同緯度植生と著しく類似していたのである。」と述べている（辻2002）。

　また、LGMの植生について、「亜寒帯針葉樹林としたものは、南部ではハイマツを含み、北部ではハイマツもグイマツも含んでいる。南部とそれより西側の関東以西では、チョウセンゴヨウやカラマツ、トウヒ属バラモミ節といった温帯針葉樹と、コナラなど降水量の少ない温帯に適した温帯落葉広葉樹が混在する温帯性針・広混交林が広範囲に分布していた。現在の日本列島でよく知られている典型的な森林帯が認められないことが大きな特徴である」と重要な指摘をしている（辻2005）。

　また、辻は、考古学研究者との対談の中で、土地の乾燥と草原を強調し、植生図を提示しながら、「土地的に乾燥しているから草原なんですよ。今まで日本は森林の国だといわれるから、みんなそういう風に思い込んできたのですが、土地的に乾燥したらどうなるかをあまり考えなかった。・・・当時の日本列島はほとんど針葉樹優勢の森林植生になってしまう。カラマツやチョウセンゴヨウなどを代表格にして、針葉樹がものすごく広範囲に広がる。これは土地的にものすごく乾燥しているからといえます。そんな中で草原という景観がじつはかなり広い範囲を占めていたであろう」と述べている（図Ⅱ-6、岡村他1998）。ここで示された植生図は、冒頭で触れたこれまでの多くの植生図とは異なって、かなり特異なものになっているように見受けられる。

　守田益宗他（1998）はLGMの中部・東海地方を概観する中で、「大型遺体の研究から、当時のマツ科針葉樹は、低標高部ではヒメバラモミやチョウセンゴヨウなどが温帯性針葉樹林を、高いところではチョウセンゴヨウ、トウヒ、シラビソ、コメツガなどが亜寒帯性針葉樹林を構成していたようである」としている。

　高原光（1998）は近畿地方のLGMについて、「約3万～1.2万年前には、低地から山地までマツ科針葉樹を中心とする森林が広がった。・・・日本海側地

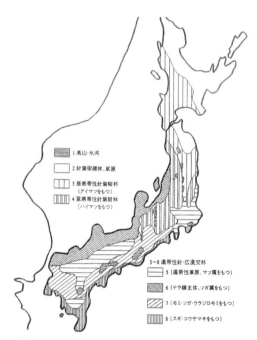

図Ⅱ-6 辻による最終氷期最盛期の日本列島の植生（岡村他1998より）

域ではツガ属が多く、約1.8万年前までは、ブナなどの落葉広葉樹やスギを伴っていた。太平洋側地域ではマツ属、コナラ亜属の多い針広混交林が広がり、日本海側よりも乾燥していた。約1.8万年〜1.5万年前には、マツ科針葉樹林がもっとも発達し、日本海側地域の低地においても落葉広葉樹は極めて少なくなった」としている。

大井信夫（2001）は、兵庫県板井寺ケ谷遺跡における泥炭層産出の立株を含む大型植物化石、花粉化石の調査成果をもとに、AT前後の連続的な植生変遷を記載しつつ、近畿地方の他の諸事例を引きながら、近畿地方のLGMの植生を論じる中で、「LGMの針葉樹林は、チョウセンゴヨウにカラマツ、ツガ属、モミ属などが混じったものだったと推定される」としている。

食料残滓として遺跡から発見されている例がないとはいえ、上記のような記述から、本州の北端から九州の北端までの日本列島の主要部では、食料資源としてのチョウセンゴヨウの存在意義には、きわめて大きなものがあると考えられる。当該期の近年までの花粉分析資料の充実ぶりと植生史研究の進展を踏まえて、ここで、改めて旧稿（鈴木1988）にその後の調査例を加えて、現在のチョウセンゴヨウ産出地の資料的実態をできる限り明らかにしておくこととしたい（図Ⅱ-7）。

先の集成の時点で、列島の北端に位置したのは青森県南部の南郷村、その南

が岩手県南部の花泉であり、これに対して南端は福岡県北九州市貫川遺跡であった。これから35年が経過した現在の資料的現実には、この点に関する限り基本的な変化はなく、そういう意味で今回の分布図にさほどの意味はないかもしれない。多少の意義が有るとすれば、先回産出地点として挙げられていなかった、山形県下、房総半島、神奈川県下、伊豆半島、愛知県下、岐阜県下、近畿地方日本海側地域、瀬戸内海地域、山陰地方日本海沿岸など、旧集成で空白地帯であった地域を埋める資料を補足することができた点であろう。さらに付け加えるならば、種実などの大型植物遺体は出土していないが、ゴヨウマツを含む針葉樹の森が九州南部の内陸部まで広がっていたことが、花粉分析研究によって明らかになったことである（松岡1994、西内2017）。

　惜しまれるのは、遺跡の密集地帯で考古学的な調査が多く、研究の最前線のフィールドでもある下総地域や相模野台地などで、旧石器時代遺跡およびその周辺における花粉分析データが著しく不足していることである。

　今回の再集成では、大まかにステージ2のLGM前後から晩氷期までを目安に、一部ステージ3後半の例も含め、大型植物化石・花粉化石の産出地点を拾い上げた。その結果、主要な地点だけで前回の約2倍の産出地を数えることができた。台地上の遺跡の発掘調査などに並行して、台地下の低地などで花粉分析を実施するケースが常態化したことや、花粉分析を含む植生史研究の進展がその大きな要因であろう。その結果、当時のチョウセンゴヨウの分布は本州の北端から九州の北端まで、本州のほぼ全域と九州の北部を覆う広い範囲に分布することがはっきりした。

　リストアップの基準としたLGMから晩氷期という長い時間幅の植生史とチョウセンゴヨウとの対応関係については、茨木県花室川や兵庫県板井寺ヶ谷遺跡の例のように、AT以前のまだ寒冷化が本格化する前の段階でも、チョウセンゴヨウの存在は一定の位置を占めていることには、改めて注目しておく必要がある。辻（2002）がAT降灰の実情を語る中、「関東では、気候の全般的な寒冷化によって、ナラ類などの落葉広葉樹林からシナノキ林を経て、チョウセンゴヨウ林にすでに移りつつあった。AT降灰は、この針葉樹林化を一気に

促進し、チョウセンゴヨウ・トウヒ属のバラモミ節やカラマツなど針葉樹が卓越する森林に変化した」としているように、LGM 以前の後期岩宿時代の早い段階から食料として重要な位置を占めていて、岩宿時代を通じて重要な食料とされていた可能性が高いということを再認識させることとなった。

以下、産出地点ごとに大型植物遺体・花粉化石の種類構成を順次記載していきたい(1)。記載は木本花粉化石を中心に行うが、樹種の羅列的な記載ではなく、そこでの分析から推定された産出地周辺地域の植生や気候に関する説明を適宜補足しつつ行うこととする。なお、各産出地での較正年代は巻末表を参照されたい。

先にも述べたように、現在の最北端のチョウセンゴヨウ産出地は岩手県境に近い青森県南部の南郷村大平（図Ⅱ-7 **No.1**：以下同様）で、アカエゾマツ、グイマツ、チョウセンゴヨウなどの樹幹、葉片、球果などの産出が報じられている。年代測定値として、26,600＋1,750-1,500BP（31,600cal BP）が得られている。

最北地点ということでは前回の集成と変わらないが、その意味するところは小さくない。北海道の岩宿文化を考える際には、道東・道北だけでなく道南地域においても、チョウセンゴヨウを食料として積極的に評価することはできない可能性が高いことを示唆しているからである。ゴヨウマツのうちハイマツの利用は可能だが、その実は小さく、食料としての利用価値は大きいとはいえない。この時期北海道は堅果類の利用可能地域外にあった。それに代わる植物食として重要なのはツツジ科（Ericaseae）を中心とする漿果類やユリなどであろう。この点については別途述べる。

青森県下より南の産出地としては、岩手県南端の花泉遺跡（**No.2**）で種実が産出している。南郷村から170kmほど南下した地点で、この間チョウセンゴヨウの産出地の分布が途切れているのは、当時の青森県域ではチョウセンゴヨウの生育分布が希薄になっていたことを示唆しているのであろう。花泉では動・植物化石、石器・骨角器の出土が知られる（加藤他1976、那須1980、Takeuti,S. et al.1987、竹内1993）。それらの出土層準と植物化石出土層

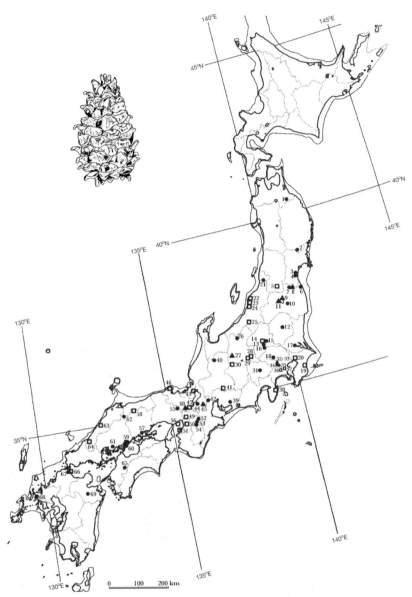

図Ⅱ-7　AT前後〜晩氷期のチョウセンゴヨウ産出地分布図（●大型植物化石・花粉化石　▲大型植物化石　□花粉化石）

準との関係を整理する作業も重要であるが、ここでは大まかな時代区分と食料資源としての植物化石との産状の対比を企図しているので、この点の検討は別の機会に譲ることとする。

当地では、これまでに幾度か調査がなされ、31,900～25,300年の間、ステージ3後半のLGM以前から、ステージ2のLGMにかけて、植物遺体・花粉化石ともにチョウセンゴヨウが確認されている。本州北部のこの地でも長きにわたってチョウセンゴヨウが生育していたことが知られる。E地点東・西壁では、マツ属（*Pinus*）、トウヒ属（*Picea*）を主とし、モミ属（*Abies*）、ツガ属（*Tsuga*）、カバノキ属（*Betula*）、カラマツ属（*Larix*）などを伴うが、LGMに相当するHa3帯の後、Ha4帯になるとトウヒ属などの亜寒帯性樹種が減少、カラマツ属は消滅し、スギ属（*Cryptomeria*）、ブナ属（*Fagus*）など温帯性樹種が増加することが知られている。

さらに南下して宮城県域に入り仙台市付近から産出報告例が多くなる。仙台市一本杉（**No.3**）、仙台市富沢遺跡（**No.4**）などである。このうち富沢遺跡第30次調査では、今日「地底の森」の愛称で知られる森の樹木の根株が広範囲に検出されるとともに、焚火跡を伴う石器群（キャンプ跡）、グイマツ・トミザワトウヒのほか、チョウセンゴヨウの種実が多産したことは、ヒトとそのキャンプ、食料を得ていた森の姿が一体の映像となって我々の前に立ち現れたという点で印象深い。シカの糞が多数検出されたことも臨場感を強くする。その年代は25,300（25層）～28,100（27層）年前である。

花粉化石の中に、ブナ属・ハシバミ属・ツツジ科を含むことは、食料という観点から注意される。また、グイマツが産出していることは、南郷村とともに当時の気候、植生を評価する上で注意される。現在の資料的状況下では仙台・福島県域あたりが、当時の低地でのグイマツ生育地の南限域であろうか。

山形県では、県南部、日本海側と太平洋側のちょうど真ん中あたり、奥羽山地、朝日山地、飯豊山地に囲まれた米沢盆地の一画の川樋低地（**No.5**）で花粉分析が実施された。その結果、以下の3期に区分される植生の変遷が明らかになった。FG-1～3帯に区分された堆積それぞれが、以下の三つのステージ

に対応する。年代的には 33,500〜17,000cal BP. に相当し、全層を通じて亜寒帯要素が優占する。

FG-1 帯　Boreal conifer-Betula stage : *Pinus*、*Abies*、Ericaseae、*Betula*

上層ほど、マツ属は 50％から 17％へと低率となり、トウヒ属とモミ属の合計が 13％から 51％と高率となる。ツツジ科も上層で増加する。カバノキ属は -5.2m で 67.8％と顕著なピークを示す。

FG-2 帯　Pinus-Picea-Myrica stage : *Pinus*、*Abies*、*Picea*、*Tsuga*、ヤマモモ属（*Myrica*）、*Larix*

マツ属は -4.8m で急増後、-4.1m（21,600yr B.P.）で 14％まで減少。この後は FG-3 まで微増。モミ属とトウヒ属はこの時期に優先となり、ツガ属を合わせて 50〜60％を維持。カラマツ属も 1％程度検出される。

FG-3 帯　Boreal conifer-Betula stage

FG-2 帯とほぼ似通った傾向にあるが、これまで微量だったコナラ属、ニレ・ケヤキ属が若干増加傾向を示す。

この間、マツ属（*Pinus*）、トウヒ属（*Picea*）、ツガ属（*Tsuga*）は同比率で推移するが、これに対しモミ属（*Abies*）はやや少ない。その後、L 帯（17,000〜9,600cal BP）まで、チョウセンゴヨウは安定的に存在する。

福島県下では太平洋岸の相馬郡新地（**No.6**）、内陸部桑折町（**No.7・8**）、猪苗代湖近傍（**No.9・10・11**）と産出地が続く。

関東地方に入って、栃木県宇都宮市中里（**No.12**）では二つの層準から、チョウセンゴヨウの種子・花粉化石の双方が産出している。下部層ではコナラ亜属（*Quercus* subgen. *Lepidobalanus*）が高率で産出する点が注意される。

群馬県下では、前橋泥炭層などで、早くから花粉分析が行われている。群馬県勢多郡北橘村赤城山南麓二之宮千足遺跡（**No.14**）では、トウヒ属、マツ属が優占ないし多産、卓越する森林期が明らかになっている。これにモミ属・カラマツ属が加わるほか、ハンノキ属・カバノキ属が周辺の森林の主要素となっていた。同時期の化石群集は前橋泥炭層（**No.13**）で得られている（辻他 1985）。そこでの植物化石群集は、チョウセンゴヨウ、トウヒ属バラモミ節、

カラマツ属を主とし、カバノキ属、ハンノキ属を伴うことが特徴で、本地点の花粉化石群集と調和的とされる。当時の前橋台地から赤城山南麓にかけて、トウヒ属・マツ属単維管束亜属などが卓越し、ハンノキ属、カバノキ属を伴う単調な森林植生が成立していたとされる。元総社寺田遺跡（**No.15**）では、チョウセンゴヨウ種子、花粉化石ではマツ属（単維管束亜属主）の他、モミ属、トウヒ属、ツガ属、カラマツ属、カバノキ属、ハンノキ属が検出されている。二宮町原分（**No.16**）でもチョウセンゴヨウの種子と花粉が検出されている。

　茨木県南部花室川（**No.17**）中流域では、古くから動物・植物化石の産出が知られている。500mほどの間に位置するA/B/Cの3地点で花粉分析がおこなわれている（吉田他2011）。このうちA地点の浅間板鼻黄色軽石層（As-YP）直下に形成された層厚約60cmの泥炭層では、年代測定が行われている。同層下半部の年代測定値は 20,890 ± 60BP（25,150-24,533cal BP）であり、LGMの堆積物である。同層は花粉帯HMR-3上半部に区分される。この花粉組成を見てみると、広葉樹カバノキ属・ハンノキ属などを除き、主要な構成樹種である針葉樹モミ属（*Abies*）、トウヒ属（*Picea*）、ツガ属（*Tsga*）、マツ属（*Pinus*）の4種の内、マツ属単維管束亜属（ゴヨウマツ亜属）が一番多く、次いでトウヒ属、モミ属、ツガ属の順となり、チョウセンゴヨウが優占種であることが示されている。

　また、HMR-3の木材化石には1点のオニグルミが含まれており、食料という観点から注意される。群馬県下や当地での所見に基づき、関東地方の台地上にはチョウセンゴヨウの優占する林が広く分布していたことが明らかになった。

　埼玉県では所沢市お伊勢山遺跡（**No.18**）がある。大型植物化石としてチョウセンゴヨウの種子、花粉化石としてマツ属単維管束亜属他が挙げられている。種子が出土していることから判断して、花粉化石のマツ属単維管束亜属はチョウセンゴヨウである可能性が高いとみてよいであろう。年代測定はなされていないが、上記化石を産出した三ヶ島上部層（水成層）下部は新期ローム（風成層）の中部層に対応し、この上部にATが挟在する。

千葉県下特に下総台地は、岩宿時代遺跡の密集地であり、発掘調査の膨大なデータの蓄積があるが、当時の植生を知る良好なデータはほとんど知られていないという憾みがある。こうした現実の中、いすみ市椎木一ヶ谷（**No.19**）、八千代市新川低地（**No.20**）のデータは貴重である。

椎木一ヶ谷ではトウヒ属 *Picea*（約20～40％）、マツ属 *Pinus*（約10～40％）の出現率が最も高く、ツガ属 *Tsuga*（約10％）がこれに次ぐ。モミ属 *Abies*、スギ属 *Cryptomeria*、ハンノキ属 *Alnus*、コナラ亜属 *Quercus subgen. Lepidobalanus* も資料によっては10％程度出現する。なお、マツ属の大半は単維管束亜属と同定できるものが存在した一方、複維管束亜属と同定できるものは皆無であったことから、マツ属の多くは単維管束亜属である可能性が高い。

新川低地（地点31）では、深度約13.5～15.5mの間に花粉帯ⅠとⅡが設定され、Ⅰの上部で33,300cal BP、Ⅱの中部あたりで21,000cal BPの年代測定値がある。

Ⅰ帯 Pinaceae Zone　ゴヨウマツ亜属を主に、トウヒ属（*Picea*）、モミ属（*Abies*）、ツガ属（*Tsuga*）を伴う。マツ科花粉の高率出現で特徴づけられる。ハンノキ属（*Alnus*）、カバノキ属（*Betula*）、シデ属（*Carpinus*）、コナラ亜属（*Lepidobalanus*）、ニレーケヤキ属（*Ulmus-Zelkova*）、シナノキ属（*Tilia*）などの落葉広葉樹の花粉を伴うが、低率である。

Ⅱ帯 *Haploxylon*—*Picea*—*Lepidobalanus* Zone　マツ科の減少とコナラ亜属、シデ属、ニレーケヤキ属、エノキ属—ムクノキ属（*Celtis-Aphananthes*）等の落葉広葉樹増加に特徴づけられる。

ステージ4後半の例として岬町椎木一ヶ谷（地点4）があり、ここではトウヒ属とマツ属が優占し、ツガ属・モミ属・スギ属・コナラ亜属を伴う有機質シルト層があり、36,900cal BP、38,100cal BPの年代測定値がある（桑原他1999）。そのうえで、このころ、関東平野と同様の「温帯性針葉樹とコナラ亜属が卓越する森林植生が、房総半島にも広く分布していたものと考えられる」としている（辻2001）。

ここから日本海側に目を転じよう。太平洋側の富沢遺跡とほぼ同緯度にある

山形県境に近い新潟県樽口遺跡がまずあげられる（**No.21**）。AT 上位のⅤ層で大型植物遺体の中にマツ属単維管束亜属が検出されている。当時日本海に対馬暖流は流入せず、後氷期のように雨量は多くなかったと推定されているが、乾燥気候を好むチョウセンゴヨウの分布はそれを裏付けている。同遺跡はナイフ形石器文化から細石刃文化まで継続的に遺跡が残されており、長きにわたってチョウセンゴヨウとのかかわりがあったと推測される。

　新潟中部の新潟市赤塚木山（**No.22**）、西蒲原郡黒島（**No.23**）、長岡市関原（**No.24**）、十日町馬場（**No.25**）と続く各地点でチョウセンゴヨウの花粉が検出されている。十日町市新田では種子が産出している。この間の各地点でオニグルミ属（*Jugrans*）が検出されていることも注意される。

　長野県域に入ると新潟県境に近い野尻湖がまず挙げられる（**No.26**）。野尻湖は動植物化石に富み、これらの研究を含め研究の最前線のフィールドとして、主導的な研究が蓄積されている古生物、古気候、古環境学研究のメッカといってよい地点である。周辺の湖岸や台地上には杉久保遺跡、仲町遺跡、貫ノ木遺跡など岩宿時代の重要な遺跡が多いことでも知られる。ここでは 27,700～31,600cal BP の年代値を持つ、LGM の層準の大型植物化石と花粉分析結果を示した。チョウセンゴヨウはもとより、食料として重要なオニグルミ・ハシバミ・スモモも検出されている。南安曇郡吐中（**No.27**）は早くから針葉樹化石の産出地として知られる。

　矢出川遺跡（**No.28**）は、標高 1,300m ほどの野辺山高原にあり、一帯は岩宿時代の遺跡が広範囲に高密度で分布していることで知られる。花粉分析は高原に広がる細石刃石器群を中心とした、岩宿時代遺跡群の総合調査の一環として行われたもので、分析を担当した安田喜憲の著書『環境考古学事始』の刊行は総合調査期間中のことであった。植生史研究のための花粉分析ではなく、多くの遺跡が形成された矢出川での、暮らしの舞台の姿を明らかにするための植生環境復元として企図されたものであったという点で、記憶されるべき場所である。

　花粉帯はⅠ～Ⅲの3時期に区分され、ステージ3の後半から晩氷期までを含

む。下部の花粉帯Ⅰでは、トウヒ属・モミ属・ツガ属・ゴヨウマツ亜属などの亜寒帯針葉樹とともに、ハシバミ属・コナラ亜属・ハンノキ属・ニレ属・ケヤキ属・オニグルミ属が検出されている。

花粉帯Ⅱでは、花粉帯Ⅰに僅かに出現していたコナラ亜属・クマシデ属などの落葉広葉樹が消滅あるいは著しく減少、とりわけトウヒ属・ゴヨウマツ亜属の減少が著しい。これに対し、ツガ属の減少率は小さく、このことはⅠの時代の森林はゴヨウマツ亜属・トウヒ属の亜寒帯針葉樹林で、この時代にこれが減少したことを示す。

花粉帯Ⅲでは、トウヒ属・ゴヨウマツ亜属などの亜寒帯針葉樹に特色があり、後半にはハシバミが樹木花粉の中でも最も高い出現率を示す。

こうして、野辺山高原の矢出川遺跡群をのこした人々の暮らしに、チョウセンゴヨウやハシバミ（*Corylus*）が少なからず寄与したことが推測された。

茅野市下菅沢（**No.29**）、楢川村平沢（**No.30**）も早くから植物遺体、花粉化石の検出で知られていた。

山梨県では、笛吹市京戸川（**No.31**）が知られる。単維管束亜属を含むマツ属（*Pinus*）が最も多く、ツガ属・トウヒ属・カバノキ属・ハンノキ属などが伴う。

東京都では、江古田（**No.33**）における例が典型的なように、泥炭層とそこにふくまれる大型植物化石の産出が、早くから注目され研究がはじめられた。とくに80年代以降になると、遺跡の発掘調査の機会に調査区内の低地の調査が行われるようになり、良好なデータが収集されることになった。東京都練馬区尾崎遺跡・同愛宕下遺跡（**No.32**）、中野区松が丘遺跡（**No.34**）、小金井市野川中州北遺跡（**No.35**）などである。

このうち愛宕下遺跡のAT直下では、モミ属・ツガ属・トウヒ属・マツ属単維管束亜属・カバノキ属・ハンノキ属・コナラ亜属の内、まだコナラ亜属の出現率が一番高く、針葉樹の中ではマツ属単維管束亜属が一番多い。野川中州北遺跡では、チョウセンゴヨウ・ヒメバラモミ・ハシバミ・ツノハシバミ・カラマツなどの大型植物遺体が検出されたほか、花粉化石では、コナラ亜属・ハ

ンノキ属・トウヒ属がほぼ同率の高率で出現し、カバノキ属・フサザクラ属・シナノキ属・カラマツ属・トガサワラ属・マツ属単維管束亜属も多く確認されている。このように、武蔵野台地ではチョウセンゴヨウのほか、ハシバミ・ツノハシバミ・オニグルミなどが検出されている。ハシバミは東久留米市多聞寺前遺跡でも産している。このように東京都域を中心とする武蔵野台地は、群馬県域とともに遺跡の発掘調査記録から、長期にわたる繰り返しの居住行動によって、膨大な石器群を残した岩宿時代人の暮らしの時間軸に平行する植物遺体、花粉化石資料の蓄積が進んでいることは特筆に値する。

　神奈川県は相模野台地や三浦半島などで多数の遺跡が層位的に検出され、ローム層の厚さに着目して、早くから火山灰層序学に基づく編年研究が進み、列島全域の編年軸を提供するなど、研究の最先端を担う地域である。しかしながら、それに平行する植生に関するデータのはなはだ乏しいことが惜しまれる。こうした中で全国的によく知られる貴重な石器群が出土した神奈川県大和市月見野上野遺跡第1地点（**No.36**）、川崎市麻生環境センター（**No.37**）での分析事例は貴重である。

　月見野上野遺跡第1地点の分析事例は石器を包含するローム層の分析をしたもので、花粉は残りにくく、検出量は少ない。36試料全てにおいてハシバミ属（*Corylus*）が優勢である。この間、下からL2およびBB1上部・L1Hの層準において、針葉樹ではマツ属が一番多い。ただし、亜属の区分はなされていない。

　一見するとヨモギ属（*Artemisia*）を主とする草地にハシバミ属が部分的に生育していたかのように見えるが、ローム層は花粉の保存について重大な問題を含んでおり、情報量も少ないことから、現状では古植生・古環境への言及はむずかしい旨の記述がある。

　当地点での花粉データは検出花粉の少なさゆえに、遺跡周辺の植生を復元するほどの内容をそなえていないが、マツ属にチョウセンゴヨウを含むこと、遺跡の周辺ではハシバミが生育していたことは間違いない。花粉検出が難しいことを承知で、あえて分析を実施した調査担当責任者・相田薫氏の見識を評価し

たい。

　川崎市麻生環境センターでは、考古学的な調査ではないが、施設の建設に先立って花粉分析が実施され、下部層基底のチャート礫層から大型植物遺体が検出されている。大型植物遺体としてはチョウセンゴヨウ14個、ハシバミ1個、トウヒ属5個、ツガ属3個があげられている。花粉ではマツ属（単維管束亜属）を主とし、モミ属（*Abies*）、トウヒ属（*Picea*）、ツガ属（*Tsuga*）が優勢である。礫層中の材化石の暦年較正年代は 19,000cal BP である。

　静岡県域では伊豆半島の伊東市一碧湖（**No.38**）で花粉分析が行われている。千葉県いすみ市椎木一ヶ谷と並んで太平洋に面した地点の分析例として貴重である。少し詳しく記載する。

　地表下 24.9〜7.5m までの間の試料が採集され、5 期にわたる花粉帯が区別されている。9.2m 以下の水成堆積物は 24,000 年以前、下限は 34,000 年前まで遡る。

花粉帯Ⅰ（IP-Ⅰ）：マツ属（Haploxylon-type ＝ゴヨウマツを含む）が高率で出現。スギ属（*Cryptomeria*）、コウヤマキ属（*Sciadopitys*）、ブナ属（*Fagus*）も 10〜20％程度、ついで、モミ属（*Abies*）、トウヒ属（*Picea*）、カバノキ属（*Betula*）、クマシデ属（*Carpinus*）、ニレ—ケヤキ属（*Ulmus-Zelkova*）の花粉が出現する。針広混交林の時代。

花粉帯Ⅱ（IP-Ⅱ）：Ⅰ帯に較べマツ属の出現率はいくぶん低下。スギ属、コウヤマキ属、ツガ属（*Tsuga*）、トウヒ属などの針葉樹が増加。下部は引き続き広葉樹をともなう針広混交林。広葉樹はハンノキ属（*Alnus*）以外は減少。ハンノキ属湿地林の拡大期。

花粉帯Ⅲ（IP-Ⅲ）：Ⅱ帯で優勢だったスギ属、コウヤマキ属が多少減少。モミ属、ツガ属、トウヒ属などの針葉樹は増加。ハンノキ属を除く広葉樹花粉はほとんど見られなくなる。

花粉帯Ⅳ（IP-Ⅳ）：ブナ属、クマシデ属、モミ属などの落葉広葉樹花粉が増加する。特にブナ属は 30％近く出現。針葉樹花粉では、モミ属、ツガ属、トウヒ属がやや減少し、特にスギ属、コウヤマキ属は上部ではほとんど見られな

くなる。

花粉帯V（IP-V）：モミ属、トウヒ属は減少。他の針葉樹は依然として優勢。ハンノキ属は減少の傾向を示す。

　なお、最終氷期後半の堆積物Ⅲ～Ⅴ帯の説明文にはマツ属への言及はないが、花粉ダイアグラム上ではⅡ帯以降ほぼ同率で存在している。

　愛知県下では南設楽郡作手村大野原湿原（**No.39**）で花粉分析が実施されている。標高535mの高原地帯に位置するが、三河湾には近い。高原の東の裾にひろがる扇状地上、豊川沿いの標高100mほどのライン上には、岩宿時代の遺跡が濃密に分布する。

　この調査で、ゴヨウマツ亜属（*Pinus*：Haploxylon）を含むマツ科中心の針葉樹林が、190cm層準（1.06万年前）まで存在したことが判明。ハシバミ属（*Corylus*）も検出されている。チョウセンゴヨウ（種子）は、同じ湿原内の白須地点でU-Oki火山灰（10,255～10,177cal BP　Smith et al.2013）の位置より下位層準で検出されている。

　岐阜県では富山県境に近い宮ノ前遺跡（**No.40**）、愛知県境に近い瑞浪市大湫盆地（**No.41**）のデータがある。宮ノ前遺跡は細石刃文化期の良好な遺跡であり、富山平野に分布する多くの遺跡の一群に属するのではなく、神通川を上流に遡った飛騨山中の一画に位置する遺跡であり、当時の人々の生活環境としての植生を考えるという観点から貴重な資料を提供している。

　大湫盆地では、小論の趣旨に合致するのがOK4-Ⅺ帯とOK4-Ⅻ帯である。OK4-Ⅺ帯では、ツガ属（*Tsuga*）、ゴヨウマツ亜属（*Pinus subgen Haplloxylon*）が主要素であり、トウヒ属（*Picea*）、モミ属（*Abies*）、カバノキ属（*Betula*）を伴う。盆地内、周囲の山地ではマツ科針葉樹が広く生育。落葉広葉樹花粉の急減とマツ科針葉樹花粉の急増から、気候は急激に寒冷化したと考えられる。ステージ2に対比される。OK4-Ⅻ帯では、ゴヨウマツ亜属、ツガ属、カバノキ属が主要素。深度1.6～1.7mでコナラ亜属（*Quercus subgen. Lepidobalanus*）、クマシデ属（*Carpinus*）、ブナ属（*Fagus*）、低木ではハンノキ属（*Alnus*）が急増する。盆地内ではマツ科針葉樹と落葉広葉樹の混生する森林であった。

落葉広葉樹の花粉が漸増することから、気候は次第に温暖化したことを示している。

　三重県桑名郡多度町（**No.42**）は早くから LGM 頃の大型植物化石出土地として知られており、チョウセンゴヨウ（種子）・ツガ・カラマツ・ミズメ・ブナ・トチノキ・ミズナラ・コナラの産出が知られている。花粉化石では、マツ属（*Pinus*）70.7％、ツガ属（*Tsuga*）14.0％、ハンノキ属（*Alnus*）3.1％、トウヒ属（*Picea*）、モミ属（*Abies*）が多く、カバノキ属（*Betula*）・コナラ属（*Quercus*）・ブナ属（*Fagus*）を伴う。

　滋賀県では、琵琶湖周辺でいくつかの産出地が知られている。滋賀県湖北地方に位置する山門湿原（**No.43**）では、AT 上位の YM-3 帯で、ツガ属（*Tsuga*）に加えゴヨウマツ亜属（*Pinus* Haploxylon）、モミ属（*Abies*）の花粉が増加する。これらマツ科の出現率は 50〜75％、カバノキ属（*Betula*）は 15〜25％を占める。同様の状態が YM-5 帯まで続く。YM-6 帯下部に K-Ah 火山灰が位置する。

　近江八幡植物遺体層（**No.44**）下部では、大型植物化石として、チョウセンゴヨウ・カラマツ・ヒメマツハダ・エゴノキ・シラカンバ・ミツガシワが産出し、花粉化石としてマツ属 *Pinus*（含 Haploxylon）、トウヒ属（*Picea*）、モミ属（*Abies*）、ツガ属（*Tsuga*）、ハンノキ属（*Alnus*）、イネ科（Gramineae）、カヤツリグサ科（Cyperaceae）が多く、カバノキ属（*Betula*）、コナラ属（*Quercus*）、ブナ属（*Fagus*）を伴うとされる。中部ではチョウセンゴヨウ・カラマツ・ヒメマツハダ・ヒノキ・トウヒ属・エゴノキ・コナラ・アラカシ・ウラジロガシ・コメツガ・アキニレ・イタヤカエデ・ムクロジが挙げられている。大井信夫（2001）はこうした分析結果をふまえて、ゴヨウマツ類（ヒメコマツとチョウセンゴヨウ）と落葉のコナラ属（コナラとミズナラ）の林が、山地の主要な林だったとしている。

　永源寺町甲津畑植物遺体層（**No.45**）中上部では、ヤツガタケトウヒ・チョウセンゴヨウ・ヒメコマツ・ウラジロモミ・コメツガ・ツガ・イラモミ・ヒノキ・クロベ・ケヤマハンノキ・ブナ・ミズナラ・マンサクなどの大型植物化石

が産出している。

　京都府に入ると、丹後半島の大フケ湿原（No.46）で花粉分析が実施されている。日本海側といえば新潟県下のいくつかの地点で報告されているが、日本海に突き出ている本例が最も日本海側の気候を反映しているともいえるであろう。AT 上位 OF-3 帯：モミ属・ツガ属・ゴヨウマツ亜属・カバノキ属、OF-4 帯ではこれにトウヒ属が加わった亜寒帯針葉樹林が発達し、もっとも寒冷な気候に支配された。

　内陸側に入り亀岡市天神（No.48）で、早くからチョウセンゴヨウの種子などの大型植物化石の出土が知られている。京都市内では早くに平安神宮火山灰（後の AT）が検出されたことで知られる平安神宮（No.47）の分析例があり、LGM に属する二つの層準から、いずれもマツ属（*Pinus*）、カバノキ属（*Betula*）、コナラ属（*Quercus*）、ツガ属（*Tsuga*）が多く、トウヒ属（*Picea*）、モミ属（*Abies*）を伴う分析結果が得られている。

　大阪府域に入ると、関西国際空港建設に先立つ地質調査の際に実施された、現瀬戸内海海底の例を含めいくつかの分析例がある。やや内陸寄りの大東市深野緑ヶ丘（No.49）では、マツ属（*Pinus*）、ツガ属（*Tsuga*）、トウヒ属（*Picea*）、モミ属（*Abies*）の検出が報じられている。大阪府羽曳野市古市（No.50）では、安田喜憲（1978）による初期の花粉分析例が知られている。ここでは、La〜Ld までの四つの花粉帯が識別されている。La 亜帯は *Corylus*—*Betula*—*Tilia*—*Pinus*（Haploxylon）時代、Lb 亜帯は *Pinus*（Haploxylon）時代、Lc 亜帯は *Quercus*—*Pinus*（Haploxylon）時代、Ld 亜帯は *Pinus*（Haploxylon）時代と晩氷期を通じて、ゴヨウマツ亜属 *Pinus*（Haploxylon）が優勢で、ハシバミ属（*Corylus*）を伴い、これらを交えた針広混交林が広がっていたことが明らかにされている。羽曳野市域の台地は二上山に近く、近畿地方屈指の岩宿時代遺跡の密集地であり、当地に暮らした人々の生活基盤を考える上で、極めて重要な分析事例である。

　LGM の瀬戸内東部地域の植生を知るうえで重要な調査例として、関西国際空港例（No.51）がある。28,300cal BP という較正年代を持つ P2 帯 d 亜帯

(57-30 地点)は、本帯中に AT がある。マツ属ではニヨウマツとゴヨウマツがほぼ同量検出されている。ここでは、温帯要素がほとんど姿を消し、亜高山性の草本タクサが優占するという独特の組成を示すとされる（古谷 1984）。

奈良県に入ると、県下全体が盆地という地形特性に由来して、都祁野盆地（**No.52**）、天理市福住町（**No.53**）、田原本町（**No.54**）の各地から、大型植物化石として、チョウセンゴヨウの産出が報じられている。天理市福住町では、AT 上位の LGM に属する時期を土蜘蛛期とし、モミ属（*Abies*）、トウヒ属（*Picea*）、ゴヨウマツ亜属（*Pinus*：Haproxylon）などを主とする落葉広葉樹種の少ない花粉群集を検出している。

兵庫県下では多紀郡板井寺ケ谷遺跡（**No.55**）の例が貴重である。AT 降灰前後の 2 時期にわたり水辺に暮らした人々が残した石器群とともに、遺跡に隣接する湿地から樹木の根株が発見され、遺跡周辺の山地はマツ属単維管束亜属とコナラの林であったことが推定された。マツ属単維管束亜属は AT 降灰後に急増するが、AT 下位の時期においてもモミ属・ツガ属・トウヒ属よりもマツ属単維管束亜属の方が占有比は大きく、存在感の大きさは AT 上位におけるのとさほど変わらないとされている（大井 2001 図 1-4）。

関西国際空港例とともに、瀬戸内低地東部の植生を知るうえで、貴重なデータを提供することが期待される分析例に、兵庫県神戸市六甲アイランド（**No.56**）がある。分析結果はマツ科の出現率が高く、ニヨウマツ・ゴヨウマツ・モミ属・ツガ属・カバノキ属・コナラ亜属に対しトウヒ属は少ない。Ⅲ・Ⅳ帯の間、これらの樹種間比率はほぼ等比で推移する。冷温帯要素の針葉樹に落葉広葉樹が混生した森林相が推定され、24,000〜18,300 年間の LGM の堆積物は採集できていないとするが、仮にそうであっても、LGM を挟む前後の長い期間にわたって、ゴヨウマツを含む森が続いたと理解することもできるのではないだろうか。

中国地方に入って、岡山県下では瀬戸内低地側と中国山地の両方で分析事例がある。瀬戸内側の岡山市田益田中遺跡（**No.57**）では、チョウセンゴヨウの種子が検出されると同時に、花粉でもモミ属・ツガ属・トウヒ属とともにマツ

属単維管束亜属が検出されており、冷温帯〜亜寒帯樹種からなる森が広がり、冷涼・乾燥気候であったことが推測されている。中国山地中蒜山の花園（No.58）では、ゴヨウマツ類にハシバミ属を含む花粉群が検出されている。

　広島県下では、瀬戸内低地の事例があり貴重である。尾道造船所（No.59）では、AT 直上からゴヨウマツ亜属が急増し、トウヒ属も増加する。AT の前も後もカヤツリグサ科が多産し、湿原であったという。丸善化成（No.60）では、ゴヨウマツ亜属が高い出現率を示し、カバノキ属が産出せず、陸化していた瀬戸内低地中部を中心とする地域に分布していたと考えられる、マツ属が優占する温帯針葉樹林を代表する組成を示すという。今は海中に没しているが、往時は少なからず遺跡があったとされる、瀬戸内低地の生活環境を考える上で貴重な資料である。東広島市五反田遺跡（No.61）では、大型植物化石としてチョウセンゴヨウ種子のほか、トウヒ属球果、マツ属球果の産出がある。花粉化石では、モミ・ツガ属・トウヒ属・マツ属（ゴヨウマツ亜属・ニヨウマツ亜属）・クマシデ—アサダ属・ハンノキ属・コナラ亜属があげられる。

　中国地方の日本海側の事例としては、鳥取県日南町下花口（No.62）、島根県大田市白杯高津（No.63）、島根県横田町小峠（No.64）が挙げられる。下花口では大型植物化石遺体としてコメツガ・チョウセンゴヨウ・トウヒ属・モミ属が産出し、白杯高津ではチョウセンゴヨウ（種子）、シラビソ球果、モミ属の葉、トウヒの球果、コメツガ球果他の産出が知られている。島根県横田町小峠の花粉分析から、トウヒ属・ツガ属・ゴヨウマツ類が優勢で、ハンノキ属・ハシバミ属・カバノキ属を伴うことが明らかになっている。

　最後に九州島に移ろう。九州では福岡県北九州市小倉区貫川遺跡（No.66）、長野 E 遺跡（No.67）が早くから知られており、大型植物遺体の発見を契機に、LGM の北九州一体の植生の研究が発表されている（畑中他 1994）。貫川ではトウヒ属球果、チョウセンゴヨウ（種子）などの大型植物化石のほか、花粉化石にはトウヒ属・モミ属・コナラ亜属・マツ属（ゴヨウマツ亜属主体）・ハシバミ属・ハンノキ属・ツガ属が検出されている。貫川遺跡の北西約 3.4km に位置する長野 E 遺跡では、検出されたチョウセンゴヨウの種子は原位置から

遊離しているとされるが、花粉分析の結果では、トウヒ属優占、マツ属（ゴヨウマツ型）、モミ属、ツガ属が伴い、ハンノキ属（*Alnus*）も出現すると報告されている。

なお、この九州2例は、九州島内というより瀬戸内低地域に属すると考えるべきかもしれない。大分県大野町代ノ原（**No.69**）はナウマンゾウ化石の産出で知られているが、その産出層（13a・b層）で花粉分析が行われ、圧倒的な量のトウヒ属（*Picea*）のほかに、ゴヨウマツタイプとニヨウマツタイプのマツ属（*Pinus*）が検出されている。ゴヨウマツがヒメコマツかチョウセンゴヨウかの言及はない。13b層の年代値は42,200cal BPであり、本稿の対象範囲を超えるが、参考までに掲げておく。長崎県佐世保市福井洞穴遺跡（**No.68**）では4、9層の2層準で細石刃文化期のマツ属の化石が検出されているが、亜属レベルの区分がなされていないので、チョウセンゴヨウの確実な例とは言えない。

なお、百原新はLGMの大型植物化石の種組成について、20カ所の産地を列島図上に示しつつ、簡潔にして明快に示している（津村他2011）。その他のマツ科の化石などの産状も同時に参照できる点で有益である。化石産地の南限は筆者とおなじ北九州市貫川であり、北限もほぼ同じであることを付け加えておきたい。

以上、本稿では、基本的にLGMを中心に事例を挙げてきたが、大阪市古市地方の晩氷期の例（安田1978）のように、更新世最末期、考古学的には草創期の前半まで類似の植物資源環境にあった可能性も高いので、この時期の重要な遺跡として、また四国内陸部の貴重な遺跡例として愛媛県上黒岩岩陰遺跡（**No.65**）を付け加えて締めくくりとしたい。

ここでは、8層出土の炭化材がマツ属単維管束亜属と同定されている。年代値は、14,600cal BPが得られている。炭化材であるので薪として遺跡内に持ち込まれたものであろうが、草創期の初期隆線文段階では遺跡周辺の森にチョウセンゴヨウかヒメコマツのいずれかが、生育していたことを示している。

なお、縄文早期の古い段階（大鼻式から神並上層式段階）の滋賀県粟津湖底

遺跡でも、チョウセンゴヨウの種子が出土している（伊庭他 2000）。まだ、このころまで、あちこちにヨウセンゴヨウの木立が残っていたのであろう。粟津湖底遺跡にほど近い田上山の標高 300m ほどの尾根上には、いまもヒメコマツの生育地がある。

　以上で、チョウセンゴヨウの全国分布図の提示という小論の主旨に関しては一応の区切りとなるが、北九州市以南の九州南部の植生にかかわって最後に若干の補足をしておきたい。長崎県平戸市堤西牟田遺跡では、早くに発掘調査にともなって松岡數充により花粉分析が行われ、岩宿時代の文化層 20～180cm の内、最下部（下から 20～30cm）と中位（100～120cm）で花粉分析が行われた。マツ属（*Pinus*）が検出され、その概要報告では亜属については言及されていなかったが、後に AT 層準付近の花粉分析結果が公表され、ニヨウマツであると明言された（松岡 1992）。この折の花粉分析では、マツ属とハンノキ属が優占、クルミ属、スギ属、ニレ属 / ケヤキ属、シナノキ属、ブナ属などが随伴するが、照葉樹林要素は含まれない。しかしマツ属以外の他の針葉樹もないことも注意される。

　当時の平戸島周辺は五島列島を含め九州本土と陸続きで東シナ海に面していて、どちらかといえば海洋性の気候を反映しており、植生の中にチョウセンゴヨウを含まず、その分布圏外にあったようである。この点も含め、北九州市の事例を評価する必要があろう。

　その一方で九州南部の内陸部ではこれとはまた異なった植生も予測される。南部九州の山間盆地宮崎県加久藤盆地では、AT と同時期の入戸火砕流直下溝園層から、次のような花粉化石が検出された。マツ属・モミ属・トウヒ属・ツガ属が極めて優勢で、スギ・コウヤマキを少しともなう。落葉広葉樹はニレ属 / ケヤキ属・ハンノキ属・ブナ属・ハシバミ属が低率で産出する。アカガシ亜属は最大で 4％、マツ属はニヨウマツ亜属が優勢、コナラ亜属・シデ属など落葉広葉樹が多いが、ツガ属・モミ属・トウヒ属・ゴヨウマツ亜属なども数～10％含まれるとされる（松岡 1994）。

　また、熊本県菊池盆地の AT 直下では、草本の卓越することが知られ、樹

木ではモミ属・ツガ属・マツ属の針葉樹が多く、コナラ亜属・シデ属（Carpinus）/アサダ属・カバノキ属が比較的高率で産し、照葉樹要素は未確認とされている（松岡1994）。

　以上のように九州南部の内陸部では、沿岸部とは異なりチョウセンゴヨウを含む針広混交林が成立しており、ここに住む人々もゴヨウマツを食料として利用していた可能性があろう。

　一方、琉球諸島の北に連なる屋久島・種子島、九州南部の太平洋沿岸、西北九州の五島列島、平戸周辺、四国、紀伊半島沿岸から伊豆半島・房総半島あたりまで、照葉樹林が生育していた可能性が早くから指摘されていた（松岡他1998）。ここではシイの利用が可能であったであろう。それに加えてヤマノイモなどの根茎類の利用が可能になることも重要である。とくにこの点に関しては、LGM以前、ステージ3後半のころからこうした食料資源環境を背景に礫群利用の食生活も東上することになったであろう。

　なお、照葉樹林帯とゴヨウマツ類との関係では、屋久島・種子島にヤクタネゴヨウ（アマミゴヨウ Pinus amamiana Koidzumi）が生育する。屋久島では神々しいばかりの巨木が生育していることも記憶にとどめておく必要があろう[2]。

　ゴヨウマツ類はチョウセンゴヨウのほか、ヒメコマツ・ハイマツもその種子は可食だが、ヒメコマツ、ハイマツとなると種子は格段に小型となり、食料としての価値も小さくなることは否めない。それゆえに東北アジアにおいてはチョウセンゴヨウが食料としては重要であることになる。

　沖縄県サキタリ洞遺跡周辺でも照葉樹の森が広がり、モクズガニやオオウナギ・ブダイなどの川や海の水産資源の他、イノシシ・シカ類の狩りも含め本州・九州とは異なった食料資源利用と生業体系があった。ここでは、オキナワジイの子葉が多数発見され、食料としての利用が想定されている（藤田2019・山崎2015・2018）。

II　ハシバミ・クルミの分布

　ハシバミ・ツノハシバミ（図II-8）は、その果肉の大きさや栄養価からみて

図Ⅱ-8　ハシバミ（野辺山産）、収穫後の乾燥風景

も、採集活動としての容易さという観点からも、その有用性と重要性に疑問の余地はない。一方クルミは、食品として貴重であるということのほかに、現在のところ岩宿時代遺跡出土唯一の基幹植物食料であるという点でも重要である。ここではこの両者の分布を確認しておきたい。東京都東久留米市多聞寺前遺跡（戸沢他1982）、練馬区愛宕下遺跡（練馬区遺跡調査会1992）ではハシバミの化石は産出しているが、チョウセンゴヨウは産出していないので、巻末一覧表のリストから漏れている。

このような事例を考えると、チョウセンゴヨウ同様に、それぞれ種ごとに個別の集成作業をすることが望ましいが、ひとまずチョウセンゴヨウの産出地において、その共伴状況がどのようなものか見ておきたい。

1. ハシバミ・ツノハシバミ（*Corylus*）産出地

　一番北は宮城県富沢遺跡（No.4）である。以下、群馬県元総社寺田遺跡（No.15）、埼玉県お伊勢山遺跡（No.18）、長野県野尻湖（No.26）・矢出川遺跡（No.28）・下菅沢（No.29）、東京都野川中州北遺跡（No.35）・江古田遺跡（No.33）・松が丘遺跡（No.34）、神奈川県月見野上野遺跡第1地点（No.36）、愛知県大野原湿原（No.39）、大阪府古市（No.50）、岡山県花園（No.58）、鳥取県下花口（No.62）、島根県小峠（No.64）、一番南の福岡県貫川遺跡（No.66）の16カ所をあげることができる。

　産出地は1/5ほどに減り、分布密度はまばらになるが、分布域はおおむね北端の東北南部から南端の北九州までを示し、チョウセンゴヨウのそれとほぼ重なるとみてよいであろう。

2. クルミ・サワグルミ（*Pterocarya*）産出地

　産出地の一番北は新潟県黒島（No.23）である。以下、新潟県関原町（No.24）・新町新田（No.26）、茨木県花室川（No.17）、埼玉県お伊勢山遺跡（No.18）、長野県野尻湖（No.26）・矢出川（No.28）・大分県代ノ原（No.69）の8か所をあげることができる。大分県代ノ原を除くと、その分布は中部・関東地方に限られる。

　チョウセンゴヨウの産出地におけるハシバミ属・オニグルミの伴出状況は、ハシバミ属がチョウセンゴヨウ産出地域のほぼ全域で共伴し、オニグルミは中部・関東地方にほぼ限定される結果となった。

　現在のオニグルミの分布は、「温帯、暖帯：樺太・北海道・本州・四国・九州」とあり、ハシバミの分布は、「温帯：北海道・本州・九州・朝鮮・中国・ウスリー・アムール」（北村他1979）とある。これにより、両種は同じ温帯に分布するとはいえ、ハシバミはより北方に、オニグルミはより南方に傾くとみることができるとすると、チョウセンゴヨウの随伴要素として、ハシバミの分布域がオニグルミより北に広がっているのは、生育域の実態を反映している可能性があろう。

　こうした点についてはハシバミ属、オニグルミ属それぞれについてチョウセンゴヨウ同様に精査が必要であることは言うまでもないが、多くの場合この三者が共存する可能性は少なくないとひとまず見ておきたい。そういう意味で、チョウセンゴヨウ・ハシバミ・オニグルミを岩宿時代の三大ナッツと捉えておきたい。

Ⅲ　漿果：ツツジ科の植物（口絵2）・ノブドウ・サルナシ

　今回の集成では特に、大型植物化石・花粉化石データの中から抽出することはしなかったが、コケモモ、クロマメノキ、スグリ、ガンコウランなどツツジ科（Ericaceae）の植物も生食、乾燥、時にペミカンの材料などとして重要な食料となったであろう。

　現在でもフィンランドなど北方の針葉樹林地帯では、林床一面にクロマメノ

図Ⅱ-9 ブルーベリー摘み器（フィンランド）

キ（ブルーベリー）・コケモモが繁茂する。一粒一粒手摘みするのではなく、家々に常備されている爪付き笊状の専用収穫具（図Ⅱ-9）が普通に用いられるほど、簡単に短時間に大量に収穫できる。ビタミン類など栄養価面の価値とともに、特に女性の生業活動という観点からみても重要な点である。

先にも紹介したように、中朝国境の白頭山ではクロマメノキやコケモモは山地帯の針広混交林から亜高山ダケカンバ帯まで分布するとされる（田端 2000）。現在の日本列島、特に本州島以南ではおもに亜高山帯に生育するが、年平均気温が現在より7～8℃程が低かった（坂口 1989、安田 1980）とされる岩宿時代のLGMでは、100mにつき0.6度温度が下がるとすると（日本熱測定学会 2006）、丘陵地や低地でも普通に収穫可能であったであろう。また、ツツジ科には現在の暖温帯地域ではスノキ類など可食植物が多い。このようにツツジ科の植物を広くとらえれば、低地から山地に至るまでの広い範囲でツツジ科の植物がひろく採集・利用されていた可能性が高い。

岩宿時代においては集落遺跡のほとんどが低地、丘陵地に立地しているが、琉球諸島から始まる照葉樹林帯（暖温帯）地域を含めて、それ以北の日本列島全域で、ムラの周辺でもツツジ科の植物の果実は大切な食料となったであろう。また、ノブドウ・サルナシなども利用できたであろう。

このように、大型植物化石・花粉化石のデータから我々が汲み取るべき情報はまだまだ多いのである。

Ⅳ　ユリ科の植物（ユリ・クロユリ）

これまで議論の中心となったのは、主にメジャーフードたりうるものである。これらは脂質に富み高カロリーで優良食品ではあるが、澱粉質に乏しいというナッツ特有の性質がある。そういう点で、デンプン質に富む食料もまた重

要である。たとえば水生植物のヒシなどがそれにあたる。アイヌ民族のウバユリの利用は広く知られるところであり（更科他 1976）、辻秀子（1983）は、アイヌの人々にとって一番重要な食草であったとして、「ひんぱんに利用され、価値の高い食物とは、豊富にあって、採集運搬が容易であり、美味でかつ栄養価が高く、保存が可能であることが、条件として挙げられよう。ウバユリはその条件をすべて備えている」と記している。

このほかにもその鱗茎が優良なデンプン質食料となる各種のユリが日本列島には広く生育する。食用に向くユリはオニユリ・コオニユリ・ヤマユリ・ササユリ・スカシユリが適し、料理ユリとして生産されているのはオニユリ・コオニユリ・ヤマユリである（清水他 2001）。コオニユリは本州・四国・朝鮮・中国東北部の温帯から暖帯に分布する。他にヒメユリは近畿以西の本州・四国・九州、朝鮮・中国・アムールの温帯に分布する。

クルマユリも食用になる。ロシア沿海州からカムチャッカ半島・サハリン・南千島・中国中部・済州島にも分布する。北海道以北樺太・中国北東部・シベリアにはエゾスカシユリがある。高山植物として知られるクロユリは本州中部以北・北海道・千島列島・サハリン・カムチャッカ・ウスリー・北アメリカ西北部の寒帯に分布する（牧野 1982）。

ここで、井上靖の小説『おろしゃ国酔夢譚』[3]の一節を引いておきたい。18世紀末（天明2年）の12月、紀伊家廻米五百石、木綿、薬種などを満載して、江戸に向け伊勢国白子の浜を出船した船頭大黒屋高太夫以下16名の一行は、駿河湾沖で暴風雨に襲われ、帆柱を失い航行不能となり、8カ月間の漂流の末アリューシャン列島アムチトカ島に漂着し、想像を絶する苦難の末、故国日本への帰還を果たす物語である。この中で、アムチトカ島の土民に、「魚の塩むし」と、土民たちがサラナと呼ぶ「黒百合の根を水で煮、搗きただらし、水でうすめた」汁ものを三度三度与えられ、助けられたことが記されている。

また、高太夫が帰国嘆願のため、カムチャッカを経てシベリアにわたり、エカチェリーナ二世に謁見をもとめてペテルブルグに向かう途次、滞在したイルクーツクでは、地元住民が松の実（チョウセンゴヨウ）を食することも記され

ている。筆者は 1986 年 7 月、ヤクーツク、ディリング・ユリャフ遺跡で 100 万年前の「礫器文化」が発見されたとの報を受けて、故山下秀樹氏とともに調査に赴く機会があった。その途次、イルクーツクにメドヴェージェフ博士を訪ね、バイカル湖のほとり、チョウセンゴヨウの生育する森でランチのもてなしを受けたことを懐かしく思い出す。

さて、ユリは北半球の温帯を中心に広く分布し、生育地が草地から林地にわたり、各種のユリが日本全国に広く分布する点で、極めて重要な食料資源であることは上記のとおりである。こうした事情を念頭に、ユリは筆者が長く取り組んできた、石蒸し調理実験の調理食材としてしばしば利用したところである。この点については第 3 章で述べる。

V　ヤマノイモ

琉球諸島から南九州を経て、伊豆半島、房総半島辺りまでの太平洋岸には、LGM 期においても照葉樹林が広がっていたとされている（松岡他 1998）。筆者は、この地域ではヤマノイモが重要な食料として利用されていたと考えている。しかしながら、管見による限りでは、縄文時代においてさえ、その腐朽しやすい性格により証拠を欠くことから、岩宿時代にさかのぼる利用の証拠としての遺存体の発見は、今後もほぼ半永久的に期待できないであろう。

このあたりの事情を考慮して、ここではいたずらにその可能性を抽象的に述べるのではなく、筆者が行ったヤマノイモの採掘実験の結果を記しておくこととしたい。

筆者は、A）2004 年 10 月 28 日、C）2005 年 11 月 27 日に静岡県湖西市天白台地、B）2004 年 11 月 19 日に同県磐田原台地において、ヤマノイモ掘り実験をおこなった。以下に、その結果を報告しておきたい。

A）湖西市天白台地

林床にメダケなどが生える雑木林、土質は若干粘性のあるシルト質黄色土。掘削道具はスコップ、移植ゴテ。

2004 年度 1 例目　採掘者：S.T. 氏

1）林床にはメダケなどが根を張り、最初は掘りにくい。表土は黒土。以下、若干粘性のあるシルト質黄色土。深さが増すにつれて腹ばいで土を掻き出さねばならず、約1時間を要した。

　2）穴の大きさ；径40×25（スコップ幅）×深さ95cm

　3）イモの大きさ：長さ71cm、820g

2例目　採掘者：S.T.氏

　1）表土は黒土。以下、砂質シルト層で礫も混じらず掘りやすい。所要時間10分。

　2）穴の大きさ；径45×30×深さ80cm。礫層上面に達する。

　3）イモの大きさ：長さ67cm、760g

3例目　採掘者：S.T.氏

　1）表土は黒土。以下、砂質シルト層。所要時間11分。

　2）穴の大きさ；径45×30×深さ65cm。

　3）イモの大きさ：長さ54cm、170g

4例目　採掘者：S.T.氏

　1）砂質シルト層。下半はほとんど砂で粘性無し。所要時間5分。

　2）穴の大きさ；径45×30×深さ80cm。

　3）イモの大きさ：長さ77cm、620g

5例目　採集者：ヤマノイモ掘り初体験の女性2名のペア

　1）土質が柔らかく、礫もほとんど混じらないため、イモはまっすぐ伸びている。所要時間53分。

　2）穴の深さ75cm。下半はほとんど移植ゴテで排土。

　3）イモの大きさ：長さ67cm、870g

B）磐田原台地匂坂中下Ⅳ遺跡近傍

　採掘場所は岩宿時代遺跡の密集する磐田原台地。台地上は畑地が広がるが、台地縁辺から谷部にかけては照葉樹林が広がる。掘削道具はスコップ、移植ゴテ。

1例目　採掘者：地元在住のM.T.氏

1）表土は黒ボク土。以下、粘性のあるシルト層。所要時間20分。

　2）穴の大きさ；径40×38×深さ80cm。

　3）イモの大きさ：長さ54cm、550g

2例目　採掘者：男女のペアー

　1）表土は黒ボク土。以下、粘性のあるシルト層。上部に竹の根が多く、掘り下げに手間取る。隣接して2本蔓が伸びていて、同時に2本収穫。所要時間40分。

　2）穴の大きさ；径30×25×深さ80cm。

　3）イモの大きさ：長さ38cm、170g、長さ55cm、240g

C）**湖西市天白台地2005年度**：本年度の同地での掘削道具は掘り棒を用いた。掘り棒は2本、その大きさは、以下のとおりである（鈴木他2006）。

イ）長さ138cm、上部直径3cm、下部直径4cm、重さ900g。用材はリョウブ。

ロ）長さ140cm、上部直径2.2cm、下部直径2.5cm、重さ560g。用材はリョウブ。

1例目　採集者：M.K.氏

　1）前年度の場所が宅地化されたため、これより数m高い一段上の地形面で実施。土質は砂質ではなく赤黄色の粘性シルト。地表下20cm程から扁平礫が混じり始める。掘り下げ開始1時間5分で-75cm、1時間20分後で-85cmに達し作業終了。所要時間1時間20分。

　2）穴の大きさ；径40×40×深さ85cm。

　3）イモの大きさ：長さ80cm、300g。

2例目　採集者：M.K.氏

　1）土質は赤黄色の粘性シルト。地表下-70cmで礫層に達し作業終了。所要時間40分。

　2）穴の大きさ；径40×50×深さ70cm。

　3）イモの大きさ：長さ48cm、320g。

以上のように、実験というよりヤマノイモ掘り名人に体験をさせてもらった結果であるが、いくつか示唆的な所見が得られたので、その点を以下に記して

おきたい。

イ）収穫のための掘削作業は、重労働という程のものでもなく、男女の別なく行うことができる。

ロ）収穫に要する時間は、最短5分から約1時間と幅はあるが、平均的にみて、2、30分もあれば、少なくとも1本は収穫できると予想される。

ハ）所要時間は表土中の竹や樹木の根の張り具合、土質、用いる掘削道具によって大きく変わる。今回はスコップを主に用いたが、表層にある根の除去には

図Ⅱ-10　掘り棒とヤマノイモ

スコップのような幅広の道具は向かず、例えば縄文時代に出土例のあるシカの叉角のような道具で、根を引き千切るのが作業効率的に良いであろう。表層にはびこる根さえ取り除けば、あとは掘り棒で十分であろう（図Ⅱ-10）。

ニ）ヤマノイモの蔓・葉の形状・花・ムカゴの存在などの見分け方さえ覚えれば、簡単に所在をつかむことができる。広い範囲を探し回る必要もなく、立ち止まって付近を見渡せばそこここに発見できる。おそらくムラの周りの照葉樹林には多くが生育していたであろう。収穫用の道具は掘り棒などがあればよく、技術的な難しさはない。

こうした点から考えて、収穫法の難易度、資源分布、資源量ともに優れていて、岩宿時代においても重要な食料資源たり得たであろう。

Ⅵ　遺跡出土の炭化物から

遺跡出土の炭化物から検討した植物食リストついては基本的に旧稿（鈴木1988a）により、その後の知見の一部を紹介するにとどまる。実質的に本稿の意図に添った作業は、改めて全国規模の遺跡出土の炭化物の一斉点検を必要とする。筆者には果たせていないが、その時期がきていると認識している。可

食部分を内包する核の炭化物は、オニグルミ一種に過ぎない。

1. オニグルミ

　炭化して遺跡から出土し、食料の残滓と考えられるオニグルミは、旧稿の時点では、1) 静岡県磐田市広野北遺跡（ナイフ形石器文化　山下 1985）、東京都武蔵野市御殿山第 1 地区 D 地点（細石刃文化または槍先形尖頭器文化　加藤他 1987) の 2 遺跡にすぎなかったが、その後、新潟県荒屋遺跡（細石刃文化　芹沢他 2003) における発見があった。管見の及ぶ限りでは、現在これら 3 カ所を挙げうるにすぎない。1) 2) については旧稿に譲ることとし、ここでは 3) 新潟県荒屋遺跡例について記載する。

　新潟県荒屋遺跡では、遺跡のほぼ全域、土坑や竪穴状遺構などからオニグルミの内果皮破片が 179 点発見されている。同遺跡では多数の焚火跡が検出されており、こうした遺跡の特殊な条件下にあったことが幸いして炭化して残されたものであろう。なお、同遺跡からはサクラ属、ミズキ、ニワトコの炭化物も発見されている。サクラ属、ミズキはともに食用となり、ニワトコは薬用または食用となるという点で貴重な発見である。

2. クリ

　クリ（シバグリ）の分布は、温帯下部、暖帯：北海道（西南部）・本州・四国・九州・朝鮮中南部である（北村他 1980）。いわゆる中間温帯林に多いとされる。縄文人にとってクリは極めて重要な食料資源であったことはよく知られている。辻は岩宿時代の森について「今日の森林帯でいう中間温帯林（堀越他 1985）を構成する要素と、ミックスされたようなもので、植物資源としては非常に豊富で変化に富むものだった」としている（岡村他 1998）。そうであれば、岩宿時代の日本ではこれに該当する植生帯の分布は、九州南部沿岸部から伊豆・房総半島に及ぶ地域の内陸側の西日本では、一定程度の利用を考え得ることになろう。

　渡辺誠（1975）はその著書『縄文時代の植物食』（雄山閣出版）の中で、食料の可能性のある植物として 208 遺跡出土の 39 種を挙げている。参考までにその 39 種を列挙すると、1. カヤ　2. イヌガヤ　3. ハイイヌガヤ　4. ヤマモモ

5. オニグルミ　6. ヒメグルミ　7. ハシバミ　8. ブナ　9. クリ　10. コナラ　11. ミズナラ　12. クヌギ　13. カシワ　14. アカガシ　15. アラカシ　16. イチイガシ　17. ツブラジイ　18. スダジイ　19. マテバシイ　20. カジノキ　21. ヤマゴボウ　22. ハス　23. シャリンバイ　24. サンショウ　25. イヌザンショウ　26. アカメガシワ　27. チャンチンモドキ　28. トチノキ　29. ノブドウ　30. マタタビ　31. ツバキ　32. ヒシ　33. アズマビシ　34. ウリ科の一種　35. マコモ　36. イネ　37. ササ類　38. クログワイ　39. ノビルとなる。

　このうち、縄文時代人が保有していたアク抜き技術や石皿・磨石・敲石などの道具立てなしに食することが可能で、岩宿時代人にとっても食料として一定の意味を有していた可能性があるものとして、オニグルミ、カヤ、ブナ、クリなどの堅果類、ヤマモモ、ノブドウ、マタタビなどの漿果、水生植物のヒシなどが考えられる。しかし、岩宿時代でも遺跡から実際に検出されているオニグルミを除く他の諸例については、具体的な可能性を論じにくい。

　現生のブナは降雪地帯に多く湿潤気候に適応していて、岩宿時代の優勢な樹種とは言いがたい側面があるし、栄養学的には優良な食品ではあるが、その実の可食部分は小さく、殻取りに手間がかかり、食料としての価値は大きいとは言えない。渡辺のリストの中でも、出土遺跡は青森県亀ヶ岡遺跡1ヵ所に過ぎない。ヤマノイモのように遺体として残ることをほとんど期待できないものもあり、渡辺リストが必ずしも縄文人の食性の実体を反映しているとは言えない側面もあるが、アク抜きを必要とするドングリ類やトチノキなどが多いのは、豊富な資源量を何とか生かして、まず食料供給を安定させようとする、質より量という縄文食性ならではの性格も見逃せないであろう。

　岩宿時代の食料を考えるヒントとして重要なのは、むしろ渡辺集成でも記録されているヒシやカヤなどであろう。こうした食料の細部にわたる意味のある議論が具体的に可能になるのは、岩宿時代のムラを取り巻く直近の立地環境、植生環境、水域環境などがあきらかになり、なおかつそこでの植物遺体の検出事例が多少なりとも報告されるようになった時にはじめて可能となるであろう。

ただし、クリについては縄文時代において極めて重要な食料資源となっていることを踏まえて、いくつかの留意点を挙げておきたい。渡辺リストでは、208遺跡のうちクリの出土遺跡が41カ所挙げられているが、優良な食料である割には検出例が少ないように感じられる。ここではこれに関する詮索はしないことにし、その41例のうちオニグルミをともなう例が27例に上ること、渡辺リストの時点では、クリの出土例として確実に早期にまで遡る例はまだ知られていないことを記しておかなければならない。しかしながら、アク抜きを駆使して食料化するドングリなどの堅果類とは別に、縄文植物食の代表格ともいうべきクリ・クルミの存在感がここに示されているように感じられる（図Ⅱ-11）。

工藤雄一郎氏のご教示によると、現在までのところ、縄文時代のクリの種実の最古の出土例は、草創期末期表裏縄文土器期の長野県お宮の森裏遺跡第25号住居址出土資料であるという。完形品2点の平均計測値は、長さ1.13×幅1.20×厚さ0.84cm、重量0.38gである。殻は除去され、炭化しているので、シバグリの平均的な大きさとみて差し支えないであろう（新谷他1995）。このほかに、長さ数ミリ大以上の大きさの破片が、少なくとも20数点写真掲載されている（計33.84g）。これに加えて、79.07gのコナラ属も検出されている。

縄文早期の例としては静岡県元野遺跡の例などがよく知られている（渡辺1983）。ドングリやトチノキ、ヒシなどの殻が分厚く堆積し、圧巻の出土状況を見せた滋賀県粟津湖底遺跡第3貝塚は中期前半の遺跡（瀬口2016）であるが、この少し南では早期のクリ塚が発見されている。クリの出土例はこのころ一般的になると考えられる（伊庭1994）。

縄文時代研究の歴史は長く、資料の蓄積には膨大なものがあるなかでのお宮の森裏遺跡の事例の意味するところは重い。ちなみに、福井県水月湖の花粉分析における、クリ属（*Castanea*）＋シイ属（*Castanopsis*）の出現が明確になりだすのは、11,250年前（vyr BP）のことであり（鈴木三2016）、お宮の森裏遺跡の年代観と整合的である。

クリは陽樹であり、良好な生育には、遷移の初期段階、二次林要素がかかわ

図 Ⅱ-11 縄文時代のクルミ・クリ出土遺跡分布図（渡辺 1975 より）
1. クルミ、2. クリ

るとされる（鈴木三 2016）。山火事などで原生林が破壊され、二次林が成立する機会が時にはあったであろうが、定住集落を形成しない岩宿時代にあって、短期滞在のムラの周辺に、伐採などの人為の影響による二次林が成立する機会は基本的になかったであろう。そして、縄文時代のクリの生育範囲は冷温帯から暖温帯にわたることをもって、冷温帯、暖温帯林の成立する関東以西の西日本の岩宿時代にもクリの安定的な採取の機会があったとは、簡単には言えないであろう。

なお、「日本の遺跡出土の大型植物遺体データベース」には、旧石器時代のクリ出土地として北九州市小倉区金山遺跡が挙げられている。報告書によれば、Ⅵ区の9層暗褐色粘土層からヒメバラモミの種実遺体282点、アカガシ亜属3点などとともに、1点のクリの出土が報じられている。同層の年代は2万1千年前とされる（北九州市教育文化事業団埋蔵文化財調査室1996）。

鈴木三男は、先に引いた著書の中で、「クリはいつから生えていたのか？」という項目を立て、「寒冷であった最終氷期には列島からほとんど姿を消し、どこか沿岸部の局所的に温暖な場所・・・にきっと息を潜めて生きていたと思われます」と記している。上記した金山遺跡のような例はあるものの、それは何らかの事情で森が破壊され、二次林化した地点での特異例であろう。寒冷の上に乾燥気候下にあって、縄文の森とは異なった樹種構成の森を形成していた岩宿時代の温帯林では、ごく限定的な場所と機会に採集できることがあったにしても、容易で安定的なクリの利用を想定するのは無理があると考えておきたい。

Ⅶ　ドングリ

ドングリやトチノキもクリなどとともに縄文人の重要な食料とされる。その象徴ともいうべき遺構・遺物は、鹿児島県東黒土田遺跡の草創期のドングリ貯蔵穴（川口1982）や滋賀県粟津貝塚で厚く層状に堆積して出土したトチノキ（瀬口2016）などである。その利用のための処理・加工具（台所道具）として石皿・敲石類（磨石・敲石・凹石）がある。岩宿時代ではこれらの堅果類の利用はどのように考えられるだろうか。クリについてはⅥで触れた。灰合わせを必要とする高度なアク抜き技術を必要とし、縄文時代での利用も後出的であるトチノキは議論の対象外とし、ここではドングリについて筆者の考えを述べておきたい。

シイについては、照葉樹林下にあった沖縄サキタリ洞遺跡でも出土していて、食料として持ち込まれた可能性は高い。そして、九州南岸から房総半島にかけて生育していた照葉樹林に暮らした人々においては、ヤマノイモとともにシイ

も利用されていたと考えるのが自然であろう。筆者が岩宿時代人の食料と考える堅果類として、シイはオニグルミ、チョウセンゴヨウ、ハシバミに次ぐ4番目に重要な堅果類である。

その上、さらにカシ・ナラ類も食対象となっていたのではないかとする意見がある。「既に岩宿時代には何らかの手段によって灰汁抜きが行われ、堅果類がある程度安定的に食卓に上っており」と述べる山下秀樹の所論がそれである（山下1991）。アク抜き技術の存否について、これを直接検証するのは難しいので、ここでは、まず筆者の実験を手掛かりにこの点を考えてみたい。

ドングリのアク抜きは水さらし、煮沸で可能である。岩宿時代に煮沸による方法は考え難いので、筆者は1）流水に漬ける、2）落水に打たせる、3）水を張った容器（ガラス瓶）に漬け、頻繁に水替えをするという三つの方法で実施した（鈴木2004b・2012b）。このうち1）2）の方法による結果を簡単に記すこととする。

1）流水アク抜きは、1回目（2000年12月25日～2001年5月5日）、アラカシ・クヌギ・コナラを対象とし、2回目（2001年2月9日～2001年4月1日）、アラカシ・クヌギを対象として行った。2）落水に打たせるアク抜きは、2003年12月29日～2004年4月8日、ミズナラを対象として行った。いずれの方法でも、ドングリの子葉丸のままのものと、粗割りしたものを用意して観察した。ただし、流水アク抜き2回目は、粗割に加え粉にしたものを加えた。

詳細は原報告に譲るとして、結論としては、1）の方法では、どのドングリも丸のままでは3カ月、粗割りで2カ月、粉で1～2週間が、アクが抜けるだいたいの目安となった。いずれの方法によっても、アクが抜けるまでには長い時間がかかるということである。アク抜き期間を短くするためには、粗割りよりさらに細かく砕いて、大鋸屑状、さらにパウダー状にすればよい。ただし筆者の実験では、大鋸屑状の粉にして木綿袋に入れ、流水に漬けたとたんデンプンが白い煙のようになって一瞬にして流出してしまった。これでは可食化のためのアク抜きの意味をなさないことになる。粉化は桶状の容器に入れ、デンプンを採る目的にこそ求められるものであろう。

アクが抜けるまでの期間に関しては、民俗調査例を参考までにつぎに引いておきたい。カシ類について、舞鶴市の一例では、殻をとりさったカシ（ジザイ）の実を石臼にかけて粉にし、袋に入れ、上にサンダワラをかけ、1カ月ほど落水に打たせてアクを抜くという。このジザイ粉を湯でこねて団子にして食べることになるが、渋くて食べられないので、米の粉などを混ぜるとされている。まだ渋の抜けきっていないものを利用していることが分かる（渡辺1975）。

　ナラ類について、岐阜県白川村の水さらしを伴う煮沸法の一例は次の通りである（松山1977）。コナラを唐臼で砕いて「やや粗い粉」に加工し、殻をとって袋やかますに入れ、流水に7日間ほどさらす。その後、鍋に入れて一昼夜ほどかけてゆっくり煮る。この間、アクを汲み出しつつ、多いときには12回ほど水を足すという。粗い粉にして流水に1週間つけてもアクは抜けず、さらに一昼夜も煮沸を必要とするほどの手間を要している。

　次に、アク抜き技術を駆使して幅広く堅果類を利用した、縄文人の台所道具の実情を見ながらこの問題を考えてみたい。縄文時代の敲石類の特徴を一言でいえば、整った形の分厚い円（楕円）礫の表裏の平坦面を主に用い、堅果類などの食品を敲いたり、磨りつぶしたりする道具で、石皿と併用する際に生じる顕著で滑らかな摩擦面を有し、ここにはしばしば深い窪みを有する石器である。

　これに対し、岩宿時代の敲石類には、こうした「面使い敲石類」や直径1.5cm程の深い窪みを有する例は皆無といってよく、「先端使い敲石類」が圧倒的に多い（鈴木他2000b、黒坪他2010 b）。これに加えて磨る要素を基本的に欠いている。岩宿時代例では石皿とセットになる敲石に相当する上石を欠き、台石上には粗いあばた状の痕跡を印すにとどまり、その範囲も広く面状を呈するものは例外の部類に属する（鈴木2007a・b・2008、図Ⅱ-12）。図示していないが磐田原の高見丘Ⅳ遺跡（鈴木2008第1図-10）では、ひっかき傷のような細い溝状の集中的な痕跡を留める例は、石器などとの接触による可能性もあるだろう。ただし、台石上のあばた状の痕跡は、クルミ・ハシバミなどの堅い核や外皮に覆われた堅果類や動物の骨などの堅い物質を割り、潰す際に生じた使用の痕跡である可能性は高い。黒坪分類の敲石類Ⅰa・Ⅲ・Ⅳ・Ⅴ類などはその

第 2 章　食料と生業　133

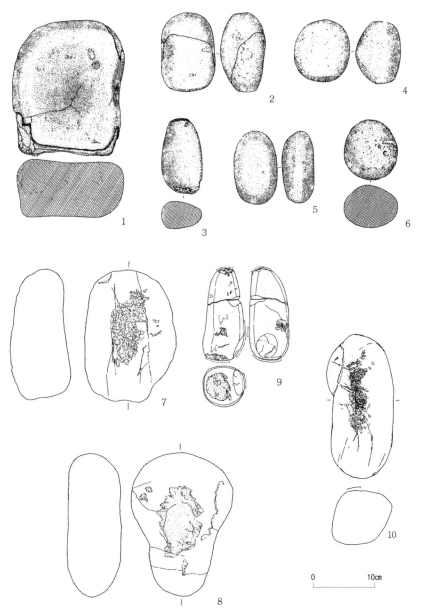

図Ⅱ-12　岩宿時代の台石・敲石類実測図（鈴木 2007b）

際に用いられた可能性がある（黒坪他2010b）。

　なお、磐田原池端前遺跡出土の台石は（図Ⅱ-12 1～6）、時に石皿として紹介されることもあるが、ここには磨る要素はなく、細かな敲打の痕跡を面的にとどめるに過ぎない。また、敲打痕の認められる範囲は凹面をなすが、敲打の重度の集中によって生じたものではなく、凹面を持つ原礫を使用していることに留意することが必要であり、本例を過大評価することはできない。磐田原ではここに図示したように、明瞭な敲打面を有する台石の数例を挙げることができたが、広大な面積の発掘例からピックアップできたわずかな例に過ぎない。

　礫群が検出される遺跡では、配石を伴うことが通例である。磐田原では配石が群をなして出土することがある。配石は台石相当の大きさの大型礫であり、発掘資料はすべて磨痕、敲打痕の有無が調べられたうえでの資料的現実が、図示した資料である。このこととは別に、炭化オニグルミが検出された荒屋・御殿山・広野北遺跡の位置する北陸・関東・東海以西の西日本では、台石類の出土状況の精査が今後求められるであろう。

　上記のように、岩宿時代の敲石類と台石がセットになった台所用具には、堅果類や骨などの打ち割りに用いられ、動植物食料の調理過程にかかわったものも少なからず存在するであろう。その一方、岩宿時代の敲石類の中でも圧倒的に多い先端使い敲石類は、礫端に顕著な打裂を有することを特徴とすることから、おもに石器製作時のハンマーとして用いられたものと考えられる。こうした台所道具の実情からも、ドングリの利用は想定しにくい。

　最後に食料問題にかかわって、岩宿時代の台石・敲石類から残存デンプン粒が検出された例があるので、ここで補足しておきたい。磐田原台地所在の匂坂中、坂上、池端前の3遺跡出土資料で、いずれもナイフ形石器文化期に属する。サンプルは台石・敲石類の亀裂や窪みから採取されたものである。とはいえ、試料標本は万年単位で土中の水分にさらされてきたこと、発掘後長い時間を経たものであることなど、今後の厳正な試料採取による資料蓄積が望まれる。デンプンの由来植物の同定技術の進展などにも期待したいところである（渋谷他2006）。

Ⅷ　まとめ

　日本列島の岩宿時代の重要な植物食料として明確なのは、本州のオニグルミとわずかだがサクラ属やミズキなど果実と沖縄のシイに過ぎない。そしてオニグルミの発見地は、管見の及ぶ限りでは新潟県荒屋遺跡、東京都御殿山遺跡第1地区D地点、静岡県広野北遺跡を挙げうるにすぎず、シイはサキタリ洞遺跡に限られる。いずれにしろ、岩宿時代の食料の実態が全くといってよい程分かっていない実情を考えると、この4遺跡の意味するところは大きい。あとは当時の植物相と食料採集技術、調理技術などからその食料事情を推測するしかない。この点については、別途、第5章で述べる。

　縄文時代で重要な食料資源となったドングリの仲間やトチノキには摂食に際して障害となるいわゆるエグミを除去する必要があり、そのための縄文的技術があった。その道具立てとして、磨石・敲石・石皿などが必要であり、場合によっては水場遺構と一般に言われるようなアク抜き施設も必要となる。こうした道具を基本的に欠き、ましてやそのための構築的な施設の存在を想定し得ない岩宿時代における状況を考えると、まず食料候補として挙げられるのは、アク抜き、毒抜きを必要とせず、そのまま食べられる種子、堅果、漿果や果実などが有力候補として考えられる。処理加工のしやすさに加え一定期間の保存性をも兼ね備えた食料の筆頭として挙げられるのが、実資料の発見はまだないが、チョウセンゴヨウであるといってよいであろう。これと並ぶのがハシバミ、クルミ、ユリなどであり、北海道地域ではクロユリ、ブルーベリーなどの漿果であろう。

　そして、これらに加えて、列島南部ではシイ類もあげることができるが、これらは琉球諸島から九州南部・四国をへて、伊豆半島・房総半島にいたる太平洋沿岸地域の照葉樹林地帯という限られた地域を想定しうるに過ぎないであろう。一方、この地域では、ヤマノイモなどの根茎類の利用も想定しうるという点に留意しておきたい。

　以上、植物食料について記述してきたが、遺跡出土の実資料として我々の手元にあるのは、実質的にオニグルミ1種に過ぎない。荒屋遺跡や御殿山遺跡な

ど、多数の炭化物粒が検出されている遺跡でも、岩宿時代の三大堅果類としたものの内、チョウセンゴヨウとハシバミは見出されていない。その未発見の要因は、厚くて頑丈な殻皮を持つオニグルミに較べて、両者のそれは相当薄いことにあると考えている。将来の発見を待ちたい。

　チョウセンゴヨウ産出地の集成に当たっては、悉皆的、網羅的というより、日本列島全体の中でどのような分布傾向を示すのか、北限と南限、高地と平野部、太平洋側と日本海側、内陸部、瀬戸内低地を全般的に俯瞰できるようにすることを目的とした。このため産出地の遺漏も多いことと思う。企図する所を諒とされたい。

　集成に当たっては、国立歴史民俗博物館の「日本の遺跡出土大型植物遺体」データベースのほか、大井信夫2016「花粉分析に基づいた日本における最終氷期以降の植生史」『植生史研究』第25巻1・2号、西内李佳2017「最終氷期最寒冷期の本州中部から西部の森林植生の標高・地形分布」（千葉大学学位請求論文）などを導きとさせていただいた。

第2節　ネイティヴ・アメリカンのマツの実利用

I　カリフォルニア州オーエンズ・ヴァレーのネイティヴ・アメリカン

　岩宿時代におけるマツの実の食料としての可能性をはかるために、19世紀半ば北アメリカの大盆地（The Great Basin）の一画、オーエンズ・ヴァレー（Owens valley）に暮らしたネイティヴ・アメリカンの例を、スチュワードの二つの研究（Steward1933[4]・1938[5]）を参照しながら見てみよう。

　1933年、スチュワードはカリフォルニア州オーエンズ・ヴァレーに暮らすショショニ（Shoshoni）族グループの一員・オーエンズ・ヴァレー・パイユート（Owens valley Paiute）の民族誌を著した。この5年後の1938年、大盆地のショショニ族全般の民族誌を体系的に記述した際には、全体構成の1節をオーエンズ・ヴァレー・パイユートの項に充て、先行論文の記述を補足、動植物の同定などを含めて整備し、ほかの諸族に関する記載項目との統一を図って

いる。こうした経過であるので、33 年論文のオーエンズ・ヴァレー・パイユート固有の事柄と 38 年論文のショショニ族全般に共通する事柄の両方を併せて概観しつつ進めることとする。

　北米大陸南西部に位置する大盆地は、アイダホ、ネヴァダ、ユタ、ワイオミング各州を中心としてその周辺諸州にまたがる。その西側を画するのはカリフォルニア州東部に位置するシエラネヴァダ山脈（Sierra Nevada mountains）、東を画するのはカナダから発してコロラド、ニューメキシコ各州に至るロッキー山脈である。その大盆地の西南端の一角にオーエンズ・ヴァレーは位置する。

　オーエンズ・ヴァレーは西側にシエラネヴァダ山脈が、その東側にはホワイト（White）山脈・イニョウ（Inyo）山脈が南北に連なって聳えている。多数の 12,000 フィート（約 4.200m）峰をいただく、この東西二つの山脈に挟まれたオーエンズ・ヴァレーは南北 120km、東西約 30km をはかる。谷底の標高は約 4,000 フィート（約 1,400m）。谷のほぼ中ほどに北緯 37 度線が走る。大盆地の西端に聳え立つシエラネヴァダ山脈は、太平洋からの湿気を遮断し、内陸側の盆地と高原に低降水量と極端な乾燥気候をもたらしている。冬の気候はマイルド。イニョウ山群を越えてさらに 30 マイル（約 48km）ほど東には不毛の大地デス・ヴァレーにいたる。

　その一方で、シエラネヴァダの山脈での降雨・降雪は幾筋もの水流となって流れ下り、山麓の低地に水流をもたらし、谷底には内陸河川・オーエンズ川を養う。東側の乾燥したイニョウ・ホワイト山脈は水流にとぼしいが、大盆地特有の乾燥気候に適応したネズ（juniper）やマツの実（pine nut）をもたらすピニョン（pinyon）と総称されるマツの森を支える。

　ここには 19 世紀の中頃、約 1,000 人のネイティヴ・アメリカンが住んでいた。オーエンズ・ヴァレーとその周辺では、食料が豊富で人口密度（2.5 人/1 平方マイル＝約 1.6㎢）が高かった。彼らはバンド単位でムラをつくり、あるいは単独の家族で暮らしていた。こうしたムラは、西のシエラネヴァダの山嶺からオーエンズ川を越えて、さらにその東のホワイト山脈・イニョウ山脈の山嶺に

至るまでのディストリクト（District）[6]と呼ぶ矩形の地域を基本的なテリトリー・生活領域として、日々の暮らしを営んでいた。彼らの生活の拠点となる谷のムラ（valley village）は、このテリトリーの西側の水流に沿った山裾に設けられていた。東西の長さ30kmほどのディストリクト内の変化にとんだ環境が、食料を中心として彼らの生活を支えるさまざまな資源を提供していた。

II 植物食料（plant foods）

以下に、植物食料とりわけマツの実（pine nut）とその採集活動を中心として、その他の生業活動についても瞥見してみたい。

ショショニ族の経済は基本的に採集[7]に依存しているので、植物相が一番重要である上に、動物も植物相に依存しているという理由で、基本的に強い乾燥気候下にある大盆地一帯の自然を、スチュワードはまず次の六つの高度別植生帯として示している。

1）**Arctic-alpine**　通常11,000フィート（約3,800m）以上。植生は限定的。

2）**Canadian : spruce-fir 帯**　通常9,000〜11,000フィート（約3,100〜3,800m）。樹木はモミ fir（*Abies lasiocarpa*）、トウヒ Engelmann spruce（*Picea engelmannii*）、マツ white bark pine（*Pinus albicaulis*）およびヤナギ willow（*Salix*）。特徴的な草本に16種あり、そのうちの大部分はその種子が食料として利用されている。種類は wheat grass（*Agropyron*）、redtop grass（*Agrostis*）、blue grass（*Poa*）、needle grass（*Stipa*）など。

3）**Canadian zone: aspen-fir 帯**　ユタ州で7,400〜9,500フィート（約2,600〜3,300m）。樹木は、モミ（*Pseudotsuga mucronata*）、ポプラ aspen（*Populus aurea*）、マツ（*Pinus flexilis*、*P. ponderosa*）。特徴的な草本は23種。このうち11種類は食用に供された。wheat grass、redtop grass、blue grass、needle grass、straw berry（*Fragaria*）。食料を提供する潅木（Shrub）は、Service berry（*Amelanchier alnifolia*）、choke cherry（*Prunus melanocarpa*）、バラ（*Rosa fenleri*）、ニワトコ（*Sambucus melancarpa* and *S.microbotrys*）など。

4) **Transitional zone:mahogany 帯**　aspen fir 帯と pinyon-juniper 帯との中間。

特徴的な木はマホガニー（*Cercocarpus ledifolius*）。大盆地の東西のこのベルトの縁にはオークが混じる。このベルトに特徴的な24種の内、11種がおそらく食用に供されるという。*Amelanchier*、*Rosa*、wheat grass、blue grass、june grass（*Koeleria cristata*）、needle grass、raspberry（*Rubus parviflorus*）など。

5) **Upper Sonoran ゾーン；pinyon-juniper 帯** 5,000～7,000フィート（約1,700～2,400m）。

ほとんどの山地の大部分を占めるが、稀にかなり低い谷部にまで延びてくることがある。樹木はピニョンマツ（*Pinus monophylla* in Nevada, *Pinus edulis* in Uta）、ネズまたはスギ ceder（*Juniperus utahensis* and *J. scopulorum*）。ネズは生育域が広く、谷の高所にも散在する。大盆地南部で6,000フィート（約2,100m）、北部で5,000フィート（約1,700m）以上の全山腹では、ピニョンマツとネズが斑状に混生している。ピニョンマツは時に濃密で広大な森を形成し、当地の主な食料資源を供給している。

ほかの多くの可食植物がこの地域で生じ、その大部分はより高所から湿度条件が適した低地へと広がる。このゾーンの低い部分の多くは冬のムラ（winter village）に適している。

これに続いて、6)　**Upper sonoran zone：ヨモギ属（*artemisia*）帯**、7) **Lower sonoran zone: creosote-bush or Covillea 帯：southern desert shrub** の設定がある。ここはソノラ砂漠の名が示すように、基本的にネヴァダ州を中心とする半砂漠地帯の乾性植物の世界であり、山地に接し水流や湧水の近くにムラがつくられることはあるが、植物食料に乏しく場所も植物環境も、ここでの課題外の地域と異なる。

上記の植生帯のうち、1)から3)はおもにオーエンズ・ヴァレーから遠いユタ州のワサッチ（Wasatch）山脈のために設定されたものであり、なおかつ1)2)は通常9,000フィート（約3,100m）以上、3)も7,400フィート（約2,600m）

以上のいわゆる高山帯にあり、ショショニ族の通常の生活圏外にある。さらに6）7）は砂漠の乾性植物の世界である。結局、4）Transitional zone:mahogany 帯〜5）pinyon-juniper 帯が、オーエンズ・ヴァレー・パイユートの実質的な生活に深くかかわるゾーンである。

こうした植物環境のもと、オーエンズ・ヴァレーの食用植物として、種子（seed）41、根茎（root）5、漿果（berry）5、葉菜（green）4種が挙げられている。これを念頭に、生業活動の一年をおおまかに4期に区分し、歳時記風に記す。

初春　保存食料が乏しくなってきて、人々は新しい植物の成長を待ちわびる。最初の可食植物は、水辺付近や雪解けと暖気が早く訪れる低い丘陵地帯などでとれる茎や葉で、これを調理したり、生食したりする。

初夏　草本の種子とその他の植物が谷や湿潤な丘陵で芽吹きはじめると、冬のムラをはなれ、遠くの丘や谷まで採集に出かける。湿潤な年には多くの家族が谷のお気に入りの場所に出かけていく。別の種子が山地で熟しはじめた時にはまた戻ってくる。また時には他の山地でたわわに実っているという情報に接すれば、家族全員が一つまた一つと谷を越え、収穫のために30〜40マイル（約48〜64km）の旅をすることがある。どの地域でも熟期はその期間がきまっていて、おおむね熟したのち数日から1週間ほどで種が落ちてしまう。

晩夏　可食根茎類が熟し始める。漿果は夏の後半の食料となる。もしこれらが手に入らなければ、蓄えておいた種子で夏が終わるまでもたせる。

夏にはムラの周辺をながれる水流で漁もする[8]。あるいは小さいファミリーグループに分かれて、Piuga（後述）を求めて北に旅することもある。

初秋　マツの実が熟し始める。実りは極端に不規則である。ある年は人々を養うに十分な食料を供給するが、不作の年には限られた地域で少量しか実らない。こうた時には、植物採集活動は不規則な移動・行動を引き起こし、それぞれの家族は春から秋にかけて実りをもとめて、こちらからあちらへと歩きまわることになる。ムラのメンバーは同じ地域に行く傾向が強いが、食料が極端に少ない時には分散する。

マツの実の収穫が終わると近隣の住民はあるムラに集まり、1週間ほど祭りが催される。目的は、訪問、踊りや賭け事、共同のウサギ狩りなどを行うことであり、求愛、配偶者探しの場ともなる。

冬　マツの実が豊作の時には、これを山中の樹林帯に蓄え、収穫の後の秋・冬の期間、谷のムラをはなれて山の家（mountain house）で小グループに分かれて冬ごもりする。しかし、不作の時には、夏と秋に収穫し保存しておいた食料を食べて、冬を谷のムラで過ごす。

植物食料と採集　自然の植物食料の実際の生産量は、おそらく人口の何倍も支えるのに十分であるのにもかかわらず、いくつかの制約要因がある。植物は普通まばらに散らばって育つが、しばしば濃厚なパッチ状に生じる。加えて熟期が短いので、効果的な採集技術を持たないショショニ族の人々が、十分な量を収穫する前に落ちてしまうこともある。なお、採集活動は家族単位で実施され、女性がおもにこれを担う。いったん採集すればすべて採集者とその家族のものとなる。

　ここで植物食料のリストについて具体的に触れておきたい。ここでは、植物学的同定の済んだものだけで120種以上が挙げられているが、その中でヒマワリについてやや詳しく、マツの実を詳細に記述しているので、まずマツの実についてみておこう。

　ここで挙げられているマツの実（Pine nut）には、*Pinus edulis* Engelm., pinyon or pine nut および *Pinus monophyla* Torr. & Frém pinyon or pine nut pine の2種類がある。前者はおもに大盆地の東部で利用される。後者のモノフィーラマツ（*Pinus monophyla* Torr. & Frém.）は、ネヴァダのショショニ族居住域の大部分のみならず、西部ユタ、アイダホ州との州境近くまで生育し、山地の標高では南では、6,000〜8,000フィート（約2,100〜2,800m）、北では5,000〜7,000フィート（約1,700〜2,400m）にわたって生育する。山地の生育地では、通常ネズと混生する。

　モノフィーラマツはこの地で生育する単一の植物種としては最も重要なものであるが、収穫は予測できない。実りは3、4年に一度で、ある年には地域全

体を通して豊作で、1年、稀に2年分に十分な量が収穫でき、他の年にはいくつかの場所では実り、他では実らない。実り豊かなときには収穫できる量よりはるかに多く実る。

　ある年には僅かな収穫量で暮らし、しばしば2、3回の冬をマツの実なしで過ごした。熟してから数日間の間にマツの実は松笠から落ち始める。収穫できる期間は、結局2、3週間、まれにより長いこともあるが、たった10日ということもある。調理された松の実は2年間はもつが、通常は1年後に捨てられる。

　オーエンズ・ヴァレーでは、おもに東の乾燥したイニョウ山脈とホワイト山脈の高度6,000～9,000フィート（約2,100～3,100m）の山岳に生育する。これが最も重要なパイユート族の植物食料（Paiute food plant）である。一人が秋の収穫期に30～40ブッシェル（1,225～1,400ℓ　1ブッシェル＝約35ℓ）集めるといい、秋に収穫した大量のマツは冬を経て夏までの食料を賄う。オーエンズ・レイク東南方のパナミント（Panamint）山脈で採集しているショショニ族の女性は、1日で1～2ブッシェル（約35～70ℓ）を収穫するという。

収穫と貯蔵　それぞれのディストリクトはマツの実山（pine-nut territory）を所有する。この所有権は伝統的に尊重されており、他のムラの居住者の不法侵入は許されない。ただし、自分たちのテリトリーで収穫ができないときには、ほかでの採集が歓迎され、招待さえされる。

　収穫期になるとヘッドマン（district head man）は、収穫開始日（pine-nut time）を決め、採集者を組織し連れていく。男はカギ付きの長い棒で、松脂で覆われた松笠を木から引っ張り下ろして手伝う。熟したマツの実が松笠から落ち、女は木の下に敷いた布からマツの実を集める。これをバスケットに入れ、皆で谷のムラへ運び降ろす。

　収穫が上々の時は、遠距離を運ぶには重すぎるほどになる。その結果、人々は松の実の貯蔵場所近くで、薪用の木立のある樹林のあちこちに散らばって山の家で冬ごもりをする。松笠は貯蔵器（bin）に容れ、枝葉で覆い最後に岩で蓋をし蓄えられる。松笠からこぼれ落ちた実はピットで保存されるが、このマツの実が初めに使われ、ほかの松笠は開くまで天日干しにされる。時にロース

トされることもある。春が来てもまだ残っている実は梱包して谷のムラへ持ち帰る。

ヒマワリ他と調理　その他の代表的な食用植物としては、ヒマワリ（*Helianthus bolanderi* Grey）が格別に重要である。生育地は広く分布する。夏の収穫期には、花を天日に干し、篩にかけて選り分ける。そのほかには、そのまま生食されるものも含め、根菜（roots）、塊茎（tuber）、シエラトラユリ small tiger lily（*Lillium parvum* Kell.）などの球根（bulb）、漿果などが食されている。

　塊茎、根菜は掘棒で採集する。これらはほとんど夏か秋に収穫し、後の必要に備えピットに草で覆い土をかぶせ保存しておく。調理の際には殻を取り除き、石臼で挽いて粉にし、土器で煮てスープ、粥（mush）にし、しばしば肉などを加えて食す。一般に数種類の種子が混ぜられ、マツの実がベースになる。バスケットに焼石を入れて、調理されることもある。その他の種子がしばしばマツの実料理に加えられる。

III　動物食料（Animal foods）

　ショショニ族の経済にとって猟獣は植物食料よりも価値は小さい。ロッキー山脈の西側のこの地は一般的に乾燥していて草地が限られ、大草原のバッファローのような大群の動物はいない。これらに対し、小型獣は相対的に重要度が高い。爬虫類、齧歯類、魚、昆虫は皆食料となる。齧歯類とその他の小型の哺乳類は大型獣に比していくつかの利点があった。これらの動物は限られた地域にとどまり、長距離の追跡を要しない。ある種のものは大きなコロニーを形成し、大量に捕獲できる。そして皆急速に再生産され、長期にわたりその数を減らすことはない。

　オーエンズ・ヴァレーの人々の中型獣の狩りは、プロングホーン pronghorn antelope（*Antilocapra americana* Ord. ウシ科）、ビッグホーンヒツジ Mountain sheep（*Ovis canadensis* Shaw）を主にし、ミュールジカ mule or blacktail deer（*Odocoileus hemionus*）などを狩る。ヘッドマンの指揮のもと共同狩猟（communal hunting）として行われる。

プロングホーンは標高3,000〜6,000フィート（約1,000〜2,100m）の谷や丘の開けた広大な土地を好んで棲息する。体重100ポンド（約45kg）。用心深く快足の持ち主で単独猟では捕獲が難しく、大勢で柵に囲い込んでとる。ビッグホーンヒツジは山岳部に棲み接近が難しいので、しばしば犬を使う。12月の交尾期に至近に隠れ潜んで撲殺する。体重300ポンド（約135kg）。

ミュールジカ mule or black taildeer (*Odocoileus hemionus*) は、地域を通じて一番重要なシカである。体重200ポンド（約90kg）。通常開けた土地、深い森と高山を避け、標高の低い山麓に小群で棲み、単独猟か少人数のグループで狩る。大概一人で追跡し毒矢で仕留める。ただし、秋シカが山岳地帯から暖かい地域に降りてくる時や春山に帰るときには、共同狩猟は適している。V字型に障害物を作りその先に陥穴を設けたり、待ち伏せする射手の方向へ追い立てたりして狩ることがある。

ウサギ狩り　オーエンズ・ヴァレーでは、ヘッドマンの指揮のもと、谷の低地のフラットな場所で、村人が総出で行う。古老（old man）たちは高さ3フィート（約1m）、長さ50フィート（約18m）程のネットを大きな半円を描くように据え、しばしば女性、子供を含むムラ人たちは一列になって追い立てる。

ウサギの種類はジャックラビット blacktail jack rabitt (*Lepusu californicus* Gray) が非常に重要である。体重5.5ポンド（約2.5kg）。ほぼ全域に分布する。巨大な群れをつくり、数も多く棲息域も広い。棲息地は開けた セージ草の生い茂る谷（sage-covered valley）である。 そのスピードと隠れる能力は弓矢での狩猟は難しいが、大きくて群れをつくることは共同狩猟に好都合である。ウサギ狩りは多量の肉の獲得ばかりでなく、ショショニ族の全衣類、毛皮毛布、ロープなどに利用される皮革をもたらす。ウサギやヤマネコ（wild cat）は罠でも捕獲される。

ウサギ狩りは当地で実施されるもっとも重要な社会的な活動であり、その日の夜には、人々はスエットハウスでお祝いをする。男たちは獲物のウサギを焚火で焼き、女たちは自分たちの摘んだいろいろな種子を別の火にくべ、互いに食べ物を分かち合う。宴が果てた後、この日のための特別な歌を唄い、人々は

これに和して楽しむという。

その他の動物食料　オーエンズ・ヴァレー・パイユート族は、ピウガ Piüga とよばれ、モノ（Mono）湖の西方のシエラネヴァダ山脈中などで1年おきに松の木（Pinus jeffreyi）につく、毛虫 caterpiller（Coloradia pandora Blake）の蛹を集める。ムラの住民の全家族を含む共同採集行（communal trip）は6月に行われる。幅2フィート（約0.7m）、深さ10～16インチ（約25～40cm）の垂直の壁を持つトレンチを掘ってこの木を囲む。普通に毛虫は降りてくるが、煙で燻して降りてこさせ、それをバスケットに集め、あらかじめ熱せられた地面の上で1時間ほど燻し焼きにする。その後、篩にかけられごみが除去され、樹皮の上で数日間天日干しにされた後、袋詰めにされて秋まで山中に保存される。食べるときには土器やバスケットで煮る。これはまた広く交易にまわされる。

IV　オーエンズ・ヴァレー・パイユートのムラとテリトリー

オーエンズ・ヴァレーのパイユート族は多くの複合的土地所有バンド（composite land-owner band）に細分される（後述）。

地域の自然環境はほぼ一様で東西の山脈に挟まれた長さ約30km、1日か2日で行ったり来たりできるほどの空間の中、山や山麓・丘陵・谷にはマウンテンシープ、シカ、プロングホーン、ウサギが棲息する。山麓や谷間には種子植物、根茎類が生える。谷の東側のより乾燥したホワイト・イニョウ両山脈にはマツの実の広大な森が広がる。

オーエンズ・ヴァレーのバンドテリトリーは基本的にシエラネヴァダ山脈から発する流水に関係していた。谷の北部のように流水が近接して集まっているところでは、隣接するムラのグループが一つのバンドを構成していた。南部では流水の間隔はより広くなり、ムラは小さく、まばらになる。

一つあるいは複数のムラからなるバンドの団結性と独立性は、アンテロープやウサギの共同狩猟、地域の祭りや葬送儀礼、灌漑場所を含む seed teritory やスエットハウスの所有権などに関わる、日常の暮らしにおける成員間の協力

関係のなかに表れる。バンド間の協力による折々の狩り、ダンス、葬送儀礼は一時的にでも独立的なグループを結びつける。バンド組織の機能的な基盤は構成員の慣習的な共同事業にあり、客観的には首長権とテリトリーの所有権に現れる。

ムラとバンド　オーエンズ・ヴァレーの北部のムラの立地は先に述べたとおりであり、ビッグパイン（Big Pine）、ビショップ（Bishop）地域のように複数のムラを含んだ大きなバンドが多い。谷の南部では、下流の谷の出口付近によい水場があり、湿地帯ではあるが種子植物などの食料採集の場所近くが選ばれる。

　ムラのリストは不完全で、内実が詳しくわからないところもあると著者はいっているが、ムラとバンドのテリトリーを具体的にイメージしやすいように、ここで、谷の南部の 17 のムラの名前と居住者数などが記されているところを引いておこう（図Ⅱ-13）。

1. **Goodale Creek**　大型の独立したムラ、族長（chief）あり。
2. **Division Creek**
3. **Sawmill Creek**
4. **Thibaut Creek**　おそらく居住者 25 人。
5. **Fort Independence**　このクリークではドングリが豊富で、今はオーククリーク（Oak Creek）と呼ばれている。居住者はおそらく 200 人。マツの実山はイニョウ山脈中のパイユート記念碑、ワウコバ（Waucoba）山付近にある。灌漑がおこなわれている。
6. **Independence**　おそらく居住者は 200 人。灌漑がおこなわれている。
7. **Symmes Creek**
8. **Shepherd Creek**　このムラは、共同活動（communal activities）、族長役（chieftainship）でジョージズクリーク（George's Creek）と連携しているようだ。
9. **George's Creek**　Shepherd Creek と合わせて居住者は 200 人ほど。バンド所有のマツの実山は、イニョウ山脈中のパイユート記念碑の南とセロゴード

(Cerro Gord) 鉱山の北にある。

10. Hogback Creek　Lone pine、Tuttle などと並んで散開している。
11. Lone Pine Creek　このムラはアラバマヒルズ（Alabama Hills）の東にあり、居住者は 200 人。
12. Tuttle Creek
13. Richer Creek
14. Carrol Creek
15. Cottonwood Creek
16. Olancha
17. For Fish Spring Creek　考古学的遺物は、ここに大きなムラがあったことを示している。

V　まとめ

食料獲得活動は基本的にバンド所有のテリトリー内で行われる。それぞれの村のテリトリーは、おおむね細長い矩形であり、シエラネヴァダ山脈の頂上から、オーエンズ・ヴァレーを横切って、ホワイト山脈、イニョウ山脈の頂上

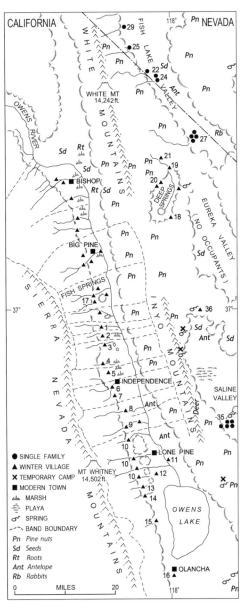

図 II-13　Owens valley のムラと生業領域
(Steward1938 Fig7 より作図)

まで延びる。そこは様々なライフゾーンを包括し、必要な食料資源を提供する。

種子類はもっとも重要な食料であった。谷全体を通してバンド所有であり、常にファミリープロットに細分されている。マツの実山は基本的に、イニョウ山脈、ホワイト山脈中にあり、ファミリープロットに細分されている。その所有者は男で父系的に受け継がれる場合と女性が母系的に継承していく場合とがある。とはいえ、所有者は彼らの親戚のみならず、しばしば他のバンドの住人でさえ、自分の家のプロットでの採集に招くことがある。

秋、マツの実の収穫のための遠征はバンド全体で行われる。実の成熟に気づいたムラ長が移動日の数日前に知らせる。山に着くと、各家族は自分のファミリープロットへ行く。収穫が終わると一定量のナッツは谷のムラ（permanent village）に運んで帰る。残りは山に保存し、その後の必要の際に運び降ろす。もし、収穫が異常に豊富であれば人々は冬の一時期山にとどまる。

他のたいていの種子類（seed）と根茎類は谷の中かその近くで育ち、ムラから採集地まで時間はかからなかった。とくにクロスタユリ（*Brodiaea*）、シログワイ（*Eleocharis*）などの根茎、その他、様々な葉菜、そしてヒマワリ（*Helianthus*）、アカザ（*Chenopodium*）、イグサ（*Juncus*）などの種子が低地の湿地あるいは灌漑された土地に育つ。

数種類の動物の狩りが、通常バンドごとに行われる。ジャックラビットの狩りは基本的にオーエンズ川沿いの谷の平坦地で行われる。大勢のムラ人がブッシュを叩きながら、ネットの方向へ追い立てる。最大のウサギ狩りは6日間の秋祭りの際に行われるが、その際には、各地のバンドが集まり合同で行われる。

プロングホーン *Antilocarpa americana*（ウシ科　外見はシカに似る）の狩りは集団で、とくにオーエンズ川の東の谷の平坦地で行われた。シカ狩りは谷の両側の山中で時々集団で行われる。南ではチーフの指揮のもとに行われる。年輩者は獣道沿いに身を隠して、若者に追われた鹿を射る。肉はみんなにシェアされる。単独猟によって大物が仕留められた時には、ムラ人全員に分かたれる。時には複数のバンドの協力によって行われることがある。ビッグホーンヒツジ *Ovis canadensis* の狩りもまた、時々集団で行われるが、特にシエラネヴァ

ダ山脈では、犬を使って崖に追い詰める。

　ハンティング・テリトリーは谷の南部ではバンド所有ではない。男はどこでも狩りをすることができるが、自然に自分のムラの近くの山で行う傾向がある。

　以上のように彼らは定住集落を構え、初歩的な灌漑農耕を行っていて、純粋な採集狩猟・移動生活民とはいえないが、食料はその大部分が採集による各種の植物食料からなっている。そして、植物食料の内マツの実がその中核をなしている。マツの実の実りの如何によって彼らの食生活はもとより、社会生活そのものの安定性が支えられている。動物食料を含むとはいえ、大型動物よりも小型のウサギや昆虫などが重要であった。砂漠地帯に隣接する内陸の乾燥地で、河川の水産物資源も最小限の利用を余儀なくされる特殊な環境下にあり、その一方で乾燥気候に適した各種のマツ類が生育する特有の環境条件下の暮らしである。これまでに縷々述べてきたことがらは、マツの実の食料としての有用性と重要性を示すに十分であろう。

　自然の実りに身をゆだねる採集狩猟社会は、その時々の気候などの自然条件に生存を大きく左右される。それでなくとも、春、芽吹きの季節の訪れに心なごませ、秋の到来までの間、ひもじさをこらえつつ来たるべき実りの季節を待ちわびる。収穫の時を迎えるとムラ人たちは心躍らせ獲り入れに励む。収穫が終われば嬉々として祭りの高揚感に酔いしれる。こうした暮らしが年々歳々繰り返されてきた採集狩猟民の現実の姿の一端が、マツの実をめぐって垣間見える。

　なお、マツの実が食料として重宝されているのは、アメリカ大陸や東アジアばかりではない。イタリア料理にはマツの実が用いられ、輸出国としてもよく知られている。2021年12月21日付けの報道では、新しくアフガニスタンの政権を握ったタリバンの最初の輸出品が、中国向けのマツの実であったと報じられていたこともここに付け加えておこう。

　また、かつて、パリの人類博物館を訪れた際に通った街角のケーキ屋のショウウインドウに、球形のチョコレートの表面全面にマツの実を配した菓子を見かけたことがある。中国大連の市場では、笊に入った大量のマツの実を売って

いた。韓国の宮廷料理でマツの実は重要な食材であるし、ソウルの喫茶店ではマツの実入りのお茶を普通に飲むことができる。

なお、林学者・林弥栄氏による、戦時中の大陸側のチョウセンゴヨウの森の実感あふれる観察記録がある。また、チョウセンゴヨウの北朝鮮での採集量の聞き取りについては、旧稿（鈴木1988）で触れたが、チョウセンゴヨウの食料としての重要性を考慮して、以下に再録しておきたい。

・・・・チョウセンゴヨウの現在の主要な分布域は、中国東北部と朝鮮半島との境の鴨緑江地方であり、日本におつまみとして輸入されるものも主としてこの地方の産品であるという。ところで、この地方は、中国側の植生区分では落叶樹林および落叶闊叶樹・紅松混交林地帯に、また、堀田満氏の冷温帯落葉広葉樹林および亜寒帯・亜高山常緑針葉樹に相当するものと思われる。これは、「小興安嶺の中央部と南部は、標高はほとんどが800mほどである。おもに針葉樹・広葉樹混交林で、広い範囲にわたるチョウセンゴヨウ林がある」という一文や、長白山地の標高600～1,600mは山岳針葉樹・広葉樹混交林帯であってその主要樹種は、チョウセンゴヨウ・チョウセンモミ・ヤチダモ・アムールシナノキ・カシワなどであるという記述もあることから頷かれる。

さて、その樹林の様子を林弥栄氏は「第2次世界大戦中、満洲（今の中国東北部）と朝鮮との国境近くで軍務についたことがある。まわりには、チョウセンゴヨウの高さが40m、胸高直径が1.5mもある大木が群生しており、日本ではとても見られない壮大な風景だった」と当時を述懐しておられる。おそらく、日本の氷期のチョウセンゴヨウを混える林は、これに近いものではなかったかと筆者は想像する。

また、北京留学中の江田拓雄氏の御教示によれば、留学生仲間の朝鮮民主主義人民共和国黄海南道海州出身の金氏は、少年の頃友人達50人程で山に出かけ、2時間余りで60本余りの樹から、背負い籠に50杯ほどの松ボックリを収穫したという。林氏の樹林の景観と金氏の談話からチョウセンゴヨウの樹が多産し、そこから容易に沢山のマツの実を収穫できること

を予想させる。これに関連して、筆者が係わった例を紹介しておく。筆者は、チョウセンゴヨウの松笠1個からどれくらいの量のマツの実が採れるのかを実験してみた。松笠は長さ15cm、幅8cm、重さ130gである。チョウセンゴヨウの標準的な大きさである。この中に種子が137粒あった。このうち20粒はしいなであったが、残りは結実していた。殻付きの種子の重さ65g、殻を取り去った可食部分の実は117粒28gであった。さて、1本の木には平均して250個ほどの松笠が生るという[59]。したがって、1本の木から7,000g（7kg）の正味の収量が得られることになる。

註
(55) 西北師範学院地理系・地図出版社主編『中国自然地図集』、地図出版社、北京、1988年
(56) 堀田満「日本列島および近接東アジア地域における植生図について」『ウルム氷期以降の生物地理に関する総合研究　昭和54年度報告書』、1980年
(57) 任美鍔編著・阿部治平・駒井正一訳『中国の自然地理』、東京大学出版会、1986年
(58) 林弥栄「チョウセンゴヨウ」『朝日百科世界の植物』9、朝日新聞社、1978年
(59) 中村英夫氏のご教示ならびに資料提供による。

第3節　ドングリの可食化をめぐる食品科学的検討

　岩宿時代の食料を考えるためには、少なくとも、次の点を考慮に入れる必要がある。1. 狩猟採集道具・技術　2. 食料資源としての動植物　3. アク抜き技術の有無　4. 調理道具　5. 調理法の五つである。本節では石蒸し調理法による調理を前提に、シイを除くカシ・ナラ類のドングリについて、食品の調製法を中心に考えてみた。第2章第1節でも述べたように、岩宿時代人がアク抜き技術を有していて、これを食料として利用していた可能性があるとする意見があるからである。しかし筆者は、第2章第1節VIIで述べたように、その可能性は無いに等しいと考えている。

I　調理

　土器がなく煮沸調理ができない岩宿時代にあって、唯一ありうるとすれば、アク抜きをしていないドングリを食材の一つとして、他の優良な食材とともに混ぜ合わせて、おやき・あるいはハンバーグのような固形食品を調製し、石蒸し調理する以外にないと筆者は考えている。そのために、食品科学の専門家とともに、渋み（タンニン）低減効果を発揮する食材を用いて複合食品を調製し、官能検査を行う実験を3カ年にわたって実施した。ここでその結果を紹介しておきたい（鈴木他2005・2006・2007、鈴木他2007、八田他2007）。

　石蒸し調理し、官能検査に供した食品は、以下の3種類である。

A　ヤマノイモ：ミズナラ：クリ＝5：3：2（ミズナラ30％）
B　ヤマノイモ：ミズナラ＝7：3（ミズナラ30％）
C　ミズナラ：豚肉：猪肉＝1：1：1　（ミズナラ約30％）

　A、Bはパネラー14人に、Cは2人に試食してもらい、以下の5段階で評価してもらった。

　　評価5：渋味がなく、食べるのに抵抗はない。半個ぺろりと食べられる。
　　評価4：すこし渋味が気になるが、なんとか半個食べられる。
　　評価3：渋味が気になるが、一口くらいは食べられる。
　　評価2：渋味が気になり、飲み込むのがつらい。
　　評価1：渋味が気になり、食べたとたんに、はきだしたくなる。

II　官能検査

　試食評価の結果、Aは評価平均3.4（渋味を感じる）、Bは3.2（渋味を感じる）、Cは5.0（渋味を感じない）であった。抽出タンニン量（乾物換算％）の測定結果では、Aは3.93％、Bは3.92％でタンニン量にほとんど差はなく、Cは0.83％と低い値だった。CにはA、Bに含まれていたヤマノイモの代わりに、豚肉・猪肉が混ぜられていた。Cのタンニンが特に少なかったのは、肉の油脂がタンニン分子と結合して膜を作り、タンニンが水に抽出されにくくなったと思われる。

第 2 章　食料と生業　153

　以上のことから、渋味の強いドングリは、タンパク質、脂質含有量の多い食品と組み合わせることによって、渋味を感じにくくなることが分かった。石蒸し調理実験で用いた肉類はミンチ状で、ドングリは石と金槌で潰した状態であった。渋味を感じにくくすることを目的とした場合、ドングリも、組み合わせる食品も細かくつぶした状態でないと効果が現れにくい。岩宿時代、食料の嵩を増やす工夫をしなければならない状況であったなら、渋味の強いドングリも食べられていたかもしれない。

　ここまでの議論は、いわば栄養学的、生理学的あるいは食品科学的に見た一つの可能性を示したものであって、このままでは考古学的文脈とはかかわりのない議論である。考古学的な立場から、あるいは岩宿時代の資料的現実とのかねあいから、この可能性をどう評価すればよいのか。この点に触れてここでの検討をひとまず締めくくっておきたい。

　ある植物が摂取される、食べられるということと、食習慣としてそれを食べ、栄養面で一定の役割を果たしていたと評価できることの間には大きな懸隔がある。考古学的に利用していたと解釈することができるためには、以下のような直接的な証拠または利用の確証につながる証拠によって、この間のいくつかの条件をクリアーしなければならない。

1.　潜在食料資源環境として岩宿時代人のまわりにドングリが安定的に存在していること。植物自体が渋味や毒性を含んでいたとしても、工夫して食べる価値のある食品としての優良な性質を有していること。
2.　食品として摂取する際の阻害物質を除去する、あるいは堅い殻などの障害要因を取り除く技術、道具、装置を有していたという証拠が、考古学的に確認できること。
3.　居住の場などから、植物遺体が発見され、食品として利用した証拠があること。

　1は可能性として問題ないとして、2と3はそれほど簡単ではない。石製のハンマーを使えばドングリを粉砕することは簡単である。しかし、長年敲石類を研究してきた黒坪一樹の研究成果からみると、それに値する資料は極めて少

ない（黒坪2004、黒坪他2010、鈴木他2000b）。3については、破砕されたクルミの炭化した殻が3遺跡から発見されているに過ぎず、ドングリの発見例はない。

　このようにまとめると、折角の試みが資料の欠落という現状から、「今後の研究の進展に待ちたい」といった、いつもの語り口で終わってしまいかねない。ここではミンチ肉と粉砕ドングリを混ぜ合わせた食品を調製して調理するという突飛な想定から、思わぬところに問題の所在があることに気付かされたことを重視しておきたい。

　これまでドングリの利用に関しては、それが乾燥ドングリか生ドングリかという発想が欠落していたこと、乾燥ドングリと生ドングリではその破砕具たる敲石類の形態や使用痕、作業痕がおのずから異なってくること、ドングリの粉砕あるいは製粉というとアク抜きとの関連に傾きがちであったが、試食実験での試みのように、それは食品形態あるいは食品調製法の問題でもあることなどを指摘してきた。このあたりについては、別項で述べたところである（鈴木2007a・b）。

　考古学的文脈とは無関係なところから発した素朴な問いかけが、敲石類研究に思わぬ視点を提供することになり、またこの点の追求のためには、別項で論じたように、台石の研究なくしては問題の進展はないことも明らかになった（鈴木2007a・b）。

　ドングリ利用の存否に関わる両者の見解の岐路の一つは、岩宿時代にアク抜き技術を認めるかどうかにある。筆者の水さらしアク抜き実験からは、粒のままはもちろん、粗割りでのアク抜きも不可能と見てよく（鈴木2004a・b）、水さらしアク抜き法にとって、製粉は不可欠の要素である。すくなくともおがくず状の粉にしなければならない。岩宿時代の敲石類の資料的現実は製粉に必要な道具（磨石）を欠くか、またはなはだ乏しく、これに否定的たらざるを得ないのである。

　また、もし製粉をして水さらしをした場合、木綿程度の目の細かさの布であれば、一瞬にしてデンプンが流出してしまい、可食化のための行為であるアク

抜き自体の意味を失う。水さらしという方法自体はそれほど難しい技術ではないにしても、そのために必要となる容器などの道具とアク抜き環境を調えるのは容易ではない。筆者が否定的立場に立つのはこのような理由による。

Ⅲ　岩宿時代におけるドングリの食料としての位置

　以上のように、ドングリはアク抜きをしなくても、ヤマノイモ、ユリなどと組み合わせて調製した複合食品では、1割程度の混合比率であれば、渋味をあまり感じずに食することができることが判明した。またイノシシなどの肉と混ぜ合わせれば、3割程度の混合比率まで、渋味をあまり感じずに食することができる場合が、かなりあるという結果が得られた。また、渋味の低減効果は食品中のタンパク質の作用によってもたらされるものであることも明らかになった。アク抜き技術の存否を超えて、岩宿時代のドングリ利用の可能性が視野に入ってきたことになるのかもしれない。

　しかしながら問題はそれほど単純ではない。小型のハンバーグ状創作複合食品に加えたドングリは、粉末であったことに注意が必要である。常識的に、考古学的に考えて、ドングリの製粉には少なくとも敲石・磨石および台石が必要である。製粉ということになると粉の粒子の細かさがザラメ砂糖レベルか、おがくず・おからレベルか、小麦粉などのパウダーレベルかが問題になる。経験的にはパウダーレベルは敲石だけでは無理で、磨石が必要になる。また、生ドングリでは無理で乾燥ドングリを用いなければならない。

　ドングリを肉やヤマノイモ、ユリなどと混ぜ合わせて複合食品を作る場合、乾燥ドングリであれば、ザラメ砂糖レベルでは硬くて食感が悪いうえに、肉とドングリの成分がうまく浸透しあわない。すくなくともおからレベルの細かさの粉にしておく必要がある。おからレベルの粉末であれば、理屈上は敲石の端部を使い、丹念に叩き潰せば少なくとも可能である。しかしこれは現実的には不可能といってよい。ドングリは飛び散るし、均等に細かな粉を作るには相当の時間と忍耐と台石のような道具や敷物を必要とする。

　製粉には円礫を利用した敲石の表裏面を使い、押しつぶしつつ、こつこつと

敲かなければならない。しかしながらこうした動作だけで作業が進行すると考えるのも非現実である。たとえ、おがくず・おからレベルの細かさの粉末であったとしても、これを一定量作るには、円礫の端部を使った上下方向の敲き、円礫の側面や表裏面を使う押しつぶし動作にくわえて、円礫の表裏面を用いた水平、円運動による磨りつぶし作業（黒坪 2004、黒坪他 2010、鈴木他 2000b）が必要であり、これらが一連の動作として複合的に繰り返されるのが自然な製粉作業というものである。

こうした作業の継続は、上石（敲石類）と下石（台石）との摩擦を生じ、経験上、円礫の表裏面には簡単に面的な磨痕が生じる。すなわち磨石が出現することになる。試食実験を通じてアク抜きしないドングリを肉やヤマノイモ、ユリなどと混ぜ合わせた複合食品を調整することによって利用できた可能性が指摘できたが、そのためには乾燥ドングリを利用した場合、ドングリの製粉を可能にし、それを実証する磨石の存在なくしては、これを肯定的に受け止めることはできないということになる。

岩宿時代の敲石類の資料的現実が磨石と呼べる資料を欠いていることは、これまで何度も述べてきたところである。少量であったとしてもドングリの恒常的な利用を考えると、少なくとも池端前遺跡の敲石のように、円礫の端部を用いこつこつ敲いた結果、作業部が水平な面をなすような敲石の安定的存在と、それと対をなす台石に敲打痕が広く面的に認められなければ、粉としての利用の可能性を論じることすら難しいといわなければならない。本来ならば下石に明らかな磨痕を伴った台石（石皿）の存在が必要である。

ちなみに黒坪一樹は敲石類のうち植物質の調理・加工具としたⅠa類 141 点のうち、幅厚比や重量がトチムキ石ゾーンに入るものは 39 点で 3 割に満たず（27.7％）、ここからさらに池端前出土例のような、肉厚で礫端に面的な作業面をとどめるトチムキ石類似例を選ぶと 7 点（4.9％）しかないとしている（黒坪 2004）。ドングリの利用の可能性を論じることと、調理・加工具の資料的現実との間には大きな乖離があることに留意しておく必要がある。

以上のように、考慮すべき様々な要素はあるが、複合食品の混ぜ合わせ食材

として利用することを想定した場合、ドングリは乾燥したものではなく、生を用いたと考えるべきであろう。生ドングリであれば殻を取り除いたあと、敲石でコツコツとソボロ状に叩き潰し、揉みほぐして用いることができる。生といっても子葉がまだ水分を含んでいる状態ということであって、殻取りの都合を考えれば 1 週間程度は乾燥させるという経過を経たであろう。岩宿時代のムラでの滞在時間がどれ位であったのか、どんな敷物の上で干したのか、殻剥きに用いた上石と下石はどんなものであったのか。使用された道具、装備、ムラでの光景の理解が不可欠になってくる。こうした認識が、台石の調査が不可欠だという認識につながるわけである（鈴木 2007a・b）。

第 4 節　動物食料

　冒頭でも述べたとおり、植物食料に対して動物食料の分野では大きな進展があった。2001 年以降の青森県尻労安部洞窟遺跡と 2009 年以降の沖縄県サキタリ洞遺跡・白保竿根田原洞穴遺跡の発掘調査の成果によるものである。尻労安部洞窟での成果は、故阿部祥人・慶応大学教授の執念の追及によって実を結んだものである。以下に、尻労安部洞窟遺跡の成果の概要を報告書によってかいつまんで説明する（奈良他 2015）。

　まず石器から。出土した石器はナイフ形石器 3 点（推定品 1 点）、台形石器 1 点、細石刃 1 点の計 5 点である（図Ⅱ-14）。その特徴は、少なくとも以下の諸点として整理することができる。

1）完成品ばかりであり、これらの石器を製作するために必要な石核や製作の過程で生じる剥片・砕片などが出土していないこと。
2）ナイフ形石器、台形石器、細石刃はそれぞれ別の時期のものであると考えて 3 時期、ナイフ形石器、台形石器は同時期の可能性もあるが、細石刃はこれらとは明らかに後出的なものであると考え 2 時期にわたって残されたものであると考える、二通りの見方がありうる。
3）ナイフ形石器が、それぞれ使用に伴うと思われる大きなダメージを受け

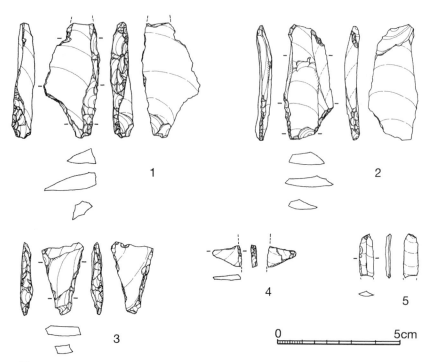

図Ⅱ-14　尻労安部洞窟遺跡出土のナイフ形石器・台形石器・細石刃（奈良他 2015 より）

　　ていること。ナイフの先端部の破損は、獲物への投射時の明らかな衝撃剥離の特徴を示す。
4）石器や動物骨が主に出土した包含層ⅩⅣ・ⅩⅤ層の年代測定では、20,500〜40,200年前の値を示している。

　以上から、同遺跡の性格は報告者が指摘する通り「・・・石器製作活動はおこなわれず、相当量の使用を経た定形的石器を遺棄あるいは廃棄した場」（52p）であろう。一定期間この洞内を日常の生活の場として利用したというより、狩りの際に短期間留まり、その間の獲物の解体、食事、傷んだ槍先の付け替えなどを行った場所であり、女性や子供たちの待つムラとしての居住洞窟ではなく、そこを利用したのは成人男性からなる狩猟チームで、かれらが一時の宿りの場所として利用していたのではなかったかと思わせる。

これらの石器は、その編年的な位置づけやそれに伴う洞窟利用の時期、回数など細かなところで議論はありうるが、一緒に発見された動物遺体の持つ意味は、狩猟対象獣の内実を知ることができるという点でかけがえのない貴重なもので、列島の岩宿文化研究への絶大な貢献であると評価できる。

　上記は筆者なりの評価だが、発掘の当事者であり、出土したノウサギの分析に直接当たった澤浦亮平の発掘調査の意義に関する貴重な発言があるので、総括の意味を込めてここに紹介しておきたい（澤浦2021、澤浦他2015、奈良他2015）。澤浦はヒグマの死亡時期が秋、ノウサギのそれが秋〜冬と推定されることを紹介し、その狩猟期を示唆したうえで、尻労安部洞窟、サキタリ洞遺跡の小動物利用例を勘案すると、「積極的に利用されたとみられる動物は狩猟具や捕獲具を要さずに比較的容易に捕獲することができる対象である点は注目に値する。・・・考古遺物の中では鋭利な刃部を持った道具に目が行きがちだが、狩猟採集民はそうした利器との関連の少ない罠に類する方法を頻繁に用いるし、時には何も道具を使わずに狩猟採集活動は行われる」と指摘している。

　なお、山田しょう（2021・2022）は、尻労安部洞窟検出の動物遺体について、詳細な検討を行っている。一読後の印象は山田の知識の浩瀚さである。とりわけタフォノミーの観点やイヌワシの生態、ヨーロッパの洞窟遺跡の事例や北米グレート・ベーズンの研究例などからの検討は、傾聴に値する。まさかイヌワシがカモシカを捕食するとは思いもよらなかった。筆者のように動物遺体と石器とを、単純に共存関係と理解するのではなく、イヌワシなどの猛禽類やオオカミなどの肉食獣による動物の持ち込みなど様々な可能性の検討の必要性を説きつつ、石器を残したヒトの洞窟利用のあり方、滞在理由に関してもいくつかの可能性を議論している。

　その一方で筆者の心象としては、豊富な動物遺体を含むヨーロッパの洞窟遺跡の事例を引き合いに出しても仕方がないし、山田の詳細な議論にもかかわらず、尻労安部洞窟の動物骨が人間によって捕獲された可能性を、いささかも否定するようにも感じられない。尻労安部洞窟の石器や動物骨の量と質が、ヨーロッパの良好な事例に較べていかに見劣りするものであるとしても、重要なの

は、これが種同定可能で個体数の推定可能な動物骨と石器（狩猟具）が共伴した日本で唯一の遺跡だという点である。これに次ぐ例が、北海道柏台遺跡のシャーレ一杯ほどの種同定不可能な哺乳類の骨片でしかないことを思えば、尻労安部洞窟の発掘成果がいかに貴重なものであるかが理解される。

さて、つぎに、ナイフ形石器を出土したXV層などで発見された後期更新世の動物種を以下にあげておこう（澤浦他2013、奈良他2015、澤田2018、佐藤2019）。大型獣から順に、ヘラジカ・ヒグマ・カモシカ・ノウサギ・ムササビ・ハタネズミである。このうちの71％がノウサギである。これらは、肉・骨・角・毛皮のすべてが利用されたであろう。尻労安部洞窟での動物遺体の発見によってもたらされた成果は、少なくとも以下1～4の諸点として評価できる。

1. 尻労安部洞窟でノウサギが多量に発見されたことの意義は、次の三つの点で非常に大きい。

a）ノウサギはまさに小動物であり、ナウマンゾウやオオツノジカ・バイソン・ヘラジカなどに対するように、槍を用いた大掛かりな狩猟行動によらずに、手軽に捕獲できることである。おそらく主体は罠猟によるものであったと推測される。

b）大型動物の狩猟では、複数人数が何日もかけて長距離追跡するような場面も想定されうるが、ノウサギの場合はムラの周辺の近場で、年中一人で捕獲可能であるという点で、日常的で手近な狩猟獣と評価してよいであろう。そしてムラでの日々の暮らしの中では、その捕獲行動従事者は女性であった可能性が考えられるであろう。大型獣を捕獲できればその価値は大きいとはいえ、ヘラジカは基本的に単独生活者であり、個体数も少なく行動範囲も広い。狩猟行動にも時間がかかる。日をまたぐこともしばしばあったであろう。日々の食を賄う対象としてふさわしいとは言えない。ノウサギは日々の食を支えた食料資源としての意義が大きい。

2. カモシカの検出も興味深いところである。これまで発見された同時期の化石群にはあまり見かけない動物種のようである。このカモシカについてはそれをどこで捕獲したか気になるところである。現在のカモシカの棲息地のイ

メージでは、深山、険しい岩がちな地形、積雪地帯といったところを思い浮かべやすい。現に尻労安部洞窟遺跡の付近でも海からそそり立つ絶壁を見ることができるし、遺跡の背後の桑畑山（標高400m）はたおやかな嶺という形容には程遠く、突兀とした石灰岩の岩山であり、こうしたイメージにふさわしい。

　ここで、縄文時代のカモシカ出土遺跡を見ておきたい。渡辺誠（1970）は早くにその集成を行っている。そこには11カ所の遺跡が挙げられている。その後、草創期の陸生哺乳動物遺存体の出土遺跡を集成した長谷川豊（2020・2022）は7箇所を追加している。それらの出土地を挙げると以下のようになる。1. 岩手県気仙郡住田町蛇王洞洞穴　2. 宮城県宮城郡松島町幡谷貝塚　3. 山形県東置賜郡高畠町日向洞穴　4. 埼玉県秩父市橋立岩陰　5. 新潟県東蒲原郡上川村室谷洞穴　6. 長野県上高井郡高山村湯倉洞窟　7. 同南佐久郡北相木村栃原岩陰　8. 同埴科郡戸倉町巾田遺跡　9. 同小県郡真田町唐沢岩陰　10. 滋賀県犬上郡多賀町佐目洞穴　11. 大阪府南河内郡道明寺国府遺跡　12. 広島県神石町観音堂　13. 同弘法滝洞窟　14. 徳島県伝宝岩陰　15. 愛媛県上浮穴美川村上黒岩岩陰　16. 同神穴洞窟　17. 大分県前高洞窟　18. 鹿児島県出水市出水貝塚

　以上18遺跡のうち、1・4・5・6・7・9・10・12・13・14・15・16・17は洞穴ないし岩陰であり、山深い山塊中の険しい地形の場所に位置するということができるが、少なくとも2. 幡谷貝塚、3. 日向洞穴、9. 国府遺跡、11. 出水貝塚は低平地に位置している。17. 大分県前高洞窟は洞窟ではあるが、低地に位置している。こうしてみると、尻労安部洞窟は背後に険しい岩山を背負うとしても、遺跡の前面はなだらかな平坦地が続くことと、その狩りの難易度などを考えると山塊中を猟場とばかり考えるのではなく、遺跡前面の平地での狩りを考えたいところである。

　ところで、尻労安部洞窟の時代は、おそらくLGMかそれを前後する時代のものと考えられることから、棲息環境は後氷期の縄文時代とは著しく相違していたことになる。後期更新世末期のカモシカ化石の出土例としては、他に岐阜県熊石洞の例もある（樽野他2019）。今後、岩宿時代の動物相を考える際には、

神奈川県吉岡遺跡のイノシシの例とともに、カモシカは必ず念頭に置かなければならない動物種ということになるだろう。縄文時代から棲息数が急増するとされる温帯系の動物の、1万年以上も前の寒冷な時代における孤立的な発見例を、どう評価するか興味深い問題である。カモシカのみならずイノシシも縄文時代以降に突発的に増加するという常識を疑ってかかる必要があるのかもしれない。

　吉岡遺跡はまだしも、尻労安部洞窟は本州最北端というその地理的位置からみて、温帯要素は乏しかったと思われることから、カモシカもイノシシとともにその適応力の強さを評価すべきかもしれない。そうだとすると、カモシカ・イノシシは温暖化した縄文時代に一気にその棲息数をふやし、棲息域を広げたとしても、後期更新世のMIS3の時期以降、棲息数は少ないながらも、今日まで数万年にわたってずっとヒトの暮らしと深く関わっていたとみるべきだろう。

　3．岩手県花泉では、多量の動物化石から成る化石床が発見調査されていることで知られ、当時の動物相や狩猟を考える上で重要な場所である（加藤1975、稲田1989、岩手県花泉町教育委員会1993）。化石床は直径10mほどもあるといわれ、自然堆積物ではなく人類が狩猟して利用した残りを捨てたものである可能性が高いとされる。いわゆるキルサイトを連想させるものである。ここからはワカトクナガゾウ（ナウマンゾウ）・ヘラジカ・ナツメジカ・ハナイズミモリウシ（バイソン）・ノウサギなどが検出されている。

　花泉ではほかにも近隣に数カ所化石出土地が知られており、ここ阿惣沢地区から200mほどの距離にある湯尻地区からは、人工遺物として骨角器や石核・石刃なども発見されている。しかしながら、古くから発見され、度重なる発掘調査にもかかわらず、人類の狩猟活動と化石床との関係がはっきり捉えられていないことが惜しまれる。

　あらためて述べるまでもなく、マンモス動物群は亜寒帯地域の樹木の少ない草原環境下で棲息する。当時大陸と陸続きだった北海道、特に道東地方はこうした環境の下、マンモス動物群の棲息に適した生態系の中にあった。その一

方、北海道と本州とは LGM においても陸続きではなく、動物群は冬季の結氷期に氷橋を渡ってきたとされる（河村 1985・2010）。そうだとするとマンモス動物群わけてもヘラジカ、バイソンの本州域でのポピュレイションは大陸や北海道と較べかなり少なかった可能性があろう。

　ヘラジカ化石は中部日本では、野尻湖（野尻湖哺乳動物グループ 2010）で発見されているほか、岐阜県下の熊石洞でも発見されている（奥村他 1978・1982）。これが分布の南限を示す。熊石洞ではこのほかにヤベオオツノジカ、ニホンムカシジカ、ナウマンゾウ、ヒグマ、ツキノワグマ、アナグマ、ノウサギなども発見されている。本州中央部以南でもこれらが狩猟対象となっていたかどうか、そして岩宿時代人の食生活に対する貢献度はどれほどのものだったのか、今後の興味深い検討課題となろう。

　4. 辻による列島の植生復元図（図Ⅱ-6　辻 1998）によれば、尻労安部洞窟遺跡の位置する下北半島は、「針葉樹疎林、草原」とされており、北海道の道東部と同じ植物相下にあり、岩手県下の花泉あたりまでを含む広い範囲にわたる、より草原的な環境下での生業ゾーンの一画を形成していた可能性が考えられる。

　花泉から 70km ほど南下すると、仙台湾からさほど遠からぬ位置に富沢遺跡がある。ここに暮らした集団は尻労安部洞窟の集団とは少し異なって、亜寒帯マンモス動物群的要素が減じ、徐々に温帯的要素が増していくような食料体系、生業構造を持っていた可能性も想定される。たとえば、チョウセンゴヨウやハシバミなど植物食料の利用も増え、中型動物群の比重が高まるといった事柄である。富沢遺跡ではシカの糞が多数発見されている。アラスカ・デナリ国立公園のヘラジカの棲息状況を見ると、もしヘラジカが富沢の遺跡の地底の森付近に棲息していれば、ヘラジカの糞も発見されているに違いない（図Ⅱ-15）。このことは、富沢遺跡周辺でのヘラジカの個体数が少なかったことを示唆しているのではないだろうか。

　尻労安部洞窟から花泉を経て南下していくと、次に動物化石を多産したのは野尻湖ということになる。ここでの動物化石の主なものはナウマンゾウとオオ

図Ⅱ-15 ヘラジカの糞 アラスカ（上）、フィンランド（下）

ツノジカ、ノウサギということになるが、先に記した通りナウマンゾウを過大評価することはできない。帝釈峡馬渡遺跡のように縄文草創期まで生き残った可能性のあるオオツノジカもそれなりに重要だが、尻労安部洞窟の事例を考えると、日々の生活の糧としての貢献度という観点からは、ノウサギの存在がより重視される必要がある。

　ノウサギ猟でつとに知られるヘアー・インディアン（原1989）の例や第2章第2節で述べたネイティヴ・アメリカンの例を引き合いに出すまでもなく、ノウサギは日本でも縄文時代草創期以降コンスタントに捕獲対象となっている。小型動物は数の多さと相まって、日常の食料としての価値が高い。

　野尻湖からさらに南下すると動物食という観点から、神奈川県吉岡遺跡のほんの小さな1片のイノシシの乳臼歯が注目される（白石他1997）。日々の暮らしを支える食料としての動物は中型獣のシカ・カモシカ、そして小型獣のノウサギが重要であった。これまであえて触れてこなかったし、いまひとつ証拠が明瞭ではないが、同様の主旨から中型のイノシシも重要な狩猟獣であったであろう。吉岡遺跡例はイノシシの重要性の片鱗を示しているといえよう。

　少し余談めくが、筆者は吉岡遺跡のイノシシの遺存体が乳臼歯であったことに引っかかるものがある。イノシシはシカと比べれば狩猟が難しいと筆者は考

えている（鈴木1992・2001）。シカに較べて体高が低く、基本的にブッシュの中で暮らすので、よほど慎重に気づかれずに接近し寝込みを襲うか、罠にかけるか、陥穴で捕獲するのでない限り、ブッシュの中を疾駆するイノシシを狩るのは鉄砲ですらなかなか難しく、撃ち損じることがしばしばおきる。ただし、犬がいれば状況は変わる。現代の日本では鉄砲によるイノシシ猟は基本的に犬を使うことを前提にしている。アフリカのサバンナの狩人・ブッシュマンでさえ犬を使うように、日本に限らず、世界各地の様々な狩猟の場面で犬が使われている（池谷2019）。

　イノシシの居場所を犬に突き止めさせ、寝場から起こし、執拗に絡みつき、追い出し、追跡し、ハンターの待つ場所に向けて誘導するというわけである（鈴木1992、長谷川2000・2011・2013）。ところが、寝場からイノシシを起こす際、イノシシが子づれだった場合などには、犬がその最中に子イノシシ（ウリボウ）を噛み殺してしまうことがよくある。狩人心理としても実利的にもハンターは成獣を狙う。この点を考えると、吉岡遺跡のイノシシの乳臼歯の存在は、岩宿時代のイヌの存在を示唆している可能性があるのではと筆者はひそかに考えている。三河愛郷の地での猪狩調査の際、犬にかみ殺されたウリボウを、沢まで担ぎ下した状景がよみがえる。

　岩宿時代人の動物食は列島内の位置によって異なっていたであろう。少なくとも本州・九州域（古本州島）では、イノシシ、シカ、カモシカなどの中型獣が実質的に重要であったであろう。というのはこれらの動物は、オオツノジカ、ヘラジカ、バイソンなどに比して個体数は多く、行動範囲は小さく、それだけ狩猟機会が多く、食料としてだけではなく、暮らし全般にかかわる生活資材を提供していたに違いないからである。これまで岩宿時代の動物相というとき、カモシカはあまり念頭に浮かばなかった経緯を考えると、その確認の意義は極めて大きい。例えばその毛皮が耐寒性能に格別優れているという点などを想起すると、列島の北辺地域で冬場の厳しい寒さの環境下で暮らす人々にとって、その存在意義は食料としてのそれよりも、厳寒期用防寒具類の素材として大きな意味を持っていたとも考えられる。

古本州島から北海道にかけての動物食料資源を考える際の基礎になる動物相に関して問題となるのは、亜寒帯系のヘラジカ・バイソン・マンモス・ヒグマ、温帯系のナウマンゾウ・オオツノジカなどの大型動物の絶滅年代である。このうち後期更新世に本州島に棲息したヒグマは、棲息域を狭めたとはいえ北海道に現生している点と食料としての重要性の度合いを考慮して、本書ではとりあえず検討対象外としておき、問題となるのは残る5種である。
　バイソンは花泉の例が良く知られている（加藤1975、稲田1989、岩手県花泉長教育委員会1993）。割った肋骨の一端を研磨して尖らせた骨器や石器が出土している点で、局所的に集中して出土したとされる化石群が単なる化石床ではなく、そこが人間の手によって捕獲された大型動物のキルサイトであることを示唆している。しかしながらその後の調査では、化石群とそれを捕獲した人間の道具との関係を明らかにする出土状況を把握することはできなかった。
　ヘラジカ化石は花泉（湊1974）、長野県野尻湖（野尻湖哺乳類グループ2010）や岐阜県熊石洞（奥村他1978）にも出土例があり、森林棲のヘラジカは当時の植生環境に照らして、中部地方南部まで狩猟対象となっていた可能性を示唆する。一方、同じマンモス動物群でありながら、草原棲の動物であるバイソンは、出土状況の不確かさをもあって、ヘラジカ同様に中部地方南部まで狩猟対象となっていたとは軽々にはいえないであろう。なお、これまで狩猟対象獣という観点から動物に言及してきたので、念のためここで古生物学からの動物相を掲げておきたい（図Ⅱ-16）。
　いずれにしろ、ヘラジカやバイソンなどの動物群は陸橋のなかった津軽海峡を冬季の氷橋を通って本州側に渡ったと考えられている（河村1985・2001・2014）。氷橋を渡って本州に渡ったとすると、当然その機会は冬季に限られる。沿海州、樺太、北海道へと陸伝いに移動する動物群の数と比較するとおそらく相当に少なかったであろう。そうだとするとヘラジカやバイソンが、当時東北地方に暮らしていた岩宿時代人にとって、どれほど安定食料資源となりえたのか、以下でもふれるヘアー・インディアンのムース猟がかなり不確実であてにできないものであることを考えると、慎重な考慮が必要であろう。

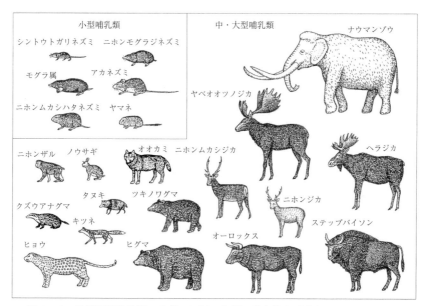

図Ⅱ-16　後期更新世後期の本州・四国・九州の代表的な哺乳類（河村2010より）

さて、ナウマンゾウ・オオツノジカ問題はどうであろうか。従来、ともすると岩宿時代の狩猟はビッグゲーム・ハンティングとして捉えられがちであった。その象徴が温帯系動物群のナウマンゾウ・オオツノジカである。これを考える際によい手引きとなるのが、野尻湖におけるナウマンゾウ他の動物化石の産状である。野尻湖では早くから発掘調査によって多数のナウマンゾウやヤベオオツノジカの産出が知られている。第8次〜第12次までの集計ではナウマンゾウが91.9％、これに次ぐのがヤベオオツノジカで7.9％、これに次いで多いのがニホンジカ、そのほかにヒグマ、ノウサギ属、ハタネズミとなっている（野尻湖発掘調査団1997）。

野尻湖の近年の研究成果によれば、その絶滅は意外に早く、列島にヒトがすみ始めたステージ3の後半の頃には、一部生存した個体群はあったとしても、主要な狩猟対象獣としては評価できない可能性がある（岩瀬他2010、Iwase et al. 2012）。

野尻湖における動物相と石器文化との関係は早くから「野尻湖文化は約4万年前から2万4000年前まで、続いたものと思われる。なお、杉久保型ナイフで知られる『ナイフ形石器文化』はナウマンゾウやヤベオオツノジカが絶滅した直後、上部野尻湖層Ⅱの層準から始まるものであり、野尻湖文化とは時代を異にするものである」と明言されており（那須1985）、近年での集計結果では、1）未較正値で33ka～49kaの時代に脊椎動物化石が産出していること、2）特に産出頻度が高い層準はユニットT1/2であり、全体の半分以上の比率をしめるとされる。野尻湖層は上部・中部・下部に三分されるが、下部野尻湖層の開始年代が6万年前、中部野尻湖層の開始年代が4.1万年前、上部野尻湖層の開始年代が3.9万年前とされる。したがって、上部野尻湖層の開始期までに脊椎動物化石の産出がほぼなくなることが確認されている（図Ⅱ-17、近藤他2007）。

　もっとも出現頻度が高いとされるユニットT1は下部野尻湖層の上部（下部立が鼻層）にあたる。そのもっとも下位の産出層準はユニットU2で下部野尻湖層Ⅲの最下部にあたる。そのAMS年代は52,800cal BPである。最上位の産出層準ユニットT7の年代は37,400cal BPである。第15次（2003年）までの産出動物種とその比率はナウマンゾウ63％、これに次ぐのがヤベオオツノジカで34.7％、ニホンジカ0.9％、そのほか0.1％で、圧倒的にナウマンゾウとオオツノジカの比率が高い。

　絶滅の時期について、高橋啓一（2007）は「・・・2.3万年前よりあたらしいナウマンゾウの資料は非常に不確かであり、・・・部分的に生存していた可能性はあるにしても、2.3万年前にはほぼ絶滅したと考えられる」としている。従来の出土動物化石群を精査するなかで、特に化石自体の^{14}C測定値を重視し、信頼のおける年代測定試料を通覧した岩瀬彬（2010）らの研究によれば、信頼のおける年代はマンモス4.5～2万（3.7～2万は欠落）、ナウマンゾウ4.8～2.4万（北海道3.4～2.6万：温暖期）とし、北海道ではマンモスが古く、その後のナウマンゾウとなるとしている。またオオツノジカは5～3万（信頼される年代は4万年前）である。オオツノジカは帝釈峡馬渡遺跡（縄文時代草創期）出

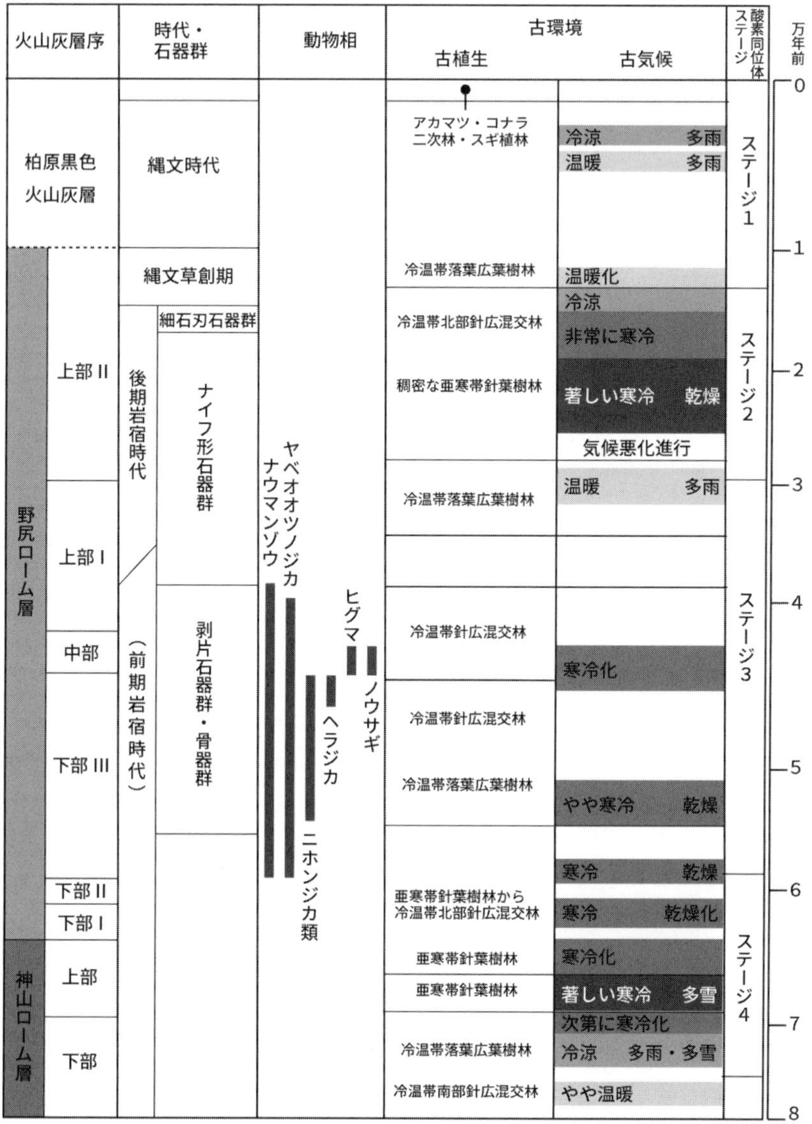

第2章 食料と生業　169

火山灰層序	時代・石器群	動物相	古環境 古植生	古環境 古気候	酸素同位体ステージ	万年前
柏原黒色火山灰層	縄文時代		アカマツ・コナラ二次林・スギ植林	冷涼　多雨 / 温暖　多雨	ステージ1	0
野尻ローム層 上部II	縄文草創期 / 細石刃石器群 / 後期岩宿時代 ナイフ形石器群	ヤベオオツノジカ / ナウマンゾウ	冷温帯落葉広葉樹林 / 冷温帯北部針広混交林 / 稠密な亜寒帯針葉樹林	温暖化 / 冷涼 / 非常に寒冷 / 著しい寒冷　乾燥 / 気候悪化進行	ステージ2	1 — 2
上部I			冷温帯落葉広葉樹林	温暖　多雨		3
中部	(前期岩宿時代) 剥片石器群・骨器群	ヒグマ / ノウサギ / ヘラジカ / ニホンジカ類	冷温帯針広混交林 / 冷温帯針広混交林 / 冷温帯落葉広葉樹林	寒冷化 / やや寒冷　乾燥	ステージ3	4 — 5
下部III						
下部II / 下部I			亜寒帯針葉樹林から冷温帯北部針広混交林 / 亜寒帯針葉樹林	寒冷　乾燥 / 寒冷　乾燥化 / 寒冷化		6
神山ローム層 上部			亜寒帯針葉樹林	著しい寒冷　多雪	ステージ4	7
下部			冷温帯落葉広葉樹林 / 冷温帯南部針広混交林	次第に寒冷化 / 冷涼　多雨・多雪 / やや温暖		8

図Ⅱ-17　野尻湖におけるナウマンゾウ他の出土層準（野尻湖発掘調査団2018を編集・改変）

土資料の評価が課題となる。

　いずれにしろ、ナウマンゾウもオオツノジカも、ほぼ2.5万年前以降の生存状況は、かなり覚束ないものになっていたとみるのが妥当なところであろう。岩宿時代人の日々の食料として、いつ頃まで頼りにできたのか慎重な評価が必要である。ノウサギのほかにムース（ヘラジカ）の狩猟を日常の暮らしに組み込んで行っているヘアー・インディアンの暮らしの中では、飛び切りのご馳走ではあるが、日々の食料としてはあてにできないことがよくわかる。尻労阿部洞窟でのノウサギの検出は、岩宿時代のナウマンゾウやオオツノジカ、バイソンやヘラジカのような大型獣に対する評価への観点として見過ごせない。

　さて、マンモス動物群の象徴的存在であるマンモスの狩猟の可能性はどうだろうか。近年の高橋啓一らのマンモスやナウマンゾウ化石の年代測定研究によって、北海道における人類とマンモスの共存が疑えないものになったことを踏まえ、出穂雅実（2005）は、24,000-26,000cal BP に位置付けられる柏台1遺跡の細石刃石器群・剥片石器群、河西C遺跡の石刃石器群はタイガの森とマンモスに、約 34,400cal BP に位置付けられる祝梅三角山遺跡などの小型剥片石器群は、冷温帯気候下の針広混交林とナウマンゾウの棲息に対応することから、今後は人類と環境との関係を掘り下げて考えていくことが重要だとしている。

　ここで、一転、琉球諸島に目を転じてみよう。琉球諸島では岩宿時代人の居住した確たる証拠がみつからない長い期間があった。サキタリ洞遺跡の発掘調査がこの問題を一気に解決に導くことになったわけだが、その内容は我々の常識をはるかに超えた、驚くべきユニークなものであった（山崎 2015・2018）。日本列島は南北約 3,000km にわたって長く延び、温暖地域から寒冷地域、高地から低地、海洋環境から内陸環境にわたる多様な生態系を反映したものであった。ここでは本章の流れにそって、まず食料となった資料の発見から説明することにしよう。

　沖縄本島のサキタリ洞遺跡では、重要な動物食料として、遺跡調査者の一人・藤田祐樹（2019）の著書のタイトルともなったモクズガニがまず挙げられる。

そこでも述べられているように、2万数千年前の岩宿時代人がモクズガニを重要な食料としていたなどと、だれが想像しえたであろうか。次に、カワニナ、オオウナギ、海産貝類としてトコブシなど、海産魚類はクロダイ、アイゴやブダイなど、陸棲動物としてイノシシ、リュウキュウジカ、リュウキュウムカシキョン、リクガメ、カタツムリ、植物食料としてオキナワジイの実をあげることができる、そのメニューは実に多彩である。

　古本州島や北海道では、特に細石刃文化に関連して、サケ・マス類を中心とした河川漁労の存否が問題となるが、賛否が分かれているのが実情である。支持する意見も多い（佐藤1992、堤2005）。筆者は細石刃文化期の遺跡の立地の検討や柏台1遺跡出土の動物骨の実態から、一概にその可能性までを否定するものではないが、考古学的に可能な方法での立論が必要という意味で、これに否定的な見解を明らかにしたことがある（図Ⅰ-26、鈴木2006・2010）。この際、議論のカギを握るのは、古本州島の細石刃文化の遺跡では最も多数の石器を出土した新潟県荒屋遺跡の評価である。ここでは、多数の焼土土坑が検出され、河川近くにありながら、極めて貴重な炭化物が多数出土しているにもかかわらず、魚類の骨は検出されていないことも気になるところである。シカ類の狩猟で説明ができるとする意見がある（加藤1996、鹿又2003）。このあたりについては第1章第4節で述べたところである。

　ここサキタリ洞遺跡では海洋でも河川でも漁労活動・海産資源の利用の証拠は明瞭である。それを象徴するかのような例が貝製釣り針（図Ⅱ-18）の存在である。いずれにしろ、日本列島全土を通じて、これほど詳細な食品リストが判明した遺跡はほかにないという点で特筆すべき遺跡である。

　そのユニークさは切削具の素材や石器の特徴にも表れている。まず、九州・本州地方であれば普通に発見される台形様石器・ナイフ形石器・槍先形尖頭器・掻器・削器などが発見されないことである。これまで、琉球諸島に縄文時代以前にヒトの居住があることを確かめようとした多くの人たちは、九州以北の本州島で発見されるものに類似した、上記のような石器が発見されるだろうという的外れな先入観を長い間懐いていたわけである。筆者もその例に漏れない。

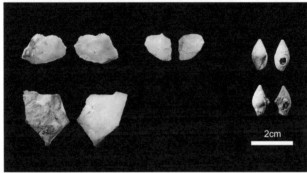
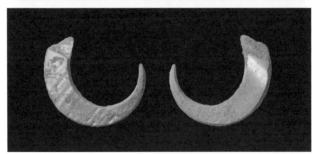

図Ⅱ-18 サキタリ洞遺跡調査区Ⅰ・Ⅱ出土遺物
上段：人骨（左上）・貝器（中）・貝製ビーズ（下） 中段：石英製石器（左）・貝製ビーズ 下段：世界最古の巻貝性釣り針（全長1.4cm）（沖縄県立博物館・美術館提供）

沖縄本島のサキタリ洞遺跡や石垣島の白保竿根田原洞穴遺跡の発見以前、早くから沖縄本島の港川遺跡で非常に良好な人骨化石が発見され、測定年代でも約2万年前の更新世末期の年代測定値が得られていたのにもかかわらず、考古学界からはなかなか受け入れられなかったのは、石器や骨角器などの道具が一緒に発見されていなかったという事情が背景にある。こうした予想は見事に外れたわけであるが、しかし、サキタリ洞遺跡の貝製切削具・利器は古本州島の事例からは想像もつかないユニークなものであることも事実である。

サキタリ洞遺跡では、たしかに石英製の刃物も発見されているが、原石から剝されただけで、二次加工がなされていない単純な石片で、しかもごくわずかな稀な例である。一方、サキタリ洞遺跡では物を削る作業のために貝製の道具が多用されたことが分っている。石器に非ず貝器である。ユーラシアの人類史には、刃物の素材によって石器時代・青銅器時代・鉄器時代とよんで時代を分ける三時代法があり、さらに石器時代は打ち欠きだけで石器を作る旧石器時代と磨く技術が加わる新石器時代に区分する。

そういう意味では、貝塚（縄文）時代に先立つ琉球諸島の初源の時代は、貝器時代と呼ぶことができるような特徴がある。小さなあるいは細長い島々が連なり、どこからでも海が臨め、いわば内陸がなく、容易に海浜に近づくことができるような、海洋・海浜環境下での資源を最大限効率的に利用した文化である。食料となった海産・淡水産の各種の魚貝類、釣り針の存在が示す沿岸での活動など、九州島以北の文化と較べ、彼らの暮らしすべてが個性的であるということができる。

つぎに石垣島の白保竿根田原洞穴遺跡を見ておこう。同遺跡は新石垣空港建設に伴って発見されたもので、2010年以降の発掘調査にともなって多数の人骨が発見されたことで注目される（沖縄県立埋蔵文化財センター2017、片桐他2019）。同遺跡の発見までにも港川遺跡や山下町第1洞穴遺跡（知念1976）など、琉球諸島の各地で岩宿時代の人骨の発見が報じられていたが、なかなか十分に学界の認知を得るには至らなかった。

しかし、白保竿根田原洞穴はこうした局面を一気に突き崩すことになった。

ここでは、中森期（グスク時代相当）、無土器期、下田原期、完新世初頭、後期更新世（岩宿）時代の長期にわたる堆積物が成層状態で発見され、最下部の土層から出土した人骨の帰属時期を、包含層の堆積状況から疑う余地のないものとした。その所属年代は、16,000〜24,000BP（較正年代約 20,000〜27,000cal BP）と測定されている。

　5カ所の集中地点から発見された人骨片は1,100点ほどにおよび、頭部・顔面・体幹・四肢からなる身体各部を備えた例が4例ほど確認され、推定される個体数は完新世初期の例を含めて約20体に及ぶとされている。そのうちの1例は仰臥屈葬状態で岩石の隙間に葬られていた。遺存状況から遺体は穴に埋められることなく風葬（崖葬墓）されていたことも明らかになった。これらの個体の身長は約159〜165cmで、これまで保存状態のよい化石人骨が最も多く発見されている港川人の平均身長155cmと比べて高身長であることも分かった。

　そして、ミトコンドリアDNA分析や化石の形態などが、中国南部やベトナムなどの旧石器〜新石器時代の東南アジアの人骨に近い特徴を示すことから、こうした地域に起源をもつ南方由来の人々であったと推定されている。仰臥屈位で発見された4号人骨については、体躯の復元に加えて復顔もされており、その風貌を具体的にイメージすることができる。後期更新世の化石人類というぼんやりとした姿から、2万数千年前の生々しい白保竿根田原人がそこに立ち現れたのである。1万カ所を優に超える九州から北海道にわたる膨大な遺跡の発掘調査からは、微塵もうかがい知ることができなかった歴史的な発見がなされたわけである。

　ただし、残念なことに、多数の人骨化石が発見されたにもかかわらず、彼らが使用した石器などのはっきりした生活用具がここでも発見されていない。その理由は、屈葬状態で葬られた人骨の発見が象徴するように、そこはサキタリ洞遺跡のような生活の場ではなく、葬送の場だったからであると考えられている。その一方で、人骨出土層からイノシシの骨が発見されている。そこが墓である以上食料の残滓とは直接的には言いにくいが、完新世初頭の包含層から発見されたイノシシ骨には、石器によって付けられたと思われる解体痕が見られ

ることから、後期更新世の白保竿根田原洞穴人もイノシシを食料としていた可能性は高い。

また、多数の保存状態の良い化石人骨の発見という好条件を生かして、人骨のコラーゲンに含まれる炭素・窒素の安定同位体の分析から食性分析を行っている。それによれば、イノシシの棲む森に生育する資源を利用しており、海産物はほとんど摂取していない可能性が示されている。遺跡近くにあったに違いない、列島最南端地域での岩宿時代人の日々の暮らしぶりを再現できる具体的なムラ跡の発見が待ち望まれる。

第5節　陥穴猟

筆者はかつて、岩宿時代の陥穴を俯瞰し、その実情について触れたことがある（鈴木 1996・2001）。これから25年余りが経過した。この間、筆者は何物をもこれに付け加えられていないが、陥穴の資料と研究はどのように推移、進展したのか瞥見してみよう。まず、遺跡数と検出陥穴数については、1996年当時の筆者の集計で愛鷹・箱根山麓発見例を中心に、30遺跡、153基であったものが、2010年の佐藤宏之の集計では、51遺跡、376基と倍ほどに増えている。

誤解を恐れずに言えば、その後の研究の進展は、佐藤宏之の諸研究に尽きるといっても過言ではないであろう。佐藤は日本列島の岩宿時代の陥穴はもとより、縄文時代以降現代の諸例も網羅的に検討するのみならず、海外の民族誌をも援用しつつ、狩猟採集社会における陥穴猟の意義について縦横に論じている。この間の議論の推移の一端を、佐藤の二つの論説を頼りに簡単にたどってみよう（佐藤 2002・2010）。そのうえで、所感を記すこととする。

岩宿時代の狩猟の実像は、未だ漠として判然としない部分も多いが、陥穴猟については佐藤の圧倒的な貢献によって、かなり突き詰めたところまで明らかになっているのではないかという心証を抱いている。罠猟という点では、青森県尻労阿部洞窟遺跡からノウサギが少なからず報告されていることから、ノウサギに対しては、括り罠猟などが行われていたことを想定するのが自然であろ

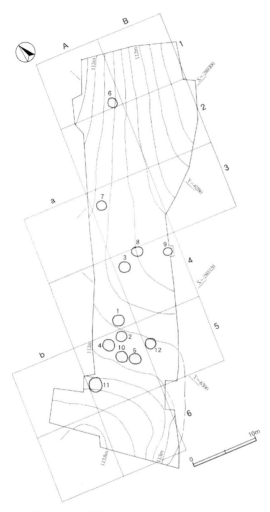

図Ⅱ-19 大津保畑遺跡陥穴分布図
（鹿児島県立埋蔵文化財センター 2009 より）

う。このほかに、槍先として用いられたと考えられる台形様石器、ナイフ形石器、槍先形尖頭器、細石刃などの各種の石器の存在から、投げ槍猟があったことは物的証拠から推測することができる。

さて、筆者の初歩的俯瞰作業以降、陥穴猟にまつわる大きな発見があった点をはじめに挙げておこう。その第 1 は鹿児島県熊毛郡中種子町大津保畑遺跡での発見（川口他 2009、佐藤 2019）、第 2 は三浦半島南部における船久保遺跡での発見（前川他 2020）、第 3 は南九州における鹿児島県仁田尾遺跡、宮崎県下各所での細石刃文化期の陥穴の発見であろう。これらの諸発見によって、陥穴の初源の時代、愛鷹・箱根山麓の中盤の時代、終盤の細石刃文化期の様子が明らかになると同時に、船久保遺跡では AT 直前の段階で、それまで知られていなかった平面形が長方形で、四隅が張り出し、断面が狭く深い、いわゆる T ピットに似た形状の「糸巻き形」陥穴の存在が明らかになった。

最古段階例としては、種子島の大津保畑遺跡の例が挙げられる。標高110mほどの調査区内およそ幅10m×40mの範囲に12基が検出されている。その分布はまばらであったり、やや集中していたりで、不規則である（図Ⅱ-19）。その形状は円筒形ないしフラスコ状を呈する。その大きさは、直径1.7～2m、深さ1～1.38mを測る。陥穴の検出面はXⅢ層上面で、これをXⅡ層の種Ⅳ火山灰（40,200年前）が覆う。土坑内を充填する覆土の最上部をこの種Ⅳ火山灰が覆うことから、その年代が推測される（図Ⅱ-20）。後期岩宿時代の最古段階第1期に位置する。

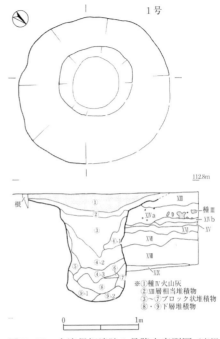

図Ⅱ-20 大津保畑遺跡1号陥穴実測図（鹿児島県立埋蔵文化財センター 2009 より）

　陥穴が集中的に設置されているあたりは、浅くくぼんだ、傾斜の緩い谷頭状の地形をなしているとされる。周辺の植生は照葉樹林で、調査者はイノシシの捕獲を狙ったものと推測している。妥当な見解であろう。

　これに次ぐ、第2期（佐藤の第Ⅲ黒色帯期、約3万年前）には愛鷹・箱根山麓と三浦半島の例がある。愛鷹・箱根山麓の例はAT降灰以前に残されたものとして早くから注目されていた（鈴木1996）。そのうちの初音ヶ原遺跡では、60基の陥穴が検出された。長いところで150m以上にわたって、直線的にあるいは弧状に並んで列状配置をなし、標高100mほどの広い尾根を横断するように極めて計画的に配列されていた（図Ⅱ-21、鈴木敏1999）。出現時期は限定的で、発見地は愛鷹・箱根山麓周辺に限られ、なおかつ多数の遺跡から200

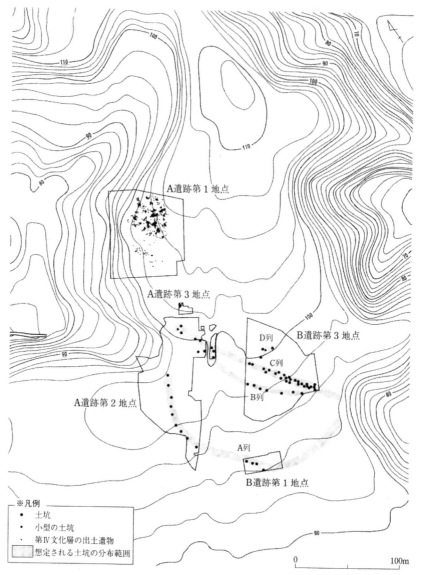

図Ⅱ-21　初音ヶ原遺跡陥穴分布図（三島市教育委員会 1999、佐藤 2010 より）

基以上ともいわれる陥穴が発見されていることなどから、その捕獲対象獣、捕獲法、季節性、社会的背景などさまざまな角度から議論されている。とりわけ佐藤宏之は包括的に広範な議論を展開している。

愛鷹・箱根山麓の陥穴による捕獲対象については、シカ・イノシシなどの中型獣を中心に、ナウマンゾウを含む大型獣、ウサギ・タヌキ・キツネなどの小型獣を含め、様々な可能性が議論された。野尻湖の事例などによると、4万年前以降、ナウマンゾウなどの大型動物化石の産出事例は急減していることなどからみて、狩猟対象獣にナウマンゾウなどの大型獣を想定するのには少し無理があるだろう。最近では、池谷信之は同地が富士山に近くスコリア層が発達していること、それによってススキ草原が発達していたと推定されることから、シカの可能性を強調している（池谷 2009）。佐藤はイノシシを中心に、その他の小動物も含めて多様な種が捕獲対象となったであろうとする。

狩猟法に関して、大規模な列状配置の見られる箱根山麓の初音ヶ原遺跡の場合、尾根筋とはいえ広い台地上にあって、追い込み猟を想定する意見がある（今村 2004・2006）。一方、佐藤は誘導柵を設置し、その間隙に陥穴を設置するものと考えている。また、愛鷹・箱根山麓の陥穴の設置場所が火山山麓の深く開析を受けた痩せ尾根上に位置することから、季節的に標高移動するシカの捕獲を狙ったものとする意見もある（稲田 2004）。

AT 以前の陥穴例は、1990 年代以降、愛鷹・箱根山麓で特異的に集中的に発達していた感があったが、近年では打木原遺跡・船久保遺跡など三浦半島の例が注目されている。その特徴の一つは、愛鷹・箱根山麓例が第 2 東名高速道路建設に関連して発見されたものを主体としている関係から、発見地は長距離に及ぶが、道路建設予定地のほぼ同一標高域のライン上に限定されがちであった。これに対してつい最近発掘・報告されることになった三浦半島南部に位置する船久保遺跡は、海岸線が複雑に入り組んだ標高 35m ほどの低い海成台地上にあり、広さ 110 × 120m ほどの方形の調査区内で発見されたもので、愛鷹山麓とはまた違った様相が明らかになった。

ここでの新たな知見は、これまでの事例のほとんどすべての陥穴が、平面円

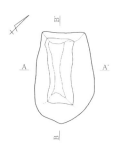

図Ⅱ-22 船久保遺跡第Ⅲ文化層長方形（糸巻き形）陥穴 P3 号実測図（玉川文化財研究所 2020 より）

形、断面円筒形の円形陥穴であったのに対し、平面長方形（図Ⅱ-22）で断面逆台形状のいわゆる T ピットに似た形状のものを加えて二種類の存在が明らかになったことである。いずれも AT 以前に構築されたものであるが、AT 降灰時にはすでに埋まっていた円形陥穴が古く（第Ⅳ文化層）、AT 降灰時にはまだその窪みが残っていた長方形陥穴が新しく（第Ⅲ文化層）構築されたものであることも明らかになった（図Ⅱ-23）。円形土坑は A・B・C の 3 列から主に構成され、谷を横断するように弧状に構築、配列されているのに対し、長方形陥穴はそれぞれ長軸を谷に向けつつ、谷に沿う形で列状に直線的に伸びている。

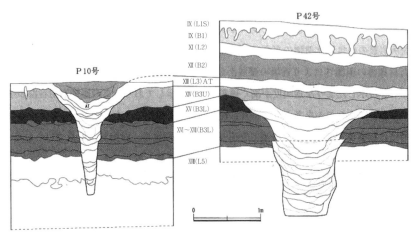

図Ⅱ-23 第Ⅲ文化層長方形陥穴・第Ⅳ文化層円形陥穴と AT 層との関係図（玉川文化財研究所 2020 より）

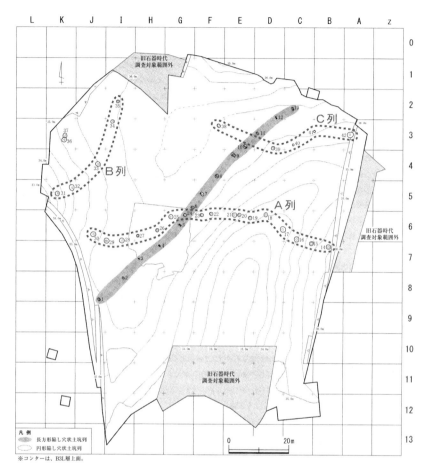

図Ⅱ-24 長方形陥穴・円形陥穴の配列分布図（玉川文化財研究所2020より）

　こうしてAT降灰以前のある限られた時間のうちに、円形から長方形に陥穴の形状に変化があり、地形に対するその配置位置も異なっていたことが明らかになった。谷を横断するように配列される円形陥穴に対し、長方形陥穴は谷の肩に沿うように直線状に設けられている（図Ⅱ-24）。その違いが何を意味するかは今後の議論に待つことになるが、愛鷹・箱根山麓の陥穴の捕獲対象のようなシカかイノシシかといった二分論や北海道のTピットがもっぱらシカ

捕獲用であることを念頭におくと、その時、三浦半島の動物群が、一時的にせよシカ優勢に変化していたとみることもできるかもしれない。

　上記のように、陥穴の最古例は第1期にあたる種子島の大津保畑遺跡の円形陥穴、これに次ぐのが第2期（第Ⅲ黒色帯期）、愛鷹・箱根山麓と三浦半島船久保の発見例である。いずれもAT降灰前の段階にあり、船久保遺跡では円形陥穴と長方形陥穴があり、円形から長方形に変化したものであることが明らかになった。

　また、静岡・神奈川県下における動向に加えて、鹿児島県仁田尾遺跡（鹿児島県立埋蔵文化財センター2006・2008）、宮崎県別府原遺跡、上ノ原遺跡（宮崎県埋蔵文化財センター2002）例のように、南九州では細石刃文化段階での発見例が顕著になった。これらの一群の特徴は、これまで述べた前半期の古い一群が主として円形の土坑を中心としていたものから、これに加えて後の縄文時代に多い楕円形、長方形の陥穴も現れ、この中には底部に逆茂木を有する例が半数程度に及んでいることである。

　佐藤は、前半期の円形陥穴が深いのはイノシシなどの捕獲動物を生け捕りにするための意図からであり、後半期の逆茂木の効果も動きの自由を奪い生け捕りにするためのものであって、逆茂木を設けることによって陥穴を浅く小さくする効果があり、構築時の作業量の軽減につながり、個人または小集団単位での設営を示唆するものであると指摘している。陥穴を知悉している佐藤の慧眼が光る。

　以上、岩宿時代内の時間的変化のみならず縄文時代での変化や特徴、両時代の相違点などにも透徹した分析を行い、さらに進んで近代にも目を向け、陥穴猟の全史を描いている点が、佐藤の研究の最大の業績であろう。さらに議論は多岐に及び、ここで触れなかった様々な論点にも言及していることを書き添えて、ひとまず区切りとすることにしよう。

　さて、ここまで後期岩宿時代の初期から中期段階を経て、末期細石刃文化の段階までの流れを簡単に辿ってきた。この間、陥穴が顕著に出現する地域は黒潮の洗う太平洋岸で、LGMにおいても他の地域に較べ相対的に温暖な気候の

地域であるということができる。この時、伊豆半島・房総半島は照葉樹林帯に属していた（松岡他1998）。おそらく三浦半島もその一画を占めていたであろう。それよりさらに古くステージ3後半のより温暖であった時期の種子島、後氷期直前の細石刃文化期の南九州は、いずれも照葉樹林下にあった。

初源期陥穴が設置された時期の種子島の石器群には、古本州島では一般的な台形様石器、ナイフ形石器などといった、はっきりとした石製狩猟具の発達が弱い。それ故、照葉樹の森では陥穴猟はことのほか重要だったであろう。

話は飛躍するが、先にも記したように、現代のハンターからは「イノシシは矢強い」と認識されていている（鈴木2001）。強靭である上に、体高は低く、頭には角も頂かず、森の中を低い姿勢で疾駆するイノシシを射抜くのは、現代の鉄砲猟師でも容易ではなく、イノシシはシカに較べはるかに捕獲が難しいと筆者は信じている。

岡村道雄（1985）はイノシシの矢強さについて「そもそもイノシシは矢傷に強く、昼間は深いブッシュの中の寝屋に潜んでいるという生態をもち、トラップを用いたり、犬を用いてブッシュより追い出して人間がとどめをさすという方法が今日まで伝わっている。したがって、シカは石鏃で捕獲されるのが多かったのに対し、イノシシの多くはトラップあるいは犬を用いた猟法がとられたと考えられる」としている。

また、現代狩猟行動の参与観察を数多く行っている長谷川豊（1996）は、大正9年生、猟歴40年のイノシシ専門ベテラン猟師の言葉として、「普通は、目標がおおきいサンマイを狙う。頭か心臓に命中すれば1発で倒れる。他の部分では2発、3発と打ち込まなければ、仕止めることはむずかしい」という発言を紹介している。サンマイとは肋骨の前から3本目、すなわち心臓のあたりを指す。イノシシの矢強さに対する実感のこもった言葉として重みがある。

このように考えると、陥穴猟に第一に期待するのはシカではなく、イノシシであったろうと筆者は考える。動物相から見ても岩宿時代全般にイノシシの影は薄く、陥穴が一般的でなかった岩宿時代にあっては、シカは通常の投射具による狩猟法で事足りている。あえて、陥穴を設置するまでもなかったであろ

う。下原遺跡の珪酸体分析から、そこが草原環境にあって、たまたまシカの捕獲に傾くとしても、伊豆半島という暖地な照葉樹林帯の付け根にあって、本例はイノシシ向けの陥穴猟という本然の性格を、言い当てているとは限らないのではなかろうか。

　上記のようなイノシシかシカか、はたまたナウマンゾウを含む大型獣かといった、陥穴の捕獲対象を特定する議論とは別に、もう一つの観点もありうるだろう。そこで、これまで議論になった種子島、愛鷹・箱根山麓、三浦半島南部の3カ所の地形を見てみよう。そもそも種子島には山はない。したがって尾根がないので谷も浅い。島全体が平場である。この点を司馬遼太郎（1979）も、「種子島には山がなく、丘だけが起伏している」と島の印象を記している。

　三浦半島の船久保の陥穴群も低地の平場に設置されている。三浦半島の北半部は痩せ尾根が発達しているが、半島南部の陥穴の設けられたこの一帯は、大根・白菜の一大産地であり、平坦地である。その上に、海に囲まれたり、入り組んだ谷に囲まれるように、陥穴猟地帯は地形的に複雑な谷に画されているという特徴がある。

　これまで紹介した議論の中で、陥穴の起源とその後の消長、縄文時代への連続性などさまざまに語られるが、岩宿時代の陥穴猟は狩猟法としては、用いられた地域と時期の限定性から見て、あくまで限定的、副次的、局所的なものとみるべきであろう。端的に言って、岩宿時代遺跡が最も濃密に分布する関東平野にはその痕跡は極めて希薄である。愛鷹・箱根山麓同様に火山性山麓の丘陵地で細尾根の発達した赤城山麓でも、関東平野の一角にあって陥穴は稀である。こうした地形は各地にあるが、愛鷹・箱根のような陥穴集中地はほかに聞かない。

　ふりかえって、陥穴が集中分布する三浦半島南部、愛鷹・箱根山麓、仁田尾、種子島大津保畑遺跡を見てみると、その地形にある種の特色がある。基本的には標高が低く、平坦地で近くに山がない。その平地も種子島、三浦半島のように、海に囲まれ幅が狭い。この点愛鷹・箱根山麓だけは、深く開析された谷に挟まれた尾根が連なっているという点で異なっている。こうした点を考えると、

同じ形態の陥穴でも、愛鷹・箱根山麓とその他の地域では、猟場の地形環境が大いに異なり、その猟法は異なるように感じる。

あえて言うなら、稲田孝司が主張するように、深い谷筋に挟まれた痩せ尾根上を、季節的に標高の上下移動を行うシカの習性にその猟法は合致している。シカのこうした季節的標高移動は現在でも南アルプスや霧ケ峰周辺でも見られるし、カリフォルニア州のロッキー山脈中でもネイティヴ・アメリカンによって同じ猟法がおこなわれてもいる。

いずれにしろ、上記したように、岩宿時代遺跡の密集地帯である関東平野一帯での陥穴の希薄さは、陥穴猟が岩宿時代の狩猟・生業の中で極めて限定的で特殊な条件下で成立したものであり、その重要性という点で過大評価できないということを示しているのではないだろうか。

細石刃文化期の仁田尾遺跡とその周辺は、標高150mほどの低平な台地で、周辺は解析が進み、台地縁辺は複雑に屈曲し、樹枝状に入り組んでいる。屈曲の多いその地形は、筆者の印象では印旛沼周辺の下総台地に似ている。似た地形環境にありながら薩摩半島の細石刃段階では陥穴が発達するのに対して、下総台地ではそういう様子が見られないのは、先立つ時代以来の陥穴非設置地域の伝統の中にあることによるものであろう。

さて、日本列島では、種子島以北の古本州島とこれ以南の琉球諸島では、その石器群・切削具などの利器に大きな差があり、古本州島での暮らしが琉球諸島とは異なっていたことを示唆する。そしてもう一つ、種子島には横峯C遺跡や立切遺跡のように日本最古の礫群があり、立切遺跡にほど近い大津保畑遺跡には列島最古の陥穴がある。古本州島、特にその南西部でその後長く引き継がれる生活様式の原形が、この時すでに形作られていることも忘れてはならない。岩宿時代のうちでももっとも寒冷化が進んだといわれるLGMにおいても、種子島から房総半島までの太平洋沿岸部では、照葉樹林が覆っていたとされる（松岡他 1998）。

陥穴が集中的に発見されている愛鷹山麓・三浦半島地域もこの沿岸部に含まれる。愛鷹山麓は長い間、しばしばスコリアなどの火山噴出物に覆われ、樹林

を構成する期間に断絶期があったにしても、潜在的には照葉樹林環境下にあった。東海・関東のこの沿岸地域に、AT直前の段階（Ⅶ層・第Ⅲ黒色帯）に陥穴が盛んに作られたのは、ここがLGM期でさえ照葉樹林が覆い、内陸部と較べて温暖な地であったことが、その背景にあると佐藤宏之は指摘している（佐藤2019）。

この照葉樹林帯の食料資源として重要なのはシイとヤマノイモである。ブナ科の堅果類のうち、古本州島ではアク抜き無しで食用としうるのはシイだけである。渡辺誠はイチイガシをアク抜き無しで可食としているが、現代人の味覚では相当渋く、好ましい食料とは言えない。日本原産のヤマノイモはヤムイモ類の中でも唯一アク抜きの必要ない良質の根茎類であるとされる。ここで筆者が重要だと考えるのは、礫群の存在である。

シイは直火で焼けばおいしく食べられるが、ヤマノイモは直火ではうまく焼けない。イモ類一般は灰の中に埋めるか、多量の熾火の中で加熱するのがよいが、多量の灰と熾火を岩宿時代人の日々の暮らしの中に想定するのは無理がある。その点で、焼け礫の輻射熱を利用して調理する礫群は、ヤマノイモの調理法としてもっとも適している。礫群はこの時期には東海地方でも安定的に用いられるようになる（保坂2012a）。

話題が陥穴から礫群に及んだところで、保坂康夫（2012b）の所論に従って、日本列島の礫群の初源と普及の実情について触れておきたい。保坂は礫群の発達過程を概略以下の6段階に区分して説明している。

第1段階：台形様石器が本格的に発達する以前の武蔵野台地Ⅹ層およびそれ以前の段階

第2段階：台形様石器が主体となる武蔵野台地Ⅸ層段階

第3段階：AT下位で二側縁加工ナイフ形石器が主体を占める武蔵野台地Ⅶ・Ⅵ層相当の段階

第4段階：切出形石器や角錐状石器などが指標となる武蔵野台地Ⅳ下・Ⅴ層相当の石器群の段階

第5段階：様々な形態のナイフ形石器、槍先形尖頭器、細石刃などの石器群が

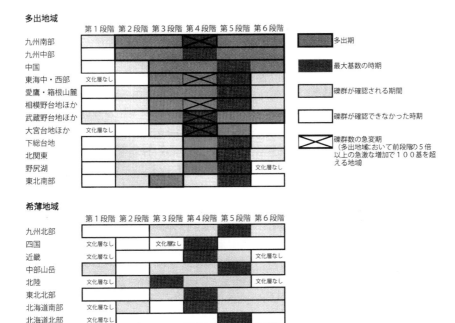

図Ⅱ-25 礫群の各地出土状況と時期変遷（保坂 2012b より）

主体となる段階で、北海道では恵庭 a 火山灰（約 17,000 年前）より下位で、細石刃石器群が出現する。

第6段階：細石刃石器群の段階

以上のうち、ここでの議論に関係するのは第1、第2段階である。これによれば第1段階で礫群が出現するのは、九州南・中部・武蔵野台地・中部山岳の4地域であるとする。九州南部地域での最古礫群は、宮崎県後牟田遺跡で、霧島アワオコシ（44,100 年前）下位の第Ⅲ文化層から4基の礫群が確認され、密集型や土坑を伴ったものがある。種子島では先にも述べたように横峯C遺跡や立切遺跡がある。このほかに、熊本県石の本遺跡、長野県竹佐中原遺跡、東京都下里本邑遺跡X層などを挙げている。ただし、中部山岳地帯は礫群希薄地帯で、その後いったん姿を消す。

こうした趨勢の中で重要なのは、第2段階では九州中部から東北南部まで礫

群が確認されることである。ここでの議論との関係でさらに重要なのは、愛鷹・箱根山麓・相模野台地・武蔵野台地・下総台地・北関東・野尻湖・東北南部にまで確認されることであり、愛鷹・箱根山麓や三浦半島の陥穴出現期に対応する第3段階には礫群多出期に達しており、礫群の安定的な利用が始まっていることである。また、柴田亮平（2012）は愛鷹・箱根山麓地域の礫群を各論的に扱う中で、富士石遺跡の事例を紹介し、BBⅥ期で1基、BBⅥ期上位 KSC で2基の出現の後、SCⅢ期で14基、BBⅢ期で21基と急増していることを紹介している。こうした事例には暖流の洗う太平洋岸ならではの性格がよく表れているということができる。

　さて、ヤマノイモもシイも収穫期は秋以降である。今日から見れば積雪量も相当少なかった岩宿時代にも、シカが季節的な標高の上下移動をしていたとすれば、冬には山頂部から山裾に降りてくることになる。現在のヤマノイモの生育状態を勘案すると（鈴木他 2006）、第4章で検討する砂川遺跡・東林跡遺跡・法政大学多摩校地遺跡 A-0 地点のような、少人数で構成されるムラであれば、一定程度定着的に日々の食料を賄うことができたであろう。付近に暮らして見回りが必要な陥穴猟と移動の暮らしとは相いれないとしばしば問題にされるが、ヤマノイモなどの植物食料が一定程度安定的に利用できる、秋から初冬にかけての時期を陥穴の猟期と想定すれば、移動生活の中にも陥穴猟を組み込むことができると筆者は考えている。

註
（1）大型植物化石（遺体）・花粉化石の学名表記は、産出地一覧表では原著の表記を尊重し、カタカナ、アルファベットの単独表記、およびその併記などあえて統一していない。本文中では日本語表記を基本に、適宜学名を補うこととした。産出地の地名は報告時のままであり、その後の地名変更は考慮していない。
（2）保育社版植物図鑑（北村他 1979）によれば、マツ科マツ属は、単維管束亜属（ゴヨウマツ亜属、*Pinus Haploxylon*）・複維管束亜属（ニヨウマツ亜属、*Pinus Diploxylon*）に分かれ、ゴヨウマツ亜属は基本的に以下の3種から構成される。
　※チョウセンゴヨウ（チョウセンマツ）*Pinus koraiensis* Sieb. et Zucc.
　「毬果は新枝に頂生し、‥‥翌年10月に成熟し、長さ 10-15cm、直径 6-7cm

に達する。・・・種子は鱗片の上に2個ならび、大きくて翼がなく、長さ15mm、幅10mm」
　屋久島と種子島には、アマミゴヨウ（ヤクタネゴヨウ）Pinus amamiana Koizumi がある。
※ゴヨウマツ（ヒメコマツ）Pinus parviflola Sieb. et Zucc.
「毬果は長卵形、長さ5-7cm、種子は倒卵形、長さ1cm」
　中部地方以北の本州・北海道には、キタゴヨウ Pinus pentaphylla Mayr がある。
※ハイマツ　Pinus pumila Regel　Pinus Cembra Regel var. Pumila Pallas.
「毬果は新長枝の頂部につく。・・・毬果は翌年の9月に熟す。卵状長楕円形、長さ5cm内外、・・・種子は卵形、暗褐色、長さ8mm」
　平凡社版『改訂新版 日本の野生植物1』（2015）では、マツ属単維管束亜属には、ハイマツ、チョウセンゴヨウ、ヤクタネゴヨウ、ゴヨウマツを含むとある。

（3）桂川甫周著・亀井高孝校訂『北槎聞略　大黒屋光太夫ロシア漂流記』、岩波書店、1990年を題材に井上靖が小説化したもの。
（4）本節では Steward1933 中、Tribal distributions、Populatin status and psychology、Seasonal occupaition、Seed gathering and preparation、Pinenuts、Other food plants、Hunting の各項を適宜ダイジェストし引用した。
（5）本節では Steward1938 中、Geographical environment and subusistence、Population density、Sociopolitical groups of different areas の内、Western localized Northern Paiute bands:Owens Valley の各項を適宜ダイジェストし引用した。
（6）ディストリクトは政治的な単位（political unit）である。彼らの言葉で、kiwana patu、pitana patu、tovowaha natu などと呼ばれるムラがあり、それぞれヘッドマンがいる。マツの実採集遠征（pine-nut trip）、ウサギ狩り、共同狩猟、漁労、戦士集団、祝祭（fandangos）を指揮する。
　ムラは領域内の狩猟、種子採集、漁労権を所有している。狩りは、おもに山・稜線、クリークで区切られた領域内で行われる。この領域範囲は東に向かって seed plot、漁場（fishing place）を含むオーエンズ川を横断し、ホワイト山脈、イニョウ山脈のマツの実の森にいたる。領域の西に位置する各ディストリクトがその権利を保有している。
（7）ショショニ族全体の中で、園耕（horticulture）や植え付けなどを行う三つの例外があり、wild-seed patch を灌漑している。オーエンズヴァレー・パイユートはそのうちの一つである。灌漑は協同で行われるが、収穫は家族単位である。
　なお、灌漑は原住民の伝統的なものと以前は考えられていたが、1850年以降アメリカ人によって紹介されたものか、もっと古くスペイン人によって谷の南部にもたらされたものである可能性がある。
（8）オーエンズ川には重要な2種類の固有種（native species）がある。Synder

sand-bar sucker（*Catostomus arenarius*）は長さ 7 インチ、もう一つは lake chub（*Siphateles obesus*）長さ 5 インチ。

第3章　石蒸し調理実験と礫群

第1節　石蒸し調理実験

I　経緯

　埼玉県砂川遺跡は岩宿時代集落研究の原点である（戸沢他編1974）。1966年の第1次調査（A地点）の後、1973年に第2次調査（F地点）が実施され、それぞれの地点が一つのムラの居住域を掘り切った、有意な単位であることが確認された。そして、出土した石器群は合計で800点にも満たないものであったが、両地点とも石刃技法と優美なナイフ形石器などから成る素晴らしい石器群であり、それだけで石器研究者を十分に魅了した。
　さらにそれらは多数の接合資料を構成し、ほとんどの石器が接合・個体別資料に区別でき、出土全石器の個体別戸籍簿が完成した。しかも両地点間に接合関係を有する個体すら存在していることが判明したことが、すべての始まりだった。このような遺跡は、75年の発掘調査史を有し、おそらく千カ所以上に上ると思われる岩宿時代遺跡の調査事例の中で、砂川遺跡を除いて他にないであろう。そしてここで展開された分析法や、そこから明らかにされた集落の設営像は、やがて遺跡構造論とも砂川モデルともよばれ、集落研究の一つの規範として、その後の研究を長く牽引していくことになる（安蒜他1975）。
　これと時を同じくして、フランス・パンスヴァン遺跡（山中1984）でも、ドイツ・ゲナスドルフ遺跡（ボジンスキーG. 1991）でも、接合資料による集落分析が進んでいた。また、世界の霊長類学をリードすることになる日本のサル学は、サル一匹一匹に名前を付け、個体ごとの戸籍簿を作り、その行動を長

期にわたって追跡調査をすることによって、個体間の血縁関係や他集団との社会関係などを解明する個体識別法を用いていたことも、同時代感をいだかせる。

　これ以降、発掘調査と報告書作成の当事者である戸沢充則・安蒜政雄のみならず、名だたる研究者達が砂川遺跡の成り立ちに関する様々な解釈案を提示した。このあたりの詳細は第4章第1節に譲ることとして、それまで技術型式学的研究や編年学的研究が主流であった当時の学界に、遺跡構造論と呼ばれる遺跡形成にかかわる解析研究が重要な研究領域であることを示した。この間の動向については、岩宿遺跡発掘50周年を記念するシンポジウムで発表する機会があった（鈴木2000a・2001）。

　こうした気運の中で筆者が最初に携わった発掘調査は、静岡県磐田原台地遺跡群中の寺谷遺跡であった。磐田原台地では岩宿時代遺跡として池端前遺跡（麻生他1966）が早くから知られていたが、地元の採集家などによってほかにも多くの遺跡が発見され、岩宿時代の遺跡群所在地として知られるようになっていた（図Ⅲ-1）。1970年代に入ると、蜜柑から茶の栽培への転換、さらに茶の従来品種から新品種への植え替えなどで、地山の掘り返しがしばしば行われるようになり、こうした機会にも多くの遺跡が発見され、緊急の調査が必要になった。寺谷遺跡もその一つであった。

　寺谷遺跡は、磐田原台地全体を網の目のように覆う浅谷に挟まれた南北180m×東西100mほどの微高地上にあり（図Ⅲ-2・3）、1969～79年の間に5次にわたる調査が実施されている（図Ⅲ-4）。筆者はこのうちの第2次から第4次の調査にかかわり、報告書をまとめることとなった（鈴木1978・1983、山崎1980）。遺物出土が顕著であった発掘調査範囲は南北25m×東西15mほどの小面積であったが、そこから発掘された石器群は、ナイフ形石器162、削器6、使用痕ある剥片185点のほかに、局部磨製礫、敲石類、多数の剥片、石核など約4,600点を数えた。

　ここで私が当初目指したのは、砂川遺跡の研究法に倣った分析と報告書作りであった（鈴木1980）。剥片剥離技術を知ることができる接合資料は多数存在

し、その技法とそこから剥がされた石刃を素材とするナイフ形石器の型式は、ほぼ砂川遺跡と同一のものであった。しかし、出土石器数が桁違いに多く、個々の石器は砂川遺跡のように優美なものとは言えないうえに、大多数の石器は石材の質感がよく似ていて、とうてい石器群全体を個体別に認識できるようなものではなかった。

　さらに、厳しい現実を突き付けられた。砂川遺跡での礫群はA/F両地点併せて数十点ほどで、ほんの小さな存在感しか示さなかったが、寺谷遺跡では多数の割れた焼け礫から成る11基の礫群、非焼け大型礫から成る11基の配石を合わせて約800点、総重量約160kgに及ぶ大量の礫が検出されたことである（図Ⅲ-5）。これに加えて、第1次調査でも礫群1基、第5次調査でも礫群2基が発掘されている。

　こうして、寺谷遺跡は、砂川遺跡とは全く異質の遺跡であることが判明した。というより、

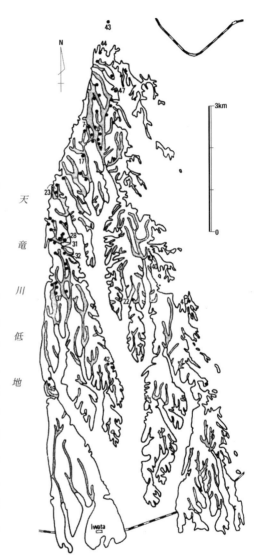

図Ⅲ-1　磐田原台地における岩宿時代遺跡の分布と浅谷　7：池端前　23：寺谷　28：匂坂上4　43：善光平　44：大手前　47：山田原　49：広野（鈴木1978）

図Ⅲ-2　磐田原台地の航空写真（磐田市教育委員会提供）

図Ⅲ-3　磐田原台地の景観（寺谷遺跡周辺）

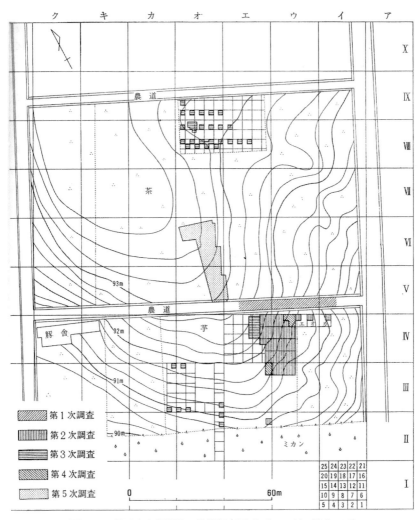

図Ⅲ-4 磐田市寺谷遺跡の発掘調査区（1次〜5次）（鈴木1978）

　寺谷遺跡は磐田原台地を行動領域とする集団が、たびたび訪れる拠点的な集落遺跡であるのに対し、砂川遺跡は武蔵野台地を行動域とする小集団の滞在期間のごく短い1回性の遺跡であり、その短い滞在期間中に石器製作を集中的に実施した遺跡であるという、対照的に性格の異なる集落遺跡であると判断された。

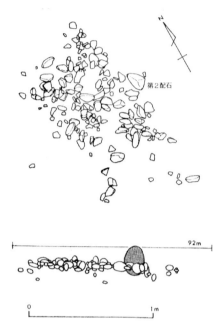

図Ⅲ-5 磐田市寺谷遺跡第3礫群・第2配石
実測図（鈴木1978）

　その時から筆者は、厖大な礫群の理解なくして岩宿時代研究は成立しないことを痛切に感じることとなった。そのためには、礫群をどう観察し、そこからどういう属性を取り出し記録すればよいのか。それをどう分析すれば集落の成り立ちの理解に通じるのかということが、大きな課題となって筆者らの前に立ちはだかった。この大きな壁に果敢に挑戦したのが、その時発掘調査に参加していた保坂康夫であった。保坂はその後あくことのない探求心で礫群研究にほとんど一人で立ち向かい、多大な貢献をなし、現在にいたるまで長く学界をリードしてきていることは誰しもが知るところである（保坂2012a・b）。

　その時点で、関東地方をフィールドに礫群研究に取り組んでいた研究者に金山喜昭と辻本崇夫がおり、礫群の属性観察を行う一方、石蒸し調理の民族事例の研究などもすすめていた。そうした中、発掘現場では存在感だけは大きいのに、石器研究者には一向に興味の対象とならない礫群に対する注意喚起の意味で、筆者は「古代文化」（第39巻第7号、1987）誌上で、特輯「先土器時代の礫群をめぐって」を編むことになった。執筆者は、当時の礫群研究を実質上牽引する上記の3名であった。主な論点は、火を受けて赤化し、破損した状態で出土する礫群構成礫に対する評価であった。辻本と金山が日常的に繰り返し調理に用いた結果とみる一方、保坂は1回ないし少数回使用による非日常的な性格のものであるとした。

そのころ、サザラ
ンケ遺跡（鈴木次他
1996）では、別々の
礫群として区分され
たP2・P3・P4・P5
からなる4基の礫群
が検出された。この
うち中央に位置する
P3号礫群は浅い土
壙内にあり、その底
面は火を受けて赤黒
く変色し硬化してい
た。そのことから、
ここで火が焚かれ、
礫が加熱され、その
焼け礫を利用して調
理がなされたと判断
された。それととも
に、土壙内のP3号
礫群と土壙外に位置
するP2・P4・P5の

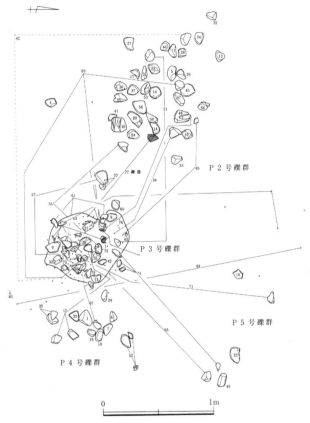

図Ⅲ-6 神奈川県サザランケ遺跡におけるP2～P5号礫群の礫接合関係（鈴木次他1996より）

三つの礫群とがすべて接合関係を有する状況は、調理場所にそのまま残された
P3号礫群と調理後土壙外に掻きだされた礫が、三つの礫群として分離して分
布することになった事例であると判断された（図Ⅲ-6）。

　寺尾遺跡第Ⅳ文化層では、礫の加熱場所第4ブロックから、調理の場所第3
ブロック内第6礫群へと加熱された礫が運ばれ、そこで石蒸し調理が行われた
ことが、礫の接合関係から明らかにされた（図Ⅲ-7）。第4ブロックにはナイ
フ形石器1点を含む石器17点のほかに、10円硬貨ほどの大きさで、重さ10

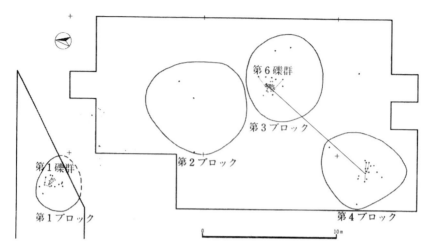

図Ⅲ-7 神奈川県寺尾遺跡第Ⅳ文化層の礫群　調理場所：第3ブロックと礫の加熱場所：単独礫（第4ブロック）（鈴木次他 1980 より）

数g以下の火ハネ薄片17点が出土している。第4ブロック内には礫群が存在せず、火ハネ薄片のみが残されており、このうちの1点が第6礫群中の礫本体と接合したことから、上記のように解釈されたという訳である。

　さて、寺谷遺跡の位置する磐田原台地は岩宿時代遺跡の密集地帯であり、その後、筆者は1982年磐田市広野北遺跡（山下1985）、1990〜1993年同匂坂中遺跡（鈴木1994・鈴木他1996）、さらに高見丘遺跡群（竹内他2013）など、大面積遺跡の発掘調査・報告書作りに携わり、今日まで磐田原台地上の岩宿時代遺跡の発掘調査にかかわり続け、膨大な量の礫群と対峙することになった。しかしながら、発掘調査を行い、報告書を作成しながら、一向に礫群の有効な分析法を見出しかねていた。累々と姿を現す割れた焼け礫の集合体・礫群を前に、ただ茫然と立ちつくすばかりであった。しかしながらそこで確信したのは、石器と並んで礫群の理解なくして、岩宿時代集落の成り立ちとムラでの男女の立ち居振る舞い、行動の解明はないということであった。言い換えれば、石器だけによる集落研究から礫群を取り込んだ研究へ向かわなければならないということであった。

こうして、礫群の出土状況や発掘された礫の計測・属性観察に終始する従来の研究法ではなく、これまでに試みられていない新しい礫群研究法はないものかと、あれこれと思いを巡らす日々が続いた。その結果、礫群の使用実験すなわち石蒸し調理実験をおこなうことが、何かの突破口になるのではないか、ただ手をこまねいているよりも、とにかくやってみようという思いに立ち至った。こうして始まったのが1999年の石蒸し調理の予備実験であった（鈴木他 2000b）。

Ⅱ　焚火の方法

　予備実験に続く2000年の第1回目の正式実験以降、ドングリなどの堅果類を蒸し焼きにすることで可食化できないか、といった調理実験を行いながら（鈴木他 2001）、早々と想定外の問題に直面させられることになった。まず、焚火法の問題である（鈴木他 2002）。磐田原台地の礫群構成礫は砂岩を主体とする。勢いよく燃えさかる焚火の中に礫を投げ入れたり、多くの薪を使い高温で加熱をすれば、礫は早く高温に熱せられるかわりに、一気に粉々に砕けてしまう。石蒸し調理に用いる礫は細かく割れた小さなものよりも、原形をとどめたより大きいものの方が好都合である。したがって、調理に必要な礫温が得られ、なおかつ礫があまり割れない方法で加熱する必要があることを知った。

　こうしていろいろ試した結果、後にヴァヌアツ法と呼ぶことになる、南太平洋のヴァヌアツ共和国で今も行われている焚火法が最適であることが分り（鈴木他 2003）、2003年の第4回目の実験以降一貫してヴァヌアツ法焚火で礫を加熱することとした（鈴木他 2003・2004）。当時ハワイ大学に留学中で、ヴァヌアツをフィールドに石蒸し調理の民族学的研究をおこなっていた、野嶋洋子氏の教示を得たものであった（野嶋 1994・2005）。有効な焚火法に辿り着くのに3年を要したわけである。

　ここで、ヴァヌアツ法焚火の特徴と利点を紹介しておきたい（図Ⅲ-8）。まず火口となる落ち葉や細い枯れ枝などの焚き付けを敷いたのち、その上に薪を密接して棚状に低く置きならべ、さらにその上に加熱すべき礫を置く。薪の外

図Ⅲ-8 バヌアツ法焚火の時間的経過（鈴木他 2004）
1. 枠を組み小枝、枯葉を盛る　2. その上に細い薪を置く　3. 太い薪を並べる（一層）　4. 礫を薪の上にならべ着火　5. 着火9分後（炎が少し上がる）　6. 30分後（炎はほとんど上がらず煙のみ）　7. 45分後（太い薪はほとんど燃え尽きおき火状態）　8. 70分後（火もほとんど収まり燃焼終了。外枠の薪はまだ外側が半分ほど燃え残っている）

周四辺を風よけのための太い丸太で囲う。風道は四辺においた太い丸太と丸太の合わせ目４カ所の内、２カ所ほどに限定し、空気の過剰供給が起きないようにしておく。こうして、その焚火は炎があまり上がらず、燃えすぎず、半分は煙勝ちであり、その分焚火は一定の火勢と温度で長時間燃え続け、やがて礫は調理に必要で十分な温度にまで加熱される。この間、焚火に手をかけることなく放置しておいても、１時間以上も安定した燃焼が粛々と持続する。結果的に薪に無駄のないことも、ヴァヌアツ法焚火の優れた点である。この焚火法で肝腎なのは薪を高く積み上げないことである。薪集めが岩宿時代の女性たちの重要な仕事であったことを考えると、この点は見逃せない利点である。

　こうしたヴァヌアツ法の焚火によれば、寺谷遺跡をはじめとする磐田原の礫群の大部分を占める割れやすい砂岩も、あまり割れずに加熱される。煙りがちだが、粛々と燃えつづける焚火を見守るとき、風下にいると煙が目に沁み、涙が流れる。涙をふきつつ、この煙を利用しながら燻製を作ったのではないかなどと想像したものである。

Ⅲ　日常・非日常論争と漸減型重量分布

　礫群研究初期段階での議論の中心は、礫群の性格をめぐって、辻本崇夫や金山喜昭が主張するように、それが日々の生活の中で、繰り返し行われた日常的な調理行動によって残されたものなのか、保坂康夫が主張するように、ムラの暮らしの中のある特別な限られた機会に使用された、１回性の非日常的な性格を帯びた行動によって残されたものなのかという点であった。礫群構成礫は完形例が少なく、ほとんどの礫は割れていた。割れは食材調理前の段階での礫に対する加熱によるものであるが、結局、双方の主張に一理ありということで、決着はついていなかった。

　こうした中、磐田原台地の一角を占め、広大な面積を有する匂坂中遺跡（約７万 m^2、鈴木1994、鈴木他1996）の発掘調査があり、調査担当の竹内直文は、ここから検出された莫大な数の礫群の丁寧な観察記録を作成していた。この際竹内が注目した属性は、赤化（被熱）・非赤化（非被熱）の判断が難しいこと

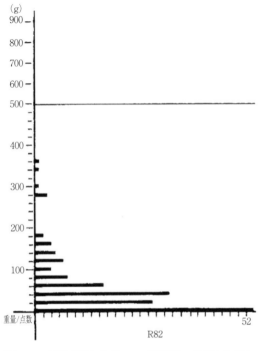

図Ⅲ-9 礫群重量分布グラフ（漸減型） 磐田市匂坂中遺跡東区エリアE1礫群R82

がある破断面の様子ではなく、礫個々の重量であった。大きくて重いものから小さくて軽いものまでを含む多数の礫からなる礫群ごとに、礫の重量分布グラフを作成し、その重量分布類型によって、使用前の礫を集めておいたものから、小数回使用したもの、多数回使用したものと礫群を区別できると主張した（図Ⅲ-9、竹内2005）。そのうち、軽量な礫ほど多数を占める富士の裾野のような、末広がりの重量分布形「漸減型」を示すことが多いのは、加熱が重ねられるごとに礫の割れが進行し、最初大きかった礫全体が小型化していったものであると考える以外に、理解の方法はないと力説した（竹内1996・1997・2007、保坂1997）。

このころ保坂は、考古学ジャーナル誌上に「礫群」のテーマで特集（No.531、2005）を編み、礫群研究の進展状況や新しい分析法などを紹介し、礫群研究の重要さを訴えている。日常的な多数回使用か非日常的な少数回使用かの議論はいまだ平行線のままだったが、礫群構成礫のほとんどが火を受けて赤く変色し割れているのは、どういう使用過程を反映しているのか。その疑問に答えることが、礫群の真の理解に通じるものであるという認識が広がった。

ヴァヌアツ法焚火のように、少ない薪で、効率的で安定した最善の燃焼が保証される焚火法が定まったところで、いよいよ実験の目的は、加熱・調理回数の累積にともなって生じる、礫破損の進行についての知見を得ることに移行することになった。ほとんどの場合、破損礫として出土する礫群構成礫は、調理に先立つ礫加熱の累積に比例して、破損を繰り返し小さくなっていくと考える礫加熱多数回派の竹内直文（竹内1996）と、基本的に加熱は少数回だったと考える保坂康夫（保坂1997）との論争を、この実験によって決着をつけようとしたものである。

先ず礫加熱実験は、実験開始5年度目の玄武岩と砂岩の2種類の比較から始まった（鈴木他2005）。加熱を繰り返す実験はその後安山岩などを加えて14回目を数える2007年まで、同じ礫を繰り返し使って続けられた（図Ⅲ-10、鈴木他2007・2008・2016）。この結果、玄武岩・安山岩は耐火性が強く、加熱回数が重なってもほとんど割れが進行しないのに対し、砂岩は加熱回数に比例して礫の割れが進行し、それに従って破損礫が増えていくことが明らかになった（鈴

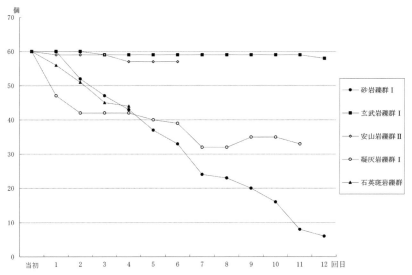

図Ⅲ-10 砂岩・玄武岩・安山岩・凝灰岩・石英斑岩完形礫数変化グラフ
（鈴木他2016）

木他2007・2008)。ちなみに、砂岩は完形礫60個でスタートし、12回加熱後には完形礫6個、全体の1割に減じていた。加熱1回ごとに完形礫の破損が約8.5%ずつ進行し、それに伴ってより小さな破損礫片が多数生じていった。

礫加熱回数多寡論争はここに決着し、礫群の日常的利用という性格も定まった。こうして、集落遺跡における出土資料としての礫群の認識も共通の基盤が生まれた。

IV 調理に関する諸問題

礫は赤く赤化し、ほとんどが割れていることから、礫群は調理用具と想定され、調理行動の結果が遺跡に形として残されていると考えられることから、実験の次の目的は、調理がいかにして行われたかということを明らかにすることであった。必要な礫は何個か、礫はどの程度の大きさのものが適当か、礫の石質は何が適しているか、薪はどれほどの量が必要か、礫はどれほどの時間加熱する必要があるか、蒸し焼きにするための覆い材は何が適しているか、はたまた調理食材に何を選ぶかといった様々な事柄である。

石蒸し調理実験は、石を焼き、その焼け礫の熱を利用して調理することの二つの実験要素の繰り返しである。上記のように、最初の実験課題は、礫の割れが多数回使用(加熱)によるものか、少数回使用(加熱)によるものかの解明という点にあったので、実験は加熱による礫の破断の進行の観察をより重視していた。これに続く調理場面での食材としては、当初からジャガイモ・サツマイモ・ヤマノイモ・クリなどを使用していた(鈴木2012)。その意図は、イモ類などのデンプン塊の食料の調理には直火は不向きで、加熱された礫の輻射熱を利用する石蒸し調理が向いているという理由によった。そして礫60個規模の礫群で、どれくらいの量の食品の調理が可能かを知ることも主要な目的であった。

根茎類は食品の形態として、その調理量を調節するのが容易であることも調理食材として選択した要因の一つであった。4回目の調理実験(2003年)以降はサツマイモを主にしつつおこない、5回目の実験(2004年)ではドングリ・

ユリ・イノシシ肉のタタキで粽状のおやきのような複合食品を調製することもあった。アク抜きを必要とするドングリを可食化する方法を探ったものであるが、ほんの少量のドングリを多量のユリ・イノシシ肉などの優良食品と混ぜ合わせて調製した場合にのみ食するに堪えるものとなり、アク抜き前提の縄文食レベルを想定したドングリ利用は無理であると判断した。

サツマイモを食材の中心とする実験は、12年目の実験（2012年）まで実施した。その結果、礫60個を用い、礫加熱・調理時間各60分で、

図Ⅲ-11　サツマイモ・ユリの調理風景
（鈴木他 2014・2015）

細めのサツマイモ13本、約3kgの調理が可能であることがわかった（図Ⅲ-11上）。また最少礫個数10個でサツマイモ3本、0.6kgの調理が可能であることもわかった。保坂は発掘調査時の礫群認定に必要な最少礫数を5個としているが、こうした実験結果から、この5個という数字は単なる集計基準以上の意味を有するものであるといえる。

その後の13年目の実験（2013年）以降は、岩宿時代の有力食料候補であるユリ半割3個（180g）あるいは半割6個（360g）を、1時間加熱礫60個の中から取り出した10個の礫を用いた調理を中心として行った。その結果、礫10個でユリ半割3個（180g）、礫30個でユリ半割6個（360g）を安定的に良好に調理できることも明らかになった（図Ⅲ-11下）。10個の礫を用いた調理でも、

少量の根茎類なら調理できることの意味は大きい。男たちの猟は手ぶらで戻ってくることもしばしばあっただろう。そんな日は、つつましやかにユリやヤマノイモだけで夕食をすますこともあったに違いない。

第2節　調理回数と滞在日数の推定

　本節では、石蒸し調理実験によって拓けた研究領域の具体例を述べておきたい。調理過程にともなう礫加熱行為を繰り返すうち、砂岩礫は一定の比率で割れていく。この事実を援用すれば、そこでの調理回数を知ることができる。ひいてはそのムラでの滞在日数を割り出すことができるのではないか。岩宿時代人は狩猟採集を生業として、移動の生活をおくっている。竪穴住居を構え定住する縄文人との大きな違いはここにある。アフリカのブッシュマン（田中1990）、ムブティ・ピグミー（市川1982）の暮らしをつぶさに調べた人類学研究では、どこのキャンプにどれ程の日数滞在して、次のキャンプに移動するのか明らかにされている。少し長くなるが、参考までに、熱帯雨林に暮らすムブティ・ピグミーのうちのマワンボのバンドの例を引いておこう。
　マワンボのバンドは、3カ月半の間に、彼らのテリトリー内を、以下のように、合計6回移動した。
　①1月9日、キブコのキャンプに到着。6日間滞在。
　②1月15日、キブコのキャンプから15km離れたエキラのキャンプに到着。
　③1月26日、マカンバのキャンプに移動。
　④2月13日、パティネブンガのキャンプに移動。
　⑤3月20日、再びマカンバのキャンプに戻る。4月2日まで滞在。
　⑥4月3日、原生林を伐り拓いて、新しいキャンプを作る。24日まで滞在。
　⑦その後、全員いったんベースキャンプに戻る。
　彼らはキャンプに着くと、キャンプのすぐ近くから猟（ネット・ハンティング）を始め、順に大きな弧を描くように猟場を移動する。10回ほどの猟を繰り返し、その日の最後の猟をうまくキャンプの近くで終えるようにする。そし

て、獲物が少なくなって、キャンプから1時間以上も歩かなければ猟ができなくなると、そろそろ次のキャンプ地への移動を考えるようになるという。彼らの生きるイトゥーリの熱帯雨林は乾季と雨季があるが、農耕民が侵入する以前は、1年を通して、同様な移動生活を送っていたという。

　同じ狩猟採集の移動生活を送っていたに違いない岩宿時代のムラでの滞在日数は、どのように割り出すことができるのか。数万年間もつづく岩宿時代は、近年年代測定値の精度がかなり高くなっているとはいえ、考古学的事象の時間を 30,000 年前とか 18,000 年前とか、千年、2 千年単位、細かくても数百年程で位置づけている現実の中で、ここに何日くらい滞在したのかといった、微細な時間を切り取ることができるのか。礫の割れの進行に関する規則性の発見から、それをあぶり出すことができるのではないかという発想は、石蒸し調理実験を開始する前には夢想だにしえなかったことである。そして、石蒸し調理実験を始めて 18 年後、その推定法試論（鈴木他 2016）を公にすることになった。

I　推定方法の原理と遺跡への応用

1. 静岡県高見丘遺跡群

　分析対象は、磐田原台地上に位置する高見丘遺跡群エリア A1 サブエリア a・b 地区内にある、礫群 R56・R57・R58・R60・R106 の計 5 基からなる区域である（図Ⅲ-12）。礫群構成礫は砂岩である。なお、この 5 基の分布域には石器ブロック S17・S18 が位置する。

　さて、礫群の使用回数の多寡を判断するのには、竹内直文（1996・1997・2005）が示した「重量分布グラフ」が適している。さらに、回数を特定するには、破損のない完形礫の遺存率による必要がある。少し煩雑になるが次のようになる。周到な接合作業の結果推定された各礫群の構成礫数／推定最少個体数／完形礫の残存個体数・比率（％）を挙げると、礫群 R56：96 点 /49 個体 /51 ％、R57：46 点 /8 個体 /17 ％、R58：73 点 /15 個体 /21 ％、R60：69 点 /25 個体 /28 ％、R106：37 点 /14 個体 /38 ％となる。

　使用回数推定法の原理は単純で、石蒸し調理実験で得られた礫加熱（調理）

208

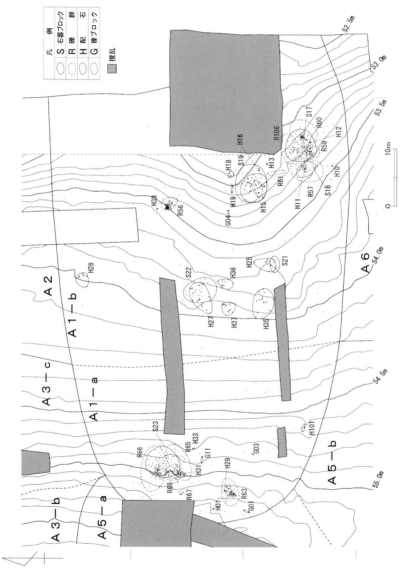

図Ⅲ-12　高見丘遺跡群エリアA1サブエリアa・b内礫群分布図（鈴木他 2016）

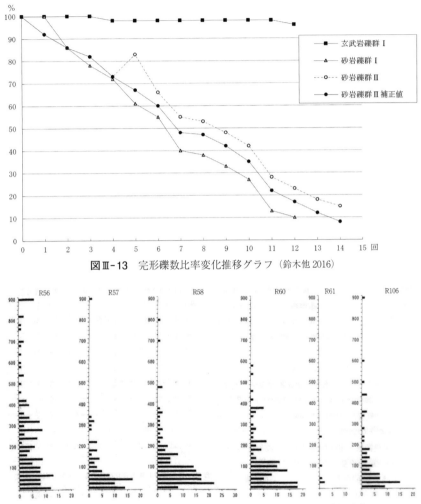

図Ⅲ-13 完形礫数比率変化推移グラフ（鈴木他 2016）

図Ⅲ-14 高見丘遺跡群礫群 R56・R57・R58・R59・R60・R106 重量分布グラフ（鈴木他 2016）

回数とそれに基づく完形礫の減少率グラフに、当初用意された礫推定個体数に対する最終的に残った完形礫の比率を、グラフ上で照合するというものである（図Ⅲ-13）。こうして推定された調理回数は、礫群 R56 が 6 回、R57 が 11 回、R58 が 10.5 回、R60 が 10 回、R106 が 8 回となる。完形礫の遺存率が 51 ％で

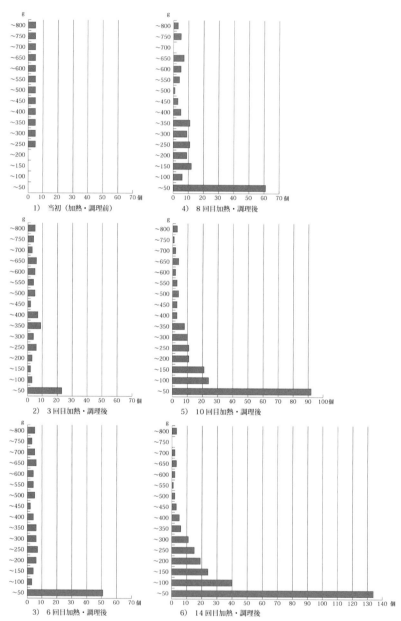

図Ⅲ-15　加熱回数による礫重量分布推移グラフ　砂岩礫群Ⅱ加熱計14回（鈴木他2016）

一番高かった R56 の 6 回から、完形礫遺存率が 17％と一番低かった R57 の 11 回までの開きがあるが、おおむね 10 回前後ということができる。一日 1 回夕食時の石蒸し調理の実施を想定すれば、高見丘ムラでの 10 日前後の滞在が想定されることになる。

これに加えてもう一つの指標になるのが、竹内（1996・2005）の例示した礫群単位の重量分布グラフ（図Ⅲ-9）である。このうちの漸減型は、かなり多数回にわたって加熱が重ねられた例を示すものである。これと比較すると高見丘遺跡群エリア A1 で取り上げた諸例は、それほど多数回にわたって加熱が重ねられたものではないことが、重量分布グラフからも推測される（図Ⅲ-14）。

石蒸し調理実験による礫の重量分布グラフの推移からは、礫加熱の回数を重ねるごとに破損した軽量礫が徐々に増えていき、やがて最軽量の砂岩礫の領域が、富士の裾野のように長い漸減型グラフを成していることがよくわかる（図Ⅲ-15）。それと同時に重量分布グラフの裾野の長さによって、おおよその礫加熱・調理の実施回数が推定できることもわかる（鈴木他 2008・2016）。

このように、砂岩礫の加熱回数に比例した完形礫減少推移グラフと重量分布形の推移とは基本的な対応関係を示していることから、この二つの要素から検討を行った高見丘遺跡群の 5 基の礫群の加熱・調理回数推定には、一定の信頼性があると認めることができる。いくつかの課題もあるが、ここでの分析事例は初めての試みであって、今後より良い条件の事例、たとえば、礫群全構成礫が接合作業によってすべて完形礫に戻るような礫群によって、さらに精度の向上を図っていくことが大切であると考えている。

2. 東京都法政大学多摩校地遺跡 A-0 地点

同遺跡の分析でも具体的な推定値を公にすることとなった（柴田 2018）。当遺跡の礫群 R1：礫数 51 点／推定最少個体数 9／完形礫個体 2（遺存率 22％）。礫群 R2：礫数 23 点／推定最少個体数 8、完形礫個体 2（遺存率 25％）。推定調理回数は、完形礫の遺存率から礫群 R1 が 10 回、礫群 R2 が 11 回程度と推定される。これを狩りから帰った男たちと共にする家族の夕食の機会とすると、当遺跡には 10〜11 日間程度滞在したものと推定される。

なお、上記高見丘と多摩校地の2遺跡は同じ砂岩を主とするという点で、比較対象としてふさわしい反面、礫群個々の構成礫数（規模）はおよそ2倍の開きがあり、法政多摩校地遺跡の礫数がやや少ないといううらみがある。こうした点の追究は、少なくとも高見丘程度のもう少し構成礫数の多い礫群事例相互間の比較研究の集積によって、より蓋然性の高い数値が得られることになっていくであろう。

3. 東京都練馬区東早淵遺跡

　次に、東早淵遺跡（長崎他1986）の礫群を見てみよう。ここは法政大学A-0地点ムラ同様、石器ブロックに加え、礫群、木炭分布が揃って検出された集落分析に最適な遺跡の一つで、驚くべきことに第3文化層（Ⅸ中層）～第6文化層（Ⅳ上層）までの4文化層で、この三種類の遺物群が揃って検出されている稀有な遺跡である（図Ⅲ-16、鈴木2020）。ここでは第6文化層について、調理回数・滞在日数推定を行ってみる。

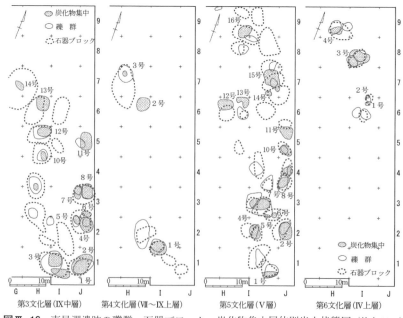

図Ⅲ-16　東早淵遺跡の礫群・石器ブロック・炭化物集中層位別出土状態図（鈴木2020）

第3章 石蒸し調理実験と礫群 213

表Ⅲ-1 東早淵遺跡第6文化層（Ⅳ上層）における石器組成・礫群・完形率・調理回数一覧表

石器ブロック	石器組成	石器点数	世帯ユニット	礫群	総重量(g)	接合前礫数	接合後個体数	完形度A個数(%)	完形度B個数(%)	石材比率 砂岩	石材比率 チャート	石材比率 その他	接合関係	推定調理回数
1号	ナイフ1・UF1・石核1・剥片9・砕片1	13	Ⅰ	1号	3,438	27	24	8(33)	5(21)	85.2	11.1	3.7		9
				2号	1,509	19	16	3(19)	4(25)	52.6	31.6	15.8		11
2号	石核1・剥片4	5	Ⅱ	3号	4,662	28	24	13(54)	1(4)	75.0	17.3	7.7		6
3号	ナイフ2・削器1・RF1・石核2・剥片28・砕片2	36	Ⅲ	4号	3,539	35	29	14(48)	1(3)	68.6	17.1	14.3	3例10点	7
				5号	3,738	75	67	25(37)	3(4)	76.0	18.7	5.3		8
4号	ナイフ2・削器1・RF1・UF3・石核3・剥片44・砕片7	61	Ⅳ	6号	2,334	30	23	5(22)	2(9)	90.0	10.0	—		11
				7号	7,000	77	50	16(32)	5(10)	39.9	46.8	13.3		9

完形度A：完形　B：80％以上100％未満　完形率は接合後個体数（総個体数）に占める完形礫の割合

第6文化層の礫総数は305点で、礫群は7基からなる。これに4カ所の炭化物片集中分布が加わる。こうして、ここに四つの遺物群ユニットを想定しうる。ただし、ユニットⅠは炭化物片集中分布を欠く。これらに伴う諸要素の要点を別表のようにまとめた（表Ⅲ-Ⅰ、図Ⅲ-17）。このうち調理回数（滞在日数）推定に必要なのは、接合作業の結果判明した礫個体数、そのうちの完形礫個体数の占める比率である。報告書では完形度Aが被熱による破損のない完形礫をしめす。Bは割れてはいるもののそれは全体のごく一部で、完形礫

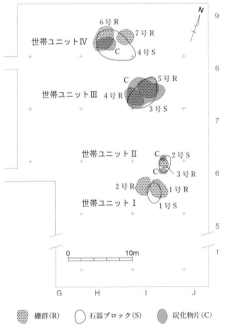

図Ⅲ-17 東早淵遺跡第6文化層（Ⅳ上層）における礫群・石器ブロック・炭化物片集中

に対し80％以上100％未満あることを示し、完形礫の第2指標としても使いうるであろう。

　1号礫群は礫数27点／推定24個体／完形礫遺存率33％。2号礫群は礫数19点／推定16個体／完形礫遺存率19％。3号礫群は礫数28点／推定24個体／完形礫遺存率54％。4号礫群は礫数35点／推定29個体／完形礫遺存率48％。5号礫群は礫数75点／推定67個体／完形礫遺存率37％。6号礫群は礫数30点／推定23個体／完形礫遺存率22％。7号礫群は礫数77点／推定50個体／完形礫遺存率32％である。上記個体数のうち各礫群で完形礫の占める割合を、実験による砂岩の完形礫数比率推移グラフと突き合わせて、調理回数・滞在日数を算出することになる。その際、砂岩礫群Ⅰの推移線と砂岩礫群Ⅱの補正推移線を併用する。その調理（礫加熱）回数は、1号礫群：9回、2号礫群：11回、3号礫群：6回、4号礫群：7回、5号礫群：8回、6号礫群：11回、7号礫群：9回となる。

　石蒸し調理の機会を、夕食時の1日1回とすると、調理回数が滞在日数ということになる。東早淵遺跡第Ⅳ上層ムラの4カ所のユニットの礫加熱・調理回数・滞在日数は、最少6回6日間〜最多11回11日間ということになる。

　ついでながら、同遺跡の報告書について触れておきたい。一言でいえば、痒いところに手が届く実によくできた報告書である（長崎他1986）。本書で提示した表のような体裁にはなっていないが、各種の表やグラフから必要な情報を取り出すことができる。ただ、礫305点の属性一覧表の提示がないために、個々の礫、特に完形礫の属性などを知ることができない。このように貴重な研究資料であるので、礫自体が保管されていればさらなる分析の展開が可能であったであろう。この点だけが、ただただ惜しまれる。

Ⅱ　調理回数推定法の課題

　上記3遺跡の調理回数の推定結果は、静岡県高見丘6回〜11回、東京都法政大学A-0地点10回、同東早淵遺跡6回〜11回となり、最短で6日〜最長で11日間という結果になった。くしくも礫の加熱回数・調理回数・滞在日数

を推定した3遺跡例とも、1週間～10日前後のムラでの滞在が想定された。この数字が当時の移動生活におけるムラでの滞在日数をどの程度言い当てているか、現状では検証の方法はないが、この方法自体の有効性と精度にかかわる課題をここで取り上げておきたい。

　まず第1に、東早淵遺跡にかかわる問題から。同遺跡の礫群の構成礫は砂岩を主とし、チャートがこれに次ぐ。砂岩はおおむね70～90％を占めるが、40％に満たないものもある。これらに対して、ここでは一律に砂岩の実験例と対比したことが問題として意識される。チャートの実験はすでに終えているが、その加熱と破損率の推移との相関性はまだ十分に解析するにいたっておらず、今後の課題である（鈴木他2020）。もしこれができていれば、同一の礫群内で、2種類の礫種の完形礫の減少率を把握し、相互チェックできたはずである。チャート礫による使用回数推定は、大阪府郡家今城遺跡の再整理作業報告書（2024年度刊行予定）の中で実施していくつもりである。

　第2としては、同じような事柄であるが、さらに方法の有効性を高め、可能性を広げうる事例に触れておきたい。横浜市権田原遺跡C区では、三つのユニットが検出され、そこに7基のコンパクトによくまとまった礫群が存在している（平山2016）。礫群間には接合関係があり、その接合関係の中には、寺尾遺跡第Ⅳ文化層のように、火ハネ薄片と礫本体との接合関係も認められ、礫の加熱場所と調理場所との関係を追跡できる可能性がある。そのうえ礫群構成礫は凝灰岩、砂岩、チャートからなり、筆者らはいずれの礫種も加熱実験を終えている。権田原遺跡に限らず、神奈川県下の遺跡ではこうした石質構成の遺跡も多いはずである。このような石質構成の礫群であれば、一つの礫群の礫加熱・調理回数の推定を、異なった石質間で相互チェックできることになる。相模川流域の遺跡で同様の分析作業が行われることを期待したいところである。

　一方、火山に近い群馬県や静岡県東部の遺跡では、石蒸し調理には安山岩や玄武岩がよくもちいられる。一挙に強い焚火で加熱してもこれらは割れにくいから、石蒸し調理に適している。曲げ物の器に魚貝をもった汁物に焼石を入れて煮て食べることでよく知られる、新潟県粟島の「わっぱ料理」でも、海岸の

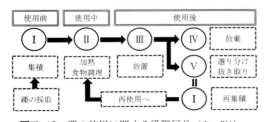

図Ⅲ-18 礫の使用に関する段階区分（Ⅰ～Ⅳは礫の使用の段階を示す）（古田2018より）

石の中から玄武岩を選んで用いるという。一方、磐田原台地の礫群では、石蒸し調理には必ずしも最適とは言えない割れやすい砂岩を用いているが、割れやすいからこそ、割れればこそ、調理回数を推し測ることができる。

　また、加熱され割れて、離れ離れになった礫相互間の接合関係を追及することによって、日々それぞれの世帯の調理をになう女性たちの、ムラの中での関係性を知ることもできるという側面もある（第4章参照）。礫群に目を向ければこそ、集落での暮らし振りの理解が深まる。礫群抜きの岩宿文化の語りが、彩りを欠くことの所以がここにある。

　古田幹（2017a・b・2018・2020）は、自身も発掘調査にかかわり、礫群が多数発見された埼玉県朝霞市泉水山・富士谷遺跡の礫群を詳細に分析した。同遺跡出土の砂岩主体の礫群の重量と我々の実験によって得られた加熱され破断した礫の重量データとの比較分析から、礫群が設置され、繰り返し使用され、やがて廃棄され、そしてまた、廃棄された礫群の中から再使用に耐える礫を選び出し、不足する礫を周辺の礫群から補給するなどして、ふたたび礫群が再構築され、再運用されていくまでの礫群のライフサイクルを明らかにした貴重な労作を公にしている（図Ⅲ-18）。

　こうした中で、古田は礫群のライフサイクルは複雑で、筆者らの実験のように同じ礫を何度も使いまわしていくわけではなく、礫群の使用回数推定はそれほど単純ではないと課題を指摘している。同一層から多数の礫群が発見され、礫群間に頻繁な接合関係がある泉水山・富士谷遺跡のような大規模・拠点遺跡において、これらを包括的に理解する方法を模索した古田と筆者とは、分析対象とした遺跡の性格も、問題の立て方と興味の方向も違うところにある。

　このあたりの事情を一度ここで説明しておきたい。例えば砂川遺跡では、

A/F 両地点に 1 カ所ずつ、それぞれ独立的・孤立的に小規模な礫群が存在しているだけである。A 地点の礫数は大ぶりの礫を中心に 11 個（鈴木他 2017）、F 地点の礫群構成礫の点数は報告書に記載がなく、礫自体の所在も不明なため正確な個数は把握できないが、図上では約 30 個以上と読み取れる。先に触れた法政大学 A-0 地点は、三つのユニットそれぞれに一つずつ独自に小規模な礫群を保有、運用している。また、東京都新橋遺跡Ⅳ下層発見の 4 号礫群は、60×60cm の規模で、総礫数 63 個（9.5kg）からなる（中津他 1977）。完形礫が 7 割を占め、破損礫は礫群内ですべて接合できたとされている。しかし、その結果、総個体数が何個になったのか記されていないことが惜しまれる。そして、この礫群は保管場所替えの際に廃棄された。礫群の資料価値に対する悲しむべき認識不足である。このようなムラでは、小規模な礫群が一括的に何度も繰り返し使用された可能性は十分にある。こうした性格の礫群であればこそ使用（調理）回数の推定も可能となるであろう。

　筆者らが、使用回数推定の分析事例として最初に用いた高見丘遺跡（鈴木他 2016、竹内他 2013）は、礫群が多出する磐田原台地の只中にあり、その意味では好適な遺跡であるが、モデルとするにはややコンパクトさに欠けるきらいがあった。この時、同時に分析を試みた遺跡に、茨木県赤岩遺跡がある。同遺跡は約 5m 四方の狭い範囲に、石器群とともに三つの礫群が相接して発見された事例である（鈴木 2016）。その意味ではコンパクトで、礫群の使用回数推定に適した遺跡であると判断された。しかし、以下に示すように、内実はいささか複雑な様相を呈し、基礎編というより応用編に相当する事例であった。礫群分析の特異な事例の一つとして内容を少し詳しく見てみよう。

　初見では、1 号、2 号は完形礫ばかりで構成される密集型礫群、3 号礫群は破損礫を主として構成される散漫型礫群のように見え、1 号礫群（208 点）・2 号礫群（92 点）と 3 号礫群（171 点）との礫の遺存状況の違いが一目瞭然としていた（図Ⅲ-19）。礫の石質は砂岩と石英斑岩が主で、約 2/3 を占める。これを徹底した接合作業の後、わずかの欠損もない完形礫の比率を計算してみると、1 号礫群が 47％、2 号礫群が 41％とほぼ同率で高く、3 号礫群は 20％と

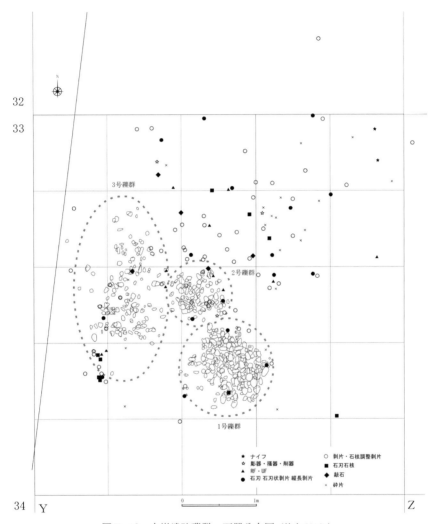

図Ⅲ-19　赤岩遺跡礫群・石器分布図（鈴木 2016b）

低いものであった。完形礫が 40％を超える礫群はなかなか無く、まずこのことに注目した。おそらく使用回数が少ない 1 号・2 号礫群と使用回数の多い 3 号礫群が併存しているのであろうという印象であった。以下、砂岩礫によって検討する。

1号礫群から見てみよう。砂岩礫資料点数は65点。接合作業の結果、個体数14、非接合の単体資料を含めて少なくとも53個体を確認できる。単体個体のうち、割れずに残った完形礫は27点、略完形礫は8点である。したがって完形礫の遺存率は51％、略完形礫を含めると66％となる。これを図Ⅲ-13と比較してみると、調理に先立つ礫加熱とそれに続く食材の調理回数は5～6回ということになる。

　2号礫群はどうだろうか。砂岩礫資料点数35点。接合作業の結果、個体数7、非接合の単体個体を含めて22個体が確認できる。単体個体のうち完形個体が9点、略完形個体は1点である。こうして完形礫遺存率は41％となる。同様に礫加熱・調理回数は7回程度ということになる。

　3号礫群は資料数59点。接合作業の結果、接合資料13個体、非接合の単体資料を含めて少なくとも33個体を確認できる。このうち割れずに残った完形の単体個体5点、略完形礫は4点である。こうして完形率は15％、略完形礫を含めると27％となり、礫加熱・調理回数は10回から12回と推定されることとなる。3基の礫群は、完形礫を多く残し使用回数が少ない1号・2号礫群と完形礫がより少なく、1・2号礫群にくらべ使用回数が多い3号礫群から構成されているとひとまず理解できることになる。

　ここで問題なのは、3基の礫群間の接合関係である。これを整理してみると、接合関係は1号/3号礫群間、2号/3号礫群間に顕著であり、完形礫が多く集められている1号/2号礫群間は1例のみで、無いに等しいことが分った（図Ⅲ-20・21）。言い換えれば、ここ赤岩遺跡の礫群間接合は、1号/3号礫群内南部間、2号/3号礫群内北部間の関係であり、1基の散漫分布型礫群と2基の密集分布型礫群との間で、平行する二組の東西方向の接合関係が存在しているということになった。

　ここにある東西方向の二組の接合関係は、3号礫群側が調理に先立つ礫加熱とその後の調理の場であり、一方の1号・2号礫群は調理後に残った再使用可能な完形・大形の礫を集積した場所と捉えるのが、一番合理的な理解であると考えられる。結局、当初完形礫の多い1・2号礫群と、破損礫の多い3号礫群

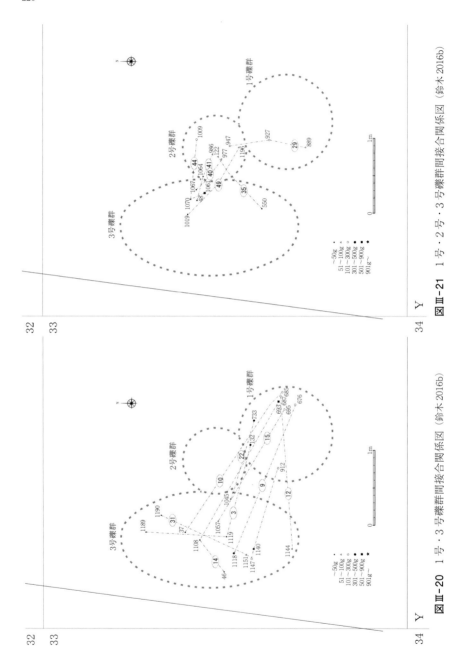

図Ⅲ-21 1号・2号・3号礫群間接合関係図（鈴木 2016b）

図Ⅲ-20 1号・3号礫群間接合関係図（鈴木 2016b）

の3カ所の礫群ととらえたものの実態は、調理の場とその後の再使用可能な破損していない大型礫を集積した場という、一連の調理行動二組からなる3カ所の礫群ということになった。古田が分析対象としている泉水山・富士谷遺跡のコンパクト版ということになり、これはこれで興味深いが、調理回数からそのムラでの滞在期間を明らかにしようとする意図にとっては、3号礫群の再観察、南北小群への再区分作業を要し、物理的にいささかハードルの高い応用問題となり、赤岩遺跡の礫群の使用回数の解析は他日を期さざるを得なくなったというのが現状である。

Ⅲ 礫の石質による割れの違い

　これまでの調理実験では、様々な食材を用いて調理を行ってきた。その方法は、容器に満たした水を煮沸して煮炊きするストーン・ボイリング法ではなく、石蒸し調理法により、その調理の特性、利点などを検討した。それに加えて、調理の熱源となる礫の加熱の際に生じる割れの特徴を追跡することも主目的としてきた。それは、ほとんどの場合、割れて赤化して出土する礫群構成礫が、何ゆえにそのような割れ方を呈しているのかを理解することによって、調理行動の実態を把握するということに他ならなかった。遺跡出土の礫群構成礫は多様で、筆者らがおもな実験石材としてきた砂岩のほかに、泥岩、チャート、安山岩、玄武岩、凝灰岩、石英斑岩、花崗岩など、遺跡の近傍で手に入れることができるあらゆる石材が用いられている。

　そのために、実験に用いる石材として、砂岩、安山岩（玄武岩）、チャート、凝灰岩、石英斑岩を用いてきた。加熱するたびに一部の礫が割れ規則的に完形礫が減り、破損礫、軽量礫が増えていく砂岩、加熱してもほとんど割れない安山岩（玄武岩）、初回の加熱で大量の割れが生じるチャート・凝灰岩などと割れ方には大きな違いがある。その上、同じ割れといっても、礫自体が大きく破断するものと、凝灰岩のように破断するというよりも、まず礫表から多量の薄片が弾け飛ぶものなどといった違いがある。

　このことは、調理回数を推定する場合、そこで用いられている礫の石質ごと

に、参照すべき礫の割れの進行に関するデータが異なることを意味する。砂岩・チャート主体の武蔵野台地、凝灰岩主体の相模野台地、砂岩が主体の磐田原台地、チャートが主体の大阪府郡家今城遺跡の礫群といったように、遺跡周辺の主として河床礫の種類は様々に異なるので、実験は各種の石質による必要がある。その一方で、高槻市郡家今城遺跡ではチャートについて、砂岩・泥岩・石英斑岩があり、横浜市権田原遺跡では凝灰岩のほかにチャート、砂岩からなるというように、主要な石質の礫種が複数ある場合も少なくない。このように主要石材が複数種ある場合には、石質ごとの割れの推移を相互チェックすることができ、調理回数の推定により信頼性を持たせることができる。

　こうした観点から、前出の砂岩・安山岩など（図Ⅲ-10）のほかに、ここでは、まず、チャートと凝灰岩の割れ方の特徴を見ておこう（鈴木他 2020）。加熱前の段階で 200～800g にわたる、50g 刻みの 5 個ずつ 12 階級、計 60 個の構成でスタートする。チャートは初回の加熱から 5 回目までの前半の加熱で、20g 以下の小片が大量に生じる。これが一旦収束した後、加熱 11 回目以降再び小片が生じる。これに次ぐ～50g、～100g、～150g のより軽い一群は、初回から累積的に徐々に増えていく。13 回目の加熱の時点の重量階級別の礫の構成数順位は、～50g 礫が一番多く、これに～100g 礫、～20g 礫、～150g 礫、～200g 礫の順で続く。800g 以下のより重い礫に加熱ごとに割れが生じ、より軽い礫が徐々に増えていく様子が、グラフによく表れている（表Ⅲ-2、図Ⅲ-22）。

　次に、凝灰岩はどうか見ておこう。凝灰岩の重量構成もチャートと同様である。ただし、実験データのブレ認識と信頼性確保ために、砂岩などと同じ重量構成からなる凝灰岩礫群 A/B の 2 基を設置して実験を行った（表Ⅲ-3、図Ⅲ-23・24）。凝灰岩礫群は 2 基とも、チャートに比べてかなりシンプルな経過を示している。第 1 回目の加熱で、～20g の小片が A 礫群で 623 個、B 礫群で 405 個と多量に生じた。これに次いで多く生じたのが～50g、～100g の軽量礫片である。最小の～20g 礫（火ハネ薄片）が最初の加熱で一挙に生じる一方、これ以上重い礫は～50g 域の礫が、やや多めに出現することがはっきりとしている以外は、これ以上重い礫の発生個数にほとんど変化がない。

このことによっても、凝灰岩の割れは、礫がいくつかに大きく分断することはあまりなく、軽い礫片が剥がれるように割れていくことが分かる。最初の加熱時に大量の火ハネ薄片を生じさせた以降は、凝灰岩はあまり大きく破断することがないという割れの性格を示している。

　砂岩については、先に、礫の加熱回数と完形礫数の減少比率との関係から、調理回数ひいてはムラでの滞在日数の推定の問題に言及したところであるが、加熱回数の累積と礫全体の重量構成の変化については触れるところがなかったので、ここでこの点について見ておこう（鈴木他 2007・2008、表Ⅲ-4）。実験には砂岩礫群Ⅰ・Ⅱの２基を用意した。その理由は、電気炉などで温度条件を一定にコントロールできる加熱実験ではなく、野外という自然条件下で行われる実験の信頼性を担保するためであった。砂岩礫群Ⅰでは、12回目の加熱後における 50g 以下の最軽量クラスの礫数は 134 個、51～100g の礫は 40 個に達した。同様に、砂岩礫群Ⅱの 12 回目の加熱後における 50g 以下の礫数は 66 個、51～100g の礫は 51 個、14 回目で 50g 以下の礫数は 130 個、51～100g 以下の礫は 38 個に達した。

　最後に、石英斑岩についても触れておこう（鈴木他 2013・2014）。石英斑岩は第４章で集落分析を行う千葉県東林跡遺跡上層礫群の第２主要礫であり、また、千葉県下では一定の割合で用いられた石材のようでもある（新田 2017）。実験礫調達の問題等から他の例と同様の重量階級別礫数構成での実験条件を整えられなかったうえに、加熱回数も４回と少なかったが、参考までにその結果を示しておきたい（表Ⅲ-5、図Ⅲ-25）。

　先ず、～50g までの最軽量の礫が加熱回数に比例して増加している。ただし、凝灰岩礫群 A・B のように初回の加熱で爆発的に増加するような動きにはなっていない。また、チャートのように３回～５回目に急激な増加を示すという訳でもない。加熱回数に応じて着実に数を増やしていくといった印象である。凝灰岩は加熱３回目以降ぴたりと最軽量の礫の発生が止まる。一方、チャートは６回目以降再び加熱回数に応じて、着実に顕著に最軽量礫の増加が確認できる。石英斑岩の５回目以降の動きがどのようなものか、興味が持たれる。

表Ⅲ-2　チャート礫群加熱1回～13回礫重量変化推移表

重量(g)	当初(個)	2017年 加熱1回(11/11) 破損礫数	完形礫数	加熱2回(11/11) 破損礫数	完形礫数	加熱3回(11/11) 破損礫数	完形礫数	加熱4回(11/12) 破損礫数	完形礫数	加熱5回(11/12) 破損礫数	完形礫数	2018年 加熱6回(11/11) 破損礫数	完形礫数	加熱7回(11/12) 破損礫数	完形礫数	加熱8回(11/11) 破損礫数	完形礫数	加熱9回(11/12) 破損礫数	完形礫数	加熱10回(11/12) 破損礫数	完形礫数	2019年 加熱11回(11/16) 破損礫数	完形礫数	加熱12回(11/16) 破損礫数	完形礫数	加熱13回(11/16) 破損礫数	完形礫数
～20		6	―	18	―	60	―	30	―	65	―	7	―	12	―	12	―	3	―	2	―	23	―	27	―	31	―
～50		―	―	2	―	5	―	12	―	18	―	23	―	21	―	34	―	42	―	39	―	37	―	44	―	52	―
～100		―	―	2	―	3	―	4	―	16	―	16	―	24	―	31	―	32	―	34	―	41	―	47	―	36	―
～150		―	―	1	―	2	―	4	―	10	―	9	―	11	―	13	―	17	―	21	―	16	―	17	―	19	―
～200		―	―	―	―	―	―	3	―	7	―	9	―	10	―	14	―	14	―	10	―	14	―	17	―	17	―
～250	5	5	―	1	5	3	5	4	5	7	4	8	2	9	2	8	2	8	2	9	2	7	0	7	0	8	0
～300	5	5	―	2	5	4	4	5	3	5	3	3	2	4	2	2	2	3	0	3	0	4	1	2	1	2	1
～350	5	5	―	―	4	―	4	3	4	3	4	8	4	8	4	7	4	6	3	7	2	5	4	7	4	7	4
～400	5	3	2	2	3	2	3	2	3	2	3	0	3	6	1	5	0	3	2	5	0	6	0	7	0	6	0
～450	5	5	―	2	3	3	4	3		6	3	3	2	7	2	5	0	2	0	3	0	3	1	3	1	5	1
～500	5	5	―	3	5	2	4	1	3	2	0	0	0	3	0	3	0	2	0	2	0	2	0	3	0	3	0
～550	5	5	―	5	5	4	4	1	3	1	3	6	3	5	3	6	3	4	3	6	3	4	0	2	0	3	0
～600	5	5	―	1	4	1	4	1	4	2	1	4	1	3	1	4	0	4	0	2	0	4	0	4	0	3	0
～650	5	5	―	4	5	5	5	4	4	2	4	4	1	7	1	4	1	3	0	3	0	3	1	2	1	1	1
～700	5	5	―	4	4	3	3	2	2	1	1	0	1	1	1	0	1	0	0	0	0			0	0	0	0
～750	5	5	―	5	5	1	2	2	1	3	1	2	1	1	1	1	1	1	1	1	1	1	1	1	1	0	1
～800	5	5	―	4	4	4	4	1	3	2	2	0	1	1	1	0	1	0	1	0	1	1	1	0	1	1	1
合計	60	58	8	31	52	44	35	77	26	152	21	101	19	132	13	147	10	144	8	147	8	170	8	190	8	193	8

*～20gのみ、その都度紙コップに別途外して、次の加熱の際には投じていない。

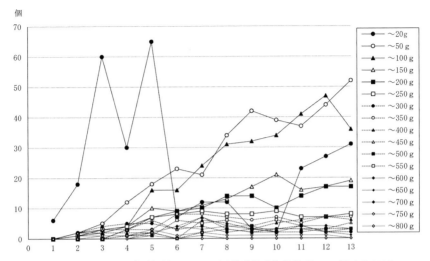

図Ⅲ-22 チャート礫群加熱1回～13回礫重量変化推移グラフ（鈴木他2020）

　以上、各種の石質の礫が、加熱回数を重ねるごとにどのように破断し、どのような状態の重量構成の礫群を残していくか見てきた。こうした観点からは、あるムラでのある居住集団がどれほどの回数調理をおこない、したがってどれほどの日数を過ごしたのか、石質に応じて礫群単位全体の姿として判断することができる可能性も示唆している。筆者らがこれまでにムラでの滞在日数を試算した事例では、主に砂岩構成の礫群事例の完形礫の減少率から推定してきた（鈴木他2012a・2016・2018）。これらのことを念頭に、最後に石質ごとの完形礫の減少の推移を見ておきたい（表Ⅲ-6　図Ⅲ-26）。

　砂岩礫群は初回こそ破断は生じなかったが、加熱2回目以降、ほぼ同じ減少率を辿り、減っていく。60個でスタートして、加熱6回目には完形礫は当初の約半分の33個に減少している。最後の12回目の加熱で完形礫は6個まで減少し、略全体の9割が破損したことになる。チャート礫群は初回の加熱から破損が生じ、完形礫は58個に減っている。それ以降、砂岩よりも高い割合で破断が生じ、5回目の加熱時には半分以下の26個に減じている。しかし、10回以降は破損が生じないまま終えている。凝灰岩礫群はA・Bともにほぼ同じ推

表Ⅲ-3　凝灰岩 A 礫群加熱 1 回〜13 回礫重量変化推移表

重量 (g)	当初 (個)	加熱1回 (11/11) 破損礫数	加熱1回 (11/11) 完形	2017年 2回 (11/11) 破損	2回 (11/11) 完形	2回 (11/12) 破損	2回 (11/12) 完形	2回 (11/12) 破損	2回 (11/12) 完形	5回 (11/12) 破損	5回 (11/12) 完形	6回 (11/11) 破損	6回 (11/11) 完形	7回 (11/12) 破損	7回 (11/12) 完形	2018年 8回 (11/11) 破損	8回 (11/11) 完形	9回 (11/12) 破損	9回 (11/12) 完形	10回 (11/12) 破損	10回 (11/12) 完形	11回 (11/16) 破損	11回 (11/16) 完形	2019年 12回 (11/16) 破損	12回 (11/16) 完形	13回 (11/16) 破損	13回 (11/16) 完形
〜20		623	—	36	—	12	—	9	—	4	—	2	—	—	—	6	—	—	—	2	—	4	—	6	—	8	—
〜50		20	—	25	—	23	—	24	—	24	—	24	—	24	—	19	—	27	—	26	—	26	—	25	—	28	—
〜100		8	—	6	—	12	—	15	—	15	—	13	—	13	—	14	—	14	—	12	—	24	—	27	—	29	—
〜150		9	—	12	—	9	—	8	—	12	—	12	—	10	—	11	—	13	—	14	—	13	—	16	—	14	—
〜200		4	—	3	—	5	—	6	—	3	—	4	—	7	—	5	—	6	—	8	—	13	—	12	—	14	—
〜250	5	2	2	1	2	1	2	3	2	5	2	4	1	5	1	6	2	7	1	6	1	4	1	4	1	4	1
〜300	5	3	2	4	2	3	2	5	2	6	2	8	2	8	2	8	2	6	2	6	2	11	1	10	1	10	1
〜350	5	2	3	2	3	6	3	3	3	4	3	4	3	4	3	4	3	4	2	5	2	7	1	5	1	5	1
〜400	5	4	2	5	2	5	2	4	2	4	2	3	2	3	2	2	2	4	1	5	2	4	2	5	2	7	1
〜450	5	4	3	4	3	2	1	4	1	3	1	4	1	3	1	4	1	4	1	4	1	3	—	4	—	7	—
〜500	5	3	3	4	3	4	2	6	2	5	3	3	3	3	3	6	2	6	2	5	1	3	1	3	1	3	1
〜550	5	5	3	7	3	7	3	6	3	5	3	5	3	4	3	6	2	6	2	6	2	6	—	5	—	5	—
〜600	5	2	1	2	2	2	—	1	—	1	—	1	—	1	—	2	1	2	—	1	—	1	—	1	—	—	—
〜650	5	1	4	1	3	2	3	1	3	1	3	1	3	3	3	3	3	2	2	3	—	2	—	2	—	—	—
〜700	5	1	2	—	2	—	2	—	1	—	1	—	1	1	1	1	1	—	1	1	1	1	1	—	1	—	1
〜750	5	1	3	1	2	1	2	1	2	1	2	2	2	1	1	1	1	—	1	—	1	—	1	—	1	—	1
〜800	5	2	2	2	2	2	2	2	2	2	2	2	1	2	1	1	1	1	—	1	—	1	—	1	—	1	—
合計	60	694	29	115	25	95	25	97	22	94	22	90	21	88	20	92	19	100	16	104	14	122	11	126	10	135	9

＊〜20gのみ、その都度紙コップに別途外して、次の加熱の際火中には入れていない。

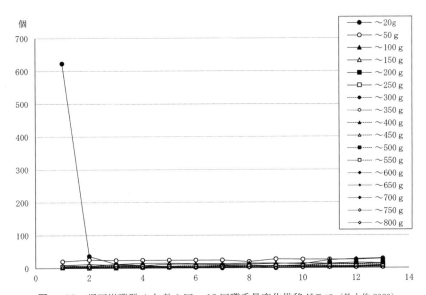

図Ⅲ-23 凝灰岩礫群 A 加熱 1 回〜13 回礫重量変化推移グラフ（鈴木他 2020）

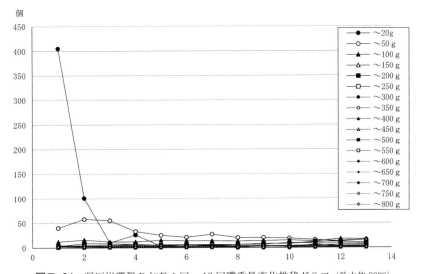

図Ⅲ-24 凝灰岩礫群 B 加熱 1 回〜13 回礫重量変化推移グラフ（鈴木他 2020）

表Ⅲ-4　砂岩礫群Ⅰ加熱1回～13回礫重量変化推移表

重量 g	当初	1回	2回	3回	4回	5回	6回	7回	8回	9回	10回	11回	12回
～50	0	0	19	23	29	43	51	55	61	80	92	110	134
～100	0	0	2	3	2	3	3	6	6	12	24	35	40
～150	0	0	1	2	2	3	4	11	12	20	21	17	24
～200	0	0	2	3	3	5	6	7	9	13	11	15	19
～250	5	5	5	6	5	5	7	11	11	12	11	14	15
～300	5	5	4	4	5	6	6	9	9	9	10	14	11
～350	5	5	7	9	10	8	6	9	11	8	8	6	6
～400	5	5	6	7	5	4	4	1	5	4	3	4	5
～450	5	5	3	2	3	3	2	5	3	2	3	3	3
～500	5	5	5	5	4	3	5	1	1	5	4	3	2
～550	5	5	4	5	4	4	4	4	4	3	1	1
～600	5	5	5	5	4	6	4	5	5	2	2	2	2
～650	5	5	6	6	6	6	6	7	7	4	4	3	3
～700	5	5	4	3	3	3	5	1	0	1	2	2	2
～750	5	5	4	4	4	3	3	4	5	2	1	1	0
～800	5	5	5	5	5	5	4	3	3	3	3	3	3
合計	60	60	83	91	95	112	121	141	152	181	202	233	270
完形礫	60	60	52	47	43	37	33	24	23	20	16	8	6

移をたどる。ともに第1回目の加熱で半数前後が破損する。その後8回前後まであまり破損が進行せず水平に推移するが、加熱9回目あたりからまた破損の度合いを強め、13回目には凝灰岩A礫群で9個、B礫群で14個の完形礫を残すのみとなった。

　加熱回数の少なかった石英斑岩は別にして、残りの砂岩・チャート・凝灰岩は三者三様の破損の進行パターンを示している。砂岩礫群は破損の進行が早く、かつ一定の割合で完形礫が減っていく。チャート礫群は序盤には砂岩と同じような経過を踏むが、中盤で大きく破断を早め、10回以降は破損の進行が止まる。凝灰岩礫群A・Bは第1回目の加熱で一気に破損が進み、完形礫はほぼ半減する。それ以降はともに8回目辺りまで、破損はあまり生じず水平に移行し、9回目辺りからまた破損が生じ始める。

一定の割合で終始破損が生じ続ける砂岩、中盤で一気に破損が進み、後半では割れが生じないチャート、初回の加熱で一気に破損が進み、その後緩やかに割れていく凝灰岩というように捉えることができる。このように石材ごとでは、いずれの石材も12回から13回目には、全体の8割方が破損していることになる。筆者らの実験では加熱回数13回止まりとなっているが、おそらく20回に達しない間に礫群を構成する全礫が破損することになるだろう。この間に、礫群の再構築というタイミングが訪れるのであろう。

表Ⅲ-5　石英斑岩礫群加熱1回～4回礫重量変化推移表

重量(g)	当初	1回目	2回目	3回目	4回目
～50	0	1	8	14	16
～100	0	2	3	2	1
～150	0	0	0	0	0
～200	0	2	3	7	7
～250	12	13	12	12	13
～300	16	15	15	15	14
～350	12	12	13	14	14
～400	11	11	10	7	7
～450	5	5	4	4	4
～500	4	4	4	4	4
点　数	60	65	72	79	80
完形礫個数	60	56	51	45	44

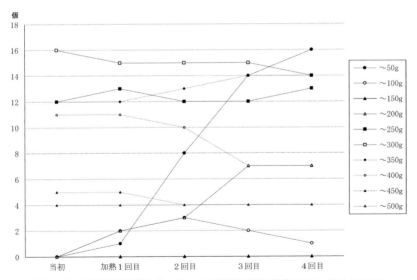

図Ⅲ-25　石英斑岩礫群加熱1回～4回礫重量変化推移グラフ（鈴木他2013）

表Ⅲ-6　石質別完形礫減少数推移表

	当初	1回	2回	3回	4回	5回	6回	7回	8回	9回	10回	11回	12回	13回
砂岩Ⅰ	60	60	52	47	43	37	33	24	23	20	16	8	6	—
チャート	60	58	52	44	35	26	21	19	13	10	8	8	8	8
凝灰岩A	60	29	25	25	22	22	21	20	19	16	14	11	10	9
凝灰岩B	60	33	28	25	24	23	23	23	21	20	19	18	17	14

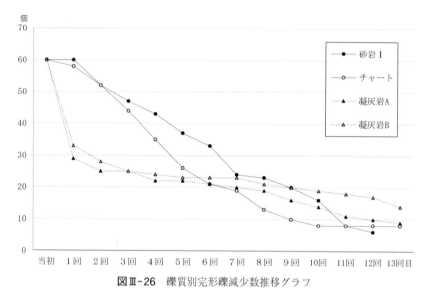

図Ⅲ-26　礫質別完形礫減少数推移グラフ

Ⅳ　礫の火ハネ薄片と行動の追跡

　寺尾遺跡第Ⅳ文化層の第4ブロック中では、ナイフ形石器1点を含む17点の石器とともに、10円硬貨ほどの大きさの火ハネ薄片17点がまとまって出土した。この17点は、筆者が計測したところ、すべて重さ10g以下の軽量な薄片であった。これが第3ブロック中の第6号礫群の構成礫と接合したことは先に紹介したところである。このことによって、礫が加熱された場所から10m程離れた場所へ運ばれ、そこで調理が行われたという、調理行動にともなう空間的な動きが明らかになった。石蒸し調理の第1段階で礫を加熱する焚火の場面では、比較的大きめの焚火が必要なため住まいからやや離れた場所で行い、

焚火の必要がない調理は、住まいの間近で行われたと読み取ることもできるであろう。

この第6号礫群は、25点の礫が70×80cmの範囲にまとまって検出されたものである。構成礫はほとんどが拳大かこれよりやや小さい河原石で、このうちの18点は完形か略完形の礫である。残りの破損礫7点の内3点は接合する。個体数については報告書に明記されていないが、記載から推測する限り、最少20個体、最大23個体からなるやや小規模の礫群である。礫群の実測図から見ても、完形礫の多い礫群であることがうかがえる。火ハネは多数生じても、礫自体は大きく破断しない凝灰岩の特性をよく反映しているといえるであろう。この20数個体の礫群が第4ブロックで調理前に加熱された際、17点の火ハネ薄片が生じた。この火ハネの意味をここで少し考えてみたい。

筆者らの実験では、凝灰岩A礫群の第1回目の加熱で、20g以下の軽量の礫片が623点生じた。続く2回目は36点と激減し、3回目が12点、4回目が9点と減少し続け、5回目以降は8個以下とさらに減少していく。凝灰岩B礫群では、第1回目に20g以下の軽量の礫が405点生じ、続く2回目が101点、3回目が10点と激減し、4回目に26点とやや増えたものの、5回目以降はさらに減少して3点から7点の間で推移していく。こうした、火ハネ薄片にほぼ相当すると思われる軽量の礫（薄）片の発生数を見ていると、寺尾遺跡第Ⅳ文化層の第6礫群の加熱歴が見えてくるように感じられる。

改めて、第6礫群構成礫25点の石質構成を見ておこう。報告書によれば、安山岩10点、硬砂岩8点、輝緑岩3点、珪岩2点、粗粒凝灰岩1点の内訳となる。硬砂岩8点のうち2点に火ハネ痕を留めていることが報告されている。この礫群の特徴は小規模な礫群で18点が完形かほぼ完形の礫からなっている点にある。残りの破損礫7点の内3点は接合する。この礫群の個体数は、上記のとおり最少20個体、最大23個体からなると推測される。したがって、遺跡に放置された時点での完形礫率は72％ということになる。一般的に言ってこの完形率は極めて高い。ちなみに、先に触れた赤岩遺跡の礫群の完形率は、1号礫群が47％、2号礫群が41％であった。これでも通常の礫群の完形率と比

較すると格段に高い。

　両遺跡の礫の石質は異なるので一概には言えないが、寺尾遺跡第Ⅳ文化層第6号礫群の完形率は極めて高いことに変わりない。その大きな要因の一つに、第1石材が割れにくい安山岩で、10個中7個を完形礫が占めることにある。第2石材として、一般的に割れ易いと考えられる硬砂岩が占めるが、砂岩の場合でも8個中3個を完形が占めており、完形率38％と決して低い数値ではない。この硬砂岩の完形率を用いて、礫の加熱（調理）回数を測れば、8回程度ということになる（図Ⅲ-13）。1日1回夕食時の石蒸し調理を想定すれば、寺尾Ⅳ層ムラには、1週間前後滞在したとみることができることになる。

　筆者らが実験に用いた砂岩礫は浜松市内の天竜川採集のもので、寺尾遺跡の硬砂岩と同じような耐熱性質と破断に関わる特徴を有しているのかどうか厳密にはわからない。また、神奈川県では石器石材の判別に関する見直しを行っているが（鈴木1999）、鈴木次郎氏のご教示によれば、礫群の構成礫については行っていないという。遺跡の滞在期間や火ハネ薄片を用いた調理にまつわる行動の追跡といった視点が、岩宿時代研究の重要なテーマの一つでありうるとすれば、礫群構成礫の石質の判定に関する基準の再確認、あるいは見直しが為されることを期待したい。さらに加えて、相模川の礫を用いた石蒸し調理実験が行われることをも期待したいところである。移動生活をおくる相模川集団の行動解明に大きく資するであろう。

Ⅴ　石器石材の加熱実験

　一連の石蒸し調理実験では、2013年実験から実験終了の2019年まで7カ年にわたって、坂下貴則氏を担当者として、石器石材の加熱実験も行った（鈴木他2014・2015・2016・2017d・2020）。改めて言うまでもなく。ヒトが生き、ムラで暮らし、調理をし、暖を取り、家族が憩い、語らう時、傍らにはいつも火があった。岩宿時代集落の規模や構成を考える際にも、火処・炉の場所の特定作業は極めて大きな役割を果たす。

　縄文時代後期の集落の例ではあるが、京都府舞鶴市桑飼下遺跡は由良川の自

然堤防上に位置していて、竪穴住居は砂層を掘り込んで建てられていた。そのため、住居の外壁が崩れ、発掘調査では、住居の大きさ、外形を識別することができず、炉の位置の確認によって、住居の戸数を把握し、ムラを復元することができた。

岩宿時代のムラでは、住居は竪穴式ではなくテント状の構造物であったと考えられるため、ムラの規模や構造を把握する作業は極めて困難となる。そのために、石器分布や礫群さらには木炭分布の位置などからムラを捉えようとしている。その際、もしムラの各戸が用いた炉の位置が特定できるのであ

表Ⅲ-7　石器石材加熱結果一覧表

加熱方法	石材試料	2014年	2015年	2016年	2017年	2018年	累積計	ヒビ割れ	破損	ポットリッド	色調変化
石蒸し調理用礫加熱焚火	黒曜岩(白滝産)	1回(1h)	4回(8h)	2回(4h)	2回(4h)	5回(10h)	14回(27h)	—	●	—	—
	安山岩(茨城県産)	1回(1h)	4回(8h)	2回(4h)	2回(4h)	5回(10h)	14回(27h)	—	○	○	○
	無斑晶質流紋岩(九州産)	—	4回(8h)	2回(4h)	2回(4h)	5回(10h)	14回(26h)	○	○	—	○
	凝灰岩(相模川産)	1回(1h)	4回(8h)	2回(4h)	2回(4h)	5回(10h)	14回(27h)	—	○	○	—
	灰色チャート(渡良瀬川産)	1回(1h)	4回(8h)	2回(4h)	2回(4h)	5回(10h)	14回(27h)	○	○	○	—
	赤色チャート(天竜川産)	1回(1h)	4回(8h)	2回(4h)	2回(4h)	5回(10h)	14回(27h)	—	○	—	—
	シルト岩(天竜川産)	1回(1h)	4回(8h)	2回(4h)	2回(4h)	5回(10h)	14回(27h)	—	○	—	—
木灰炉焚火	黒曜岩(白滝産)	1回(1h)	5回(10h)	3回(6h)	5回(10h)	5回(10h)	19回(37h)	○	○	—	○
	安山岩(茨城県産)	1回(1h)	5回(10h)	3回(6h)	5回(10h)	5回(10h)	19回(37h)	—	○	—	○
	無斑晶質流紋岩(九州産)	—	5回(10h)	3回(6h)	5回(10h)	5回(10h)	19回(36h)	—	○	—	—
	凝灰岩(相模川産)	1回(1h)	5回(10h)	3回(6h)	5回(10h)	5回(10h)	19回(37h)	—	○	—	—
	灰色チャート(渡良瀬川産)	1回(1h)	5回(10h)	3回(6h)	5回(10h)	5回(10h)	19回(37h)	—	○	—	—
	赤色チャート(天竜川産)	1回(1h)	5回(10h)	3回(6h)	5回(10h)	5回(10h)	19回(37h)	—	○	—	—
	シルト岩(天竜川産)	1回(1h)	5回(10h)	3回(6h)	5回(10h)	5回(10h)	19回(37h)	—	—	—	—

●2018年確認　○2017年以前確認

れば、ムラの構成を把握できる可能性が生じ、ひいてはムラの戸数、その配列、ムラの景観構造などを復元することができる。そのための一つの手段として、火を受けた石器を特定する方法がある。

　こうした目的意識から、石蒸し調理の機会を利用して、2014～2018年までの5カ年間石器石材の加熱実験を行った（鈴木他2020）。石器石材の被熱環境として二つを用意した。一つ目は、石蒸し調理の前段階で、礫加熱の為の薪の下に置いた場合、二つ目は、石蒸し調理とは別に、石材加熱専用の焚火を設け、焚火の際に生じる木灰の中に置いた場合である。用いた石器石材は、1）メノー、2）凝灰岩、3）サヌカイト、4）チャート、5）流紋岩、6）シルト岩、7）珪質頁岩、8）黒曜石、9）安山岩の9種類である。焚火による熱を受けて石器石材に変化が起きる温度、その際の被熱現象の発現形態の把握などを目的とした。観察項目は、ヒビ割れ、破損、ポットリッド、色調変化などである（表Ⅲ-7）。

　木灰炉焚火5年間の累積加熱時間約37時間の中で、ポットリッドは再現できなかった。焚火の最高温度はほぼ600℃～700℃台であったが、温度条件などの被熱（焚火）環境が異なっていたのかもしれない。また、用いられた石材9種類の内、全く何の変化も現れなかったのは安山岩（茨城県産）であった。大阪府郡家今城遺跡F群出土のサヌカイト製翼状剥片には、田んぼの乾裂のようなヒビが器体全体にわたって入っていて（富成他1978）、このヒビに沿って破断した2点が接合したものがある。被熱によるものと考えられる。安山岩の一種であるサヌカイトと実験で用いた安山岩とを同列には扱えないかもしれないが、郡家今城遺跡のこの被熱石器は、よほど高温で熱を受けたのではないかと想像される。

　なお、石器石材の加熱実験を集落分析に結び付けるまでには課題も多い。まず第一に、被熱現象が現れる条件は、石材の種類によって様々であることが予想される。変化が現れやすい石材とそうでないものとがあることは、石蒸し調理の際の実験からも容易に想像できる。そうなると実験条件の設定が難しくなる。第二に遺跡側の事情がある。どんなに実験を精緻に行ったとしても、遺跡

内で頻繁に被熱石器を見出すことができなけなければ、被熱石器から集落の理解へはなかなかつながっていかない。遺跡全体で被熱石器が広く、多数見出される遺跡を事例として分析を試みる必要がある。

　被熱石器への着目を集落の理解への手がかりとしようとする試みは、まだ入り口に差し掛かったばかりといったところである。

第3節　礫群の意味と意義

I　女性の表徴

　礫群が日常的に調理に用いられ、その構成礫は加熱・調理を重ねるごとに割れが進行していくものであるということが共通認識となったことで、礫群が集落研究の素材として、石器ブロックに次ぐ二つ目の重要な考古学的資料という位置が確かなものになった。そして、第二の資料として礫群を評価することは、とりもなおさず、調理・食の問題に光を当てることにほかならない。こうした視野が欠落することは、ヒトの日々の生物学的生存基盤の理解への道を閉ざすことにもなりかねないという、重大な課題を抱えていることを意味する。

　そのうえに、礫群抜きの石器だけの集落論はもう一つ重大な問題がある。砂川遺跡のほれぼれするような美しいナイフ形石器は、槍の穂先となった刺突具であり、狩猟者としての成人男性の表徴である。一方、これに対する礫群は一家の調理を担う存在としての成人女性の表徴である。礫群抜きの集落論は、結局のところ男の集落論となり、子育てと家政を担う成人女性の存在を考慮に入れない、片手落ちの集落論に傾くといわざるを得ない。

　石蒸し調理の担い手が男性か女性かという問いに対しては、採集狩猟民の一般的で普遍的な事実として、それが女性であると考えておいて大過ないであろう（佐原1975、西田2007）。結局、礫群抜きの集落研究はムラが男女から構成されているという、基本的な人間社会の原理への眼差しを欠いているということに他ならない。

II　石蒸し調理の特徴とその意義

　ムラを復元する際、石器に並ぶもう一つの欠くべからざる要素として、礫群を評価する集落論的観点とは別に、文字通り調理の道具あるいは調理法という観点で礫群をとらえると、また別の重要な側面も見えてくる。人類が生肉を食していたスカベンジャーの時代から、これを火にあぶり、焼いて食べるようになった時点で、調理が始まったという点である（リチャード 2010）。そして、動物性食料を焼いて食べる直火焼きの調理の始まりから、やがて人類は土器での煮炊き、木の皮や植物繊維で編んだバスケットなどの容器でストーン・ボイリングをするようになる。日本の場合、煮炊きの始まりは約 16,500 年前といわれる最古の縄文土器の出現からである。

　直火焼きの調理から煮炊きの調理への調理法の時代変遷は、世界共通の過程である。しかし、日本列島の場合は、ユーラシア大陸の場合と違って、この間に石蒸し調理の段階が介在する。こうした点を踏まえて、実験から感じた人間の生存に有利に働くと思われる、石蒸し調理の長所をあえてここで挙げておきたい。

　その第 1 は、澱粉を地下茎に蓄えるサツマイモやサトイモ、ヤマノイモ、ユリなどの根茎類、クリなどの種実の土器出現以前の調理には、石蒸し調理が最適な調理法だということである。礫の輻射熱を利用して調理する現代の石焼き芋や天津甘栗の製法を見れば、誰しも納得することができる。

　筆者が注目する第 2 の利点は、石蒸し調理は肉のたたきに山菜や漿果などを混ぜたりして複合食品を調製し、調理することができることである。山菜や肉を一緒に煮炊きし、冬の日、体を温めながらスープともども複合的に栄養を摂ることができるのは縄文食以降の利点だが、複合食品を調製し、礫群で調理することによって、これと同じような効果を発揮することができる調理法が、日本列島では岩宿時代から行われていた可能性がある。このことは、世界の調理史と対比して注目すべき事柄である。

　縄文時代人がドングリやトチノキを食料として利用できるのは、石皿・磨石・敲石などの調理・台所道具セットをもち、これに加えてアク抜き技術を有

することによる。我々の石蒸し調理の試食実験では、肉やユリなどの食材に対して、ごく少量のアク抜きしないドングリを混ぜた岩宿時代ハンバーグなら、抵抗なく食べられることが分かっている（鈴木他 2007・2017、八田他 2007）。こうした利用がどの程度岩宿時代人の食に貢献したかは別として、参考までに書き添えておくこととする。

　中沢祐一（2017）はヨーロッパの旧石器時代や北米の礫群を紹介する中で、ストーン・ボイリングによる油脂抽出の重要性を強調している。とりわけ寒冷気候の中、ヨーロッパでは脂質の摂取が体温の維持や出産などの生物学的再生産機能の維持にとって重要だと強調する。ペミカンなどの食品づくりにも用いられたであろうとも推測している。なお、礫群構成礫は食物調理過程の前の礫加熱段階における被熱によって破砕が生じるが、これはストーン・ボイリングに向けての礫加熱においても生じるもので、異なる行動が同様の考古学的パターンを生む、等結果性ということを考慮する必要がある旨の興味深い発言もしている。

　ただ、ここで一つ付け加えておきたいのは、"等結果性"はともかくとして、石蒸し調理とストーン・ボイリングでは、礫加熱以降の調理過程が異なることである。石蒸し調理の場合、調理後食材が取り出された後、礫は放置され、自然の冷却に任される。一方、ストーン・ボイリングでは、加熱後すぐに容器中の水の中に投じられ急冷される。この際、礫には少なくともヒビが生じ、次の調理機会の加熱場面では、破断が一層進みやすくなると考えられる。また、急冷特有の割れが生じるかもしれない。いずれにしても、両調理法における礫の破断の違いの有無について、実験的検証を期待したい。

　上記中沢の所論は、岩宿時代の礫群の存在の意味を考えるために、何らかの示唆を含んでいるのではないかという前向きな発言であり、この点をもう少し現実的に考えてみたい。本書で考察の対象としているのは、おもに LGM 前後に関してのことであり、礫群の存在が寒冷気候に対する栄養・生理面でいかなる貢献を果たしたか、という観点からの問題の立て方は至極自然なものである。そして、日本列島をヨーロッパと対比して考えるには、列島の中でも最北

端に位置する北海道の事例を想定するのが相応しいであろう。

　北海道の岩宿時代の特徴は、本州島と比較した場合、全般的には細石刃文化の圧倒的な発達振りであろう。こうした性格は、北海道の編年を細石刃石器群の発達以前の前半期と、これ以降の後半期に分けるのが標準的な理解であることにも顕著に表れている（山原他 2010）。問題の礫群が用いられるのはその前半期の遺跡群である。層位的には恵庭 a テフラの下位、年代値は帯広市川西Ｃ遺跡などの測定値から約 25,300〜26,200calBP、あるいは約 3 万 4 千年前〜約 2 万 5 千年前となる（長沼他 2022）。北海道ではステージ 2 の前のやや暖かい時期から LGM 期に相当する。

　こうした資料的現実からすれば、北海道の礫群が、中沢の指摘するように「ストーン・ボイリングによる油脂抽出」を主目的に用いられた可能性が高いとは、軽々には言えないのではないだろうか。一つはその際の容器の問題がある。動物の内臓を使うのか、植物を編んだ編み籠を使うのか。二つ目は、日本列島の北辺にあって、ストーンボ・イリングによって油脂の抽出を必要としたとすれば、長く続き、北海道の岩宿時代人の活動がもっとも活発化した後半期の細石刃文化においてこそではなかっただろうか。小野・五十嵐（1991）によれば、最も気候環境の厳しかった道東・道北部でもツンドラは成立していなかったとされるから（図Ⅱ-2）、北海道東北部にも少なくとも草原を交えた疎林は成立していたのであり、その中で採取可能な植物の利用にこそ、北海道における礫群の存在の主な理由があると筆者は考える。

　例えば、クロユリなどの根茎類、クロマメノキやコケモモなどの漿果、ハイマツの実などの種子の利用を意識したのではないかと筆者は想像する。縄文時代のように、土器による煮炊きによって、様々な形態の食品、多岐にわたる栄養価を持つ食品の複合的利用がまだできなかった岩宿時代において、複数の食品を、時には叩き潰し、混ぜ合わせ、植物の葉などに包み込み一種のハンバーグのような複合食品を調製して調理が可能な、礫群の持つ調理特性が生かされたのではないかと考える。もし中沢の推測が当を得たものであるならば、さらに寒冷気候がその後ながく続くなか、岩宿時代人の活動が一層活発になる細石

刃文化の時期にこそ礫群利用が進むべきだが、その様子はうかがえない。

　以上のように、集落とそこでの生活を論じる際に、礫群が欠くことのできない資料であることは、誰しもが納得できることであろう。こうした意識の下での集落論が可能な遺跡として、筆者がまず注目したのが、法政大学 A-0 地点遺跡であった。その理由は、分析対象としてまとまりの良いコンパクトな遺跡であること、石器のほかに礫群が検出されていること、出土石器群の特徴から見てその編年的位置は砂川遺跡と同時期であり、砂川モデルを相対化しうる可能性があること、さらにその上に、第3の考古資料として木炭分布が検出されていたことによる。木炭分布は火の使用、炉の存在、調理行為など多くの生活行動に関わり、なおかつ、礫群の意味するところとは別の生活の局面をも反映しうるものであり、集落生活における多様で複合的な行動の解析を可能にする要素でもある。

　そのほかに、茨城県常陸大宮市赤岩遺跡、千葉県鎌ケ谷市東林跡遺跡、佐倉市西御門明神台遺跡を分析対象に選んだ。3遺跡とも石器群に加え礫群が検出されたコンパクトな遺跡である。赤岩遺跡は、5m四方ほどの狭い空間に石器群と3基の礫群を含み、家族単位レベルあるいは最小規模のムラと思われる。ここに礫群構成礫中の完形礫の占める割合が極めて高い2基の礫群と、ほとんどを破損礫が占める1基の礫群とからなることから、礫の運用実態を知ることができる好例と考え選んだものである（第3章第2節参照）。東林跡遺跡と明神台遺跡は、俗に石なし県と呼ばれる千葉県下での礫群の運用実態と普及の実状を知ることによって、岩宿時代のムラの暮らしの中での礫群存在の重さをはかることができるのではないか考えたことによる。

　以上、礫群を加味した全面的な集落論的議論は第4章で詳述することとし、本節では、ムラの暮らしの中で礫群が用いられたことの意味とその重要性を述べたところである。

Ⅲ　列島における礫群の分布

　本書では、ともすると岩宿時代研究の対象として忘れられがちな、礫群の存

表Ⅲ-8　礫群の地域別分布と段階別出現率（保坂2012bより）

地域区分	6段階総合 文化層数	礫群保有 文化層数	ブロック数	礫群数	礫群最多出現 段階／比率
1. 九州南部	99	66	508	453	第5/77％
2. 九州中部	35	23	187	95	第5/75％
3. 九州北部	46	13	272	53	第5/41％
4. 中国	35	17	231	120	第5/100％
5. 四国	20	3	54	11	第4/30％
6. 近畿	18	4	119	24	第5/29％
7. 東海西部	27	20	342	587	第3・4/100％
8. 愛鷹・箱根山麓	117	65	983	661	第5/67％
9. 相模野台地と周辺	204	130	1240	788	第4/94％
10. 武蔵野台地と周辺	343	246	1766	1463	第4/93％
11. 大宮台地と周辺	78	47	320	322	第4/82％
12. 下総台地	144	42	737	169	第4/65％
13. 北関東	123	42	672	121	第4/54％
14. 野尻湖	42	23	427	235	第5/92％
15. 中部山岳	64	16	299	65	第6/30％
16. 北陸	20	3	45	4	第3・4/33％
17. 東北南部	48	12	143	27	第3/75％
18. 東北北部	60	13	268	31	第3/43％
19. 北海道南部	33	10	115	24	第4/43％
20. 北海道北部	20	1	122	1	第5/33％

第1段階：台形様石器群以前　第2段階：台形様石器主体　第3段階：二側縁加工ナイフ形石器主体　第4段階：Ⅳ下・Ⅴ層　第5段階：砂川・月見野・槍先形尖頭器併行　第6段階：細石刃・大型槍先形尖頭器

在意義に光を当てることに重きを置いて書き進めてきた。しかしながら、日本列島は南北3,000kmにわたり、その北と南とでは、岩宿時代人の生存基盤としての自然は異なり、調理法としての礫群の意義もおのずと異なることも予想される。この点を勘案すれば、ここで礫群の列島内における分布、その実態の一端に触れておくことには意味があろう。長年礫群研究を主導してきた保坂康夫は、早くに列島内の礫群分布を示し、そこには多出地域と希薄地域があることを指摘している（保坂1986）。

　これによれば、全遺跡に対する礫群保有遺跡・文化層の出現率は地域によっ

てかなりの差があることから、「保有率70％前後以上の関東、東海、近畿、東・中・南部九州を多出地域、保有率30％以下の東北、北陸、中部、西九州を希薄地域としている（表Ⅲ-8）。そのうえで、岩宿時代遺跡自体の少ない中国、四国は諸般の状況から判断して、一応多出地域に含めるとしている（図Ⅲ-27）。

換言すれば、多出、盛行地域は立切遺跡、横峯C遺跡の所在する種子島を含む九州南部鹿児島・宮崎県から関東地方にかけての太平洋岸が、礫群が多用された礫群盛行地域に相当するということを第1に指摘することができる。

図Ⅲ-27 日本列島における礫群多出地域と希薄地域分布図 （保坂1986に一部加筆）

条件付きで多出地域に含められた中国地方については、念のため、島根県原田遺跡の例を見ておこう（伊藤他2008）。同遺跡は標高約200m、出雲平野を涵養する斐伊川の中流域右岸の河岸段丘上を占め、これから中国山地の内奥部に差し掛かろうとする位置にある。蛇行する斐伊川が作り出した舌状に広がる段丘は、東西300m×南北200m程の広さがある。岩宿時代に続いて、縄文時代・弥生時代・古墳時代〜中世まで、連綿として遺跡が形成されているように、岩

宿時代はもとより後続する時代においても、集落立地としての好条件を具えている。

礫群はAT直下の7層（第Ⅲ文化層　保坂の礫群第3段階：保坂2012）で1基、AT直上の5層（第Ⅱ文化層　礫群第4段階）で49基と多数の礫群が検出され、さらに4a層（第Ⅰ文化層　礫群第5段階）を中心として10基の礫群が検出されている。

礫群多出地域を礫群盛行地域として意味づける第2の要素として、石器ブロックとの対応性という側面にも注目しておく必要がある。島根県の遺跡数は全国47都道府県中第38位（日本旧石器学会2010）で、決して遺跡数に恵まれているとは言えないなか、原田遺跡は多出地域と評価するにふさわしい実態を有していると考えられるので、ここで改めて、礫群出土の三つの文化層について、その検出状態を見ておきたい。

AT直下の第Ⅲ文化層では、南北100m×東西80m程の範囲のほぼ全域に、石器・礫・炭化物の三種からなる遺物群が、いくつかのグループをなしながら調査区全域に広く分布している。ここには、25カ所の石器ブロックが認定されているが、このうち礫群として認定されているのは、調査区北端の遺物分布群に1基だけである。その上、本文化層では、一画に直径16m程の環状ブロックが認められているが、この範囲を含めて、石器分布域に重なって多数の礫が分布している。この点を考慮すると、石器ブロック数と同じ程の礫群が存在していた可能性がある（伊藤他2008、第87・88図）。礫分布はこの環状ブロックもすっぽりと覆っている。こうした点を積極的に評価すれば、環状のムラとしては、極めて貴重な礫群を伴う事例だということになるかもしれない。調査関係者のさらなる精査に期待したいところである。

AT直上の第Ⅱ文化層では、南北110m×東西80m程の調査区の西寄りの範囲を中心とする一群と南東側の一画に石器・礫・炭化物の遺物群が広く分布している。ここでは、25カ所の石器ブロックに加えて、49基の礫群が認定されている（伊藤他2008、第44・47図）。ブロック数に比べて倍するほどの礫群が認定されているが、これは第Ⅰ・Ⅲ文化層に比して、礫分布が密集域を形

成している例が多く、礫群としてのまとまりを把握しやすいことにもその一因があるだろう。

　4a層の第Ⅰ文化層では、南北60m×東西50m程の範囲に、石器・礫・炭化物の三種の遺物群が、希薄分布域を挟みながら南北に長い3列の帯をなすように分布している。ここに、20カ所の石器ブロックが認定されている。このうち礫群として認定されているのは、西側の列状遺物分布帯の北端に1基、中央列の範囲に9基の計10基のみであるが、石器分布域に重なるように多数の礫が分布している状況から判断して、石器ブロックと同じ程のもっと多数の礫群が存在していた可能性を、報告書から読み取ることができる（伊藤他2008、第15図）。

　礫分布の認識如何は、礫群の有無の判断に通じ、世帯の認定に始まるムラの構造の解析にもつながることになり、集落遺跡研究にとって貴重な見落とせない情報である。こうした点を考慮すると、礫分布図に被熱の有無による区別があるかないかは、資料提示における重要な判断要素となる。

　以上のように、原田遺跡を典型例として、このほかに野原遺跡群風早A地点や恩原遺跡などを含め、中国地方を礫群多出地域とする保坂の判断は妥当な評価であろう。

　次に、四国地方はどうだろうか。太平洋斜面の高知、徳島県下では礫群を保有する遺跡が見当たらないため、愛媛県高見Ⅰ遺跡を一瞥しておこう（沖野他2018）。同遺跡は太平洋岸ではなく、瀬戸内低地（伊予灘）を望む位置にある標高約310mの丘陵頂部に位置する。当遺跡では南北約50m×東西20mの調査区のほぼ全域にわたって多数の石器・礫が濃淡をなして分布し、40カ所の石器ブロックと55基の礫群を形成している。遺物包含層が薄いため出土状況から遺跡の形成時期を正確には判断できないとしつつも、石器の型式的な特徴などから、台形様石器を指標とする時期以降複数の時期にわたって残された可能性を示唆している。また、石器群と礫群の出土位置関係は、完全に重なるのではなく、近接して相接するように分布する傾向が強いとしている。いずれにしろ、AT以前の段階から、連綿として礫群が用いられ続けたことを推測させ

近畿地方の例として、大阪府下淀川中流域の高槻市郡家今城遺跡の例を見ておこう。同遺跡ではA～H群までの7群（表採資料群のE群を除く）内に20ブロックが識別されている。この20ブロック内では、石器ブロックと礫群がほぼ1：1の対応関係の中で検出されている。こうした状況は、礫群の多出、盛行という生活様式の問題とは別に、礫群保有社会における集落の構成原理、世帯単位の抽出、世帯間関係の追及の材料という視点から、とりわけ重要であるという点に留意しておきたい。

　これ以東、良好な岩宿時代遺跡を欠く京都府、滋賀県、愛知県は別にして、岐阜県下では寺屋敷遺跡、寺田遺跡、日野Ⅰ遺跡など明確な礫群保有遺跡がある。天竜川を越えた静岡県西部の磐田原台地では、岩宿時代の全遺跡で膨大な礫群が出土していることは、よく知られているところである。三重県出張遺跡では、ナイフ形石器群に伴って多数の礫群が検出されている。静岡県東部から関東地方にかけては膨大な調査事例があり、当地では、岩宿時代の初期は別として、礫群を欠く遺跡を探すのが難しいほど、普遍的な出土状態にあるといってよいであろう。

　これらに対し、希薄地域は西北九州から北陸・東北地方を経て北海道に至る主として日本海側、内陸部がそれにあたる。ここで、まず気になるのは、多出地帯に含まれる高知県、徳島県、紀伊半島にわたる太平洋沿岸地域に礫群保有遺跡が未確認なことである。その理由として、この地域は山がちであり、水面下に没している沿岸部には大陸棚的な地形はなく、山地が急に深く太平洋に切れ込んでおり、沿岸部には岩宿時代人の好む広々とした低平地に富む地形空間に乏しいことによると筆者は捉えている。現在では、多出地域・稀薄地域を指摘した1986年当時と比較して、遺跡数も調査事例も飛躍的に増えているが、保坂の指摘する上記のような分布傾向の趨勢は基本的に変わらないであろう。

　ちなみに、高知・和歌山県の岩宿時代遺跡数は、高知県33ヵ所、徳島県61、和歌山県52ヵ所である。遺跡数の多さは、全国47都道府県中、徳島が36位、和歌山が42位、高知が43位である。その上、高知、徳島県下の遺跡

群のほとんどを吉野川流域が占めている。結局、高知・徳島・和歌山各県とも、太平洋岸の遺跡は皆無といってよい状況である。これに対し、多出地域で県下のほとんどが太平洋に面している宮崎県下では、県南の宮崎平野から県北の延岡平野まで平坦地がつづき、連綿と遺跡が濃密に分布している。

　一方の希薄地域についてもここで瞥見しておこう。とりわけ、北海道は礫群分布域の北辺に位置し、礫群の最も分布密度が少ない地域に当たるが、礫群分布の意味するところを理解するためにも、北海道の事例を礫群段階（保坂2012）に従って、ここで少し詳しく見ておきたい。保坂は北海道地方の事例を検討するにあたって、同地方を南北に分かって集成している。

　南部では第2段階に出現し、第3段階を欠く第6段階までの4文化層合わせて、33文化層中10文化層で礫群を保有している。礫群保有文化層率は30％であり、石器ブロック数115に対し、礫群数は24基である。北部では第2段階から第6段階までの20文化層中、礫群を保有しているのは1文化層で、礫群保有文化層率はわずか5％に過ぎない。石器ブロック数122に対し、礫群数はわずか1基である。同じ北海道内においても南北で格段の差がある。

　この礫群保有文化層率における南部の30％、北部の5％という大きな格差の意味するところは何だろうか。生活環境という意味での植生はどうだろうか。北部は南部に対して森林というよりもより疎林的、草原的な環境下にあったであろう。動物相は北部と南部とが格別異なっていたという証拠はなさそうである。筆者は、ユリなどのデンプン質食料の主要な分布域が、北部よりやや温暖な南部に多く分布していたのではないかと想定したうえで、その調理は直火では焦げるばかりで適さず、草木の葉などに包んで蒸し焼きにするか、叩き潰して肉とともにハンバーグ状の複合食品を調製し、石蒸し調理したのではないかと想像している。

　中沢は、先にも触れたように、北海道の礫群は、石蒸し調理というよりも、ストーン・ボイリングによる油脂の採取を意図したものではないかと述べている。傾聴に値する意見だが、検証が必要である。石蒸し調理の場合、礫の破損あるいは破断に至らなくても、ヒビの嵌入も調理前の礫加熱の時点で起きる。

調理後放置された礫は自然の冷却に任される。一方、ストーン・ボイリングに用いた場合はどうだろうか。加熱後容器中の水の中に投じられるわけであり、いわば急冷される。この急冷という過程は、礫の破断の進行や割れ方の違いを生じさせることが予想され、その特徴は把握しうると考えられる。

　石なし県と呼ばれることもある千葉県下においても礫群が多用される。礫群多出地帯の意味を探る意味で、ここで千葉県の礫群の特徴の一端、礫群構成礫の平均重量を見ておきたい。千葉県下の礫群に関しては、新田浩三の労作があるので、これを頼りに一瞥しておこう（新田2017）。これによれば、千葉県下での礫群の出現は、保坂の礫群段階（保坂2012）の第2段階（武蔵野X上層）にあるとされ、それ以降第6段階（武蔵野Ⅲ上層）まで、2017年時点で、130文化層から670基の礫群が検出されているという。このうち、礫群が盛行する第4段階（Ⅴ〜Ⅳ下層）、第5段階（Ⅴ中〜Ⅲ下層）を見ておこう。

　礫群第4段階では、46文化層から315基の礫群が検出され、これに次ぐ第5段階（Ⅴ中〜Ⅲ下層）では、33文化層から180基の礫群が検出されている。これらの礫群を構成する破損礫の平均重量は、礫群第4段階で53g（完形礫平均174g）、礫群第5段階で26g（完形礫平均127g）である。鶏卵大の礫を100gとすれば、その半分から1/4程度の大きさになるまで、何度も調理のために加熱したということになる。ちなみに第4章で詳細分析を行う東林跡上層遺跡（第5段階）は、14gである。

　ついでながら、下総台地西縁にあたる江戸川東岸流山市大久保遺跡の例で、もう少し詳しく見ておきたい。同遺跡の2a文化層では、礫群第5段階の18石器ブロック・礫群21基が、頻繁な接合関係を示して、大型集落を形成している。また、同遺跡2b文化層では、礫群第5段階の21石器ブロック・礫群21基が検出されている。こちらは、石器ブロック間、礫群間にほとんど接合関係がなく、何度かにわたる小規模なキャンプの設営があったとみられている。

　この二つの文化層のうち、2a文化層では破損礫5,018個の平均重量は3g（完形礫平均92g）、2b文化層では破損礫7,497個の平均重量は23g（完形礫平均153g）である（新田2017）。こうした例からは、礫の採集に苦労しながらも、

石蒸し調理を日々多用し、徹底的に使い込んでいる姿が浮かび上がってくる。直火での調理に較べ、石蒸し調理ならではの様々な優れた調理効果があったればこその礫群の多用であったと推測される。このように捉えると、礫群分布の希薄地帯では直火の調理が主体となっていたことになる。石蒸し調理法と直火調理法との違いと食性との関係が問われるところであり、今後の重要な課題である。

註
（1）破損度1:完形　2:90％以上残存　3:50％以上残存（重最復元率60％、ただし、80％残存と注記のあるものは、80％で原礫重量推定）　4:50％未満残存（40％）　5:小破片（推定不能）　カッコ内は復原値計算の際のパーセント。
（2）砂岩礫群IIは5回目の計数の際、数え間違いか記録ミスが生じた。4回目より5回目の完形礫数が増えることはあり得ないので、砂岩礫群Iを参考に補正をした。こうした事情はあるにしろ、砂岩礫群2基の完形礫減少率はほとんど並行に推移しているとみて大過ないと判断している。

第4章　集落―ムラの実像―

　筆者はこれまでに少なからぬ岩宿時代遺跡の発掘調査と報告書の作成にかかわる機会があった。1973年の大分県宮地前遺跡（鈴木1988）に始まり、1977年静岡県磐田市寺谷遺跡（鈴木1980・1983）、1979年富山県野沢遺跡A地点（鈴木1982・1983）、1982年磐田市広野北遺跡（山下1985）、1985年兵庫県三田市溝口遺跡（山下他1986）、1990～1993年磐田市匂坂中遺跡（鈴木1994、鈴木他1996）などの発掘調査とその後の調査報告書作成である。岩宿時代の時期変遷を、石器群の特徴から最古段階の台形様石器文化、それに続くナイフ形石器文化、槍先形尖頭器文化、細石刃文化と呼ぶことがあるが、幸い筆者はこのすべての段階の遺跡の発掘調査に携わる機会に恵まれた。

　遺跡といえば漠然としているが、そのほとんどは日々の暮らしの拠点となったムラの跡である。そこには何戸かの住まいがあり、男女がいて大人も子供も老人もいる。住いの入り口近くには炉があり、そこは暖を取り、調理をおこない、家族の食事と団欒の場でもある。火を絶やさぬように炉を見守り、薪集めに精を出すのは女性や子供たちであったであろう。近くには男たちの石器作りや道具の手入れの場もある。なお、これ以降、定住・集住の印象の強い集落という用語ではなく、できるだけムラと記載していくこととしたい。

　女性たちは今日明日を生きるための食料や薪を求めて、ムラの周辺の野や森に出かける。木の実や根茎類の採集のほかにノウサギの罠の見回り役を担うことも日課の一つであった。男性たちはムラの周辺で、さらには5km、10kmと遠くまでシカやイノシシを求め、槍を携えて狩りに出かける。時には大型のヘラジカを捕獲し、意気揚々とムラにかえることもあったであろう。子供たちは屈託なく遊び回り、母親に甘え、見守られ、何かと両親の真似をしながら成長

していく。夕刻ともなると母親たちは夕餉の支度に取り掛かる。万年を超す時間の隔たりがあるとはいえ、いまを生きる我々と変わらぬ当たり前の日常の暮らしの光景がそこにもあった。

　しかし、遺跡という名のムラ跡を掘ってみると、縄文時代のように竪穴住居の跡があるのでも、貝塚があるのでもない。目に見えるのは石器や河原石（礫）などがあちこちに散らばっているだけで、そこからは暮らしの匂いもヒトの姿も容易に見えてこない。やがて発掘者、研究者の意識は石器そのもののみに集中し、そこが、槍を携えて今日の糧を求めて野山を駆けめぐり、礫を加熱して石蒸し調理を行っていた人々がいて、そこがムラという暮らしの場所であったこともいつしか忘れてしまっている。

　眼前にあるのはただ石片や礫片ばかりであり、やむをえないことであるとはいえ、とりわけ、人間の製作物ではないただ焼けて赤化し、割れて散在しているだけの礫片、その集合体であり調理行動の結果残された礫群には、保坂康夫（1992・2010・2012）、古田幹（2003・2017・2018・2020）など、ほんの数人の限られた研究者を除けば、これに正面から向き合い、10年20年という長き歳月にわって解明に取り組んできた研究者はいない。

　ヒトの生命と暮らし、社会の存在の根底を支えるのは食料の獲得行動・生業活動である。そこで得た食料は礫群を用いて石蒸し調理され、日々の暮らしが成り立っていた。しかしながら、こうした事実の実態解明に向けて取り組む研究者はごくわずかであるというのが、これまでの学界の実状である。筆者は、これを何とか少しでも明らかにしたい、当時のムラの、そこに住む人々の、そこでの暮らしの、そこでの日々の食の実像を明らかにする岩宿時代研究をしたいという思いを深くしてきた。食といえば調理の問題を抜きにしては語れない。縄文文化の成立を根底から支えた要素の一つが、土器の存在にあると広く認識されているように、縄文人の日々の暮らしを支えたのが土器をもちいた煮炊きによる食生活である。その調理効果が縄文人の活力と暮らしの安定と文化の豊かさをもたらした（小林 1996・2008）。岩宿時代の場合はどうだったろうか。その手掛かりは礫群の中にこそある。

こうした認識を背景に、筆者は焼石を用いた調理の実態を明らかにすべく、1999年以来、21年間にわたって石蒸し調理実験を重ねてきた（鈴木 2012、鈴木他 2018・2020）。ムラでの日々の暮らしの中で、調理され食された食品は残念ながら朽ち果てて残ってはおらず、食料の具体像はほんのわずかな例を除いて明らかになっていないが、石蒸し調理実験を通して、礫群が当時の暮らしに果たした意義に対する認識を深めることが出来た。

　岩宿時代人は鍋釜に相当する土器こそ持たなかったが、そのかわり石蒸し調理法の持つ調理技術の特性や効果は、岩宿時代人の生活の安定に大いに貢献したと考えられる。それとともに、ムラの成立構造の理解をめぐって、石器を携え狩りに勤しむ男性のほかに、礫群という日常的な調理行動の痕跡の分析を通して、調理を担うおそらく成人女性の存在が視覚化される。このことによって、ムラ人という漠然とした集落居住者像から、成人男性に加え成人女性の姿も垣間見ることができるようになってきた。

　上記のような認識をもとに行ってきた研究の実際とそこで明らかになったムラの実像を本章で縷々述べていきたい。その際、自ら発掘調査したムラ跡ばかりではなく、関東地方各地のムラの分析にも努めてきた。茨木県常陸大宮市赤岩遺跡、埼玉県所沢市砂川遺跡、千葉県鎌ケ谷市東林跡遺跡、同県佐倉市西御門明神台遺跡、東京都町田市法政大学多摩校地遺跡 A-0 地点などである。近畿地方の基準資料となっている大阪府高槻市郡家今城遺跡（冨成他 1978）もその一つであり、現在再整理作業中である。近畿地方わけても大阪平野・淀川流域の岩宿時代遺跡の数は少なくないが、関東地方や九州地方のように、火山灰層に厚く覆われて良好に残された例はほとんどなく、近畿地方のムラの構成やそこでの暮らしの実情は全くといってよいほどわかっていない。この点は郡家今城遺跡の礫群を中心とした再分析作業を通じて、今後明らかにしていきたいと考えている。

　本章では、AT 降灰後、特に関東地方では最も遺跡数・人口が多かったとされる、ステージ 2 中のいわゆる武蔵野台地Ⅳ下・Ⅴ層の時期（後期岩宿時代第 3 期）、およびそれに続くⅣ中・上層期（後期岩宿時代第 4 期いわゆる砂川期）

のナイフ形石器文化の2時期の集落を取り上げる。その頃は最終氷期の中でも最も寒かったとされるLGMに相当する。本章ではムラの実態と研究上の課題について記すことになるが、既往の集落分析における最大の問題点は、調理行動の所産である礫の分布（礫群）など、石器以外の膨大な遺物の存在がほとんど無視されてきたことにある。集落分析事例の代表ともいうべき砂川遺跡もその例に漏れない。こうした認識の下、ここでは礫群の存在を可能な限り評価した集落分析を行っていく。その分析対象遺跡としては、筆者らが再整理、再分析を行った埼玉県砂川遺跡、千葉県東林跡遺跡、東京都法政大学多摩校地遺跡A-0地点の三つの遺跡を、ムラの実像分析例として順に取り上げる。

第1節　埼玉県砂川遺跡：砂川にも礫群あり

　砂川遺跡の第1次調査から半世紀以上が経過した。この間に砂川遺跡をめぐっては多くの議論が交わされた（野口2005）。その一方で、改めて問わなければならない基本的な問題も意識される。その一つが、礫群、調理、火の使用といった行動に対する認識を一層深めることの必要性である。こうした課題を意識したうえで、筆者は坂下貴則氏とともに2012・13年、砂川遺跡出土資料の再観察に赴く機会があった。

　この際に知ったのは、第1次発掘調査報告書には掲載がなく、文中でさりげなく触れられているにすぎない礫群の実測図が存在しており、報告書用の下図も作成されていたこと、そして、A地点第2ブロック中に明らかな被熱現象を示す石器が、複数存在することの二つであった（鈴木他2017・鈴木2019）。

I　遺跡の概要

　砂川遺跡は、武蔵野台地の西端の一画、狭山丘陵にほど近い台地上に位置する。岩宿時代の集落研究が全般に低調である中、当遺跡と環状ブロック群はその例外中の例外であるという点で、とりわけ重要な遺跡である。はじめに、以下に掲げる議論の前提となる基本的な事実と砂川遺跡を巡るこれまでの議論の

第 4 章　集落　253

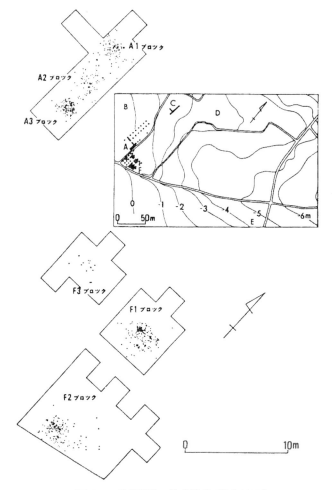

図Ⅳ-1　砂川遺跡の地点構成（鈴木 2017c）

理解のために、二度にわたる発掘調査の出土品とその出土状況を簡単にまとめておきたい。

　砂川遺跡は A 地点、F 地点の 2 地点からなる。A 地点（1966 年第 1 次調査 戸沢 1968）周辺には、ほかに B・C・D・E・F の石器採集地点がある（図Ⅳ-1）。A 地点と同時に発掘した C 地点からは石器の出土はなく、A 地点に A1

～A3ブロック、F地点にF1～F3ブロック、遺跡全体で計6ブロックから構成される（図Ⅳ-2）。A2・F3ブロックにはそれぞれ礫群が伴う。遺跡全体の占める空間的な広がりは、北側のA1ブロック北隅から南側のF2ブロック南隅まで、両地点間に横たわる、約10mの無遺物空間を挟んで40mを測る。

発見された石器はA地点で354点、F地点で431点の計785点である（安蒜他1974、野口2009）。そのブロックごとの内訳と器種組成は以下のとおりである。なお、礫群については議論の対象とはなっていない。

【A地点】（第2次報告表2、7～9）

A1ブロック：ナイフ形石器12、使用痕ある剥片2、石刃・刃器状剥片37、石（残）核3点などから成る166点。

A2ブロック：ナイフ形石器7、彫器1、使用痕ある剥片1、石刃・刃器状剥片13、石（残）核5点などから成る60点。礫群を伴う。

A3ブロック：ナイフ形石器4、使用痕ある剥片2、石刃・刃器状剥片29点などから成る128点。

【F地点】（第2次報告表6）

F1ブロック：ナイフ形石器5、彫器1、2次加工ある剥片8、使用痕ある剥片3、石刃（刃器状剥片）3、石（残）核5点などから成る186点。

F2ブロック：ナイフ形石器17、2次加工ある剥片5、使用痕ある剥片4、石刃・刃器状剥片17、石（残）核5点などから成る211点。

F3ブロック：使用痕ある剥片2、石刃・刃器状剥片4、石（残）核1点などから成る15点。F3ブロックは礫群を伴い、出土石器点数は他の2ブロックに較べ極端に少ない。石器製作の痕跡に乏しく、基幹装備であるナイフ形石器を欠き、分布は散漫であることが特に注意される。

Ⅱ 石器による集落論の経過

1960年代後半以降の月見野遺跡群、野川遺跡群等の大面積調査の過程で、集落遺跡の問題が強く意識されるようになる中、砂川遺跡の成り立ちに関する安蒜政雄の最初の具体的な分析は、1974年発行の「史館」誌上における議論

第4章 集落　255

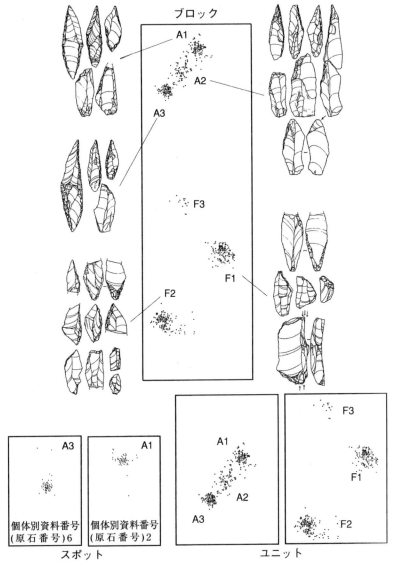

図Ⅳ-2　砂川遺跡のブロック配置とナイフ形石器の出土位置（安蒜 2007 より）

（安蒜1974）であった。ここでは、分析、解釈をめぐる多くの議論のうちのおもな論点を、かいつまんで紹介しておくことにしたい。

1. 個体別資料分析法

　砂川遺跡を集落論的な観点から捉え、分析し解釈するという作業にとって欠かせないのは個体別資料分析法である。出土石器すべての母岩別戸籍簿づくりといってもよいであろう。出土資料は石材別に分けると珪岩、凝灰岩、黒曜石の3種類にまとまる。それぞれの石材ごとに接合作業を行っていくと複数の接合群ができる。一つの接合群を1個体と数えて「個体別資料」とする一方、たった1点の石器でも接合群を含む個体とは明らかに異なる個体別資料もある。

　こうして、A/F両地点から出土した計792点の石器群が、69個の個体別資料としてほぼ完全に識別された（野口2009）。個体別資料のほとんどは、各地点内でその分布を収束させるなか、A/F両地点にまたがって分布するものが3個体あることも明らかになった。

　個体別資料から導かれた石器群に関する認識のうちでまず重要なのは、それらが、次のA・B・Cの三つの類型から構成されていることが知られたことである（図Ⅳ-3）。A類：当遺跡に移動してくる前の遺跡での石器製作作業・消費過程で使い残された、石核の後半部分が持ち込まれ、当遺跡で作業が終了し、残核などが遺棄された資料群。B類：当遺跡で石器製作作業が開始され、後半の作業継続可能部分が次の遺跡に持ち出された資料群。そして、C類：当遺跡で製作した痕跡がなく、前の遺跡から完成された形で持ち込まれ、当遺跡で使いきり、遺棄された石器群。こうした認識によって、彼らが移動生活を送っていたことが、石器そのものの具体的な姿から明らかにされた（矢島1977）。

　一つの個体別資料がブロック間にまたがって分布し、製品や石器素材がブロック間で行き来していたことが明らかにされたことから（図Ⅳ-4・5・6）、砂川遺跡の居住集団が石器の製作から使用までの間の暮らしの諸場面で、互酬的関係を結んでいたことを考古学的に証拠づけ、砂川ムラが互恵的平等原理の中で維持されたことを物語るものとして評価することができるというもので

第4章 集落　257

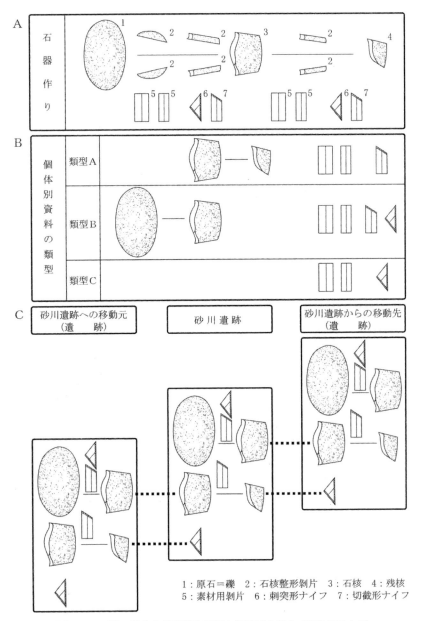

図IV-3　石器の製作作業類型と石器の遺跡間の動き（安蒜1990より）

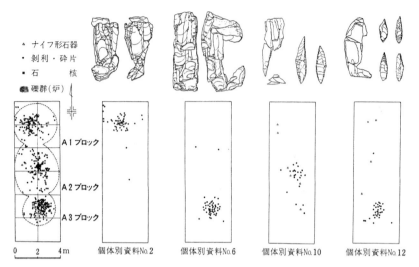

図Ⅳ-4 砂川遺跡A地点の遺物分布と個体別資料分布（栗島1991より）

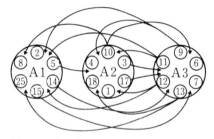

図Ⅳ-5 砂川遺跡A地点内の個体別資料の動き（栗島1987より）

あった（栗島1987・1991a・1992）。

このようなムラの成立構造にかかわる基本的な理解とは別に、彼らの移動様式とムラの設営の実態の理解に目が向けられたことで、様々な新しい分析視点と解釈が生まれ、活発な議論が展開されることになった。こうした関心を簡単に言えば、A/F両地点の計6ブロックは、両地点にまたがる個体別資料の存在を根拠に、同時存在した一つのムラであると理解できるのか、あるいは同時存在した二つのムラなのか、それとも同じムラ人達の時期の異なる二度にわたる設営だったのか、そもそもそこには何世帯の家族が暮らしていたのか、という問いかけということになろう（栗島1986）。

ただ、こうした議論の前提となる資料解釈の方法や遺物の遺存状態に対する認識に対して、五十嵐彰（五十嵐2013）や田村隆（田村2012）から疑義が投

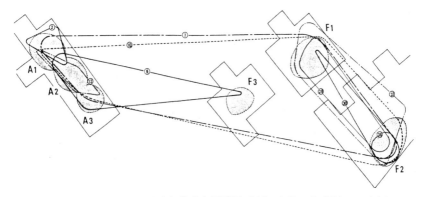

図Ⅳ-6 砂川遺跡 A/F 地点個体共有関係図（数字は個体 No.）（栗島 1986 より）

げかけられてもいる。とりわけ田村の「遺物集中範囲の多くは、石器製作の場でも、何らかの活動が化石となったものでもない。‥‥人為的、あるいは自然の営力で大きく乱されたゴミ溜め以外のものではない」という発言は根底的な否定論である。

2. 石器からみたムラの解釈

　砂川遺跡の A/F 地点関係について、最初に本格的に言及したのは稲田孝司（1977）であった。A/F 両地点にまたがる個体別資料は、F 地点内分布資料がいずれも製作工程上で先行することを主な理由として、F 地点が先に設営され、その後いくつかの地点をめぐり、再び回帰してきたのが A 地点であるというものであった。F 地点設営当時保持していた石材は、その後の移動の過程で残り少なくなってはいたが、これを使い尽くさない間に A 地点に回帰、再占拠した結果が、A/F 両地点にまたがる個体別資料の存在の理由であるというものであった。個体別資料に基づく集落論の可能性を一気に大きく開くことになった。

　また、栗島義明（1987）は、A/F 両地点異時存在、F 地点先行を前提に砂川における二度にわたるムラの設営を主張した。主要石材が A 地点はチャート、F 地点では凝灰岩と両地点間で異なる点に注目して、次のような理解を示した。F 地点の占拠集団は、武蔵野台地の南端まで巡回移動した際に、相模野

台地居住集団と接触し相模川由来の凝灰岩を入手した。その後、北上し一度砂川のF地点でキャンプを設営したのち、さらに北上して武蔵野台地北部に至って、ここでチャートを補充し、再びA地点に回帰してきたというものである。一つの遺跡内における個体別資料の解釈から、数十kmにわたる地域間移動の問題にまで大きく展開した瞬間であった。

さらに、栗島（1992）は、一つの個体別資料が複数のブロック間にまたがって分布し、製品や石器素材がブロック間で行き来していたことに注目する。たとえば個体別資料No.10は、ナイフ形石器が製作行為の行われたA2ブロックから、隣接するA1ブロック、A3ブロックにも分布するといった例である。そこに互酬的関係が存在していたことを考古学的に見出し、砂川ムラの暮らしの諸場面が、互恵的平等関係の中に営まれたことを物語るものとして評価した。

上記のような経過を経て、A/F両地点のムラの設営は、その機会を異にする2回とする稲田・栗島の見方に対し、発掘調査から分析まで長い年月をかけて緻密な分析を一貫して行ってきた安蒜政雄（2007）は、1ブロックを1家族と捉え、A/F両地点にそれぞれ3家族ずつから成る二つのムラが、近隣関係を持ちつつ同時存在したと考えた。

安蒜（1974）は、砂川遺跡の石器群に関するおそらく最初の本格的論考「砂川遺跡についての一考察 ―個体別資料による石器群の検討―」に始まり、その後の砂川の専論「砂川遺跡における遺跡の形成過程と石器製作の作業体系」（安蒜1992）や近年の著書『旧石器時代の日本列島史』（安蒜2010）を含む多数の著作において、石器群分析と砂川遺跡の成立構造について、繊細な分析を精力的に発表している。ちなみに、同書のⅢ章「旧石器時代の集団と住まい」第1節「旧石器時代の遺跡と集団」の構成を掲げてみると、これまでの研究の軌跡と論点が明らかになるといってよいであろう。

（1）個体別資料分析法
　1. 遺跡の構造研究と砂川遺跡　　2. 石器作りと個体別資料
　3. 移動生活の証明

（2）遺跡の構造と集団の構成
　　1. スポットとブロック　　　　2. ブロックとユニット
　　3. ブロックと居住空間　　　　4. 居住空間とヒト
（3）移動の生活と変容
　　1. 移動の契機と要因　　　　　2. 移動方式の変化
　　3. 石器製作者集団の登場

　遺跡の出土資料（石器群）を階層的に捉え、精密に分析し、個体別資料への着目とこれを介して、遺跡と呼ばれるムラ跡の分析の意義を広く学界に伝えるという意思を感じさせる。こうした発掘当事者ならではの姿勢に基づく研究を支えたのは、研究の出発点となった「個体別資料分析法」に他ならない。これによって多くの発信がなされてきた。

　こうして、安蒜は個体別資料を手掛かりに、定置個体・移動個体（1992）、時間連鎖・空間連鎖（2006）といった概念を駆使して、砂川遺跡の石器群を縦横に分析し、ブロック間関係、遺跡間関係などについて論じた。砂川ムラの成り立ちについては、ブロック住居跡説をとり、6ブロック同時共存の立場から、最終的にA/F両地点にそれぞれ3軒のイエと1基の礫群からなる「6軒のイエが建ち並ぶ」さまを想定した（安蒜2006・2010、鈴木他2017）。両地点にそれぞれ1カ所ずつ存在する礫群は、両地点それぞれのイエイエが共用していたとする（安蒜2007）。

Ⅲ　礫群再認識の意義

　砂川遺跡は岩宿時代集落遺跡の中で最も多くの議論が交わされた遺跡であろう。発掘調査の当事者でもある安蒜政雄は、砂川遺跡の専論・概論を含めておそらく20篇以上に及ぶ精緻な様々な分析を行っている[3]。こうした議論に稲田孝司（1977）・栗島義明（1987ab・1988・1992・1999）・五十嵐彰（1998・2003・2013）などが加わり、その話題はいわゆる遺跡構造論の枠を超えて多岐にわたり、百花繚乱のごとくであった。しかしそこに共通するのは、石器群の個体別資料に基づく作業類型区分、ブロック間およびA/F両地点間の接合関係、そ

してそこから派生する課題を中心としたものだったことである。

そこでは一貫して、A/F両地点に1基ずつ存在する礫群については、考慮されることはなかった。第1次調査では存在したはずの礫群の記載が報告書の中に盛り込まれず、第2次調査で検出された礫群はその実態を知るに足る記載がなされず、さらに出土した礫自体が保存されていない。そういう事情はあったにせよ、議論の片手落ち感は否めない。こうした経過を踏まえ、筆者は礫群と「火」を取り込んで砂川遺跡を再評価すると、どんな砂川ムラ像が立ち現れるのか検討することとした。そのために、第1次調査で検出された礫群の実態を復元する作業をまず行った（鈴木他2017）。その結果を踏まえて、あらたな砂川ムラ像を明らかにした（鈴木2019）。以下に、そこに至るまでの経過を記しておきたい。

1. 発掘調査報告書の記載

第2次発掘調査報告書中における、第1次調査A地点の礫群にかかわる部分の記載は、下記のとおりである。少し長いが以下に引用をしておきたい（戸沢1968）。

この3つの分布群は上述の通り、そこに含まれる資料の数量や種類に、特に指摘するような差が認められない。ただ、両端にある第1・3群が、第2群にくらべて分布密度がかなり顕著に濃厚である点が注目される。そのことと関連して若干注意すべき事実が第2群について指摘される。すなわちXj-3、Xj-4区には、径1m弱の円形の範囲を不規則にとりかこむように、8個の砂岩の円礫が出土した。それらの礫は全長8cmの楕円形状のものを最大とし、いずれも拳大である。擦痕や打撃痕などを残していないが、一部に黒い炭化物のようなものが、タール状に付着しているものがある。表面が風化または酸化してぼろぼろのものが若干あるが、すべてが火熱を受けたという明確な証拠はない。細心の注意をはらって調査をしたが、礫のある部分のローム層が焼けていたり、残灰があったり、また特に炭化物が多いというような観察はできなかった。しかし、あたかも礫にかこまれたようにみえる部分のロームは、ほかにくらべてやや暗黒色を呈

し、そうしたロームは礫の下面から下に10cmほどの厚さで認められた。また上面が平らな1個の礫の上には、1個のチャート製の残核（第7図5）が、のりかかるような形で発見された。あたかも石器製作址的な、すなわち石核と台石といったあり方であるが、その附近からとくにかたまって剥片や砕片が発見されることはなかった。〔8頁〕

・・・・・・中略・・・・・・

　以上のように第2群の資料中にふくまれていた円礫群とそのあり方については性格が不明である。しかし比較的粗放な石片等の分布濃度を持ちながら、最も範囲が広いこの第2群の分布区域が、生活の場所として中心的な場であったことは、その礫群の存在からも推測することはできよう。

　位置としても中心を占める第2群に対して、その両側にある第1・3群は、狭い範囲に石片等の分布が密集し、石器製作がそこで集中的に行なわれた形跡が強いといえるかもしれない。とくに折り重なるように剥片・砕片などが遺存した第3群ではその傾向が強い。

　しかしそれら3群をふくめて、それをどこが石器製作であり、またどこが生活の中心だと断定する必要はないだろう。砂川遺跡で観察することのできた上述のような事実は、石器の製作も生活の一部であった先土器時代にあって、居住生活の場所がすなわち石器製作の場所であり、石器製作の近くが居住生活の中心の場所であったという、ごくありふれた小さな遺跡の構造あるいは機能の実態を示しているものと理解すべきであろう。そしてそこに生活した人々は、まさに先土器時代における最少単位の人間集団であったと推測される。〔10頁〕

　また、第2次調査の報告書の中で、第1次調査報告書にはないA地点の礫群の検出状況に関する記載があるので、ついでに引用しておきたい（砂川遺跡調査団1974）。

　ところで、A2ブロックとF3ブロックとには遺構がみられる。すなわち、両ブロックは、各々一つの礫群をもっている。これらの礫群を形作ってい

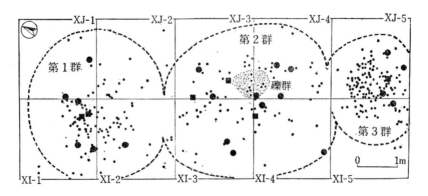

図Ⅳ-7 砂川遺跡Ａ地点の礫群　上　埼玉県砂川遺跡Ａ地点の「ブロック」
（●印は完成された石器、■印は残核、小黒点は剥片・石片の出土位置）（戸沢1979より、一部略）

る礫は、A2ブロックでは砂岩であり、F3ブロックでは珪岩である。しかし、双方の礫は共に、表面にタール状の付着物がみとめられること、表面が赤色を呈していること等から、火熱を受けたものと思われる（戸沢1971）。このように、A2ブロックとF3ブロックとは、礫群を所持するということにおいて、A1ブロック・A3ブロック・F1ブロック・F2ブロックから分離されよう。〔66頁〕

こうした認識を踏まえ、10年後の「先土器時代論」（戸沢1979）の中では、次のように述べられている。この時はじめて砂川の礫群は、遺物分布図の中に明確に示されることとなった（図Ⅳ-7）。

　　・・・報告書という制約されたスペースの中にこうしたことを書いた真意は、遺物の分布やそれを円圏で囲ったドット・マップで（ママ）だけではなく、そこに残されたものの性格、動きなどを高い精度で分析することを通じて、はじめて遺構の構造やその本質（集団や人間行為の実態）に関する情報を、発掘を通じて最大限析出できると信じたからである。砂川Ａ地点の場合、三つのブロックがあるから、それがただちに三つの居住単位があるなどと仮定したことは全くない。屋根がひとつづきであろうと、

三つであろうとまた、中心部分だけが小屋掛けであろうと、この場合は一つの最小の単位集団であっただろうと感じている。〔172、173頁〕

　F地点では、F3ブロックで礫群1カ所が検出されている（砂川遺跡調査団1974）。ここでは、礫群の写真と実測図が掲載されており、「・・・A2ブロックでは砂岩であり、F3ブロックでは珪岩である。しかし、双方の礫は共に、表面にタール状の付着物がみとめられること、表面が赤色を呈していること等から、火熱を受けたと思われる〔中略〕A2ブロックとF3ブロックとは、礫群を所有するということにおいて、A1ブロック・A3ブロック・F1ブロック・F2ブロックから分離されよう」とあるのみで、礫数すら記されていない。同書の第12図「F3ブロックの礫群」の図上で数えると、30余点の大小の礫で構成されていたことが推測されるばかりである。礫群は、いわば砂川遺跡の「棄民」的存在であり続けている。

2. 新たな資料提示

　上述のような経過を経てきた砂川遺跡は、研究史的にも資料的にも第1級の集落遺跡として、将来にわたって学界で共有され、受け継がれていくことになるであろう。こうした砂川遺跡の存在意義を念頭に置くと、現地では実測がされながら報告書に記載のないA地点の礫群について、それを復元提示しておくことは少なからぬ意味があろう。また、砂川遺跡の再観察の結果明らかになった新たな被熱石器の存在も、近年の議論の動向に鑑み、この際あわせて報告しておくこととしたい。[4]

1）礫群の検出状態写真・実測図

　まずA地点の礫群の中景・近景写真を掲げる（図Ⅳ-8・9）。破損した細かな礫の分布ではなく、報告書の記載からもうかがえるように、やや大ぶりの礫が散在している様子が見て取れる。Xj-3グリッドの西寄りに礫の主たる分布域があり、この一群とはやや離れてXi-3グリッド側に、やや大ぶりの礫が1点分布している。発掘調査の終盤であろうか、報告書の記述にある「やや暗黒色を呈し」た部分を掘り下げたと思われる円形の掘り込みが、礫群主要部の分

図Ⅳ-8 A地点A2ブロックの礫群出土状態近影 北東から（鈴木他2017c）

図Ⅳ-9 礫群と「やや暗色を呈する」部分の掘り込み 南東から（鈴木他2017c）

布範囲の南西側に見える（発掘調査途中の写真は省略）。参考までに、礫群・石器分布実測図、A地点の遺物・遺構検出状態の図を掲げる（図Ⅳ-10）。

第2次調査で検出されたF地点の礫群は、報告書の第12図に実測図（図Ⅳ-11）が掲げられ、巻頭図版3に写真が載せられている。同礫群は東西2m×南北1mほどの範囲に広がり、やや密集度が高く分布域も広い東側と、これと50cmほどの空間を挟んで少数礫が分布する西側とに二分するような分布を見せる。

2）被熱石器

　A地点出土の被熱石器は、Xi-4・Xj-3グリッドの石核と、Xj-3グリッド出土の稜付き剥片の2点である。いずれもチャート製で凹凸のある破砕面やウロコ状のヒビという被熱の可能性が高い痕跡が認められ、A地点の第2群（A2ブロック）に分布する。

（1）Xi-4・Xj-3グリッドの石核

　原報告に記載がある紺〜黒色の縞が入る緑味を帯びた灰色のチャート製である（戸沢1968　第7図3）。両設打面の石刃石核で、背面に大きく礫面を残し

ている。

　石器の全面がウロコ状のヒビで覆われている。実測図には描かれていないが、本来深いヒビによって3片以上に破砕したものが接着されている（図Ⅳ-12）。割れ面に凹凸が生じており、被熱による破砕と考えられる。石核の背面自然面上にはP27XI-4とP27??（グリッド名判読不能）、石核正面右半下端の破断面にはXJ-3と書かれている。石核は被熱して少なくとも3点以上に破断し、離れて出土したことが推測される。

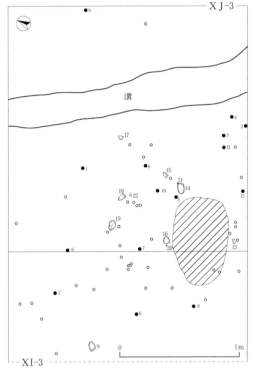

図Ⅳ-10　A地点の礫群および石器分布図（鈴木他2017c）

(2) Xj-3グリッドの稜付き剥片

　狭義の石器とみなされなかったため、原報告には記載がない。上記の石核と同じ紺～黒色の縞が入った緑味を帯びた灰色のチャート製である（図Ⅳ-13）。層理面をのぞき、石器の全面がウロコ状のヒビで覆われている。石質とともに、被熱痕跡も上記の石核とよく似ている。石器は長さ5.3×幅1.7×厚さ1.1cmの分厚い剥片として遺存している。正面上方からは縦方向の剥離が剥片の中ほどまで及び、左側面は剥片の素材の分割面とおぼしき層理状の面とその右側には、稜形成のための横位の剥離面が残されている。右側面は剥離痕のない層理面で、被熱の際に層理に沿って破断したことを示すものと思われる。剥片背面に稜を留めていることから見て、本来幅のそれほど厚くない素材の木口面を剥

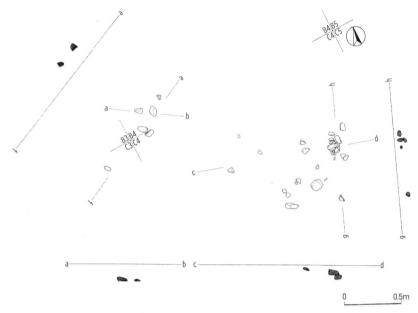

図Ⅳ-11　F地点F3ブロックの礫群実測図（戸沢他1974より）

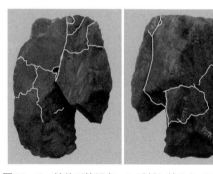

図Ⅳ-12　被熱石核写真　ヒビ割れ線入り（S = 2/3）
　　　　（鈴木他2017c）

片剥離作業面とする、石核正面の一部をなしていたものであった可能性が考えられる。正確な出土位置は不明であるものの、Xj-3の注記から炭化物集中と礫が多く分布するグリッドから出土したことがわかる。

　このように砂川遺跡の研究では、それが研究史的背景という時代の気まぐれのせいであったとしても、礫群資料の逸失によって、集落遺跡を論じる視点にある種の重大な欠落が生じてしまったように感じられる。それによる死角とはいったい何だろうか。火・炉、調理・食料、住まいの位置、

暮らしといった観点である。A2ブロックから出土した被熱によって割れた石刃石核と稜付き剥片が、これまでの詳細な石器群分析の中で扱われてこなかったのも、その一端を表しているように映る（図Ⅳ-14）。

図Ⅳ-13　被熱稜付剥片（S＝2/3）（鈴木他 2017c）

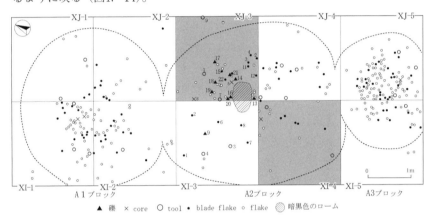

図Ⅳ-14　石器・礫分布図（網掛けは被熱石器出土グリッド）（鈴木他 2017c）

3. 礫群からみたムラの解釈

　冒頭で、A/F両地点は、石器ブロック数、礫群の数など、その種類と量においてほぼ等価に見えるとした。ただ、細部にわたることになるが、ブロックの性格にかかわって重要な差がある。A地点で礫群の位置するA2ブロックの石器数は三つのブロック中で一番少なく、他の2ブロックに較べて分布密度も散漫である。F地点で礫群が位置するF3ブロックの石器数はF地点の中でも極端に少ない。さらに、砂川遺跡のブロックの基幹装備であるナイフ形石器を欠く。両地点とも礫群がかかわるブロックが他の石器ブロックとは明らかに異なった性格を持っている。このことは当初から戸沢が指摘しているところであ

る。

　砂川の礫群資料が失われてしまったことをいまさら嘆いても詮方ないが、もし残っていたらどうだろう。礫群というものの性格を踏まえて、これを評価するとどのような展望がひらけるのか、以下に述べてみたい。

　それは砂川ムラに住む人々の日々の暮らしの拠所となる世帯に関してである。そこでの礫群を象徴的にいえば、それは世帯の竈であり、台所である。筆者は竈の数をもって世帯数とする。こうして、A/F両地点それぞれに1世帯ずつを想定する(5)。

　礫群の位置するA2ブロックとF3ブロックは、A地点とF地点の各世帯において暮らしをきりもりする成人女性たちが、育児をしつつ、竈の火種を絶やさぬように日々心がけ、甲斐甲斐しく働き、世帯全員の生命の源である食事を調える調理の場である。そこはまた家族の団欒の場でもあった。A2/F3ブロックは、こうした女性たちにとっての座の延長といってもよい位置を占めていたであろう。したがって、住まいもA2ブロック、F3ブロックにほど近い場所に設けられたと考えておきたい。

　ナイフ形石器を主とする石器製作者たる成人男性にとって、A1・A3ブロック、F1・F2ブロックは石器製作に傾斜したブロックであった。これに対しA2・F3ブロックは石器製作というよりも石器の使用に傾いた場であり、道具の加工・補修などの作業の場であった。そしてなによりも重要なのは、そこが女性が担う調理の場だったことである。結局、これまでの岩宿時代の集落論は男性の考古学であったのであり、これまで語られてきた「イエ」「世帯」は女性抜きの男性のそれであったと言っても過言ではない。

　世帯の日々の暮らしにおける礫群の役割と性格を重視する立場から、筆者はA/F両地点合わせて、成人男女と子供たちの暮らす2世帯の砂川ムラを想定した。同様な考えから、3世帯からなる法政大学A-0地点ムラを報告したところでもある（鈴木編 2018）。

　礫群が調理の場であり、調理を担うのが成人女性であるという観点から、A/F両地点に礫群が1カ所ずつしかないことを踏まえて、筆者は、両地点に1

世帯ずつ、2世帯が暮らす砂川ムラを想定している。A2 ブロックには、被熱の結果ヒビ割れを起こした石核破片が存在していること、石器数も一番少なく、分布密度も低いこと、礫群を伴う F3 ブロックの石器数は極端に少なく、主要装備のナイフ形石器を欠き、石器製作、使用の痕跡も極端に乏しい。その理由はそこが調理の場だからということで矛盾なく説明できる。

　第3節で言及する法政大学多摩校地 A-0 地点は、礫群・石器ブロック・木炭ブロックの世帯認定の3点セット三カ所に対し3世帯のムラを想定したが、同じ考え方で砂川遺跡を見れば、A/F 地点それぞれの三つの石器ブロックと各1基の礫群に対して、それぞれ1世帯、計2世帯のムラを想定するのが妥当と判断される。

　砂川遺跡は、いわゆる環状ユニット集落（環状ブロック群）をのぞけば、多くの論客が雄弁をふるった唯一の遺跡であるといってよいであろう。それ故に砂川遺跡のムラの設営に関する理解には、いくつかの異なった見解がある。それらの議論の妥当性を検証し、収斂させて、より実態に近く、より具体的な行動復元や集落像の抽出のためには、原報告から抜け落ちていた A 地点の礫群に光を当てることによって、その隘路を抜け出す一つの手掛かりとすることができるのではないかと考えた。

　こうして、砂川遺跡 A/F 両地点の礫群構成礫そのものを観察しようと試みた。その結果は、礫群構成礫を確認することはできず、残されていないものと判断せざるを得ないという結論に至ったが、集落研究における礫群の重要性という観点から、ささやかではあるが、これまで未公表であった礫群や「火」に関連する新事実を発見し、公表することができた。

　ここで念のため、保坂康夫（2012）による集計を確認しておくと、IV 層中部から III 層のいわゆる II b 期（砂川期石器群・終末期ナイフ形石器群・槍先形尖頭器群）の礫群保有遺跡は 100 文化層を数えることができ、その 81％ の文化層から総数 393 基の礫群を確認できるという。砂川期のムラを論じるのに、礫群は不可欠の要素であることが分かる。

第2節　千葉県東林跡上層遺跡

　第1節では、砂川遺跡の集落構成を検討してきた。その際の分析対象選定基準の第1は、小規模でムラの全域を掘り切った完結したムラ跡であると想定できることであった。その点で砂川遺跡はその要件を十分に満たすものであった。本節で検討する東林跡上層遺跡は、30m以上に及ぶ遺物分布範囲をこえてさらに周辺までを掘り切っていて、集落全域として完結していると十分に予想できるものである。その帰属時期は砂川遺跡より1段階古い第3期のナイフ形石器文化（Ⅳ下・Ⅴ層期）の遺跡であるとともに、礫群が検出されていて、石なし県と呼ばれることもある千葉県下のムラで、礫群が日々の生活の中でどのように扱われ、意味づけられていたかを探る意図からの試みでもある。

Ⅰ　集中分布地点の遺物分布とその新区分

　当遺跡に関する既刊の諸報告は、全て『市史』報告（織笠2010）の遺物集中分布地点（以下、集中分布と略称）区分に従って行われてきた（鈴木2016、鈴木他2017・2018）。しかしながら、集中分布として区分された7カ所の遺物群のまとまりは、当初から礫と石器の二種類の遺物群を一括して区分したものであって、性格の異なる礫群と石器群を別々に分析し、その後にその両者を統合して総合的に理解しようとする立場からは、新たな区分が必要となる。

　筆者の理解では、全く性格の異なる礫・石器はそれぞれの分布状況にしたがって、礫ブロック（礫群）、石器ブロックとしてまず区分する必要があり、その後、両者を統合した集中分布の区分へと移行するのが合理的であると考えている。こうした認識のもとに集中分布を見なおすと、礫群・石器群とも概ね同じ分布域をなすと捉えられるのは、西から集中分布2・3・1・7であり、そこに礫群と石器ブロックをそれぞれ認めることができる。これに対し、集中分布4・6では石器は1点に過ぎず、そこに石器ブロックを認めるのは難しい（図Ⅳ-15・16）。

第4章 集落 273

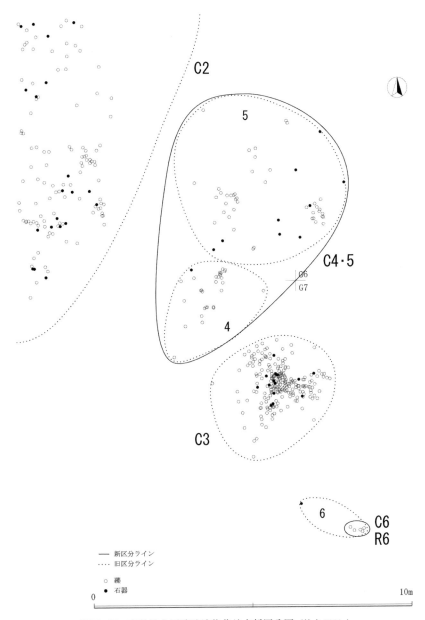

図Ⅳ-15 東林跡上層遺跡遺物集地点新区分図（鈴木2020a）

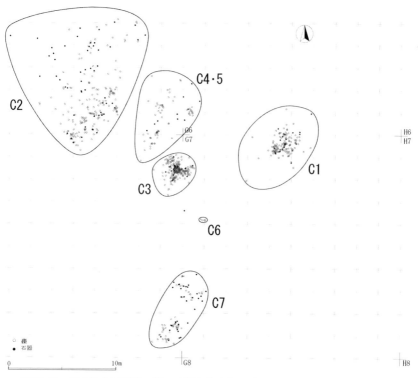

図Ⅳ-16　東林跡上層遺跡の礫・石器全体分布図（新区分案による　Cを礫群R、石器ブロックSに適宜読み替える）（鈴木2020a）

　集中分布4（以後、C4と表記）とC5中の石器相互の関連を見ると、C5からC4内の1点を切り離す分布距離上の合理性はない。同様に、礫群もC4とC5を二つに区分する距離上の合理性はみつからない。こうした点を踏まえて、集中分布4・5を区分せず一括してC4・5とし、それぞれ礫群R4・5、石器ブロックS4・5をあらたに設けることとする。同様に集中分布C6にも石器ブロックは認めず、C6域内の単独石器資料として扱う。礫は現状の集中分布の南東隅に集中しているので、そこを礫群R6の分布域とした実質的な範囲に変更しておきたい。以下の記述は、上記の新区分案に従って行う（鈴木2020）。

表Ⅳ-1　東林跡遺跡礫群別礫数・重量一覧表（鈴木 2020a）

礫群 No.	重量(g) ～20	～50	～100	～150	点数	重量	平均(g)
礫群 R1（集中 C1）	114	11	—	—	125	1030	8
礫群 R2（集中 C2）	129	43	15	1	188	3568	19
礫群 R3（集中 C3）	186	24	—	—	210	1931	9
礫群 R4・5（集中 C4・5）	51	9	6	2	68	1254	18
礫群 R6（集中 C6）	—	2	3	—	5	275	55
礫群 R7（集中 C7）	45	11	3	1	60	910	15
点	525	100	27	4	656	8968	14
％	80	15	4	1			

Ⅱ　礫群

1. 礫群の規模（点数と重量）

　新区分の結果、礫群を 7 基から 6 基に認定しなおした。これら 6 基を構成する礫数は 656 個、総重量 8,968g、全体平均 14g である（表Ⅳ-1）。約 9kg の礫が 6 基の礫群を構成するわけであるから、各礫群の構成重量はそれほど大きいものではないこと、個々の礫の平均重量も軽いことが推測される。この礫の大きさを散文的に言えば、角砂糖程度の大きさの破損礫 656 個ということになる。構成礫重量の一番重い礫群は R2 の 188 個、3,568g（平均 19g）、これに次ぐのが R3 の 210 個、1,931g（平均 9g）である。3 番目は R4・5 の 68 点、1,254g（平均 18g）である。4 番目は R1 の 125 個、1,030g（平均 8g）である。一番軽いのが R6 の 5 個、275g（平均 55g）である。2 番目に軽いのが R7 の 60 個、910g（平均 15g）である。

　ちなみに、礫群 R7 の 910g といえば鶏卵大の礫約 9 個ということになる。我々の石蒸し調理実験では、拳大の礫 10 個程度でも少量の調理は可能であることがわかっているが、一般的な礫群構成礫の大きさからすれば、当遺跡の各礫群に残された少量の小型破損礫だけで、石蒸し調理が行われていたとみるのは無理があると考えられる。一部の礫が持ち出されている可能性が少なからずあり、ここに残された礫は、さんざん使い尽くされた後の残滓である可能性が高いとまず見ておきたい。

図Ⅳ-17　東林跡上層礫接合写真
上から礫接合個体 No.2・3・5（鈴木 2016a）。
スケールは 10cm。シールの形の違いは、所属礫群が異なることを示す。

　現存状況は上記のとおりであるが、念のため破損度 3 以上の大きさで復元計算に一定の信頼性がおける 54 例について、破損度をもとに本来の礫の重量を推定してみよう（図Ⅳ-17・18）。これから、100g 以下の礫の構成率は低く、～200g が 30％で一番多く、～300g が 28％でこれに次ぎ、～400g が 15％で第 3 位をしめ、～800g までの大形拳大礫の重量域にまたがっている。グラフの示すところから、ここで用いられた当初の礫の重さは、礫群単位で見ても通常の平均的な礫群であって、軽い礫ばかりから構成されていた、特殊な礫群ではないと考えられる。以

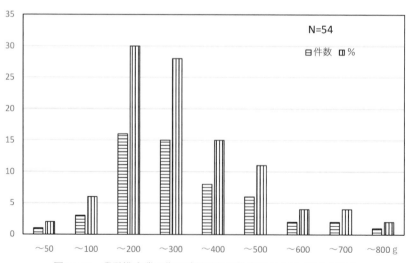

図Ⅳ-18　礫群構成礫の復元重量階級別構成比グラフ（鈴木 2020a）

上が、礫群の現存資料から推測される当初の姿である。

2. 礫群の分布と接合関係

　東林跡上層ムラから出土した総数656点からなる礫片が、接合作業を経て63礫個体として識別され、32点の礫片が非接合、非個体識別の破損礫片として残された（表Ⅳ-2）。その内訳は、礫群間接合個体20例、礫群内接合収束個体40例、非接合同一個体3例である。これらが6基の礫群を構成する。この63例の礫個体について遺跡内での分布状況を一瞥して、各個体が遺跡内にどのように分布し、どのような接合関係を有しているか、まず整理しておこう。なお、6基の礫群を西端の礫群R2から東方向へR4・5、R3、R1と横並びに連なる一群を北群と呼び、R3から南方向にR6、R7と展開する一群を南群と呼ぶ。このようにR3の礫群を起点にみると、6基の礫群は東西南北の四方に展開していることが分かる。

　63例の礫個体のうち、礫群間接合個体は20個体（No.1～No.5、No.21、No.26、No.35～39、No.41、No.43、No.46、No.47、No.60、No.63。No.107[8]）である。これらについてそのブロック間関係をまとめておこう。もっとも多くの礫群と関係を結ぶのは礫個体No.4である（図Ⅳ-19）。西から順にR2/R4・5/R3/R1と横断して、東西方向に広く分散分布する。同個体は接合4小群と非接合資料から成る計29点、246g、接合後の破損度は3、復元重量412gの旧状拳大礫である[9]。

　次に多くの礫群と関係を結ぶのは礫個体No.38である。礫群R3/R1間の東西方向に加えて、非接合資料を加えると、南群のR6からR7に分布を広げる。北群における東西方向の関係に加えて、南北方向に分布を広げる貴重な例である。3番目に多くの礫群と関係を結ぶのは礫個体No.1・No.5・No.35・No.39・No.43の5個体である。東西にまたがって礫群R2/R3/R1間に広く分布する。非接合同一個体を含めるとNo.2・No.37・No.46が加わって8個体になる（鈴木編2018 表Ⅱ-2礫一覧表参照）。

　上記例に次ぐのは、いずれも2礫群間の分布関係である。R3/R1間にまたがるのが礫個体No.3・No.21・No.36・No.41の4例である。その他は、礫群

表Ⅳ-2 礫個体別資料の礫群間分有関係一覧表（鈴木 2020a）

	個体No.	破損度	礫群R2 重量	礫群R2 点数	礫群R4·5 重量	礫群R4·5 点数	礫群R3 重量	礫群R3 点数	礫群R1 重量	礫群R1 点数	礫群R6 重量	礫群R6 点数	礫群R7 重量	礫群R7 点数	重量g 重量	重量g 復元	合計点数	重量平均(g)
礫群間接合																			
1	No.1	4	52	6			47	8	153	18					252	631	32	8
2	No.2	3	11	2			200	18	109	15					320	531	35	9
3	No.4	3	3	1	5	2	146	13	89	13					243	412	29	8
4	No.5	3	103	10			403	26	159	17					664	795	53	13
5	No.35	4	146	9			15	1	5	3					166	415	10	17
6	No.37	3	32	2			84	5	27	4					143	239	11	13
7	No.39	3	19	3			134	19	105	10					257	321	32	8
8	No.43	3	52	3			81	10	2	1					135	227	14	10
9	No.46	3	7	2			86	9	38	13					130	217	24	5
10	No.3	3					154	19	146	11					300	500	30	10
11	No.21	5					20	1	10	1					30	—	2	15
12	No.36	3					78	15	30	3					109	260	18	6
13	No.41	4					85	12	26	2					111	278	14	8
14	No.107	5					16	3	32	1					49	—	4	13
15	No.38	3					225	38	82	11	65	1	6	1	378	473	51	7
16	No.42	4					36	4					4	1	40	101	5	8
17	No.26	4	73	6									27	1	101	252	7	4
18	No.47	3			74	11					39	1			113	188	12	9
19	No.63	4			2	1							108	7	110	275	8	14
20	No.60	3									27	1	95	16	121	202	17	7
1	No.44	5					16	2							16	—	2	8
2	No.102	5					27	2							27	-	2	14
3	No.49	3			307	10									307	512	10	31
4	No.57	4			58	14									58	143	14	4
5	No.48	3			250	6									150	250	6	25
6	No.50	4			160	6									160	400	6	27
7	No.51	4			70	2									70	175	2	35
8	No.52	4			179	8									179	446	8	22
9	No.55	3			42	3									42	70	3	14
10	No.56	4			13	4									13	34	4	3
11	No.103	5			101	2									101	—	2	51
12	No.6	3	164	17											164	273	17	10
13	No.7	4	128	4											128	321	4	32

第 4 章 集落　279

	個体 No.	破損度	礫群 R2 重量	礫群 R2 点数	礫群 R4・5 重量	礫群 R4・5 点数	礫群 R3 重量	礫群 R3 点数	礫群 R1 重量	礫群 R1 点数	礫群 R6 重量	礫群 R6 点数	礫群 R7 重量	礫群 R7 点数	重量 g 重量	重量 g 復元	合計 点数	重量平均 (g)
	礫群間接合																	
14	No.8	3	264	19											264	440	19	14
15	No.9	3	55	5											55	92	5	11
16	No.10	4	85	5											85	213	5	17
17	No.11	4	65	3											65	162	3	22
18	No.12	3	53	4											53	88	4	13
19	No.13	3	77	3											77	128	3	26
20	No.14	4	84	5											84	210	5	17
21	No.15	4	45	4											45	114	4	11
22	No.16	4	66	3											66	164	3	22
23	No.17	5	33	2											33	—	2	17
24	No.19	4	126	4											126	315	4	32
25	No.20	4	44	2											44	111	2	22
26	No.23	4	139	2											139	348	2	70
27	No.24	4	59	4											59	148	4	15
28	No.27	3	76	7											76	126	7	11
29	No.28	4	126	3											126	314	3	42
30	No.29	4	62	4											62	155	4	16
31	No.30	4	49	3											49	122	3	16
32	No.45	3	515	15											515	643	15	34
33	No.53	3	96	2											96	240	2	48
34	No.101	4	100	3											100	250	3	33
35	No.58	4									158	5			158	395	5	40
36	No.59	4									70	7			70	174	7	10
37	No.61	4									128	12			128	374	12	11
38	No.62	4									77	2			77	192	2	38
39	No.64	5									14	2			14	—	2	7
40	No.65	5									12	2			12	—	2	6
	非接合同一個体																	
1	No.104	5	10	2											10	—	2	5
2	No.105	4	65	2											65	163	2	33
3	No.106	4	116	3											116	289	3	39
	合計		3199	174	1260	69	1853	205	1013	123	131	3	697	56	8055	14911	627	

非接合で個体非認定の 32 点は上記集計には含めず。破損度は接合後。網点は主体分布礫群。

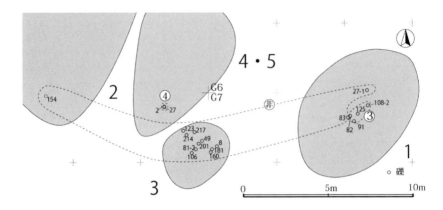

図Ⅳ-19　礫個体 No.4-③④分布図（鈴木他 2017）

R2/R7 間の南北方向に広く分散分布する礫個体 No.26（図Ⅳ-20）、礫群 R3/R7 間にまたがる礫個体 No.42、礫群 R4・5/R6 間にわたる礫個体 No.47（非接合）、礫群 R5/R7 間にひろがる礫個体 No.63（非接合）、礫群 R6/R7 間にまたがる礫個体 No.60 である。

　以上から、6 基の礫群間には、北群の R2/R3/R1 間を結ぶ東西方向にも、南群の R7 へ向けての南北方向にも、礫群構成礫間に同一個体礫が広く分布することを確認できる（表Ⅳ-2）。

3. 礫個体の分布と礫群間関係

　a）礫群間関係を礫個体単位でみてみよう。礫群間接合個体 20 例のうち、礫群 R2/R3/R1 の 3 礫群にまたがる例が 8 例と一番多く、R3/R1 間の 2 礫群にまたがるものが 5 例とこれにつぐ。R2/R4・5/R3/R1 の 4 礫群にわたるもの（個体 No.4）、R3/R1/R6/R7 と東西南北にひろがるもの（個体 No.38）、R2/R7 と南北に最も長く伸びるもの（個体 No.26）、R3/R7 にわたるもの（個体 No.42）、R4・5/R6 に伸びるもの（個体 No.47）、R4・5/R7 に伸びるもの（個体 No.63）、隣接する R6/R7 間で接合するもの（個体 No.60）が各 1 例ずつある。

　b）礫群内で接合関係が収束する個体は 40 例。このうち礫群 R2 に属するものが 23 例、R3 に属するものが 2 例、R4・5 に属するものが 9 例、R7 に属する

第 4 章 集落　281

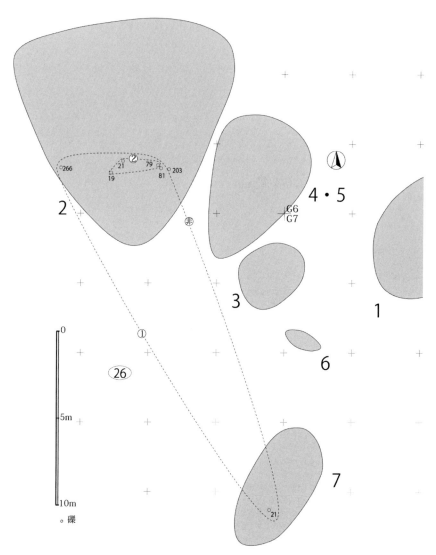

図Ⅳ-20　礫個体 No.26 分布図（鈴木他 2017）

ものが 6 例となる。R1 と R6 内だけに分布する個体はない。少なからず礫群間接合個体が存在する R1 に、礫群内収束個体が存在しないことは注意される。なお、非接合資料からなる個体 3 例も礫群 R2 に属する。

以上63個体のうち、礫群内収束個体・礫群間接合個体をあわせて一番多くを保持するのは礫群R2である。R2を介する礫群間接合個体10例、礫群内収束個体26例で、礫群R2に関わる礫個体が遺跡全体の半分以上（57％）を占めている。これに次いで存在感を示すのはR3で18例である。ただし、礫群内収束個体は2例とR2に比して格段に少ない。3番目に多いのがR1であるが、これに属する個体15例はすべて礫群間接合個体である。4番目に多いのがR7で、11例が属する。このうち5例が礫群間接合個体であり、礫群内収束個体は6例である。5番目はR4・5に12例が関与する。このうちR4・5内収束個体が9例を占め、礫群間接合個体は3例である。R6への関与個体は3例で、いずれも礫群間接合個体である。

　以上のように、礫群R2とR3が遺跡内の全礫個体のうち最も多く礫個体に関与することが分かった。ここで礫群間接合関係を有する20個体について、どの礫群が重量と個数の点で主体的な分布域（礫群：表中網点部分）となっているかを見てみると、R3が圧倒的に多く13例を占める。最も関与個体の多い礫群R2は、ここを主体分布礫群とするのはわずか2例で、R1の2例に並んで、主体分布礫群を構成する礫個体は少ない。他には、R4・5の1例、R7の2例がある。

　上記a)から、遺跡内の礫群の主要部分は、R2からR3を経てR1へと東西に連なる遺跡の北部を占める一群である。一方、南端の空間に小規模ながらも確固とした存在感を示すR7の一画があり、北群の4基の礫群間の接合関係とは別に、空間的な近接関係を超えた南北間の長距離の明確な繋がりが見えてくる。R7から最も遠い位置にあるR2との接合関係を有する個体No.26、R4・5との接合関係を有する個体No.63、R1との接合関係を有する個体No.38がそれである。

4. 礫個体の構成

　6基の礫群は北群・南群とよぶ2群に分けて見ることができる。そこで、ここではこの南北2群それぞれについて、その礫個体構成を見ておきたい。

北群　北群を構成する礫個体は、北群内で接合関係が収束する14個体（礫個

体 No.1・2・4・5・35・37・39・43・46・3・21・36・41・107)、南群にもつながる5個体（No.38・42・26・47・63）がまず挙げられる。これに加えて礫群 R2 内で分布が収束する 26 個体、礫群 R4・5 内で収束する 9 個体、礫群 R3 内で収束する 3 個体からなる計 57 個体の構成となる。

南群 南群を構成する礫個体は、南群内の R6/R7 間で接合関係を有する 1 個体（No.60）、北群にもつながる 5 個体（No.38・42・26・47・63）がまず挙げられる。これに加えて礫群 R7 内で分布が収束する 6 個体の計 12 個体の構成となる。なお、R6 内で分布が収束する個体はない。

　ここで北群内の 56 個体についてあらためて見てみると、いくつかの特徴的なあり方に気づく。礫群 R2 は礫群間接合個体が少なくないうえに、礫群内収束個体が飛び抜けて多く、遺跡内 6 礫群のうちで R2 が関与する礫個体は、全 63 礫個体中の 36 個体と全体の 57％を占める。これに次ぐのが R3 であるが、礫群内収束個体は 2 個体と少ない。さらに、これに次ぐ R4・5 は礫群間接合個体 3 個体に対し礫群内収束個体は 9 個体と多い。最後の R3 に関与する礫群間接合個体は 15 個体と多いが、礫群内収束個体はない。

　このように礫群間接合個体も礫群内収束個体も多い R2、礫群間接合個体は少ないが礫群内収束個体は多い R4・5、礫群間接合個体は多いが礫群内収束個体は少ない R3、礫群間接合個体は多いが礫群内収束個体のない R1 と、それぞれの礫群が四者四様のあり方を示している。

　南群内の礫群は主として R7 の内実そのものといってよく、礫群間接合個体、礫群内収束個体ともに、数こそ多くはないが両様の個体をほぼ等量併せ持っている。

5. 礫群の示す集落内関係

　礫群構成礫 63 例の分布の在り方、とりわけ礫群間接合個体 20 例について、その接合関係、礫群間接合個体における重量の主体分布礫群などをやや詳しく見てきた。全礫個体の 1/3 にあたる 20 個体が、なぜそのように礫群間にまたがって分散分布し、いわば分布の共有関係を示すのか。その一方で、残る 43 個体の分布がなぜそれぞれの礫群内にとどまるのか。礫群間接合個体の関係性

を解きほぐし、読み解いて、こうした点を明らかにすることができれば、礫群の使用行動、運用実態の解明の第一歩となるのであろう。

　さらに進んでいえば、その運用過程の全部であれ一部であれ、それが各世帯で行われたのか、あるいはムラ単位で行われた局面もあったのか。世帯の日々の調理の担い手が成人女性であることを前提にすると、その運用の在り方は、ムラ内世帯の成人女性間関係が反映されている可能性が少なくないのではないだろうか。裏返せば礫群間の接合関係から、礫群運用時における成人女性を通した各世帯間関係を見ることができることにもなる。

　ムラ内における世帯単位の認定は、石器群も視野に入れて総合的にされねばならないが、ひとまずR2/R4・5/R3/R1/R6/R7の6単位で考えてみよう。6基の礫群はR2/R4・5/R3/R1の東西に連なる北半の一群、とりわけ強いつながりのある礫群R2/R3/R1が主要な構成要素である。これにR6を経て南端に位置する礫群R7があり、北群のR2～R1間の4基の礫群ともそれぞれ関係を有している。R6を介さずに直接北群と接合関係を有するのは、R3と接合する礫個体No.42、R2と接合する礫個体No.26、R4・5と接合する礫個体No.63の3個体である。北群4基間相互の接合関係の濃さに比較すると、南群の礫群R7と北群との関係は濃くない。

6. 礫群間関係と礫群の運用

　礫群を設置し、繰り返し調理を行った結果、礫の破損、小型化が進み、やがて廃棄され、新しい礫群が再設置されるに至るまでの運用実態とは、どのようなものだったのだろうか。表Ⅳ-2を一瞥してすぐ気づく特徴は、20例の礫群間接合のうち礫群R3の介在する例が16例の多数を占めることである。R2/R4・5/R3/R1間の3、4基礫群間に接合関係が及ぶものが9例あり、このうちの7例がR3を主体分布礫群とし、礫の保有重量という点で接合関係にある西側のR2、東側のR1を圧している[10]。これらについでR3とその東側のR1との接合は5例あり、このうちの4例がR3に主体分布礫群があり、礫保有量の点でR3が優勢である。

　さて、こうした接合関係（礫群間分散分布）がなぜ生じたかを読み解くため

には、すくなくとも以下の二つの可能性が考えられる。

A：礫群 X 内で同一個体に属する複数の礫片を抜き取り、隣接する礫群 Y・Z に持ち出したような場合

B：礫の調達先（使用者不在となった礫群あるいは礫集積場所 a）から、同一個体に属する礫片が別々に礫群 X・Y・Z に持ち込まれた場合

　どちらもありうるケースであるが、B の場合はこの先の議論が複雑になるので、ここでは A の場合を想定して進めることとする。

　礫群の現状は、構成礫が非常に軽量の小片（全体平均は約 14g）で構成されていることからみて、大型礫が持ち去られた使用放棄後の姿である可能性は高い。それとともに、礫群としての使用を前提に持ち込まれたものであるという方向性の中でとらえると、主として R3 が集中分布礫群となっているのは、礫群 R3 の設置のために接合関係にある他の礫群から礫が持ち込まれた結果であると解釈することも可能であろう。R3 と接合関係にある西側の礫群 R2、東側の R1 との関係では、R3 ではより大きく重い礫を多く集めることができたという、礫群設置のためのある種好都合な状況下にあったのかもしれない。

　はたしてそうなのか、今度は複数の礫群に分散する同一個体礫を、分布する礫群単位でその重さの順位を見てみる。そうすると、R3 礫群だけが、優先的に重い礫ばかりを集めたとは言えず、各礫群とも調理行動に使用可能な大きさの礫（50g～70g 以上）を中心にして、礫群間接合個体のみならず礫群内収束個体も含めて、礫群が構成された結果とみることもできる。6 基の礫群が使用し尽くされて残された礫群であったという見立てと、遺跡全体の礫の復元重量が主として 100～500g の礫を中心として構成されていた（図Ⅳ-18）ことを想起すれば、現状の礫群の姿はいずれも礫群の標準的な姿の残影と評価してよいように思われる。なお、順位 70 番台後半以降の 20g に満たないような重量の礫は、使用中にすでに小さく破断して、再使用に供されない礫であった可能性が高い。

　結局のところ、中心分布礫群という見方と重量順位（鈴木 2020 表 3 参照）という視点で見た場合とでは、そこに見える局面はまったく異なることになっ

た。接合個体における中心分布礫群の在り方は、一見すると礫群R3があたかもこのムラの中心的な、あるいは核的な立場にあるものともみえるが、その中心性は東林跡上層ムラを構成する各戸の空間配置上の中心性によるにすぎないものであって、それぞれの礫群は調理に使用可能な大きさ（重さ）の礫が、それぞれ思い思いに集められたものであったとひとまず評価しておきたい。

　次に、南群を見てみよう。資料数が少ないR6のここでの評価はおくこととして、R7を見てみよう。個体No.26がR2と接合関係を有するなど北群との接合関係を有しているが、北群との関係性は必ずしも強くなく、その位置は、R2～R1間の群集性から一歩離れている。これに加え礫群内収束資料を6例とはいえ確固として持つことから、礫群運用行動が北群とはやや独立的に行われたとみておきたい。

　礫群R3の中心性、R7の北群からの分離性が、各戸の空間的な配置性によるという見方とは別に、世帯のムラの中での社会関係を反映したものである可能性を考えてみるのも、あながち無謀な試みとは言えないのではなかろうか。今後の視線の先に見据えておきたい。

　以上、6基の礫群について、その構成内容や礫群間関係などについて、あれこれ想像をめぐらしてきた。そこから見えてきたのは、礫群運用面での独立性と相互関係性の両面である。北群の主要礫群の一つである礫群R1と南群R6での礫群内収束個体の欠如はあるものの、全個体の2/3を占める個体が礫群内収束個体で占められていることは、礫群運用面での独立性・任意性を示唆する。その一方で、全個体の1/3を占める個体が礫群間接合個体であることは、相互協力性をうかがわせる。

　使い尽くされ廃棄された当遺跡の礫資料からは、その本来の姿が見えないのか、これが本来の姿なのかにわかに断じがたいが、当初、ゼロから礫を運び込む礫群の設置時を想定すれば、筆者の心象としては独立性を取りたい。関係性と見えたものは各戸の礫群設置時に既存の廃棄礫群構成礫を再利用することによって生じたものと考えておきたい。日々の食事の調理が基本的には各世帯単位でなされたものと考えるからである。

その判断の当否は、礫群使用の段階が浅く、より多くの破損度の小さい大型の礫から構成され、少しでも礫群設置当初の礫構成状況に近く、こうした分析によりふさわしい事例での追加検証によっていずれ解決するであろう。いずれにしても、礫群を抜きにした石器だけから俯瞰する従来の集落論にくらべ、礫群を加味したそれが一層多様な視点を提供し、より深い理解の可能性を秘めていることは示しえたのではないだろうか。

Ⅲ　石器群

1. 石器分布の新区分とブロック別石器組成

　これまでに縷々礫群に関する理解を示してきたところであるが、もう一方の、石器群[(11)]はどうだろうか。旧区分では集中分布4、5として分離していたものを、新区分では、石器ブロックS4・5として一つに統合する（表Ⅳ-3、図Ⅳ-15・16）。もう1カ所、集中分布6（C6）の石器はナイフ形石器1点（図Ⅳ-21 6-1）に過ぎず、ブロック外の石器として扱うこととした。なお、新区分の結果は上記の通りであるが、従来の諸報告との対比を複雑化しないために、ブロック名を新たな通し番号で振りなおすことはしないこととする。

2. 石器ブロックの評価

　新区分の結果、ブロックは5カ所となった。石器総数は133点であり、遺跡面積と石器ブロック数とに比してはなはだ少ない。この五つのブロックについてまず資料数を見ておきたい。石器数が最も多いのは石器ブロックS2の52点

表Ⅳ-3　新区分によるブロック別石器組成表（鈴木2020a）

石器ブロック	角錐	ナイフ	彫器	削器	敲石	槌石	台石	UF	剥片	砕片	石核	計
S1		2			6			1	6	3	1	19
S2	1	2		2			1	14	28	1	3	52
S3		1		1	2			2	6	2	1	15
S4・5		1			3	1		1	3	1	1	11
ブロック外（C6）		1										1
S7	2		1					2	19	8	3	35
計	3	7	1	3	11	1	1	20	62	15	9	133

288

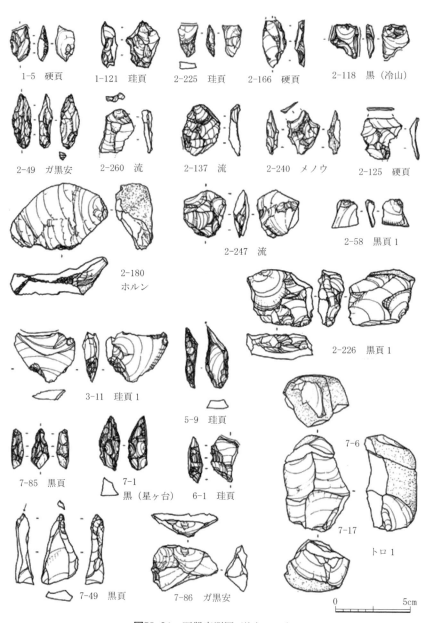

図Ⅳ-21　石器実測図（鈴木 2020a）

第 4 章 集落　289

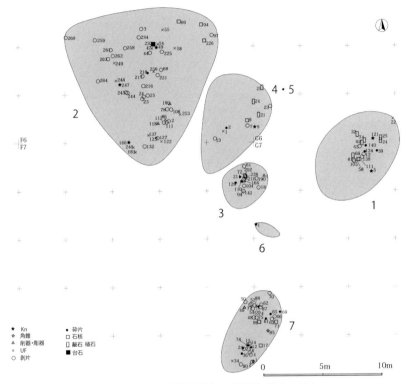

図Ⅳ-22　石器器種別全点分布図（鈴木 2020a）

であり、これに次ぐのが S7 の 35 点、3 番目が S1 の 19 点であり、S3 の 15 点、S4・5 の 11 点の順となる（図Ⅳ-21・22）。

　次に石器組成を一瞥しておこう。ナイフ形石器と角錐状石器を基幹装備として捉えると、石器ブロック S1、S2、S3、S4・5、S7 でこれを保有する。削器はS2、S3 で保有し、彫器は S7 に認められる。敲石・槌石類は未見資料（所在不明）が多く、実態を評価しにくいが、石器ブロック S1、S3、S4・5 に存在し、もっとも石器資料数の多い S2 はこれを欠く。その一方で S2 は当遺跡唯一の台石が存在する。各石器ブロックを石器製作行為という観点で見ると、全てのブロックで剥片・砕片・石核を伴っており、石器製作が行われたとみてよいであろう。

以上のように石器組成という観点から見ると、5カ所の石器ブロックはほぼ等価な内容を有すると評価できよう。なお、集中分布 C6 には石器ブロックは存在しないとしたが、ナイフ形石器 1 点が C6 の範囲内にあって、礫群 R6 と近距離に存在する位置関係から見て、C6 内の構成要素と評価することも可能であろう。

3. 石器個体別資料の構成

　石器個体別資料は 17 個体からなる。分布範囲で区分すると、このうちの 9 個体が石器ブロック間接合個体、残る 8 個体がブロック内分布収束個体である（表Ⅳ-4）。17 例のうち個体 No.7・8・9・10 の 4 例は未見資料で内容の詳細は明らかではないが、『市史』（織笠 2010）によれば、このうち、個体 No.9 は敲石類の破片の接合個体である。残る 3 個体のうち個体 No.8・10 は石核と剥片・砕片を含み、一定の剥片剥離作業が行われた個体である。

　次に、上記未見資料を除いて、その概略を述べる。個体別資料 No.2・3・4・6 は、石核・剥片・砕片を含み、資料数も一定量を有することから、当遺跡内で剥片剥離作業が実施されたと見ることができる。個体 No.5・13・14・15 は石核を欠くが、ナイフ形石器・削器・UF・剥片・砕片などを含むことから、当遺跡で剥片剥離作業を実施し、石核が搬出された個体とみなしうるであろう。これら以外の個体については剥片剥離作業という観点からの評価は控えておきたい。

4. 石器個体別資料の分布・接合関係

　当遺跡で剥片剥離作業が行われたと見なしうる資料の内、未見資料、ブロック内分布収束個体を除き、分布がブロック間にまたがり、なおかつ構成資料数 5 点以上からなる個体 No.2・4・5・6・14 について、その分布上の動きと器種との関係などを順に見ておこう。

　なお、個体別資料は全資料が単一の接合群から構成されるのではなく、個体別資料 No.2 のように、通常は複数の接合小群と非接合同一個体認定資料の双方からなる。個体 No.21・22・23 のように非接合資料（図中では適宜 No.21 非などと略記）だけから構成される場合もある。ここでは複数の接合小群を中心

表Ⅳ-4 石器個体別資料の組成・分布ブロック一覧表（鈴木 2020a）

個体No.	角錐	Kn	彫器	削器	敲石	槌石	台石	UF	剥片	砕片	石核	小計	合計	S2	S4・5	S3	S1	C6	S7
															北　群			南群	
ブロック間分布個体別資料																			
2-①									3			3	15	●					
2-②				1					2	1		3		●		●	●		
2-③									1		1	2		○		○			○
2-非	1							1	3		2	7		●	●				
4-①									2		1	3	6	●					
4-②									1		1	2		●					
4-非									1			1		○					
5-①		1								1	1	2	7						
5-非		2							2	1		5			●	●	○		
6-①									4		1	5	7					○外	●
6-非									2			2							○
9					5							5	5						
10									3	2		5	5						
14-①								1	2	2		5	7		●	●	▲		●
14-非								1	1	1		2				▲	▲		○
20-①								1	1			2	3			●			
22-非								1		1		2	2	○			○		
ブロック内分布個体別資料																			
1						2						2	2	●			●		
3								1	1			2	2	●					
7									2		1	2	2	●		▲			▲
8								1	5	1	1	8	8	○	●	▲			▲
13-①				1					1			2	4	●		●			
13-非									2			2		○					
15-①									2			2	5	●		●			
15-非									3			3		○					
21-非								1	1			2	2						
23-非	1		1									2	2						○
	2	3	1	2	7	2		8	44	8	9	84							

斜体は未見資料　非：非接合個体識別資料　○非接合資料　●接合資料　▲未見資料　外：遺物集中C6ブロック外単独資料

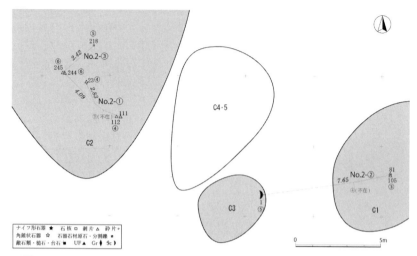

図Ⅳ-23 石器個体別資料 No.2 ①〜③器種別・作業工程別分布図（鈴木 2020a）
数字は取り上げ（遺物）番号を、○囲み数字および矢印は剥離順序を示す。
斜体数字は 2 点間の距離（m）を示す。図Ⅳ-26 まで同様。

に非接合資料も含め、一連の同一個体構成資料として記述する。

個体別資料 No.2（図Ⅳ-23）　黒色安山岩製。接合小群 3、非接合資料群からなる。角錐状石器 1、削器 1、UF1、剥片 9、砕片 1、石核 2 点の計 15 点で構成され、分布は石器ブロック S2、S3、S1、S7（図上ではＣをＳと読み替える）に及ぶ広範囲の分布を示す。資料の大半は S2 にあり、角錐状石器から剥片・砕片・石核までを含むことから、同個体の石器製作から使用、廃棄までの作業の大半が、S2 ブロック内で行われたと判断される。これに加えて、接合小群②の削器・UF・剥片各 1 点が S3 に、剥片 2 点が S1 に、非接合資料の石核 1 点が S7 に分布する。

　S2 ブロックでは、石核が剥片類の分布域から東北端へかなり離れて、ブロックの外縁部に位置することが注意される。各個体のうち遺跡内で最も広汎に資料が持ち出され、分散分布し、製作時とその後の使用、廃棄の主たるブロックなど、資料の移動実態がよくわかる例である。

個体別資料 No.4（図Ⅳ-24）　流紋岩製。接合小群 2、非接合資料群からなる。

第 4 章　集落　293

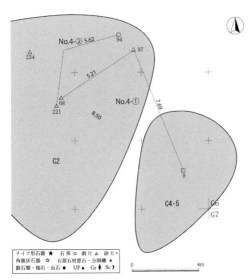

図Ⅳ-24　石器個体別資料 No.4 ①②器種別・作業工程別分布図（鈴木 2020a）

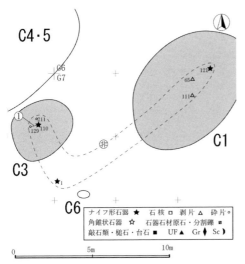

図Ⅳ-25　石器個体別資料 No.5 ①・非接合資料器種別分布図（鈴木 2020a）

剥片 4、石核 2 の 6 点で構成される。うち 5 点は石器ブロック S2 に位置し、ここが分布の中心をなしていて、残りの石核 1 点が S4・5 に分布する。剥片剥離作業は S2 で行われ、石核 2 点のうちの 1 点が 7、8 m 離れた S4・5 に分布する。

個体別資料 No.5（図Ⅳ-25）
珪質頁岩製。接合小群 1、非接合資料群からなる。ナイフ形石器 3、剥片 2、砕片 2 点の計 7 点で構成される。7 点中 3 点がナイフ形石器であり、剥片・砕片を残すが石核を欠く。資料数は必ずしも多いとはいえないが、基幹装備であるナイフ形石器が石器ブロック S3、S1、集中分布 C6 内のブロック外と 3 カ所に広く分散分布する。資料数と構成内容からは剥片剥離作業とナイフ形石器の製作行為が、ブロック S3 と S1 のどちらで行われたかを限定するのは難しい。

個体別資料 No.6　トロトロ

石製。接合小群1、非接合資料群からなる。剥片6、石核1点の計7点で構成される。楕円礫を用い礫表付近の剥片剥離初期工程をよく留める個体である。石器ブロックS7の南半部に分布する。非接合の剥片1点が北群西端の石器ブロックS2に分布することが注意される。

個体別資料 No.14（図Ⅳ-26） 珪質頁岩製。接合小群1、非接合資料群からなる。UF1、剥片3、砕片3点の計7点で構成される。石器ブロックS4·5、S7北半と広域に分布を広げる一群である。構成資料中に石核を欠くが、剥片2点、砕片3点がS7、UF·剥片の各1点がS4·5に分布することからみて、剥片剥離作業はS7で行われたものであろう。

　以上の石器個体別資料の記載から、ブロック間接合資料、ブロック内収束資料ともに、ブロックS2を分布の中心域となすものが主体であることが分かる。これに次ぐのがS7である。S7は遺跡内の南のはずれにあるが、石器数もS2に次いで2番目に多く一定の存在感を示している。

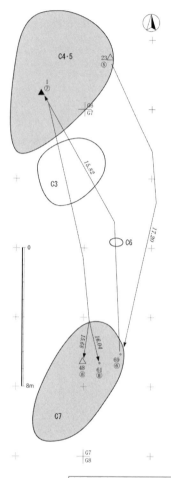

図Ⅳ-26　石器個体別資料 No.14 器種別·作業工程別分布図（鈴木 2020a）

Ⅳ　東林跡上層ムラの構成

1. 礫群·石器群の規模

　これまでに、礫群·石器群の内容について縷々述べてきた。ここでその要点

を改めて整理しておきたい。原報告で7カ所とされていた遺物集中分布地点を、ここでは6カ所に整理統合し、これを、西から順にC2、C4・5、C3、C1、C6、C7の6カ所とした。

礫群はR2、R4・5、R3、R1、R6、R7の6カ所として把握した。6カ所の礫群を形成する礫数は656個、総重量8,968kgであり、重量平均は鶉の卵大の14gである。接合作業前には拳大の大きさのものはなく、概して角砂糖程度の大きさであった。接合作業の結果、個体数にして63個体＋aと見積もられる（表IV-2、鈴木他2017礫台帳参照）。その重量別構成グラフ（図IV-18）から、礫群本来の構成礫の大きさは、おはぎ大から拳大であったと推測される。

30ｍ×30ｍの遺物分布範囲を占める集落遺跡として、礫群の多出地帯である武蔵野台地や磐田原台地などと比較すると、検出状態としては少数で軽量の構成となっている。一番礫数の多い礫群はR3で210点、これに次ぐのがR2で188点、一番少ないのがR6の5点である。重量では一番重いのがR2の3,568g、これに次ぐのがR3で1,931g、最も小規模なものがR6の275gである。

一方、石器ブロックに関しては、C6域では石器ブロックを認定せず、石器ブロックはS2、S4・5、S3、S1、S7の5カ所として再整理した。石器総数は133点（表IV-3）であり、個体別資料数は17個体である（表IV-4、鈴木他2017石器台帳参照）。一番多いのは石器ブロックS2で52点、これに次ぐのがS7で35点、最も小規模なのがS4・5の11点である。全体に、遺跡の面積から見ても小規模の部類に属するであろう。

2. 礫群・石器群の特徴とその単位性

このように整理しなおして、礫群・石器ブロックの数的規模からみると、集中分布C2、C3がまず第1に存在感を示している。最も存在感に欠けるのが礫数5点、ナイフ形石器1点のみからなる集中分布C6である。その他のC4・5、C1、C7は似たりよったりである。それでもあえて言えば、このうちのC2がその分布域面積の点で格段に大きいこと、礫個体数を最も多く保有すること、遺跡内唯一の台石を保有することなどから、一番大きな存在感を示している。

ただ、そのC2にしても、礫群間接合礫の分布の核になるC3にしても、他

にくらべて突出した格別の存在ではない。ほぼ等価な内容を示すC2、C3、C4・5、C1、C7の5カ所の遺物集中分布地点と、これと較べるとやや存在感の薄いC6を含め、ここには6カ所の単位的なユニットが存在すると見ることができる。

3. 礫群間・石器ブロック間関係

【礫群】 総数656点からなる礫片が、63礫個体と単独礫片32点として識別された。このうちの礫群間接合個体20例の分布をあらためて見ると、礫群R2から東端のR1へ向かう東西方向の関係が顕著であることがまず了解される（表Ⅳ-2）。もっとも多くの礫群と関係を結ぶのは礫個体No.4（図Ⅳ-19）で、西から順にR2/R4・5/R3/R1と横断して、東西方向に広く分布する。それとともに、事例数は多くはないが、南端のR7を起点に、R6を介してR3に連なり、そこから東に向かってR1と接合する個体No.38がある。ついで礫群R7から西端のR2に伸びる個体No.26（図Ⅳ-20）がある。R7から真北に向かってR4・5に伸びる個体No.63の存在、R6とR4・5間の南北方向の接合例も注意される（個体No.47）。また、R7から隣接するR6との接合事例がある（個体No.60）。このように、遺跡内に広く分散する6基の礫群は、北群のR2/R3/R1間を結ぶ東西方向にも、南群のR6を経てR7へ向けて南北方向にも、礫群間の接合関係が遺跡全体に広がっている（図Ⅳ-27）。

【石器ブロック】 石器総数は133点。個体別資料は接合資料だけからなるもの、接合資料と非接合資料からなるもの、非接合資料だけからなる同一個体認定個体を含め合計17個体である。石器ブロック間接合例が9個体、ブロック内収束個体8個体である。このうちブロック間分布を示す9個体 No.2・No.4・No.5・No.6・No.9・No.10・No.14・No.20・No.22 についての具体相については先に触れたところである[12]。

ここで石器ブロック間関係を図化して見てみよう（図Ⅳ-28）。一番強い関係は石器ブロックS3/S1間で、3個体の接合関係と1個体の非接合同一個体が認められる[13]。これに次ぐのがS2/S3間関係で、接合関係と非接合同一個体が1個体ずつ認められる。これに加えて、S2/S4・5間、S4・5/S7間に接合関係が1

個体ずつ認められる。これに非接合同一個体を加えてみると、S2/S1 間、S2/S7 間、S3/S7 間関係が各 1 個体加わる。

　上記から、東林跡上層ムラの石器群が示すブロック間関係は、以下のように整理される。

1. 石器ブロック群分布の中央に位置する、ブロック S3 をあたかも中心とするように、東西方向にも、南北方向にも、遺跡全体にわたって接合関係が広がっている。

2. S4・5/S7 間のように近隣関係を超えて、より遠いブロックと関係を有する例がある（個体 No.14）。同様な関係は個体 No.6 の非接合資料が示す S2/S7 間、個体 No.22 非接合資料の示す S2/S1 間にも認められる。ちなみに、個体 No.6 の S2/S7 間、個体 No.22 の S2/S1 間の接合距離はともに 23m である（鈴木 2018）。

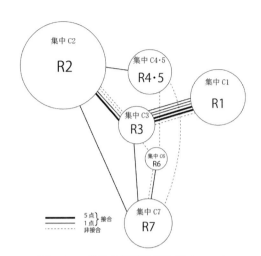

図Ⅳ-27　礫接合関係頻度図（鈴木 2020a）

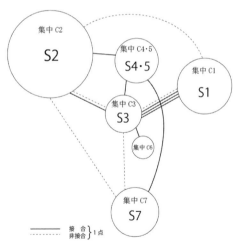

図Ⅳ-28　石器接合関係頻度図（鈴木 2020a）

結局、石器群の示す関係は、ムラの中央に位置するブロック S3 を核として東西に延びる隣接関係と、これを超えてより遠くのブロック S7 との間の南北関係を合わせて、ムラ全体に放射状に広がる関係性を示していることになる。

調理（礫群）を担う成人女性（戸主の配偶者）間関係、狩り（石器）をめぐる成人男性（戸主、青年）間関係は、ともにC3ユニットを核としてC1ユニットとの関係が最も濃く、これについでC2ユニットとの関係が濃く、これに加えて南群のC7ユニットとの関係が強い。東林跡遺跡上層ムラはこの四つのユニットを核として成立し、それに加えて、C4・5、C6ユニットが独立性を有しつつも、付随的な性格を帯びた単位として存在する。

4. 東林跡上層ムラの成り立ち

これまで、東林跡上層ムラの構成要素である礫・石器について、その内実を記載し、整理をしてきた。その結果、6カ所の単位的なユニットが存在するものとして捉えることが出来た。それではこの六つの単位的なユニットとは何か。それは「世帯」に他ならない。結論として、東林跡上層ムラは6世帯からなっていたと推測される。その世帯には、日々の生活を支える調理用資材として礫が保持され、石蒸し調理が実施された。その実施者は各世帯主の配偶者であり、家政を取り仕切る成人女性であると考えられる。

また、そこにはナイフ形石器・角錐状石器が基幹装備として保持され、狩猟活動を担っていた。これを用いて狩りに勤しんでいたのは成人男性のグループであり、各世帯の戸主である男性は、貴重で重要な動物食料を捕獲し、ムラに持ち帰るべく日々精を出していたことであろう。一方、各世帯主の配偶者である成人女性はムラに残り、火を守り、幼児の面倒を見ながら、ムラの近くで食料の採集や薪集めにも精を出したであろう。

集落の研究は男女両性の存在を前提になされなければならない。集落内の世帯間関係という局面での男性はともすると社交的、開放的、政治的、能動的であるのに対し、女性のそれは世帯内的、閉鎖的、家政的、受動的である。この点でも男女という観点は欠くことができない。女性を背景に持つ礫群、男性を背景に持つ石器群との関係が、それぞれどのようなものかを意識しながらこれまで記述を進めてきた。

その結果は、戸主たる男性の取り結ぶ集落内関係と戸主の配偶者たる女性の取り結ぶそれは、結果的に世帯を単位として同じあり方を示し、それぞれが性

差ごとに別々の関係を築いているような局面は見えてこなかった。

　東林跡上層ムラは4世帯からなるおおむね等質的で基幹的な世帯とやや付随的な性格の2世帯からなっていたとみられる。そのうえで、個々の遺物集中分布地点（C）＝世帯ユニットにはそれぞれに個性もある。まず第1に、ムラの西端に位置するC2世帯は礫数では188個で、210個のC3世帯に首位の座を譲るが、保有する礫個体数の点でも、石器数の点でも、分布面積の点でも、他のブロックにはない台石が置かれている点でも、総合的にみて一番大きな存在感を示している。

　これに次ぐC3世帯は礫を最も多く擁するうえに、礫群間接合個体20例の内13個体がここを主要分布域としている点で、他のユニットを圧していることが注目される。礫群間関係でも、石器ブロック間関係においても中核的存在である。C1世帯は礫・石器ともその内容はC2、C3世帯に次ぐ存在感を示している。C4・5世帯は、当遺跡の中核的存在であるC2世帯、C3世帯の中間にあって目立たない存在である。

　南群域のC6世帯は石器ブロックを形成せず、その上礫数も少数であり、小規模で特異な存在である。そして、C7世帯は遺跡の南端に位置し、南群にあって北群のC2、C3、C1に次ぐ安定的な構成内容を示していて、当遺跡の核的な存在として4番目の存在感を示している。以上から、C2・C3・C1・C7は当遺跡の中核的なユニットであると評価できる。

　なお、我々が今目にしているC1～C7までの礫・石器の分布上のまとまりは、石器製作、使用、廃棄の場であり、焼け礫を用いた調理の場でもあるので、住まいはこの付近にあったはずであるが、その場所を具体的に視認できる物証はない。これを検討するためには、礫・石器の分布の中心部と外縁部の区分など、さらに詳細な分布論的な検討が必要であり、他日を期すこととする。

おわりに

　結論として6世帯からなる東林跡上層ムラを推定した。その際、世帯を構成する基本要素としての成人男女の存在の考古学的根拠として、第一に礫群の保

持、第二に狩猟具の存在（石器ブロック）をあげた。当遺跡では検出されていないが、上記二つに加えて重要な第三の資料として、調理用の礫を加熱した場として、あるいはその他の用に供する焚火場としての木炭分布を欠き、次節で検討する法政大学多摩校地遺跡A-0地点のように、もう一歩踏み込んだ議論ができない点が惜しまれる。

　礫群、石器ブロック、木炭分布、この三点セットが明確に存在する遺跡として、法政大学多摩校地A-0地点遺跡（鈴木他2018）のほかに、東早淵遺跡（東早淵遺跡調査団1986）などを挙げることができる。とりわけ東早淵遺跡では、Ⅸ中層・Ⅶ〜Ⅸ上層・Ⅴ層・Ⅳ上層の4文化層のすべてにおいて、3点セットの明確な共存を示していて、集落遺跡の単位性の把握、世帯の抽出という観点から注目される。

　なお、木炭分布を欠くが、そのほかの2点セットの明確な例として、城山遺跡（早稲田大学校地埋蔵文化財調査室編1994）、比丘尼橋遺跡B地点（比丘尼橋遺跡調査団他1993）、東伏見総合グラウンド遺跡B地区（早稲田大学校地埋蔵文化財調査室編1996）などを挙げることができる。

第3節　東京都法政大学多摩校地遺跡A-0地点

　法政大学多摩校地遺跡A-0地点[14]は町田市相原町に所在し、多摩丘陵上の一画標高225.6mの尾根頂部平坦面に位置する。同遺跡は、1981・1982年の2カ年にわたって調査され、石器群、礫群に加え木炭分布の3種類の資料群を伴う3カ所の遺物集中が検出された（図Ⅳ-29　伊藤他1986）。石器群は集落研究のモデルケースとなっている砂川遺跡の石器群と比較して、数量は180点と少ないものの、ナイフ形石器・石刃技法・彫器など、ほとんど同様の特徴と組成を示す。集落遺跡としてはコンパクトで極めて良好な検出状況を示しているが、報告書の記載は、図8、表5葉を含む計16頁からなるいたって簡潔なもので、遺物個々の詳細データと分布状況の提示、記載・分析はなされていない。

　その一方、一部の所在不明資料の存在は惜しまれるが、石器はもちろんのこ

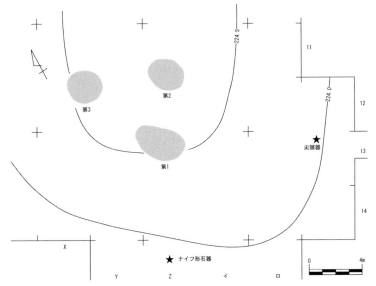

図Ⅳ-29 法政大学多摩校地遺跡原報告の遺物集中分布図（伊藤他1986より）

と、礫・木炭粒1点1点を含む出土記録はほぼ完全であったため、遺物取り上げ時の記録を基に詳細データ（遺物台帳）と遺物分布図の作成と分析をさせていただくこととなった（鈴木他2018・2019、薮下他2020）。これによって、同時期、同規模、同石器組成の砂川ムラとの比較を通して、これを相対化することが可能になり、同時期のムラの構造の理解を一層深めることができる。

当遺跡はいわゆるⅣ中・上層期、一般に砂川期と呼ばれるナイフ形石器文化の遺跡である。ちなみに、木炭ブロック採取の4点を試料とした暦年較正年代は、それぞれ18,785 ± 51 cal BP（18,790 ± 50yBP）、18,887 ± 55 cal BP（18,890 ± 60yBP）、18,862 ± 52 cal BP（18,860 ± 50yBP）、19,119 ± 56cal BP（19,120 ± 60yBP）を示す。当遺跡からは、25m四方ほどの範囲に、正三角形状の位置関係で3カ所の遺物集中分布域が検出された。出土遺物は礫92点、石器はナイフ形石器13点を含む180点、木炭粒597点が確認された。各分布域の内容はほぼ等価な構成を示している。この3カ所について、接合関係、個体別資料の

ブロック間分布などから、ムラの構成内容について検討してみよう。

　礫群への関心と評価の低さ、集落研究の有力な鍵として積極的に評価しようとする姿勢・意欲の乏しさという学界の実情を意識しつつ、礫群の存在を生かして臨むと、A-0地点ムラはどのように理解されるだろうかという動機に添って、以下の記載に入ることにしよう。

I　遺跡構成の基本要素とその分布

　当遺跡の構成は礫群・石器ブロック・木炭ブロックの三要素からなる。遺物集中部U1～U3はこれら三要素を有しているが、U4～U6はこれらのうち木炭分布を欠き、石器のみか、礫のみの構成となる（図Ⅳ-30）。以下の記述は主にU1～U3について行うこととする。U1～U3の遺物の集中分布範囲は、上記三要素の分布域がほぼ重複するため、およそ10m四方の狭い範囲に、U1・U2・U3の三つの遺物集中部が正三角形状に分布していることになる（図Ⅳ-31）。それぞれの大きさは、径4mほどでほぼ同じ規模である。

　以下礫群、石器ブロック、木炭ブロックの順にその内容を見ていこう。

1. 礫　群

　出土礫の総数は92点、砂岩主体（81％）の礫群である。礫群ごとの構成点数は礫群R1が51点、礫群R2が23点、礫群R3が3点、礫群外が15点の内訳となる（表Ⅳ-5）。礫群R3は元々存在していた礫群の痕跡である。接合関係は基本的に礫群内で収束し、礫群間接合関係を示すのは個体⑭を唯一の例外とする。礫個体⑭は格別に大きい人頭大の礫で22点の破片からなり、合計2,828gである。最大の1点は1,300gである。22点の主たる分布域は礫群R1にあるが、礫群R2、礫群R3の分布域ばかりでなく、U4の区域にも分布を延ばし、遺跡の全域に分布を広げている（図Ⅳ-32）。通常の礫群構成礫とは性格を異にする。あるいは遺跡内唯一の配石が、礫群向けに転用されたが故の姿なのかもしれない。礫群間分布ではないが、礫個体⑥・⑪が長い接合関係を示す（図Ⅳ-33）。

　次に礫群それぞれについて重量、破損度を見ておこう。礫群R1・R2の重量構成と破損度を見ると、破損度の大きい小片が主体となっていて、礫群R1・

第4章 集落 303

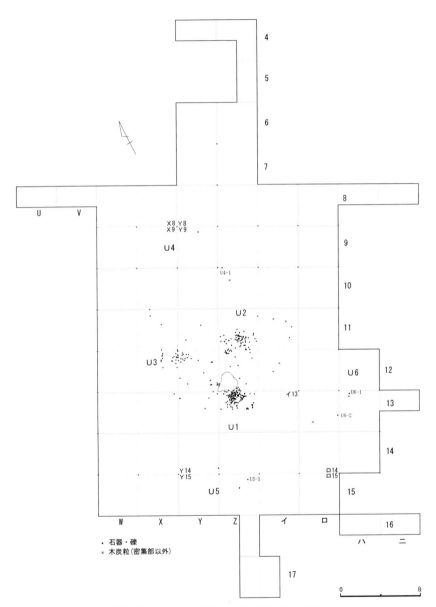

図Ⅳ-30 A-0地点遺物全域分布図（鈴木 2018a）

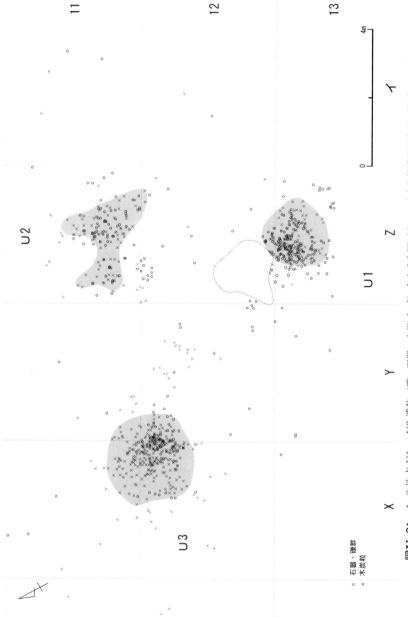

図Ⅳ-31　A-0地点 U1～U3遺物（礫・石器・木炭〔×〕）全点分布図（トーンは木炭粒濃密分布域）（鈴木2018a）

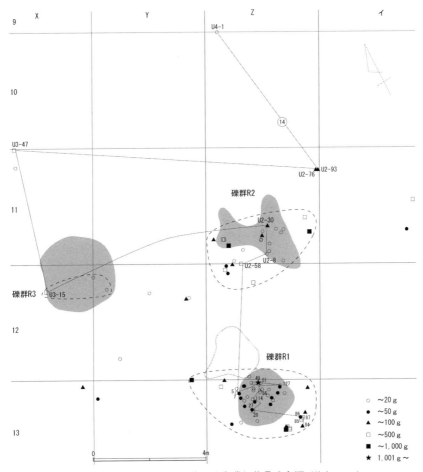

図Ⅳ-32 礫全点分布と広範囲分布礫個体⑭分布図（鈴木2018a）

R2とも何度も使用され、完形で大型の礫が加熱回数を重ねるにしたがって、小片化していったことがうかがえる（図Ⅳ-34）。

　さらに進んで礫群の使用回数の推定をしてみよう。多数の礫群を擁する規模の大きな遺跡では、近接礫群などからの礫の抜き取り、補給などによる礫群の再構築といった、複雑な運用の可能性も考えられるが、礫群の出土数が少なく、滞在期間が短い一回性の短期居住の可能性が高い小規模遺跡の場合、当初に設

表Ⅳ-5　礫群別礫総重量・個数一覧表

	総重量(g)	個数
礫群 R1	4583	50
礫群 R2	2924	28
礫群 R3	188	3
礫群外	662	15
計	8357	96

置された礫群が、同じ規模で一括して一体的に繰り返し使い続けられるという事は大いにありうる。このように、礫群R1・R2については、礫群の使用開始当初の構成礫数を推定することができ、これを基点にして礫群の使用回数を推定し

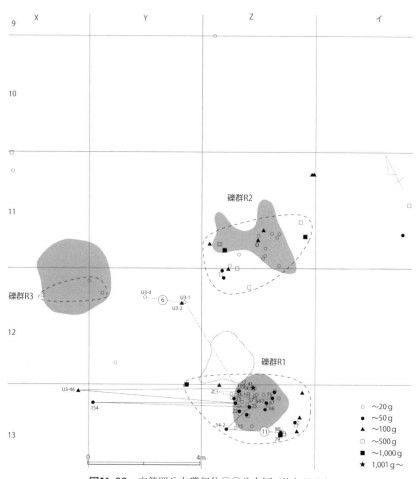

図Ⅳ-33　広範囲分布礫個体⑥⑪分布図（鈴木2018a）

うる事例であると考えられるので、使用・調理回数という観点からまず見てみよう（鈴木他 2016）[16]。

　礫群 R1 は構成礫数 51 点、接合復元観察を通して推定される当初の礫個体数は 11 個体、このうち完形個体（破損度 1）が 1 点、残存率 90％以上の破損度 2 が 1 点である。これを砂岩礫群の加熱回数と完形礫の残存率との関係を示す実験結果グラフ（図Ⅲ-13）と照合すると、完形礫残存率は 9％で、12～14 回使用（第 1 基準）となる。破損度 2 の例を完形とみなすと完形礫残存率は 18％となり、使用回数は 12 回（第 2 基準）と推定される。礫群 R2 はどうか。本例の構成礫数は 23 点、推定される当初の礫個体数は 12 個体、このうち完形個体（破損度 1）は 2 点である。したがって完形礫残存率は 17％となり、使用回数は推定 12 回ということになる。

　使用回数推定法からは、礫群 R1・R2 がほぼ同じ程度に使用されたものであること示しており、このことは両礫群の重量分布グラフが示すところと軌を一にしている。礫群 R3 の構成礫 3 点はいずれも 20g 以下の小片であり、再利用に堪える大きさの主要部はどこかに持ち出され、礫群 R1・R2 における最軽量域相当部分だけがそのまま現地に放置されたものと推測される。

　以上から、当遺跡には少なくとも U1・U2・U3 の区域で、それぞれ礫群 R1・R2・R3 が用いられ、そして礫群 R1 と R2 は同じ程度の頻度で並行して用いられた可能性が高いと評価できる。

　礫群間に接合関係を有するのは礫個体⑭の 1 例のみである（図Ⅳ-32）。本個体は計 22 点からなり、重さは 2,828g で、遺存度を 2/3 と見積もると、元の大きさは 4,243g で大きな配石クラスの礫となる。分布は礫群 R1 内が 13 点を占め、R2（4 点）、R3（1 点）を経て、礫群外（4 点）と遺跡の南西隅から北東端 U4 域まで本遺跡の全域に広がる。本例を除くと礫群間接合は存在しないうえ、礫個体⑭の本来の大きさは格別大きく、本来配石とも台石とも考えられ、遺跡全域に広く分布するという特異な性格の個体である。この礫分布は、ムラを構成する世帯間の連携的な行動原理を示唆しているのかもしれない。

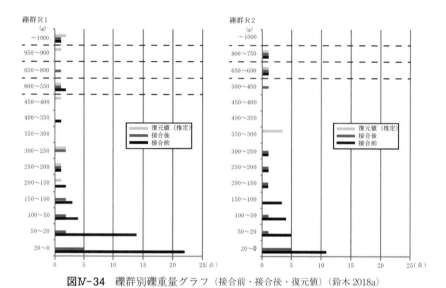

図Ⅳ-34　礫群別礫重量グラフ（接合前・接合後・復元値）（鈴木 2018a）

2．石器ブロック

　出土石器の総数は 180 点（表Ⅳ-6）。器種別の内訳はナイフ形石器 13、槍先形尖頭器 1、彫器 3、削片 1、石核 3、石刃 15、稜付石刃 2、石刃状剥片 18、剥片 65、調整剥片 2、砕片 57 となる。石質別では、チャート 56 点、頁岩 91 点、黒曜石 33 点である（図Ⅳ-35〜38）。なお、石核のうちの 1 点は通常の剥片剥離過程を示すものではなく、円礫を叩き割った結果生じた裂片群のうちの核に相当する資料で、個体別資料 E 所属。このほかに発掘時の遺物取り上げ記録には存在するが、現物を確認できない資料が、ユニット 1 の北部分布群を中心に 38 点ある。発掘時の遺物取り上げ区分が礫・黒曜石・木炭の 3 区分であったため、礫の中には石器が含まれており、1/10 縮尺分布図に描かれた形状からは、この 38 点が石器なのか、礫群構成礫なのかの区別ができないことが惜しまれる。

　石器のうち、チャート製個体 C の彫器は、石刃状の剥片を素材とする（図Ⅳ-35　No.15・16）。素材の打面の一部を除去するように、左右の側面に彫刀面を作出している。もう 1 点はチャート製個体別資料 A の彫器で、折れ面接

合（接合資料15）で、刃部側（上端）が石器ブロック1に、器体側（下半）が石器ブロック3に分布する（図Ⅳ-38）。灰白色に紺と白の縞模様が入るチャートであるが、刃部側（U1-103）の色調が全体に褐色を帯びており、器体側（U3-23）と異なった色調で接合する。両者の埋没環境の差を反映していると考えられる。

表Ⅳ-6　石器組成表（改訂版）（藪下他2020より）

	チャート	頁岩	黒曜石	合計
ナイフ形石器	5	2	6	13
尖頭器	1			1
彫器	3			3
削片	1			1
石核		3		3
石刃	2	9	4	15
稜付石刃	1		1	2
石刃状剥片	7	9	2	18
剥片	26	32	7	65
調整剥片		2		2
砕片	10	34	13	57
合計	56	91	33	180

　黒曜石製石刃・剥片は石刃4点、稜付石刃1点、剥片1点の計6点を図示した（図Ⅳ-38）。これらはすべて個体Lに属する。白濁する黒曜石で、北八ヶ岳地区麦草峠・冷山の原産地推定結果が得られている。稜付石刃（同図-7）を除く、石刃（同図-4・5・6・8）と剥片（同図-9）は接合する。小型の石刃・縦長剥片の剥片剥離工程を示し、この個体に特徴的な断面三角形の非常に小型の連続石刃剥離を確認できる。剥離順序は、同図-8→5→6→4→9である。石刃1点が石器ブロックS3に分布し、その他の石刃、稜付石刃、剥片は石器ブロックS1に分布する。[17]

　石器ブロック別の石器組成は以下の通りとなる（表Ⅳ-7）。

　ブロックS1（U1内の石器群）　88点。その内訳はナイフ形石器5点、彫器1点、石核1点、石刃8点、稜付石刃1点、石刃状剥片6点、剥片34点、調整剥片2点、砕片30点である。**ブロックS2**（U2内の石器群）　58点。その内訳はナイフ形石器3点、彫器1点、石刃3点、稜付石刃1点、石刃状剥片6点、剥片24点、砕片18点である。**ブロックS3**（U3内の石器群）　28点。その内訳はナイフ形石器3点、彫器1点、石刃2点、石刃状剥片5点、剥片7点、砕片9点である。そして、ブロック外に6点の内訳となる。石器ブロック1と石器ブロック2は、石器ブロック3の約3倍、約2倍の規模の違いがある。

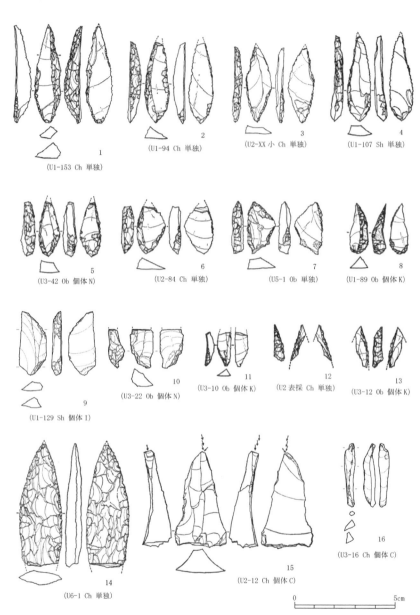

図Ⅳ-35 石器実測図1　ナイフ形石器・槍先形尖頭器・彫器・砕片（鈴木2018a）

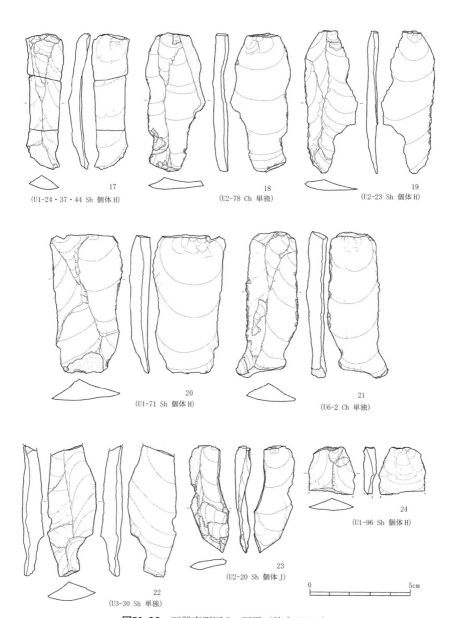

図Ⅳ-36 石器実測図2 石刃（鈴木 2018a）

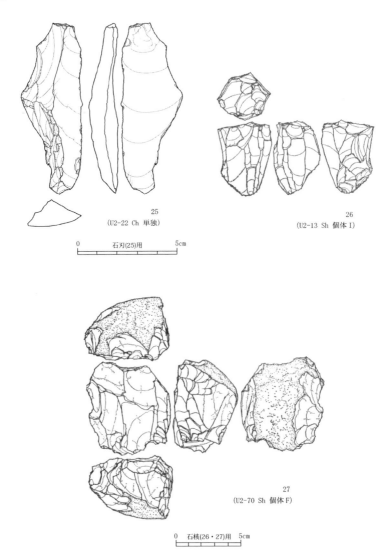

図Ⅳ-37 石器実測図3 稜付き石刃・石核（鈴木 2018a）

　石器組成としてみると、どのブロックも主要器種のナイフ形石器、石刃・石刃状剥片を保有するという点で共通、等価なあり方を示す。その一方、石刃石核と彫器の2種を共に保有するのはブロックS2のみであるという点で、他の

二つのブロックと性格を異にする。

　個体別資料は個体A～Nまでの14個体、単独資料26点からなる。これらの個体別資料の作業類型（後述）は、類型Aが3個体、類型Bが9個体、類型Cが2個体となる。剥片剥離作業を行っている類型A・Bを最も多く保有するのは石核2点を保有するブロックS2の6個体だが、ブロックS1・S3

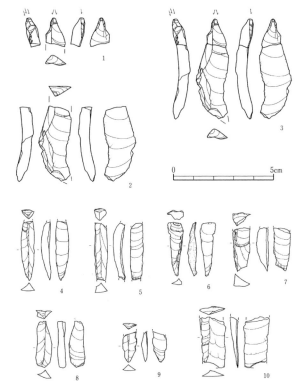

図Ⅳ-38　石器実測図4　彫器・黒曜石製石刃・剥片
（鈴木他2019、藪下他2020より）

とも類型A・Bの中心分布域を有しており、剥片剥離作業を行っているという点でも、3ブロックは共通の性格と等価性を有している。

　個体別資料のブロック間関係はどうだろうか。同一の個体別資料がブロックS1～S3まで分布する個体は3個体（A・H/H'・J）、ブロックS1・S2に分布する個体は2個体（D・I）、ブロックS1・S3に分布する個体は3個体（K・L・M・N）、ブロックS2・3に分布する個体は1個体（C）となる。三つの石器ブロックが相互に関係を有している。このうちブロックS1とS3の関係が最も強く、これに次ぐのがブロックS1とS2であり、ブロックS2とS3の関係が一番弱い（図Ⅳ-39）。

表Ⅳ-7　ブロック別石器組成表（改訂版）（藪下他2020より）

ブロック1	チャート	頁岩	黒曜岩	合計
ナイフ形石器	2	2	1	5
槍先形尖頭器				
彫器	1			1
削片				
石核		1		1
石刃		5	3	8
稜付石刃		1		1
石刃状剥片	3	2	1	6
剥片	15	14	5	34
調整剥片		2		2
砕片		26	4	30
合計	21	52	15	88

ブロック2	チャート	頁岩	黒曜岩	合計
ナイフ形石器	3			3
槍先形尖頭器				
彫器	1			1
削片				
石核		2		2
石刃		3		3
稜付石刃	1			1
石刃状剥片	2	4		6
剥片	8	16		24
調整剥片				
砕片	10	8		18
合計	25	33		58

ブロック3	チャート	頁岩	黒曜岩	合計
ナイフ形石器			3	3
槍先形尖頭器				
彫器	1			1
削片	1			1
石核				
石刃		1	1	2
稜付石刃				
石刃状剥片	2	2	1	5
剥片	3	2	2	7
調整剥片				
砕片			9	9
合計	7	5	16	28

ブロック外	チャート	頁岩	黒曜岩	合計
ナイフ形石器			2	2
槍先形尖頭器	1			1
彫器				
削片				
石核				
石刃	2			2
稜付石刃				
石刃状剥片		1		1
剥片				
調整剥片				
砕片				
合計	3	1	2	6

　これを接合資料で見ると、ブロックS2とブロックS3との間には接合資料はない（図Ⅳ-40）。しかし個体別資料の傾向を見れば、この間の接合資料の欠如は資料的制約によるものとも理解してよいであろう。石器ブロック内での石器の器種別分布域をみると、ナイフ形石器は剥片剥離作業によって生じた可能性の高い微細な剥片の分布域から離れたブロックの外縁部か、ブロック外に多くが分布するという顕著な傾向が見受けられる（図Ⅳ-41、後述）。

第 4 章 集落 315

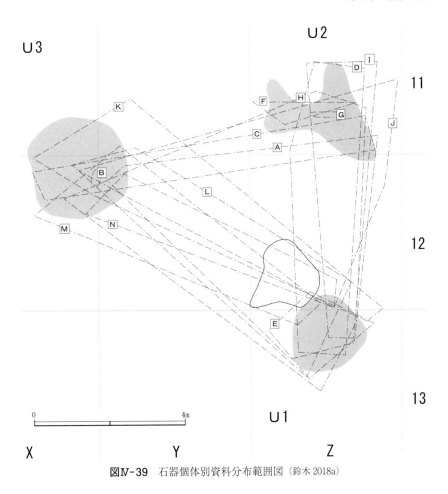

図Ⅳ-39 石器個体別資料分布範囲図（鈴木 2018a）

3. 木炭ブロック

　三カ所の木炭粒分布のうち、木炭ブロック U1 は直径約 2m の範囲に約 140 粒、木炭ブロック U2 は直径約 3m の範囲に 90 粒。木炭ブロック U3 は直径 3m ほどの円形の範囲に約 350 粒が記録されており、三つの木炭ブロックのうち最も分布密度が高い。分布域はいずれも石器分布・礫群分布の中心部とぴったり重なっている（図Ⅳ-42）。また木炭ブロック U3 より南東に 1m ほどの距離を置

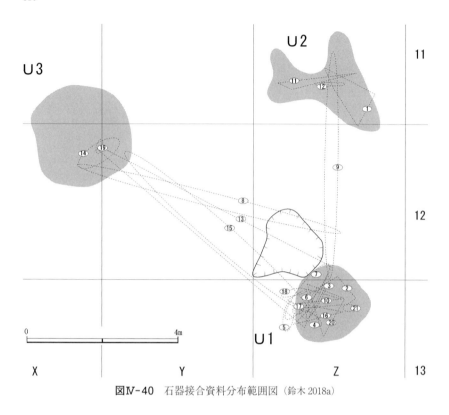

図Ⅳ-40　石器接合資料分布範囲図（鈴木 2018a）

いて、直径 2m 弱ほどの範囲に 15 粒ほどのまばらな分布があることが注意される。ここには礫個体 6 を構成する礫 3 点が分布している（図Ⅳ-33）。

Ⅱ　石器ブロックの分布論的検討

1. 分布論的検討の意図と方法

　当遺跡の石器分布をより詳しくみるために、ブロック内の石器の器種別分布傾向の検討をここで行うこととする。石器群が限られた範囲に一定の密度をもって分布し、それを取り囲む石器分布の希薄ないし空白な空間によって区切られる遺物分布範囲を、一般に石器ブロックと呼ぶ。石器ブロックは、その石器数、分布の濃淡、分布面積などは様々だが、ブロック内に均等な密度で分布

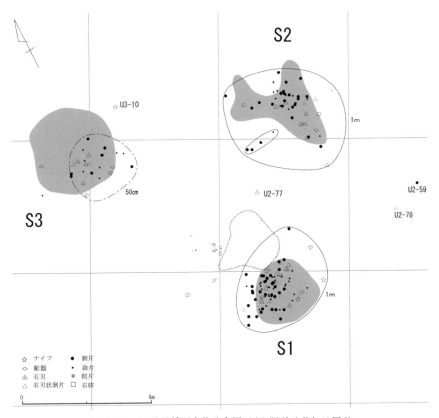

図Ⅳ-41 石器器種別全体分布図（改訂版 法政考古46図2）

するというよりも、多数の石器群が集中的に分布する密集（核心）部、これを取り巻く多出（中央）部、散漫（周辺）部へと広がって、さらに分布の希薄地帯である外縁部を経て、無遺物空間へ移行するというのが一般的なあり方といってよいであろう。一つの典型的なあり方として、密集部を起点に多出分布域、散漫分布域を経て希薄分布域までが同心円状にひろがっている場合がある。そして、その密集部中の中心部の位置によっては、分布域全体が楕円状の広がりを見せる例もあれば、扇形に広がる場合もあろうし、中心部を複数有することもある。

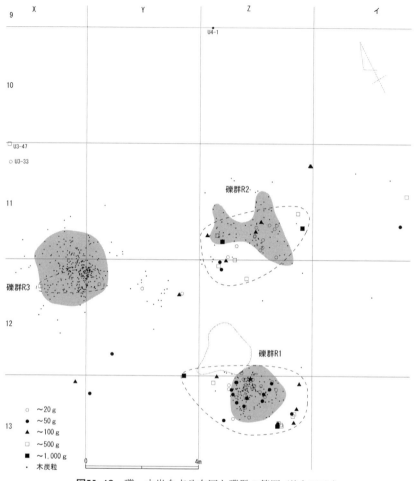

図Ⅳ-42　礫・木炭全点分布図と礫群の範囲（鈴木 2018a）

　高密度の密集部から低密度の散漫ないし希薄分布域へ、同心円状に移行していくこうした石器群分布の在り方が、石器の製作と使用、その後の廃棄、遺棄行為を反映したものである可能性を前提に、分布域と石器の器種との関係を検討してみることは、場の使われ方を知るうえで、少なからず有意義なことである。

こうした観点から、石器分布を分析するにあたって、石器群の分布域を密集部から希薄分布域までⅠ～Ⅳの四つのゾーンを設定して考えることにしたい。[18]ゾーンⅠはブロックを構成する石器分布の核心部を構成する密集分布域、それを取り巻くゾーンⅡは中央部にあたる多出分布域、この周囲に広がるゾーンⅢが散漫分布域、さらにこの外に広がり、無遺物地帯への移行部で希薄分布域となる外縁部がゾーンⅣである。そして、この四つのゾーンを構成する石器分布の量的比率をそれぞれ基準分布量比として、Ⅰ：65％、Ⅱ：20％、Ⅲ：10％、Ⅳ：5％と設定しておくこととする。以下、石器ブロックごとに具体的にみてみよう。
　石器ブロックS1の大きさは直径約3mである（図Ⅳ-43・46・47）。この中の石器間距離25cmで括られる直径約2mの密集部がゾーンⅠに相当する。ゾー

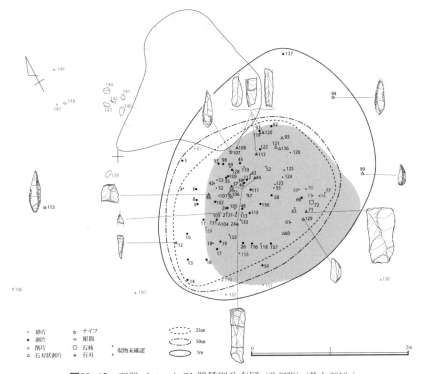

図Ⅳ-43　石器ブロックS1 器種別分布図（改訂版）（鈴木2018a）

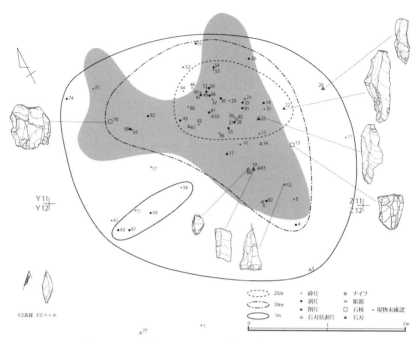

図Ⅳ-44 石器ブロック S2 器種別分布図（鈴木 2018a）

ンⅡもゾーンⅢもこのゾーンからあまり広がらない。そしてその外側にゾーンⅣが位置する。

　石器ブロック S2 は直径約 4m である（図Ⅳ-44・48・49）。石器間距離 25cm で括られる直径約 1.5m のコンパクトにまとまった密集部が、ゾーンⅠに相当する。その外側の直径約 3m までの範囲がゾーンⅡ・Ⅲに相当する。そしてその外側 4m までの外縁部にゾーンⅣが位置する。

　石器ブロック S3 は石器の分布量が少なく、ブロックの範囲も実質 2m ほどと小さく、分布密度も低いというのが全体的な特徴である（図Ⅳ-45・50・51）。石器間距離 25cm で括られる直径 1m 弱の範囲がゾーンⅠに相当する。その外側の直径約 2.2m までの範囲が、分布密度の低いゾーンⅡ・Ⅲ・Ⅳに相当する。なお、ブロックの東側の分布の一番外れに位置するナイフ形石器はブロック外とした。その理由は、もともと希薄な分布群の中にあるなかでの孤立

感によるものであり、S1・S2周辺にあるブロック外資料のように、いずれのブロックからも相当離れているうえに、どちらのブロックに属するか判断が難しい事例とは状況が異なる。

さて、密集部を形成し、ブロックを構成する石器群の最も多くが分布するゾーンⅠから、分布域の外縁を構成し分布量比率の最も少ないゾーンⅣまでの区域間と、石器群の主役ともいうべきナイフ形石器・彫器から砕片に至るまでの石器各種との出土量比率の対応関係を、ここで見ることとする。石器の基準分布量比に比例して各種の器種が均等に分布しているのか、特定の器種は各ゾーンの基準分布量比とは連動せず、別の分布の仕方をしているのかという検討である。

2018年刊行の第1回目の報告（鈴木2018）中でも、ナイフ形石器が密集部や多出部よりも、分布の散漫な区域、希薄な区域での出土が顕著であることを指摘した。この点を改めて詳しく検討しようとするものである。もし、当遺跡

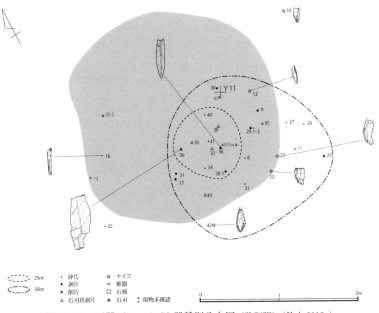

図Ⅳ-45 石器ブロックS3器種別分布図（改訂版）（鈴木2018a）

の石器製作の主目的物であるナイフ形石器などの特定器種が、製作場所から離れた場所に分布すれば、その製作者が使用目的のために使用場所へ持ち運び、やがて廃棄したものであると見なしうるであろう。こうしてまず、ゾーン別の基準分布量比と器種ごとの実際の分布量比との関係をゾーンごとに見ると、遺物分布空間の使い分け意識を推し量ることができる。これが本項の第1の目的である。

第2に、当遺跡以外の別遺跡で製作され持ち込まれた石器が、その役割を終えてブロック内外のどこかに廃棄されていたとすると、その場の性格のほかに、そのブロックにかかわる居住者のここに至るまでの携行装備の一端をうかがい知る材料ともなる。

第3に、そのような居住行動が集中的に展開された場の使い分けが、当遺跡で認定した三つの世帯ユニット（後述）に共通するものであるとすると、その場の等価性、単位性が、住まいの前面の場の使い方という行動面での一種の規範、ムラの成員の共通した振る舞いのルールが、慣習として存在していたことが推測される。

第4に、上記の点が是認されるとすると、この場はいわゆる掃除行動による「ゴミ捨て場」というより、当時の行動の痕跡が刻印された場であることになり、当遺跡での行動解明にも通じることになる。

なお、製作物が製作場所のブロックを離れて、別のブロックに分布するような場合は、ブロック間関係、その背後にある世帯と世帯との関係を議論する材料となる。以下、具体的にゾーン別の器種分布をブロック順に見てみよう。

2. ブロック別検討

【石器ブロックS1】 先に設定した四つのゾーンの石器分布の基準分布量比を、ゾーンⅠ（密集部）：65％、ゾーンⅡ（多出部）：20％、ゾーンⅢ（散漫部）：10％、ゾーンⅣ（希薄部）：5％と設定した。その具体的な姿を見てみよう。ブロックS1は88点から構成されるので、各ゾーンの構成石器数は、ゾーンⅠ（65％）：57点、ゾーンⅡ（20％）：18点、ゾーンⅢ（10％）：9点、ゾーンⅣ（5％）：4点の内訳になる（表Ⅳ-8 図Ⅳ-46）。なお、この石器器種の各ゾーンへの帰

第 4 章　集落　323

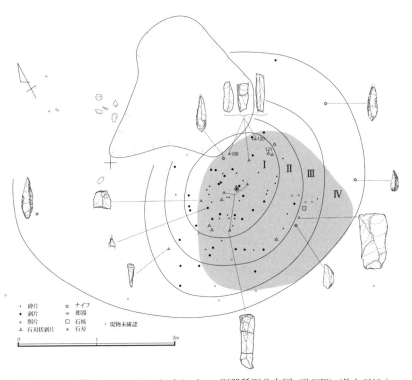

図Ⅳ-46　石器ブロック S1 におけるゾーン別器種別分布図（改訂版）（鈴木 2018a）

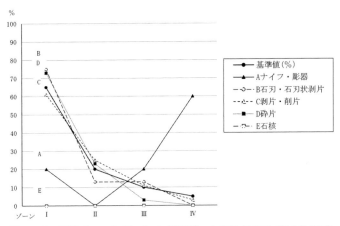

図Ⅳ-47　石器ブロック S1 ゾーン別器種　占有比グラフ（鈴木他 2019）

表IV-8　石器ブロックS1～S3におけるゾーン別器種構成表（鈴木他2019）

S1 ゾーン	基準値 %	ナイフ・彫器 %	点数	石刃 %	点数	石刃状剥片 %	点数	剥片 %	点数	砕片 %	点数	石核 %	点数
I	65	33.3	2	78	7	71	5	60	21	73	22	0	-
II	20	0	-	0	-	29	2	7	9	23	7	0	-
III	10	16.6	1	22	2	0	-	4	4	3	1	0	-
IV	5	50	3	0	-	0	-	28	1	0	-	0	-
ブロック外			-		-		-		-		-		-
			6		9		7		35		30		0 (87点)

S2 ゾーン	基準値 %	ナイフ・彫器 %	点数	石刃 %	点数	石刃状剥片 %	点数	剥片 %	点数	砕片 %	点数	石核 %	点数
I	65	0	-	25	1	33	2	63	15	89	16	0	-
II	20	50	1	50	2	50	3	17	4	6	1	100	2
III	10	50	*1*	25	1	0	-	13	3	6	1	0	-
IV	5	0	-	-	-	17	1	8	2	0	-	0	-
ブロック外			-		-	○		○					
			2		4		6		24		18		2 (56点)

ブロック外2点（石刃、石刃状剥片各1）・出土位置不明2点（ナイフ形石器）集計外

S3 ゾーン	基準値 %	ナイフ・彫器 %	点数	石刃 %	点数	石刃状剥片 %	点数	剥片・削片 %	点数	砕片 %	点数	石核 %	点数
I	65	0	-	100	2	100	4	63	5	67	6	0	-
II	20	100	4	0	-	0	0	13	1	11	1	0	-
III	10	0	-	0	-	0	-	25	*2*	11	1	0	-
IV	5	0	-	0	-	0	-	-	-	11	1	0	-
ブロック外			○		-		-		-		-		
			4		2		4		8		9		0 (27点)

ブロック外1点（ナイフ形石器）・出土位置不明1点（石刃状剥片）集計外

総合 ゾーン	基準値 %	ナイフ・彫器 %	点数	石刃 %	点数	石刃状剥片 %	点数	剥片・削片 %	点数	砕片 %	点数	石核 %	点数
I	65	10	1	67	10	61	11	62	42	77	44		
II	20	40	4	13	2	33	6	21	14	16	9	100	2
III	10	20	*2*	20	3			13	*9*	5	3		
IV	5	30	3			6	1	3	2	2	1		
ブロック外			○										
			10		15		18		*68*		57		2

斜体は彫器・削片を含む項目

属の決定に際しては、目測で密集部の中心に位置すると推測される1点の遺物を選んで基準点とし（図中では器種別記号を丸で囲ったもの）、ここから距離の近いものを順に取り込んでいった。

　a）具体的にゾーン別に器種構成数を見ていくと、ゾーン I では、A ナイフ形石器：1点、彫器（個体別資料 A 断面接合の上端刃部側）1点、B 石刃7点、C 石刃状剥片5点、D 剥片21点、E 砕片22点、F 石核0点となる。こうしてゾーン II、ゾーン III、ゾーン IV も同様にみていきグラフ化したものが図IV-47である。

　グラフに反映された数値は、煩瑣を避けるため、ナイフ形石器と彫器、B 石刃と C 石刃状剥片とを合算した数値を示している。また、ブロック S3 では、剥片と削片を合算してグラフに反映させている。なお、各石器ブロック構成石器数の中には、出土位置不明でゾーン別集計ができないものがある。また、ブロック外の所属の石器は集計対象から外してある（表中〇印で存在のみを示した）。この中には、発掘調査時の区分で割り当てられた所属ユニット（ブロック）名が冠されたものもあるが、ブロックの分布域から遠く、位置関係から見てどのブロックに所属させるべきか判断に迷うことなどの理由で集計外資料とした。

　b）さて、当ブロックの石器分布を全体的にみると、石器器種とゾーンとの間にはどのような関係があるだろうか。その特徴を探るために基準値より下振れしているもの、上振れしているものという形で見てみよう。

　ナイフ形石器は密集域のゾーン I の石器分布量基準値65％に対して、この期待値をかなり下振れした20％の値を示している。本来ならもっと多くが出土しても良いところである。これに対し、ゾーン III、IV で分布量基準値に対して、相当上振れした値を示している。外縁部のゾーン IV では基準値5％に対してこの10倍以上の出現率を示していることが特筆される。その他の器種については、石刃がやや上振れしているが、石刃状剥片の71％、砕片の73％は基準値の誤差の範囲と理解できる。

　c）器種別の分布域の範囲という側面はどうであろうか。A ナイフ形石器か

らF石核までの6種類の器種別分類群のうち、もっとも点数の多いD剥片が全ゾーンに分布を広げていることがまず目に止まる。これに次ぐ数を有するE砕片が3ゾーンに分布する。両者に較べかなり構成比が少ないB石刃、C石刃状剥片が2ゾーンに分布する。こうした中で構成比のもっとも少ないナイフ形石器が広く3ゾーンに分布することが注目される。

　資料数の多い剥片・砕片がブロック内に広く分布を広げていると同時に、分布の濃いゾーンⅠ（密集部）、ゾーンⅡ（多出部）に多くが分布することを特徴としてまずあげることができる。また、外縁部に向かっていくほど分布量も減り、各ゾーンの基準分布量比通りの分布のひろがりを示している。

　これに対し、最も資料構成比の少ないナイフ形石器が3ゾーンに分布し、分布量比の少ないゾーンⅢに加え、外縁部のゾーンⅣに最も多くが位置することも、際立った特徴として指摘することができる。

【石器ブロックS2】　ブロックS2は58点から構成される。各ゾーンの石器数は、ゾーンⅠ（65%）：36点、ゾーンⅡ（20%）：11点、ゾーンⅢ（10%）：6点、ゾーンⅣ（5%）：3点の内訳となる（表Ⅳ-8）。

　a）これを、ブロックS1同様に具体的にゾーン別に器種構成数を見ていくと、ゾーンⅠでは、Aナイフ形石器・彫器：0点、B石刃1点、C石刃状剥片2点、D剥片・削片15点、E砕片16点、F石核0点となる（図Ⅳ-48）。こうしてゾーンⅡ、ゾーンⅢ、ゾーンⅣも同様に見ていきグラフ化したものが図Ⅳ-49である。

　b）ブロックS2の石器分布には、石器器種とゾーンとの間にはどのような関係があるだろうか、その特徴を、基準値に対して上振れしているもの、下振れしたものという観点で見てみよう。ナイフ形石器・石刃・石刃状剥片は、ともにゾーンⅠの基準値をかなり下回っていると同時に、ゾーンⅡで基準値を大きく上回る。ナイフ形石器はゾーンⅢで上振れ感が一層大きくなる。ついではっきりした上振れ感を示すのは、ゾーンⅠにおける砕片の89%である。これに反して、ゾーンⅡから外は下振れており、ゾーンⅠへの集中度が際立っている。石核1点がゾーンⅡに位置する。

第 4 章 集落　327

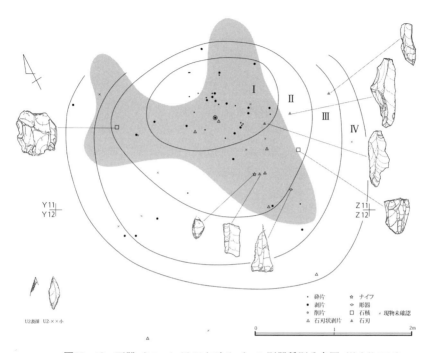

図Ⅳ-48　石器ブロック S2 におけるゾーン別器種別分布図（鈴木他 2019）

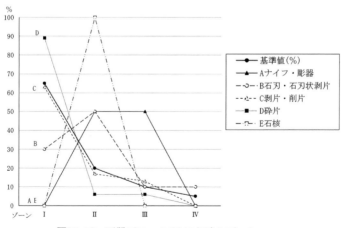

図Ⅳ-49　石器ブロック S2 におけるゾーン
占有比グラフ（鈴木他 2019）

c）次に、分布域の範囲という側面はどうであろうか。Ａナイフ形石器からＦ石核までの6種類の器種のうち、一番構成比の多いＤ剥片が全ゾーンに分布を広げていること、これに次いで多いＥ砕片が3ゾーンに分布すること、前2者に較べて構成比はかなり少ないが、Ｂ石刃、Ｃ石刃状剥片も3ゾーンにわたって分布することが注意される。最も数の少ないナイフ形石器は2ゾーンで出現する。そして、ほかのブロックには分布しない石核2点が、ゾーンⅡに分布する。
　資料数の多い剥片・砕片のみならず石刃、石刃状剥片も、ブロック内に広く分布する。そして、ナイフ形石器は最も資料分布数が多いゾーンⅠには分布せず、その外側のゾーンⅡとⅢに位置することなどが注目される。

【石器ブロックS3】　ブロックS3は28点から構成されるので、各ゾーンの構成石器数は、ゾーンⅠ（65％）：18点、ゾーンⅡ（20％）：6点、ゾーンⅢ（10％）：3点、ゾーンⅣ（5％）：1点の内訳になる（表Ⅳ-8）。

　a）これをゾーン別に器種構成比を見ていくと、ゾーンⅠでは、Ａナイフ形石器：0点、Ｂ石刃2点、Ｃ石刃状剥片4点、Ｄ剥片5点、Ｅ砕片6点、Ｆ石核0点となる（図Ⅳ-50）。ゾーンⅡには、ナイフ形石器3点、彫器（下半部器体側）1点。こうしてゾーンⅢ、ゾーンⅣも同様にみていきグラフ化したものが（図Ⅳ-51）である。

　b）ブロックS3の石器分布をブロックS1・S2と同様な見方で見ておこう。ナイフ形石器がゾーンⅠにおいて基準値に対する明らかな下振れを示していて、ブロックS1・S2と同じ傾向を示しているとみてよいであろう。石刃・石刃状剥片はゾーンⅠにおいて基準値をはっきり上回っている。この点はブロックS1・S2と同様の傾向を示しているとみてよいであろう。28点と少ない対象資料数に対して、6種類の器種区分と四つのゾーンとの関係の傾向を抽出するのは無理もあるが、総じてブロックS1、S2の在り方とほぼ同様の傾向を示すとみることはできよう。

　c）次に、分布域の範囲という観点から見てみよう。当ブロックは全資料数に対して砕片が一番多く、全ゾーンに分布することが目に止まる。そのうえで

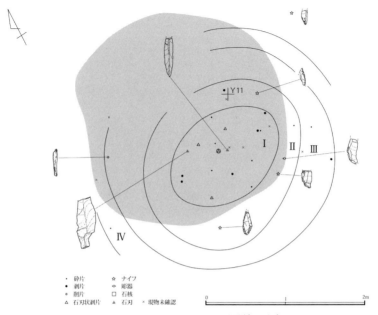

図Ⅳ-50 石器ブロック S3 におけるゾーン別器種別分布図（鈴木他 2019）

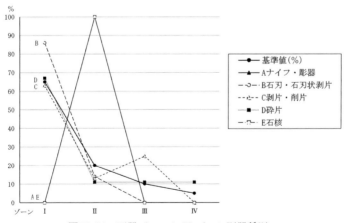

図Ⅳ-51 石器ブロック S3 ゾーン別器種別
占有比グラフ（鈴木他 2019）

全体としてブロックS1・S2とほぼ同様な分布傾向を示すことを指摘しておこう。

　以上、ブロック単位で分布ゾーンの基準分布量比と石器器種別の実際の分布数比率との比較から、その特徴を見てきた。最後に三つのブロック全体を一括した集計結果から、ブロック個々での特徴と遺跡全体の一般的傾向との比較を通じて読み取れる、器種別分布とゾーンとの関係の特徴を改めて整理しておこう。結論的には、個々の石器ブロック単位で見た場合と遺跡全体で見た場合とでは特に異なる点はない。そのうえで、以下の点を改めて確認しておきたい。

　石核を除く、Ａナイフ形石器・Ｂ石刃・Ｃ石刃状剥片・Ｄ剥片・Ｅ砕片の５種類のうち、三つのブロック個々に見た際には、Ｂ石刃・Ｃ石刃状剥片が多少上振れ・下振れする局面はあるものの、遺跡全体を通して集計してみると、ナイフ形石器を例外として、ほとんどの器種が基準分布量比に沿った出現比率を示すことがまず注目される。

　そのナイフ形石器は、全体集計表ではゾーンⅡにおいて出現頻度が一番高く、これに次いで、ゾーンⅣ、ゾーンⅢ、ゾーンⅠの順となる。しかしながら、ゾーンⅢの２点のうち１点はナイフ形石器と合算集計した彫器であり、これに加えてブロック３のブロック外所属で、集計外となっているナイフ形石器を実質的な所属域ゾーンⅣに加えると、その占有率は40％となり、ゾーンⅡとともに最大の占有率を有することになる。

　このことによって、ナイフ形石器が基準分布量比と逆比例して、密集部から多出部、散漫部を経て、希薄部へと、遺物分布密度の高い方から低い方へ向かって、出現率を高めていくことが顕著になっていく姿を明確に示している。このように、ナイフ形石器は、そのライフサイクルの最終局面での出土位置が、ほかの４種類の石器とは異なっていた。この最終局面とは、ナイフ形石器としての役割を終え、槍の穂先から取り外されて捨てられ、新しいナイフ形石器に取り換えられる瞬間である。ナイフ形石器の使用、修復作業などが、それ特有の空間の中で行われていたことが理解される。

　また、これとは逆の分布傾向を示すのが砕片の分布である。ゾーン別基準分

布量比に沿った分布傾向を示すとは言え、ゾーンⅠの基準値65％に対し、これを明確に上振れする77％を占め、その外側のゾーンⅡ・Ⅲ・Ⅳでは下振れし、砕片のゾーンⅠへの集中度の高さを示している。それに加えて、ナイフ形石器との対照的性格を明確に表している。このことも、砕片の生じる石器製作行動の場との明確な関連性を示している。

石刃・石刃状剥片は上記とは異なる。すなわち、ナイフ形石器ほど分布に人為性が反映されず、砕片ほど分布の非人為性に傾くわけでもなく、この両者の中間的なあり方を示している。もっと大幅に石器資料数が多い遺跡であれば、独自の性格を示すか、ナイフ形石器と砕片という分布の性格の両極のどちらに近いか、判然とするかもしれない。一般的な剥片は基準値からみて砕片に一番近く、砕片に次いで分布の人為性が少ない分類群であると見てよいであろう。

なお、集計をナイフ形石器に含めて行った彫器3点2個体はゾーンⅠに1点、ゾーンⅡに2点で、ナイフ形石器と比較するとブロックの中央部寄りに分布するといえるだろう。

砕片は概して小さくて掃除行為の対象になりにくく、一般論として、剥片剥離作業の時点での分布位置を変える可能性が、最も少ない分類群であると言ってよいであろう。こうして石器分布という現象は、場の使われ方を考える際の重要な判断基準の一つとなる。

以上、当遺跡のような、小規模でコンパクトにまとまった、それゆえに短期居住が予測される集落遺跡の場合、そこにおける礫、石器、木炭などの分布は、それを生じさせた時点での行動の痕跡を、おおむねその場に留めているものと理解される。そしてそれが三つのブロックに共通してみられることは、次なるブロック間関係の議論の局面での単位的有意性を示唆する。

Ⅲ　個体別資料のブロック間配置

1. ブロックの石器組成とブロック間比較

【石器ブロックS1】　石器ブロックS1はナイフ形石器5点、彫器（上端刃部側）1点、石核1点、石刃8点、稜付石刃1点、石刃状剥片6点、剥片34点、調

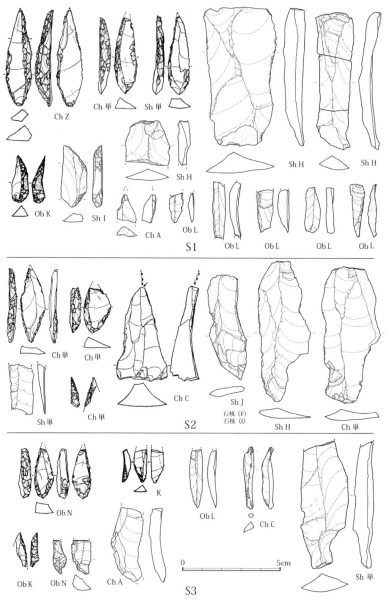

図Ⅳ-52 主要石器（ナイフ形石器・彫器・石刃）のブロック S1・S2・S3 区分図
（鈴木他 2019 を一部改変）

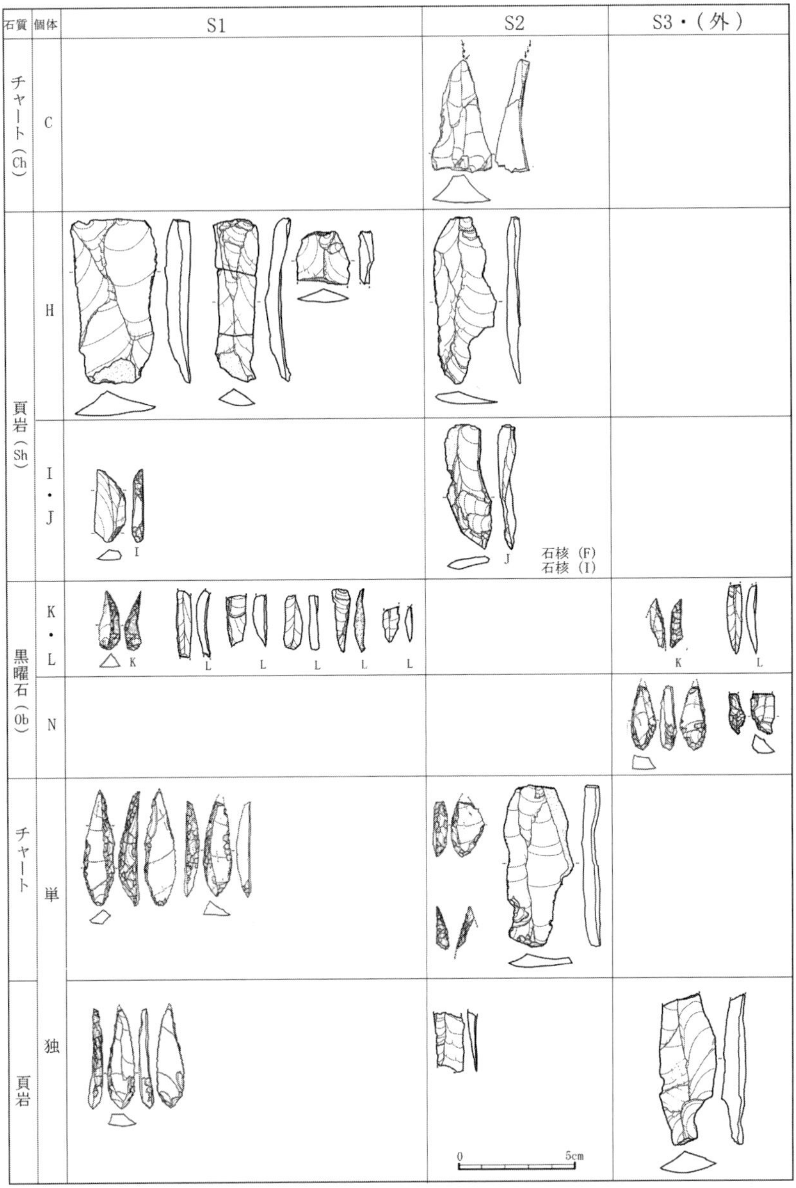

第 4 章 集落　333

図Ⅳ-53　主要石器（ナイフ形石器・彫器・石刃）の個体石質別区分図
（鈴木他 2019）

整剥片2点、砕片30点の計88点である（表Ⅳ-7、図Ⅳ-52・53）。ナイフ形石器は、チャート・頁岩・黒曜石の各種があり、加工部位でみると二側縁加工3点、一側縁加工1点、端部加工1点がある。石刃・稜付石刃は頁岩と黒曜石の石質の違いで大きさが分かれている。

【石器ブロックS2】　石器ブロックS2はナイフ形石器3点、彫器1点、石核2点、石刃3点、稜付石刃1点、石刃状剥片6点、剥片24点、砕片18点の計58点である（表Ⅳ-7、図Ⅳ-52・53）。ナイフ形石器はすべてチャートで、加工部位別でみると二側縁加工2点、先端部破片1点がある。また、彫器1点が出土している。

【石器ブロックS3】　石器ブロックS3はナイフ形石器3点、彫器（下半部）1点、削片1点、石刃2点、石刃状剥片6点、剥片7点、砕片9点の計28点である（表Ⅳ-7、図Ⅳ-52・53）。ナイフ形石器は、すべて黒曜石で、二側縁加工1点、一側縁加工1点、先端部破片1点である。石器ブロックS3の外側で出土した基部加工1点も黒曜石である。石刃は頁岩と黒曜石の石質で大きさが分かれている。また、石器ブロックS2で出土している彫器と同一個体の削片がある。

2. 個体別資料とブロック間関係

　個体別資料単位でブロックとの関係を見ると、個体Aから個体Nまで計14個体の内、ブロック内でその分布が収束する4個体と、複数のブロックにわたって分布する10個体に分かれる（表Ⅳ-9）。これらを作業類型の視点から整理しておきたい。[19]

1）石器ブロック内分布個体

　石器ブロック内で収束する個体は、B・E・F・Gの計4個体である。石質別では、チャート1個体（B）、頁岩3個体（E・F・G）で、黒曜石の個体はない。石器ブロック別では、石器ブロックS1に1個体（E）、石器ブロックS2に2個体（F・G）、石器ブロックS3に1個体（B）がある。個体別資料ごとでは、以下のようにまとめられる。

個体B　緑色に白線が入るチャートで、石器ブロックS3だけに分布する。石刃状剥片2点からなる。2点が接合して1点の石刃状剥片となる単独資料であ

表Ⅳ-9　石器個体のブロック間分有関係一覧表（鈴木他 2019）

石器ブロック	個体												
	チャート				頁岩					黒曜岩			
	A	B	C	D	E	F	G	H·H'	I	J	K	L	M	N
S1	●			●	○			●	○	○	○	●	○	○
S2	○			○		●	●		○	○				
S3	●	○	○					●		○	●	○		

● 石器ブロック間接合資料　　○ 石器ブロック間非接合個体識別資料

る（作業類型 C）。また、接合面に被熱痕跡（ハジケ）がある。

個体 E　暗灰色の頁岩で、石器ブロック S1 だけに分布する。石核 1 点、砕片 22 点の計 23 点である。意図的な剥片剥離というよりも、大形の円礫を敲き割って砕けたような個体である（作業類型 A）。ただし、石核や砕片には被熱の痕跡があり、加熱による破砕の可能性もある。

個体 F　黒灰色の頁岩で、石器ブロック S2 だけに分布する。石核 1 点、剥片 3 点の計 4 点である。石刃・縦長剥片の剥片剥離工程を示す両設打面の石核に 2 点の剥片が接合する資料を含んでいる（作業類型 A）。ただし、石核から剥離された石刃や縦長剥片は残されていない。

個体 G　白線の入る黒色の頁岩で、石器ブロック S2 だけに分布する。剥片 2 点からなる。不定形な剥片剥離を示す礫面付きの剥片 2 点が接合する資料である（作業類型 B）。

　このように、ブロック内分布 4 個体のうち個体 E は、上述のように剥片剥離作業を伴う通常の個体とは異なる。これを除く B・F・G の 3 個体は、いずれも少数個体であることが注意される。

２）石器ブロック間分布個体

　石器ブロック間にまたがって分布する個体は、A・C・D・H・H'・I・J・K・L・M・N の計 10 個体である。石質別では、チャート 3 個体（A・C・D）、頁岩 3 個体（H・H'・I・J）、黒曜石 4 個体すべて（K・L・M・N）である。石器ブロック別では、石器ブロック S1 に 9 個体（A・D・H・H'・I・J・K・L・M・

N)、石器ブロックS2に6個体（A・C・D・H・H'・I・J）、石器ブロックS3に8個体（A・C・H・H'・J・K・L・M・N）である。また、接合関係が確認できる個体だけに絞ると、石器ブロックS1に4個体（A・D・H・H'・L）、石器ブロックS2に1個体（D）、石器ブロックS3に3個体（A・H・H'・L）となる。個体別資料ごとでは、以下のようにまとめられる。

個体A　灰白色に紺と白の縞模様が入るチャートで、石器ブロックS1～3に分布する。石刃・縦長剥片の剥片剥離工程を示す接合資料を含む（作業類型B）。石器ブロックS2に砕片1点、石器ブロックS3に石刃状剥片の打面側1点が分布するだけで、石器ブロックS1に石刃状剥片2点、剥片13点が分布する。計17点。このうち2点が接合して彫器となる（図IV-38）。

個体C　光沢のある灰色に紺色の線が入るチャートで、石器ブロックS2・3に分布する。彫器と削片からなるが接合せず、これらと関連しない小型の不定形な剥片同士の接合資料を含む（作業類型B）。石器ブロックS2に彫器1点のみが分布し、石器ブロックS3に削片1点、剥片2点が分布する。計4点。

個体D　緑色で礫面に赤味を帯びるチャートで、石器ブロックS1・2に分布する。石刃・縦長剥片の剥片剥離工程を示す接合資料を含む（作業類型B）。石器ブロックS1に石刃状剥片2点、大きめの剥片1点が分布し、石器ブロックS2に礫面を残す剥片・砕片類（剥片5点、砕片9点）が分布する。計17点である。

個体H・H'　黒色の頁岩で、石器ブロックS1～3に分布する。接合資料は認められないが、石刃・縦長剥片の剥離工程を示唆する（作業類型B）。石器ブロックS1に石刃5点、剥片13点、調整剥片2点、砕片4点、石器ブロックS2に石刃1点、剥片1点、砕片2点、石器ブロックS3に石刃状剥片1点、剥片1点のみが分布する。計30点。

個体I　暗灰色の頁岩で、石器ブロックS1・2に分布する。石核を含む石刃・縦長剥片の剥片剥離工程を示す接合資料を含む（作業類型A）。石器ブロックS1にナイフ形石器1点のみが分布し、石器ブロックS2に石核1点、石刃状剥片3点、剥片5点、砕片6点が分布する。計16点。

個体 J　暗灰色のガラス質の頁岩で、石器ブロック S1〜3 に分布する。接合資料はまったく認められないが、石刃・縦長剥片の剥離工程を示唆する（作業類型 B）。ただし、砕片もないことから、選択された資料群かもしれない。石器ブロック S1 に石刃状剥片 1 点のみ、石器ブロック S2 に石刃 1 点、石刃状剥片 1 点、剥片 2 点、石器ブロック S3 に石刃状剥片 1 点、剥片 1 点が分布する。ブロック外の 1 点を含めて計 8 点。

個体 K　透明縞入りの黒曜石で、石器ブロック S1・3 に分布する。剥片剥離の工程を示す資料はなく、ナイフ形石器などの調整加工段階を示唆する（作業類型 B）。石器ブロック S1 にナイフ形石器 1 点のみが分布し、石器ブロック S3 にナイフ形石器 1 点、剥片 1 点、砕片 2 点が分布する。計 6 点。

個体 L　白濁の黒曜石で、石器ブロック S1・3 に分布する。この個体だけに特徴的な小型の石刃・縦長剥片の剥片剥離工程を示す接合資料を含む（作業類型 B）。石器ブロック S1 に石刃 3 点、稜付石刃 1 点、剥片 4 点、砕片 3 点があり、石器ブロック S3 に石刃 1 点、砕片 3 点の計 4 点がある。計 15 点。

個体 M　乳白色の黒曜石で、石器ブロック S1・3 に分布する。剥片剥離の工程を示す資料はなく、ナイフ形石器などの調整加工段階を示唆する（作業類型 B）。石器ブロック S1 には剥片 1 点、砕片 1 点、石器ブロック S3 に石刃状剥片 1 点、剥片 1 点、砕片 3 点が分布する。計 7 点。

個体 N　漆黒の黒曜石で、石器ブロック S1・3 に分布する。剥片剥離や調整加工の工程を示さない選択的な資料群である（作業類型 C）。石器ブロック S1 に石刃状剥片 1 点、石器ブロック S3 にナイフ形石器 2 点のみが分布する。計 3 点。

Ⅳ　A-0 地点ムラの復原

　U1〜U3 では礫群（調理行動）・石器ブロック（石器製作・補修行動）・木炭ブロック（焚火行動）からなる三要素が、ほぼ完全に重なった集積的分布を示すことは前記したとおりであり、この遺物三要素の分布域を含み込む区域の統合概念として、これを U1〜U3 それぞれに伴う居住行動エリアと呼ぶこととす

る（図Ⅳ-31・54）。また、上記3エリアから離れて、礫1点（礫個体⑭）が孤立的な分布を示すあたりをU4、ナイフ形石器1点の分布するあたりをU5、槍先形尖頭器と石刃の出土したあたりをU6とする（図Ⅳ-55）。こちらはU1～U3に伴う複合的な行動とは別の断片的でU1～U3とは異なった行動によって残されたものであろう（後述）。

　U1～U3の三つの居住行動エリアは、木炭分布（火処）を持ち、礫を加熱し、これを用いて石蒸し調理を行った場（礫群）であり、そして石器の製作と使用、その後の廃棄を行った場（石器ブロック）でもある。言い換えれば、この場はムラを構成する各世帯の居住に伴う、諸行動が集中的に展開された場と理解することができる。このことをもって、礫群・石器ブロック・木炭分布を世帯ユニット認定の考古学的3点セットと評価しておきたい。

　石器ブロック内には、基幹的な装備であるナイフ形石器が明確に存在する。また、その出土位置は、砕片・小剥片などが密に分布し、剥片剥離作業をはじめとする石器製作作業の中心的な場・分布域から離れた外縁部か、さらに外側のブロックの縁辺、ブロック外に多くが位置する。つまり、ナイフ形石器は、ブロック内における分布の外縁性傾向がはっきりと読み取れる。なお、同じ定形石器でも彫器はナイフ形石器ほどの外縁性はなく、石器分布の中心部とその周辺で出土している。狩猟具と工具という道具としての性格の違いを反映しているのかもしれない。

　木炭分布域や礫群域に対しても、その外縁部やさらに外側に多くが分布するということができる（図Ⅳ-46・48・50）。こうして、石器群の内容のみならず器種別に分布論的に見ると、石器製作と使用に関わる生活行動の場の使い分けを含めた、等価な姿を示す石器分布の単位が、3ヵ所あったと理解することができる。

　では世帯の器、住居はどこにあっただろうか。三つの居住行動エリアは正三角形状に集まっており、この三角形の内側は狭く、ここに住居の場を想定するのは難しい。想定しうるのは、居住行動エリアの外周部で、U4・U5・U6区域までの間に広がる空間であろう。具体的には、居住行動エリアU1はその東～

第4章 集落 339

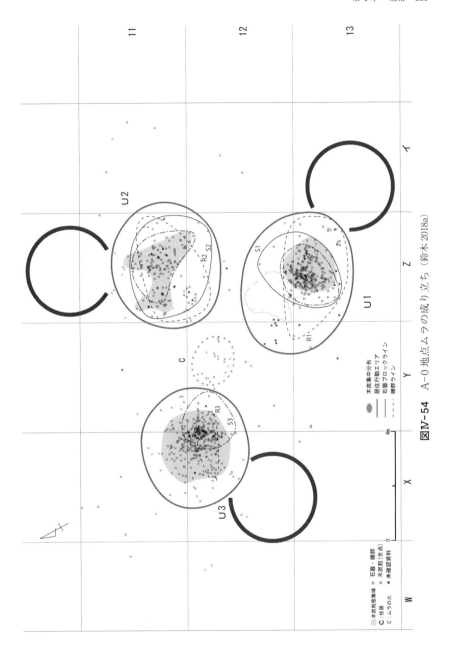

図Ⅳ-54 A-0地点ムラの成り立ち（鈴木2018a）

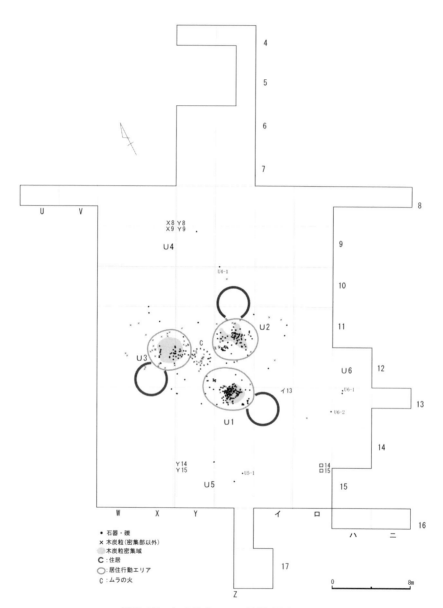

図Ⅳ-55　A-0地点ムラの景観（鈴木2018a）

南方向に、U2 はその北方向に、U3 はその西〜南方向の可能性が高いのではないだろうか。このように見てくると、各居住行動エリアに対面する住居の背後に位置するのが U4・U5・U6 域であり、ここに少数の礫片、ナイフ形石器あるいは槍先形尖頭器・石刃などの単品がまばらに出土するのも、こういう背景があったればこそのことであると解釈できる。視認はできないが、住居は世帯ユニットの 4 番目の構成要素である。

　3 カ所の世帯ユニットとそれに伴う住居の位置に触れたところで、焚火について触れておきたい。木炭ブロックの位置で焚火が集中的に行なわれたことは間違いないであろう。そして、その焚火という行為には、各世帯の住居に付随するもの、石蒸し調理用の礫の加熱のためのもの、そしてムブティ・ピグミーのムラに仮託して言えば、ムラの成人男性共同の焚火（市川 1982）などがあったと考えることもできる。木炭ブロックと称した木炭粒の密集部の分布は径 2〜3m と広く、そこはまず石蒸し調理用の礫の加熱に伴う焚火を想起させる。数十個の礫を調理可能なまでに同時に熱するには、大きな焚火が必要である。これに対して各世帯の住居に伴う焚火の場所（炉）は、木炭ブロックの範囲の一番住居寄りに想定するのが自然であり、石蒸し調理用の礫の加熱のための焚火に比して、それは比較的小さな焚火であっただろう。

　このように考えたうえで、木炭粒の分布を改めて見ると、木炭ブロック・石器ブロック・礫群からなる 3 カ所の居住行動エリアに囲まれた中央の空間に、15 点ほどのまとまった木炭粒分布と礫個体⑥に属する 3 点の礫の存在がまず注意される（図Ⅳ-33、31・32・42）。その位置から見て、そこにムラの共同の焚火の場があったと考えることもできる。

　こうして、法政大学 A-0 地点ムラにはムラの共同の火と世帯ごとの火とを認めることができる。そして、世帯の火には住居に付随し、調理とまどいの場となるいわゆる炉と、石蒸し調理用の礫加熱のための焚火場との 2 種類の火があることが、遺物群の分布論的検討から推測されてくる（図Ⅳ-54・55）。

　ではほぼ等価な内容をもつこの三つの居住行動エリアの相互関係はどのようなものであっただろうか。まず、石器を接合・個体別資料単位で見てみよう（図

Ⅳ-39)。明確な接合関係を有するのは石器ブロック S1 と S3 との間が顕著であり、これに次いで、石器ブロック S1 と S2 との関係が明確である（図Ⅳ-40)。接合資料には石器ブロック S2 と S3 とを結ぶ関係はないが、個体別資料レベルでは石器ブロック S2 と S3 の共有関係は複数認められる。石器から見た居住行動エリア3カ所間の関係は、それぞれ独立的で自足的でありつつ、隣接するそれぞれ二つの居住行動エリア間で石器素材や製品を分有しつつ、暮らしを成り立たせていた様が窺える。

つぎに礫群からはどのような性格を読み取ることができるだろうか。先に述べたように礫群 R1・R2 は、それぞれ 51 点/11 個体、23 点/12 個体の礫からなる小規模な礫群を有し、ともに 12 回程度使用されたのち、遺跡に残されたとひとまず考えられる（第3章第2節）。言い換えれば焼け礫を使用した調理行動は、それぞれ二つの居住行動エリアでほぼ同じ頻度で、あるいは同じくらいの回数の使用行動がなされたとみなすことが許されるであろう。一方、居住行動エリア U3 に属する礫群 R3 は、残された焼け礫全てが細片で痕跡的であるけれども、細片が生じるまで多数回にわたって礫群による調理行動がなされた結果であることが推測される。

礫群構成礫を礫群の三者関係という観点でみると、礫個体⑭だけが特異な存在である。居住行動エリア U1 の域内での分布を中心としつつも、エリア U2 内に4点、エリア U3 内に1点、エリア外に3点、U4 域に1点、同一個体資料が属している。しかし、この格別大型の礫個体⑭は礫群構成礫というより配石と理解されるべきもので、これを除けば各礫群はそれぞれ独立的、自足的であり、隣接礫群との関係性よりも独立性が高いといってよい。石器に見る関係性とは異なった特徴を示している。こうして、石器をめぐる居住行動エリア間関係は相互関係が深く、協調的、互酬的関係性がうかがえる。その一方、調理行動という局面では、それぞれに独立的な様子を見せている。調理対象である食料は基本的に各世帯内で、それぞれ独立的に調理、消費されたと見ることが許されるであろう。

狩猟具であるナイフ形石器を中心として、その石材調達から道具素材の製作、

道具の加工、使用とその維持・管理までの一連の行動規範を男にまつわるものの表徴とみなし、礫群資料を世帯での調理行動をめぐる成人女性の動きの反映とみれば、男性と女性のムラの中での行動と役割との違いが、両種の遺物の居住行動エリア間接合関係の違いの背後にあると見ることができる。

　結局、法政大学 A-0 地点ムラには、まぎれもなく三つの単位的な居住行動エリアとそれに伴う住まいがあり、それぞれ独立した世帯として機能していたと考えられる。そして、礫群 R1 と R2 はほぼ同程度の規模で、同じ程度の頻度あるいは回数・期間使用されたことから見て、少なくとも U1・U2 二つの世帯ユニットは、同時に、同じ期間、同じムラの成員として共存していたであろう。

　一方、U3 世帯ユニットに属していた礫群 R3 については、その規模も使用回数も礫群本体の構成礫の行き場もはっきりしない。その可能性は幾つかありうるが、まず U1 世帯ユニットあるいは U2 世帯ユニットに礫が持ち出され、再利用された可能性がある。仮にその方向で考えたとすると、このムラは 3 世帯存在の時期と U3 世帯が去り U1・U2 の 2 世帯構成の時期とがあったと考えることもできる。

　石器群の接合・個体別資料の示すところは、U1・U2・U3 の三つの世帯ユニットが相互関係を有していたわけであり、その点を想起すると、礫群側の礫個体⑭の示すところと重なり、U1・U2・U3 の三世帯ユニットの共存を考えるのが、総体的には自然な理解であろう。

　U1・U2・U3 の三世帯ユニットの共存の時点では、礫群 R1・R2・R3 は同じように使用されていた。そして、U3 世帯ユニットの住人が先にこのムラを立ち去る際に、礫も一緒に持ち去ったと考えるより、世帯ユニット U3 の居住者が用いていた礫群構成礫のほとんどを、U1・U2 の世帯ユニットのいずれかに持ち込み再利用した結果、U3 ユニットには数点の細片のみが残されることとなったと捉えておきたい。

　こうして、法政大学 A-0 地点は、3 世帯が同時に居住したムラであり、その居住期間のある時点で、世帯ユニット U3 の住人が先にここを去り、その後、

2世帯構成のムラの時期がしばらく続いたと考えておきたい。

　最後になったが、ムラの中の世帯間関係という観点から、彫器の分布関係が興味深い。個体Aには折れ面接合するチャート製彫器がある（図Ⅳ-38）。先端刃部側（U1-103）がブロックS1に、器体側（U3-23）がブロックS3に分布する。個体Cには彫器本体（ブロックS2　U2-12　図Ⅳ-44）と削片（ブロックS3　U3-16、U3-29、U3-31　図Ⅳ-45）がある。接合関係はないが、同一個体であることはほぼ間違いない。こちらは彫器本体がブロックS2に分布し、削片がブロックS3に位置する。個体Aのように折れた彫器の両端がなぜ別々のブロックから出土するのか。個体Cのように、彫器本体と刃部再生の結果残された削片が、なぜ異なったブロックに分布することになったのか。

　上記の例が、少なくとも同じムラの別々の世帯で暮らすムラ人の間では、彫器がしばしば貸し借りされる道具であることを示しているとすれば、石器石材のほかに完成した石器を融通しあう姿が想定される。砂川遺跡でも、A地点3ブロック、F地点3ブロックに対し、彫器はA2ブロックとF1ブロックの各1点ずつしかないことが想起される。

　新潟県津南町下モ原遺跡と居尻A遺跡間では、比高差40mの上下の段丘を挟み、距離にして600mを隔てる2遺跡間で、彫器本体と彫器削片との接合例が複数知られている。本例の場合は、同じ彫器保持者による居住地・キャンプ地間の一連の移動による過程で生じた接合であって、刃部再生に伴う同じ彫器本体と削片との接合とはいえ、法政大学A-0地点の本事例とは、意味合いとその背景にはまた別の物語があるだろう。

　後期岩宿時代第1期に特徴的な刃部磨製石斧の出土数は、ムラの世帯数と較べるとずっと少ないのが通例であるが、その場合は、石斧自体の製作にかかるコストの大きさからみて、とりあえず個人が保持しているものであっても、石斧なる道具はムラ人が普通に借用使用できるものとして認識されていたとも考えうる。一方、比較的製作に時間も手間もかからない彫器でさえも同様の性格があったと推量されうることは、互恵的関係のもとにあるムラ生活の具体像の一齣を示すものとして重要であると考えられる。

こうした課題を含む接合個体のブロック間分布関係の議論が、集落研究のさらなる展開を生むであろう。

註
（1）当遺跡の分析結果の公表は2度にわたっておこなった（鈴木2017・2020）。本稿はこれらを基に再編、要約、リライトしたものである。
（2）礫が検出された区域の発掘作業に従事し、調査日誌の記録者でもある鶴丸俊明氏は、なぜ実測図が報告書に載らなかったのか理由はわからないとしたうえで、下記のように述べている。
　「礫の検出作業中、一部その位置を動かしてしまい叱責を受けた。出土位置の原位置性にいささかなりとも疑義が生じたことに原因があったのかもしれない」（談）
（3）安蒜正雄の砂川遺跡に関する研究の経過については、飯田茂雄の一文「2. 砂川遺跡研究における問題意識の展開とその方法、現在の到達点」（鈴木他2017）に詳しい。
（4）本稿は、鈴木2019をリライトしたものである。
（5）田村隆（2012）はすでにA地点の1世帯居住案を提示している。
（6）当遺跡では、より下層からAT以前に遡る石器群が検出されている。これと区別する意味で、ここで議論する対象を上層遺跡と仮によぶこととする。当遺跡の分析結果の公表は、5度にわたって一歩一歩進めてきた（織笠2010、鈴木2016、鈴木・手島2017、鈴木2018・2020）。本稿はこれらを基に再編、要約、リライトしたものである。
（7）破損度1：完形　2：90％以上残存　3：50％以上残存（60％）、ただし、80％残存と注記のあるものは、80％で復元重量推定）　4：50％未満残存（40％）　5：小破片（推定不能）　カッコ内は復原値計算の際のパーセント。
（8）全個体の詳細リストは鈴木2018第2篇第3章参照。
（9）礫台帳は鈴木・手島2017、鈴木編2018参照。接合後の礫個体個々の写真は鈴木2016参照。
（10）礫群の再設置に当たっては、隣接した礫群から礫を抜き取ってこれに充てる例があり、接合関係にある礫の場合、より重い方の礫を選ぶことを念頭に置いている（古田2017・2018、保坂2016）。
（11）鈴木他2018表Ⅱ-7石器一覧表参照。紙幅の関係で既存の実測図のみを掲げ、なおかつ、敲石類・台石は省略する。
（12）石器台帳は鈴木・手島2017、鈴木編2018参照。
（13）石器ブロック間、礫群間関係の数え方は、石器接合個体No.2を例にとると、以下のとおりである。個体No.2には接合小群が三つある。これは一つの接合群とし

て扱う。これに加えて非接合資料がある。接合資料群の分布域はブロック S1/S2/S3 にわたり、非接合資料はブロック S2/S3/S7 にわたる。接合・非接合合わせて S1/S2/S3/S7 の 4 ブロックにわたることになる。このような事例は、線分で結ぶ際、この 4 ブロック間関係を星取り表的に数えるのではなく、近接ブロック間に一つずつ関係を数えることとする。したがって個体 No.2 は隣接する S2/S3/S1 間に 1 本ずつ実線を引き、近接する S3/S7 間に 1 本ずつ破線（非接合資料）を引く。

(14) 法政大学 A-0 地点の記載と分析結果の報告は、最初に「古代学協会研究報告」第 14 輯（鈴木 2018：第 1 報告）誌上で行った。しかし、この時点では石器にかかわる作業が完結せず、後に「法政考古学」第 45 集（鈴木他 2019：第 2 報告）、第 46 集（薮下他 2020：第 3 報告）誌上で 2 度にわたって補足、公表することになった。こうした経過で、ここでは、上記 3 篇を基にリライトした。なお、第 3 報告のうち、使用痕観察の部分は紙幅の関係で割愛、統合のうえ改稿した。

(15) 礫個体⑭は 3 ブロックにまたがっている。本来の所属がどこであったのかは別として、礫台帳上で個体数を集計する際には 3 ブロックとも 1 個体の存在として、重複リストアップしている。

(16) 実験は砂岩 100％で実施している。当遺跡の礫群構成礫の礫種は砂岩が 80％に留まるが、砂岩礫での実験のデータを援用する。ちなみに第 3 章で分析した高見丘の事例でも礫群中に占める砂岩の比率はほぼ 80％である。

(17) 図Ⅳ-26-1・2・4・5 は、注記不明のため遺物番号が特定できていない。それぞれ U1-108・117・120、U3-36 に該当する可能性がある。また、「法政考古学」第 45 集（鈴木他 2019）第 13 図 No.3 に掲載の石器（本書では不掲載）は、鈴木編 2018 の図Ⅰ-29 上段図版最下段左から 3 番目の資料に該当する。これに遺物番号として U3-41 とあるのは誤り。正しくは U2-41 である。この場を借りて訂正しておきたい。

(18) 同様の検討は、「敲石類・磨製石斧をめぐる分布論」として試みたことがある（鈴木編 1982）。

(19) 埼玉県砂川遺跡の分析の中で提示された作業類型に基づいている（戸沢・安蒜・鈴木・矢島編 1974、安蒜・戸沢 1975）。

　　類型 A：石核を含む二次加工石器や剥片・砕片類からなる個体。石器製作作業後半の過程を反映し、当遺跡で石器製作の継続を断念、廃棄された資料群からなる個体。

　　類型 B：石核を含まず、二次加工石器や剥片・砕片類だけからなる個体。石器製作作業前半の過程を反映し、日木津着き石器製作作業が可能な石核として、次の遺跡に向け運び出された個体。

　　類型 C：石核・調整剥片・砕片を含まない二次加工石器や石刃などからなる個体。製品として前の遺跡から運び込まれ、当遺跡で使用後廃棄された搬入個体。

第 5 章　岩宿時代のヒト・ムラ・暮らし

第 1 節　列島最古の居住者

I　最古の居住者

　日本列島最古の居住者が残した可能性のある遺跡として、岩手県遠野市金取遺跡を挙げることができる。同遺跡では、上位に第Ⅲ文化層、下位に第Ⅳ文化

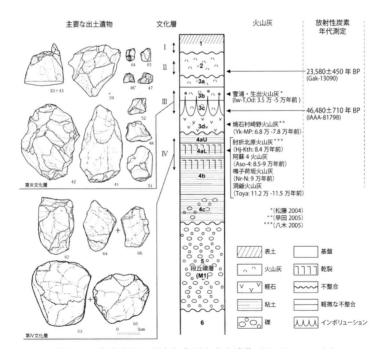

図Ⅴ-1　金取遺跡の層序と主要な出土遺物（黒田他 2017 より）

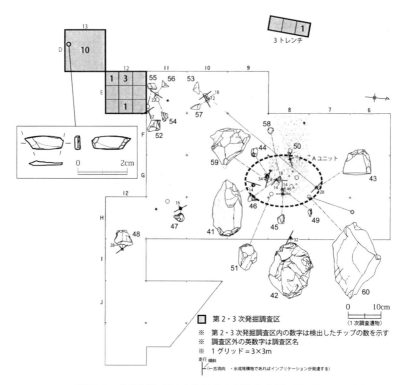

図 V-2 金取遺跡第Ⅲ文化層出土遺物分布図（黒田他 2017 より）

層があり、ともに前期岩宿時代に位置する可能性がある（図 V-1）。第Ⅲ文化層では 20×10 m ほどの範囲に、40 点ほどの石器が大小二つの石器ブロックに分かれて検出されている（図 V-2、菊池他 1986、黒田他 2017）。広い方の石器ブロックは木炭粒分布を伴い、付近で火の使用行動があったことを示唆している。石器群は打製石斧、チョッパー、削器などからなる。こうした石器組成は後期岩宿時代初頭の刃部磨製石斧、台形様石器、ナイフ形石器、石刃を組成する石器群の祖型として捉えることも可能であろう。石斧はまだ刃部の研ぎ出しがなく、台形様石器や石刃といった新器種が加わる直前の姿とも理解できる。

第5章　岩宿時代のヒト・ムラ・暮らし　349

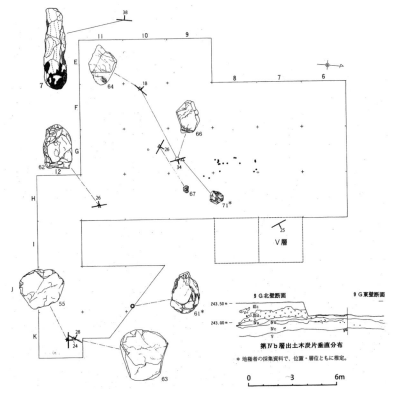

図Ⅴ-3　金取遺跡第Ⅳ文化層出土遺物分布図　（黒田他 2017 より）

　このような石器群の様相を、後期岩宿時代の列島全域から発見されている、膨大な石器群の特徴とあえて対比的に述べれば、私たち現代人ならだれもが共通に認識できる槍先形尖頭器、ナイフ形石器、掻器といった、後期岩宿時代の定形的な石器群が出現する直前の形態の石器構成からなっていると、ひとまず捉えておくこともできるであろう。年代は約4～6.8万年前頃のこととされている。

　さらに下層の第Ⅳ文化層では、楕円形石器、チョッパーなど8点が検出されている（図Ⅳ-3）。6.8～8.5万年前と推定されていることは序章でも述べた。検出された石器数が少なくその内容ははっきりしないが、この石器群は、最古

の居住者問題につきまとう人工品か否かという議論の余地のない、まぎれもない人工の石器であるという点で好条件を具えている。しかし、少数の石器が発見されているにすぎず、その実像ははっきりしない。

　これらが現在までのところ、前期岩宿時代に属し日本列島で最古の石器群・居住者の有力な証拠の一つといってよいだろう。

II　丹生石器群の帰属時代について

　日本列島最古の居住者は誰か。それは何十万年前の出来事だったのか。アフリカに発した初期人類が、中国大陸に到達して北京原人となったその時から間もなく、その後裔たちが日本列島に向けてその歩みを始めたのではないか。であるとするとそれはいつ頃のことで、その具体的証拠はどの遺跡のどういう石器群か。こうした問いかけの具体的で実質的な探索は、1960年代から始まり今日に至るまで、日本考古学界の大きな関心事であり続けている。

　（財）古代学協会では、こうした夢多き課題の解明に向けて、故角田文衞博士の陣頭指揮のもと、1962年から1967年にかけて大分県丹生遺跡群の発掘調査を実施し、丹生遺跡群から発見された大型の礫石器がそれに違いないと、角田博士は声高らかに主張した。しかしながら、その主張は学会の受け入れるところとはならなかった。問題の石器群が古い地層に原位置で包含されたものではなかったことによるものであった。それに加えて、一部に磨製石斧を含むのではないかとの疑念も発せられた。それまでに刊行された発掘調査報告書が概報にとどまっていたこともさらなる遠因となった。

　そうした状況の中、丹生遺跡群の正式報告書を刊行し、東アジア特に朝鮮半島を中心とした前期旧石器事情を調査し、丹生遺跡群との関連を明らかにするとともに、丹生石器群の年代を明らかにすること、さらに可能ならば、まぎれもなく反論の余地のない、第2の丹生遺跡群を見出して発掘調査に当たることなどを任務として、筆者は開館間もない（財）古代学協会・平安博物館に赴くことになった。1971年のことであった。しかしながらその任務の遂行は容易なことではなかった。やっと正式報告書を書き終えたのは、赴任から21年後

の 1992 年のことであった（鈴木編 1992）。しかしその答えは、角田博士の期待していたものとはならなかった。原人級の古さの証拠とされた発掘資料の礫器類のうちに、磨いた痕跡をほんのわずかに留める石斧のあることが判明したからであった。

　地元大分県の考古学界からは、丹生石器群を縄文時代早期のものであるとする根強い反対論があった。こうした意見に対し、筆者は正式報告書の結論として、丹生石器群は 3 万年以上前の後期岩宿時代最古段階の磨製石斧を含む石器群であるとした。しかしながら、いつまでたってもそれを裏づけるに足る酷似の石器群、第 2 の丹生石器群に出会うことはなかった。その後、長い月日が流れ、筆者自身が丹生問題担当者であったことすらすっかり忘れかけていた 2019 年のこと、ある学会の席で野口淳氏から思わぬ言葉をかけられることになった。「鈴木さん、宮崎県の山田遺跡に丹生と瓜二つの石器群が出ていますよ」と。

　早速、報告書に当たってみた。まぎれもなく丹生石器群に瓜二つであった。それは山田遺跡旧石器時代 I 期（Xb〜XI 層）：宮崎県旧石器の第 1 段階石器群（宮崎県旧石器文化談話会 2005）に属するものであり、現在の年代観で言えば約 3.8 万年近く前の後期岩宿時代の最古段階に位置するものであった。この点について、両遺跡から出土した実資料を提示し、判断の根拠をここに示しておきたい。

　まず山田遺跡（赤沢 2007）から。宮崎県旧石器の第 1 段階石器群は、同遺跡の Xb〜XI 層から出土したもので、大形の扁平な円礫を同一方向から数回打ち欠いて刃部を形成する片面礫器が多数出土している。それらに加えて、2 点の長楕円形の円礫を素材とした刃部磨製石斧（図 V-4 No.55・56）がある。これこそ、野口氏が丹生石器群に瓜二つと筆者に示唆された石器である。

　一方の丹生遺跡群（第 I 地区 B 地点）の礫器群はどうだろうか（図 V-5）。同遺跡群出土の多数の斧状石器全体は八つの類型に区分されるが、このうちの II 類が野口氏によって瓜二つと指摘されたものである（図 V-6）。本例には研磨痕を留めていないが、参考までに研磨痕のある例を図示しておきたい

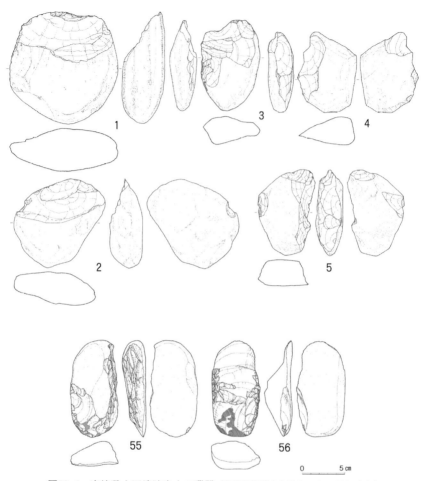

図V-4　宮崎県山田遺跡出土の礫器（宮崎県埋蔵文化財センター 2007 より）

(No.33・35　210 は D 地点出土)。これによって、丹生石器群の原郷を求めて、韓国、中国、パキスタン、東アフリカ、ヨーロッパ、シベリアを巡った私の長い旅は完結した。

　最後に、野口淳氏に深く感謝する。

第5章 岩宿時代のヒト・ムラ・暮らし 353

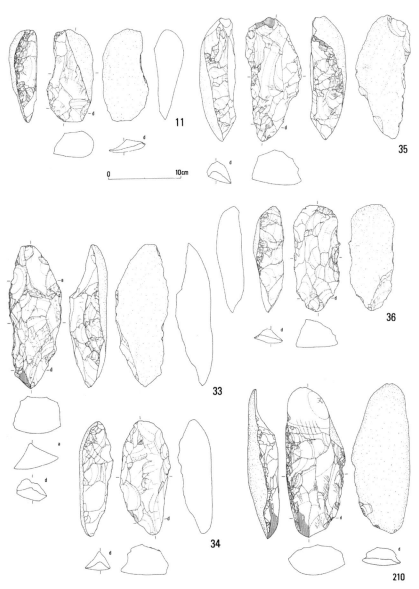

図V-5 大分県丹生遺跡群Ⅰ地区B地点出土の礫器 210はⅠ地区D地点出土
（鈴木1992）

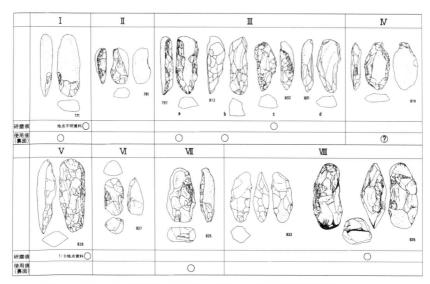

図V-6 大分県丹生遺跡群I地区B地点出土の斧形石器類型区分図 (鈴木1992)

III ムラの移り変わり―環状のムラから散開のムラへ―

　前期岩宿時代も終焉を迎え後期岩宿時代が幕を開けると、列島各地から多数の遺跡が発見されるようになる。後期岩宿時代の始まりである。それまでほとんど無人状態に近い、希薄な人口密度の日本列島のほぼ全域といってよいほどの広い範囲に、一気にヒトが住み始めムラを残している。そのことは急激な人口の増加を示唆している。こうした時代を島田和高（2008・2009・2011）は「日本列島人類文化のパイオニア期」と呼び、その時代特性を巧みに言い表している。これを特徴づけるのが、岩宿時代人の日常生活の場、石器ブロックが円環状に並ぶムラ跡である。

1. 環状のムラ（環状ブロック群）

　環状のムラが最初に検出されたのは1980年代前半、群馬県下触牛伏遺跡においてのことであった。発掘作業中には、石器ブロックが直径約50mに及ぶ環状をなしていることには気づかなかったようだが、報告書向けの作図作業の結果それが判明し、岩宿時代遺跡発掘史上初めての事例の発見に驚きがひろ

がった。橋本勝雄（1989・1993・2010・2013、橋本他 1987）は、その重要性をいち早く指摘し集成を行った。それから 40 年近くが経過し、現在では関東平野を中心に列島各地に及ぶ広い範囲にわたって、全国で 133 遺跡から 163 カ所の環状のムラ跡が発見されている（酒井 2020）。2021 年には福知山市稚児野遺跡で、京都府下でははじめての環状のムラが発見された。

　円環状に石器ブロックが分布し、中央に広場のような空間があり、そこにもしばしば石器ブロックが存在するという特徴的な構成のムラが、どうして多数存在するのだろうか。石器分布というと抽象的だが、それぞれ独立する一つないし複数の石器ブロックを、一つの世帯に伴う生活行動の痕跡と捉えると、多くの世帯が中央の広場を環状に取り囲む形のムラを想定することができる。そしてそれが意味するところは何なのかという問い掛けにつながっていく。この点に関して、下触牛伏遺跡の発見以来多くの見解が表明されているので、高屋敷飛鳥（2013）の整理に従って、主な見解を見ておこう。

　高屋敷によれば、環状ブロック群の成因の解釈は以下の 6 案にまとめられるという。1. 大型獣狩猟説（大工原 1990・1991）、2. 石材交換説（栗島 1991）、3. 縄文環状集落説（白石 1992）、4. 紐帯確認説（佐藤 2006）、5. 外部警戒説（稲田 2001）、6. 定住集落説（出居 2006）などである。なお、須藤隆司（1994）・津島秀章（1999a）らが注目するように、中央部はムラ人共有の空間であり、環状部にそって複数の住まいが立ち並んだ集落形態だとする見方は、すべての論者の共通の認識であろう。

　環状のムラは関東地方に大部分が集まっている現状から見て、その要因が関東平野という土地の地形特性とその位置にあると筆者は考えている。ここは日本列島で最も広い平野が展開する場所である。岩宿時代人の土地利用は、山地のような地形起伏の激しいところや、木曽谷、帝釈峡といった渓谷部の狭隘な土地ではなく、開けたオープンな平らな台地が延々と続く地形環境を選んで利用するのが特徴である。関東平野はまさにそういう土地柄である。奥山や海浜に居住域を広げるのは縄文時代以降のこと、さらに沖積地近くに居を構えるのを大きな特徴とするのが稲作農耕の始まる弥生時代以降であることは、これま

でに縷々述べたところである（鈴木 1984・1995・2010・2020）。
　関東平野は良好な狩猟と採集の場であり、生活の場であった。それと同時に、列島各地につながる移動ルートの交差する場でもあった。栃木県上林遺跡では東北地方からもたらされる珪質頁岩のほか、伊豆・箱根、海を越えた神津島、信州や北関東など、関東平野を取り巻くすべての産地からもたらされた黒曜石の利用が、まずそのことを物語っている。近畿地方で広く普及した瀬戸内技法が関東地方に波及したのも、その全工程が揃った資料が出土した群馬県上白井西伊熊遺跡例が示すように、その経路は東海地方経由ではなく、日本海側ルートを経て上越国境地帯から流入したと考えられている（森先 2010）。こうしたことなども勘案すると、関東平野はその西端が日本海側と太平洋側を分かつ脊梁山脈の内奥深くまで延びていることが、大きな意味を持っていると考えられる。ここが豊かな狩猟採集の場で当時の生活環境としても絶好の適地であって、それゆえに東西南北、日本海側と太平洋側とのヒトの行き交う場となっていた背景には、平野の広さのほかにこうした地理的な位置特性が寄与していた。
　環状ブロック群の全国分布を集成した村井大海（2020）は、その濃密分布地として千葉県下総台地、群馬県赤城山・榛名山南麓、長野県野尻湖の3カ所を挙げている。そして、その背景を地理的要因に求め、その状況を述べるなかで、関東平野から日本海へのルートについて、「野尻湖は中部高地から日本海側に向かう際の中継点に当たる。・・・野尻湖を経由するルートは比較的穏やかに山越えが可能」と述べている。このルートが野尻湖にほど近い日向林B遺跡への信州産黒曜石の運搬ルートであったことは、広く知られるとでもある。
　後期岩宿時代の初期のころ、島田和高が「突発的な遺跡増加期」と呼んで注目したように、列島全域で一挙に遺跡数が増える。それ以前に残された遺跡はごくわずかであったのに、この時期になると人々の活動の痕跡がにわかに爆発的に濃くなって、多数の遺跡がのこされている。当時の日本列島は、より食料の豊かな土地を、より生活資材を得やすい場所を求めては、広域に移動生活を繰り返していた、開拓精神にみちたパイオニア期の人々の時代であったというわけである（島田 2008・2009・2011）。こうした行動の末に、おのずと関東平

野には諸方面から多くの集団が訪れることになり、来歴を異にする集団同士が接触する機会も多かったに違いない。

　佐藤宏之（2006）は同様の時代認識の中、集団間に緊張関係が増大し、そのリスク回避策として、定期的な同盟関係確認の場の機能を環状のムラが果たしたとする。稲田孝司（2001）は遊動する数十人ないし十数人からなる単一集団の円陣キャンプと捉えたうえで、他集団を警戒し、自らの集団を守りやすくするためにテントを環状に配置したと解釈する。両者は相反する理解のようにも見えるが、見知らぬ異集団どうしの遭遇が、しばしば相互に警戒心を引き起こしえた当時の同じ社会状況の両側面を示しているとみることができる。

　いずれにしろ、この時期、異集団間には緊張関係が生まれやすかったであろう。そうした状況の中、互いに宥和的なよりよい社会関係をもとめて異集団が相会し、情報や様々な物資を交換し、相互理解を深める機会と場があったに違いない。そのことは、石器の接合関係がよく示すところである。環状のムラでは、円環部に位置する隣りあう石器ブロック間はもとより、円環部と中央部に位置する石器ブロックとの間にも接合関係が多数認められる。これに加えて、中央の広場空間を挟んで対向する位置にあるブロックとの間でも、接合関係が少なからず認められる。環状のムラの石器接合関係にみるこうした通有の特徴が、環状構成となるムラの成立の意味をあらわしている。その良い例が上 林（かんばやし）遺跡や下触牛伏遺跡である。

　上林遺跡は東西 50 m × 南北 80 m からなる日本最大規模の楕円形の環状のムラである（図V-7、出居 2004）。ここからナイフ形石器、掻器、石斧、石刃、敲石などからなる総数 3,540 点の石器が出土し、これが約 50 カ所の石器ブロックと 81 カ所の活動場所をなし、その分布は長楕円の環状を呈している。そして、このブロック間には、環状部の隣接ブロック間、環状部と中央部のブロック間、中央部を挟んで対向する位置にあるブロックとの間にも、頻繁な接合関係がある。

　調査者の出居博は、石器石材の種類とその分布を検討し、分布域の東西で石器群の石材構成に対照的な大きな違いがあることを見出す。遺跡の東側に越名

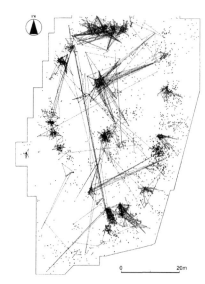

図V-7 上林遺跡の環状集落と石器の接合関係（出居2004より）

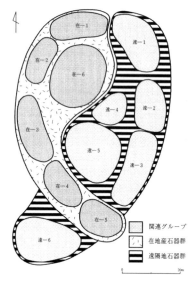

図V-8 上林遺跡の石材分布（出居2004より）

沼を挟んで隣接する三鼇山の山体はチャート層からなり、手近な石材として、チャート製の石器は遺跡全体にひろく分布する。その一方、東側の石器ブロック群は、チャートのほかに神津島産を含む東海・信州・関東各地の黒曜石や流紋岩、ガラス質安山岩など、遠隔地産の多様な石材からなる石器群を多く含んでいる（図V-8）。

こうして石器群の石材分布の検討から東西に二分される対照的な構図を導き出し、環状に分布する石器群に系譜を異にする二つの集団が、結合して大型化した環状のムラであると想定している。さらに進んで、中央アフリカの熱帯降雨林に棲むムブティ・ピグミーの民族誌を援用し、様々な推論を行っている（出居2004・2006・2008・2013・2016）。ムブティ・ピグミーが二つのサブバンドから成る環状のムラを形成することとのアナロジーから、集団間の通婚関係や中央広場の役割などについて多くの示唆を含むとしている。環状のムラの分析にあたって、民族誌援用の一つのモデルケースとなっている。

上林遺跡の理解、解釈という点で見逃せないのは、小集団の結合により大型化した集団のムラは、移動と離合集散を繰

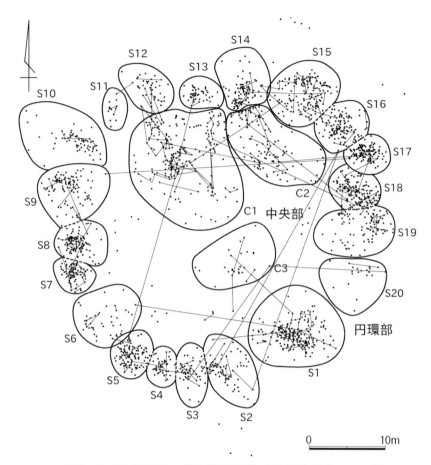

図V-9 下触牛伏遺跡の環状集落と石器の接合関係（小菅 2006 より）

り返す短期的なキャンプによるものではなく、季節性を越えた定住化の萌芽が認められるという出居の主張である。異集団間相互に生じる緊張関係を解き、宥和を図るために円陣を組んで会同したとみる見方とは異なる見解であり、大きな検討課題であるように感じられる。

　もう一つの下触牛伏遺跡の例を見ておこう（岩崎他 1986、小菅 2006）。同遺跡は直径 50m の正円を描く環状のムラで、円環部に 20 カ所の石器ブロック、中央部北寄りに 3 カ所の石器ブロックが位置している（図V-9）。ここからナ

イフ形石器、掻器、刃部磨製石斧、石刃、敲石など総数 2,054 点の石器が出土している。こうした出土状況、石器群の内容などの検討を踏まえて、小菅将夫 (2006) は、まず円環部の各石器ブロックを一家族の生活単位を反映した「世帯ブロック」と捉える。そして、中央部にある 3 カ所の石器ブロックについては、円環部で普通に認められる薮塚系ナイフ形石器（台形様石器）が少なく、円環部にはない杉久保系ナイフ形石器や他遺跡から持ち込まれた石刃などの搬入品が多いこと、焼けて割れた礫の存在から、そこで盛んに火が焚かれたことなど、円環部とは異なった性格を具えていることを指摘している。重さが 1kg 以上ある配石が中央部の 1 ブロックに集中することも、円環部との性格の違いを際立たせている。

　その上で、円環部は「世帯ブロック」すなわち住まいが、20 戸ほど円形に配列していたものであり、中央部には世帯ブロックにはない杉久保系ナイフ形石器を保有し、石刃をほぼ独占し、石斧やその調整剥片も多いことなどから、中央部の性格について、個々の世帯では所有せず、ムラ全体で使用するような石器を用いての作業場所、ムラの成員が共同で使用し、ムラ人全員が集い合う広場のような場所であると推測している。環状のムラの性格を的確に言い当てていると考えられる。

　上記 2 例は長さ 50m を超す規模を有し、大型の典型例であるが、直径 20m クラスの小型の例までその規模には大きな幅がある。同じ環状のムラに大小の違いがあるのはなぜか。これを、大工原豊 (1990・1991) は、1) 20m クラスの小型の例を、近しい血縁関係にある世帯群からなる一つの単位集団によって営まれた「古城型単位集団集落」とし、2) 50m クラスの大型の例を、複数の単位集団によって営まれた「牛臥型集団群集落」と呼んで区別する。そして、その大小二つの環状のムラ成立の契機について、須藤隆司 (2020) は、赤城山南麓周辺と上信国境の山地に源を発する鏑川流域の環状のムラとの比較を通して、以下のような見解を示している。

　群馬県下の環状のムラの形成域は、上記のように、おもに赤城山麓（大間々扇状地）と県西南部の鏑川流域にある。鏑川流域では 20m クラスに限定され

るが、赤城山麓の利根川流域では、20mクラスを主体に50m超クラスが確認されている。鏑川流域には白倉下原遺跡A地区、同遺跡B地区、天引狐崎遺跡第1ブロック群、折茂Ⅲ遺跡などがある。これらはいずれも直径8mほどの中央広場を囲んで4カ所ほどの行動エリア（石器ブロック）があり、各行動エリア内での石器石材の消費と行動エリア間での共同消費が行われているという。こうした状況から、鏑川流域では直径8mほどの中央広場を囲んで、住居の前面に行動エリアをもつ4軒ほどからなる環状のムラを想定する。その居住集団は近い血縁関係にある世帯群であり、遊動を共にする単位集団であるとする。

　一方、利根川流域の赤城山南麓（大間々扇状地）では、20mクラスとして、荒砥北三木堂Ⅱ遺跡、波志江西宿遺跡、天ヶ堤遺跡などがある。ここでは直径が5～10mほどの中央広場を囲んで、3、4カ所の行動エリアが確認されており、いずれも先の鏑川流域の例によく似た構成を示している。

　さて、上記20mクラスの小型の例に対し、50mクラスの大型環状集落の在り方はどうだろうか。ここでそれぞれの集落で用いられる石器石材に注目する。下触牛伏遺跡も位置する赤城山麓周辺では、利根川最上流部に位置する武尊山産の黒色安山岩と栃木県高原山産黒曜石を主に用いることに特徴があり、武尊山産黒色安山岩は利根川流域の行動域を示し、高原山産黒曜石は北関東地域へひろがる行動域を示す。一方、鏑川流域では上信国境の八風山産の黒色安山岩の利用に特色がある。

　大型環状集落である下触牛伏遺跡の石器石材の94％は黒色安山岩が用いられている。この黒色安山岩は上信国境の八風山と群馬県側利根川最上流域の武尊山の両産地からもたらされたものである。八風山の黒色安山岩は長野県域の香坂川で採集され、武尊山産の黒色安山岩は利根川流域で採集可能である。そして下触牛伏遺跡内では、八風山の黒色安山岩は遺跡の北東部を占める石器ブロックに、武尊山産は南西部の石器ブロックに2分されたかたちで消費エリアをもち、分節的分布を示す（津島2007）。

　こうして、主に群馬県西南部から長野県域高地にかけて遊動域を持つ鏑川流

域単位集団と、利根川・赤城山南麓から栃木県域高原山方面までに及ぶ行動域を示すもう一つの単位集団という、少なくとも二つの異なる単位集団の存在が浮かび上がってくる。そして、ここで改めて下触牛伏遺跡を思い返してみると、その中央広場は直径30mの規模を有し、単位集団の環状のムラがすっぽり収まってしまうほどの大きさであることに思い当たる。さらに、ここには単位集団のムラで認められた行動エリア4軒分ほどを統合した、一層大きな連結行動エリアを4カ所設定できるという。

結論として、下触牛伏遺跡は複数の単位集団から成る地域集団によって形成された環状のムラとして評価できるとする。そこは、中央広場を囲んで複数の異なった単位集団の成員が一堂に集い、ダンスや祝宴の場として互いに交流し、意思疎通をはかり、情報交換をおこない、石器やその石材を含む様々な生活資材なども交換する場として機能した姿を須藤は想定している。こうした場は、配偶者を求める機会ともなった。

中・小型環状集落と大型のそれの居住集団の構成に関する評価について、津島秀章(1999a/b・2007・2009・2013)は、武尊山産および八風山産黒色安山岩の産地同定作業をもとに、赤城山南麓に位置する下触牛伏遺跡および三和工業団地Ⅰ遺跡の大型環状集落と荒砥北三木堂Ⅱ・波志江西宿・天ヶ堤遺跡の中型環状集落における、安山岩の産地別分布状況の周到な検討を通じて、同様な見解を早くから示してきたところでもあって、説得的である。

列島中央の内奥部にあって、日本海側と太平洋側とに広がる地理空間の相接するところ、そして東西南北の移動ルートが交差するところ、岩宿時代人にとって好ましい広大な平坦地、野・原が展開し、平野型の狩猟行動に好適なところ、チョウセンゴヨウの木立の森が広がり、植物食料資源を含む生活資源が豊かで、多くの集団を許容しうるキャパシティーを有するところ、それが関東平野という場所のもつ地理的特性である。多数のムラが設営され、その結果、この地域で暮らす人々が平和的、宥和的に共存を図るための社会的装置として、情報や物資の交換、人的交流がおこなわれる場となったのが、環状のムラを形成する背景要因としてあった。

島田のいう「日本列島人類文化のパイオニア期」にあって、様々な集団がより好適な生活環境を求めて、フロンティアの探索行動を行い、広域に行き交う時代状況を考えると、環状を呈するムラのプランは、諸集団の関係をよりスムースにする装置故のことではなかったかとみることができる。そうした時期はそれほど長くは続かなかった。岩宿時代の前半期中頃までには、行動領域や行動様式など生活行動全般にわたって、集団間相互の了解が成立し、列島各地はおのずとムラを環状に形作る必要性も解消されていったのであろう。

2. 散開のムラ

前述のように後期岩宿時代の初頭は、遺跡数が突発的に急増した点からみて、人口急増の時期であった。それと時を合わせるかのように環状のムラが出現した。急増した人口を構成する諸集団は、最適な居住地を求めて広く探索的行動をしていた。そのため来歴を異にする諸集団が遭遇する際には、互いに猜疑的になったり、あるいは攻撃的にも、反対に防御的にもなったりすることがしばしば起こりえたであろう。その回避策として、互いに友好的な関係を構築する必要があり、その装置として環状のムラが生まれた。当該期の諸研究を概観すると当時の社会状況をこのように捉えることができる。

大型環状集落の代表例である下触牛伏遺跡、上林遺跡における石器ブロックの分布のプランを見ると、前者はほぼ直径約50mの正円に近く、後者は約80m×50m程の整然とした長楕円形を呈する。そして、これを取り囲むように住居が設けられていた。当時の植生を考慮すると、その広さの範囲に木立は無く、完全な草原であり、好ましい場所に自由に居を構え、整然とした円形、楕円形プランの居住・作業空間を確保することが簡単にできたとは考えにくい。そのためにあえて磨製石斧によって立木を伐採するような準備行為がなされたのではないかとも、筆者は憶測する。そうであればこそ、そこは会盟とでも呼ぶべき行為の行われるにふさわしい格別な場所として、人為的な場の設営がなされたのではなかったかとの思いにかられる。

環状のムラの石器群では、多くの場合、台形様石器のほかに磨製石斧を伴うことが石器組成の特徴とされる（橋本2006・2010）。ところが、その後には岩

宿時代を通じて、磨製石斧はぱたりと姿を消し、その姿を再び明確に現すのは、縄文時代草創期になってからである。環状のムラ出現期での磨製石斧の出現の背景として、森の資源の利用開発を想定するのは自然な考え方であろうが、環状のムラと磨製石斧の両者の消長が短期間で軌を一にするのは、森林資源、特に木材の利用を念頭に置くだけでは十分な説明とはならず、磨製石斧の持つ社会的な機能を考慮しなければならないのではないだろうか。

　これに続く時期には、環状に住まいの配置を構える定形的なプランのムラはぱたりと姿を消す。環状のムラの存在意義を上述のように捉えれば、環状に集ってムラを構え、集団間の宥和策をあえて講じる必要がなくなったと捉えることができるであろう。こうした経過を経たこの後の時期、諸集団の行動領域内での土地認識が進み、それぞれの集団は、パイオニア期の広大な遊動範囲に較べ、より限られた特定領域を移動・生活域とするようになった。

　ムラは多くの場合、川や沢に近い段丘や台地上に位置する。そしてムラの設営にあたって、各世帯は、その都度、適当な距離を取って寄り添うように思い思いに居を定めるようになる。千葉県佐倉市西御門明神台遺跡のムラのように、接合関係を持つそれぞれの石器ブロックが 20m 以上の距離を隔てているように、近接するというよりは相互に適当な距離を置く例がある（鈴木他 2018）。同様に茨城県赤岩遺跡でも、接合関係こそ確認されていないが、石器群の内容から見てまさに同時期と思われる石器ブロックが、20m 以上の距離を置いて点在する（高野他 2013）。あるいは、砂川遺跡のように、相接するように並んだ 3 カ所ずつの石器ブロックからなる A/F 両地点間には 10m ほどの適度な空間が広がっている（戸沢他 1974、野口 2009）。こうしたあり方も散開のムラの一つの在り方であろう。

　環状ブロック群以降のムラの設営の形の推移を、安蒜政雄（1990）は「環状のムラから川辺のムラ」へと表現している。筆者は、石器ブロック・住まいの配置のあり方を重視して、環状ブロック群に続くムラを、散開のムラと呼んでこれ以降の稿を進めていくこととする。

　環状のムラの存続は後期岩宿時代のうちでも初期のころ、石器群の特徴でい

えば台形様石器を指標とする時期のことであり、これ以降姿を消すことになった。いまから3万年前、現在の鹿児島湾奥にあった姶良カルデラの大爆発は、噴火口周辺の広い範囲では、ヒトの居住さえも許さないほどの激甚な火山活動であったし、火口から遠く離れた日本列島全土にも大規模な姶良Tn火山灰（AT）の降灰をもたらした。その結果、植生や気候さらには生活環境にも甚大な影響を及ぼしたと考えられているが、集落の設営形態に変化をもたらしたような形跡はない。このことも環状のムラの成因の背景が、当時の特殊な社会的環境にあったことを物語っているであろう。

　さて、岩宿時代の集落研究は、これまでに記した環状のムラと砂川遺跡に関わるものを除けば低調である。環状のムラは、その居住の痕跡を示す石器ブロックが、環状にあるいは楕円状に整然と並んでおり、接合関係などを加味すると出土遺物群の一括性、単位性、同時性が明瞭で、分析対象とする遺物分布の範囲・単位を特定、限定しやすい。このことが、集落の分析が積極的に行われた背景にある。この点は、岩宿時代遺跡群の代表的な分布地である下総台地、武蔵野台地、分けても国分寺崖線付近、相模野台地、磐田原台地遺跡群などでの環状集落期以降の遺跡分布と対比して見れば明らかである。上記の遺跡群では、台地の縁辺に沿うように、連綿として石器ブロックや礫群の分布が確認され（図V-10）、同じ一つのムラを構成する遺物分布がどこで途切れるのか、同時存在した遺物分布群の範囲の限界（ムラの範囲）が、どこまで広がるかを確定することが困難な場合が多い。

　これに対し、埼玉県砂川遺跡はA/F2地点内のそれぞれのブロックは近接して位置し、しかも周辺からは隔離的、独立的に検出されたことが、単位的な一つのムラの姿の復原を可能とした大きな要因としてある。砂川遺跡の位置する狭山丘陵も岩宿時代遺跡は少なからず分布するが、上記の代表的遺跡群ほど、遺跡の分布密度が高くないことが幸いしている。分析にあたっての課題としては、その2地点が同時存在かどうかという点と、A/F両地点それぞれのムラの構成内容の評価だけであった。

　この点に関する筆者の考えは、第4章第1節で詳しく述べたところであるが、

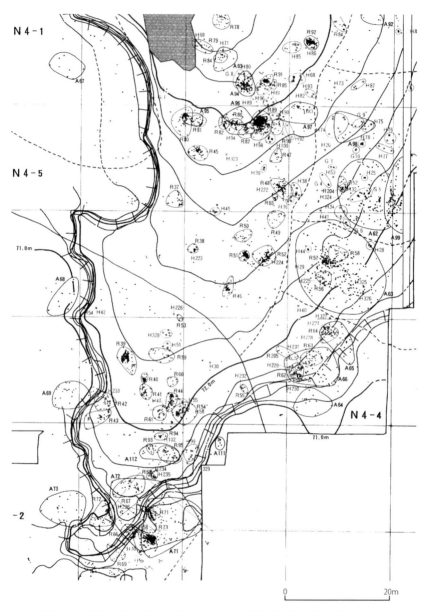

図V-10 連綿と続く礫群と石器ブロック 磐田原匂坂中遺跡（鈴木他1996）

集落の構成とそこでの暮らしの理解にとって重要なのは、礫群の評価抜きには考えられないということである。それは単に石器以外の資料要素が、もう一種類増えたというような皮相な問題ではない。ムラの成員の男性に対する女性存在の把握の問題である。さらに、単に焼石の散らばりといった遺物分布の問題ではなく、まぎれもなく調理と食と生業の問題でもある。また、調理回数の推定から導かれるそのムラでの滞在日数・期間という、移動生活をおくる岩宿時代人の居住行動の実態の解明にも、まっすぐにつながる視野を含むものでもある。

本書では、砂川遺跡（図V-11）、東林跡上層遺跡、法政大学A-0地点のムラの分析例を示した（第4章）。環状ブロック群以降のムラとしてここで例示した三つのムラは、概して小規模なムラであった。これが岩宿時代のムラの標準的なものであることに変わりはないが、こうした規模のムラに対して、見

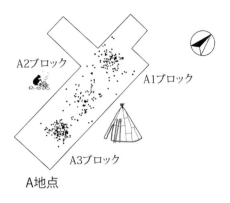

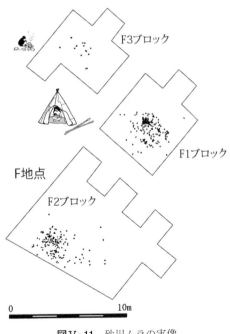

図V-11 砂川ムラの実像

かけ上大型集落が存在している。本章の締めくくりとして、この点をここで補足しておきたい。
　砂川遺跡を代表とする後期岩宿時代第4期のムラは、広さにして30m四方程、あるいは直線的に並ぶ場合であれば、10～2、30mほどの範囲にムラの主要部がおさまるような、コンパクトなものが一つの典型である。一方、これより広い範囲に遺物群が展開する大規模遺跡の例として、相模野台地遺跡群中にある栗原中丸遺跡（大川他1984）や、丹沢山塊東部を流れる相模川の支流・中津川流域に位置する上原遺跡（かながわ考古学財団1997）などが挙げられる。
　栗原中丸遺跡第Ⅴ文化層は河岸に弧状に張り出した台地の地形に沿って、長

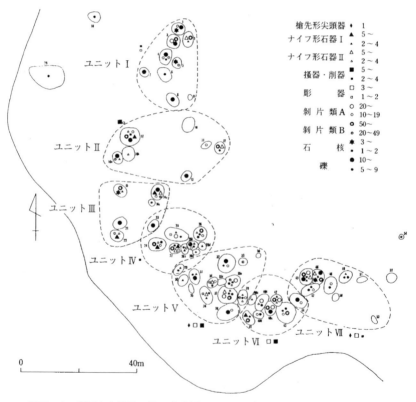

図Ⅴ-12　栗原中丸遺跡・第Ⅴ文化層のブロックとユニット（鈴木次2010より）

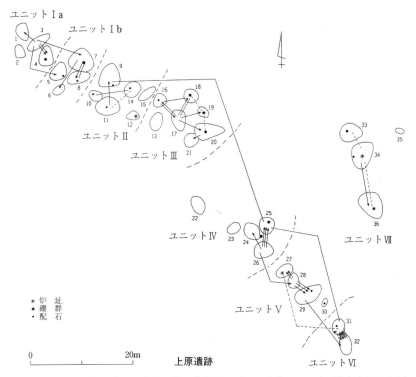

図 V-13 宮ケ瀬遺跡群上原遺跡・第Ⅴ文化層のブロックとユニット（鈴木次 2010 より）

さ 120m の範囲にわたって多数の石器ブロックや礫群が弧状に分布している（図 V-12）。一見して大型集落である。同遺跡では接合関係などの分析に基づき、これらを、同一集団がほぼ同じ頃に残したと考えられる単位・ユニットが複数集合した状態として捉え、Ⅰ～Ⅶまでの 7 カ所のユニットが設定されている。これを基に、鈴木次郎（2010）は、砂川遺跡や本書で示した法政大学 A-0 地点などのような小さなムラが、隣接して 7 回ほど設営された姿と理解し、大型集落とはいいがたい性格のものであったと明快に捉えている。

上原遺跡では、直線距離にして 100m ほどの間に、36 カ所の石器ブロック、炉址 3 基、礫群 9 基、配石 12 基が検出された（図 V-13）。調査者はこれをユニットⅠa～Ⅶに区分している。こうして栗原中丸遺跡同様、これを 7 回から 8 回

にわたって繰り返し居住した結果残されたものと解釈している。

　上記の例でさらに興味深いのは、一見大型集落とも見える多数の石器ブロックや礫群、炉址などからなる遺物・遺構群のまとまりが、同じ場所に重なるのではなく、ほかのユニット分布域と近接しつつも、重ならない点である。あたかも一定地域を移動しつつ再び同じ地点に回帰した際も、隣接してはいるが先行したムラと同じ場所を避けるかのように位置していることである。同じ集団が同じ地点に回帰した際に、先のユニットの場所を意図的に避けたか、異なる経路で到達した別々の集団が、隣り合わせの場所にムラを構えたか、いずれかの状況を思わせる。移動生活の具体的な設営場面を知る手がかりとなる。

　ところが、明らかに大規模な集落と思える事例も存在する。上記の栗原中丸・上原遺跡の所属時期より一段階古く、東林跡上層遺跡と同じ後期岩宿時代第3期に属するものである。これを散開のムラの大型例として最後に紹介し、環状のムラ消滅以降、縄文時代の竪穴住居集落の出現までのムラの消長に関する記述を締めくくることとしたい。

　その遺跡は千葉県流山市所在の大久保遺跡である（新田他2011）。同遺跡の2a文化層では、石器と礫が集中して分布する第3～第20までの18ヵ所のブロックが確認され、ナイフ形石器・角錐状石器を指標とする3,370点の石器群と、礫55点・礫片5,043点、計5,098点の礫が検出された。ただし、18ヵ所のブロックのうち、第3ブロックは石器・礫ともに、このほかの17ヵ所のブロックとの間には接合関係がなく、その南に位置する一番近い第4ブロックとの間に約20mの距離を置くことから、他の17ヵ所のブロックとは異なった契機で残されたものかもしれない。

　ここで検出された石器、礫片には非常に頻繁な接合関係がみられ、長いものではその距離80mに及ぶ。また、石器、礫それぞれの接合関係の状況はよく似ているという（図Ⅴ-14・15）。この点は、東林跡上層遺跡における礫・石器の示す接合関係によく似ている。この接合関係で結ばれた17ヵ所のブロックは、東西約100m、南北30mの範囲に及ぶ大型集落である。その規模は大型環状集落の規模に匹敵する上に、本書で詳細に論じた砂川遺跡、東林跡上層遺

第 5 章　岩宿時代のヒト・ムラ・暮らし　371

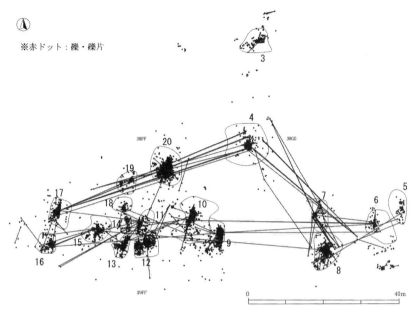

図 V-14　流山市大久保遺跡 2a 文化層の礫接合関係図（新田他 2011 より）

跡、法政大学 A-0 地点遺跡などをはるかに凌ぐものである。

　ここに何世帯が暮らしていたかは、報告書の記載だけからは簡単に推し測れないが、各ブロックの大きさが直径 10m ほどもあること、ブロック群分布域全体が上記 3 遺跡の規模をはるかに超えることなどから、上記のムラより相当多くの世帯が暮らしていた可能性がまず考えられる。一方で、第 5〜8 までの 4 ブロック群とその他の 13 ブロック群との間には 20m 以上の空間があり、これを二つのムラあるいは一つのムラの二つの地点と捉えられる可能性もある。あたかも砂川遺跡の A/F 地点間関係、あるいは千葉県佐倉市西御門明神台遺跡（鈴木編 2018）における、20m 以上の距離を隔てて位置する第 1・第 2 ブロック間の石核と剥片の接合関係を想起させるがごとくである。

　これまで縷々述べてきたように、石器の接合関係は各世帯の戸主を中心とした成人男性間の関係を示唆し、礫群の示す接合関係は主として調理を担い家政を預かる、成人女性間の関係を示すと筆者は捉えている。したがって、ここに

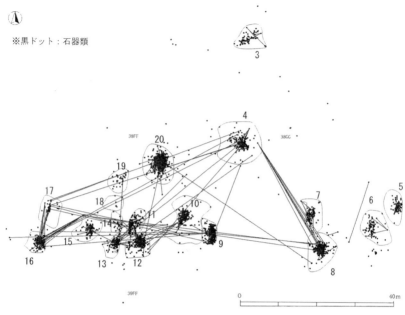

図V-15 流山市大久保遺跡の文化層石器接合関係図（新田他2011より）

示された接合関係からは、両性ともどもムラの他の世帯との間に同じような形の緊密な連携関係を結ぶ中で、日々の暮らしを営んでいたことが表れていることだけは確かであると解釈する。さらにすすんで、大久保遺跡のムラに暮らした10戸前後の世帯がどのような関係にある集団なのか、興味が持たれるところである。

3. 散開のムラの諸類型

　環状のムラは文字通り各世帯が円環状に居を構え、時には、上林遺跡や下触牛伏遺跡が示すように、多数の世帯が一堂に会してムラを構成することもあった。その後に続く散開のムラは特別のプランを持っていた様子はうかがえない。数世帯が程よい距離を取って散開し居を構えていた。いずれの場合も、そこでは老若男女が暮らし、男は石器ブロックを残し、女は礫群を残して去っていった。この点を念頭に、散開のムラを類型的に捉えてみておきたい（図V

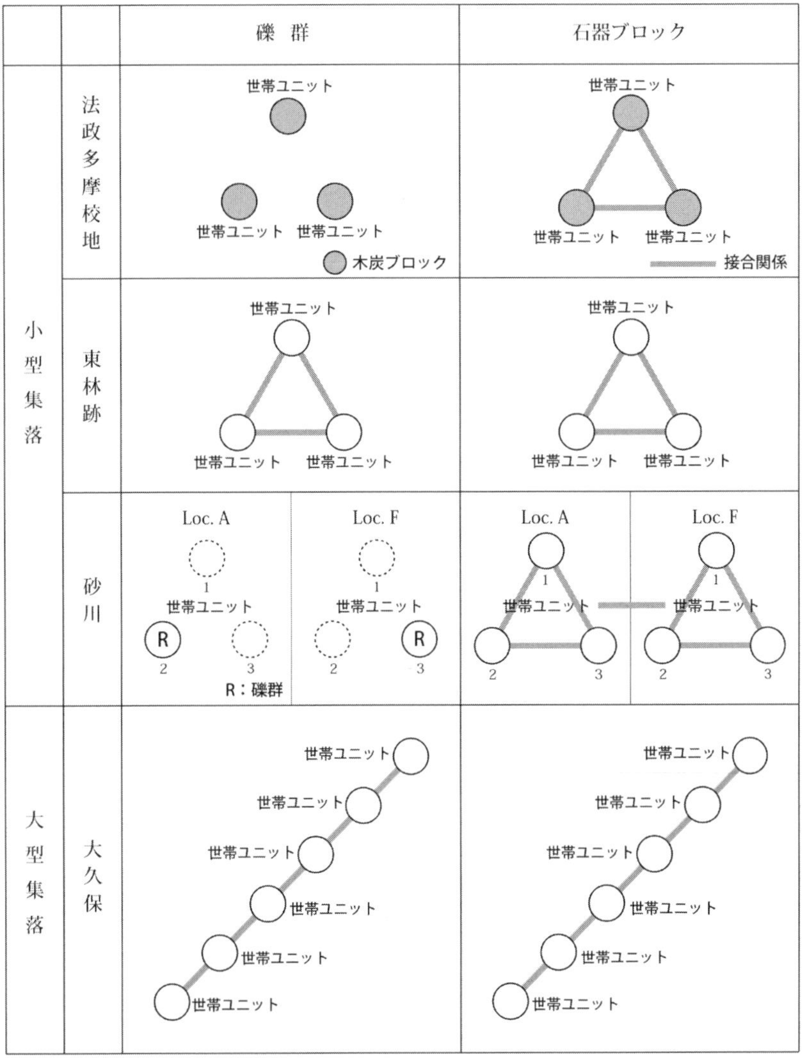

図Ⅴ-16　散開のムラの諸類型

-16)。

　散開のムラも環状のムラと同じように、その規模に大小があった可能性がある。この点について、石器ブロックと礫群それぞれの接合関係から検討してみ

ると、多数の世帯から構成され、多数の世帯ユニット間に緊密な接合関係が認められ、その範囲が100mの長さに及ぶ規模を持つ大久保遺跡例を、大型集落として捉えられる可能性がある。大久保遺跡では十数戸の世帯から構成されていた可能性が高く、こうした例を大型集落とひとまず理解しておきたい。これに対し、法政大学A-0地点、東林跡上層遺跡、砂川遺跡は世帯数3戸前後からなり、石器ブロックと礫群の分布が示すムラの主要部の広さは、30m四方程の規模に収まる。これを小型集落と捉えておきたい。

　ムラの規模とは別に、各世帯間の関係を石器、礫の接合関係から見ておくことにも意味がある。これまでに繰り返し述べてきたように、各世帯にともなう石器ブロック間の接合関係は、各戸の成人男性間の関係を示している可能性が高い。一方、礫群が示す接合関係は、各戸の成人女性間の関係を示唆していると考えられる。そういう観点から、本書で言及した集落諸例についてそのあり方を、以下に整理してみたい。

　法政大学A-0地点では、3世帯ユニットを構成する3礫群間に接合関係は認められない。これに対し東林跡遺跡では、石器ブロック、礫群ともに、六つの全世帯ユニット間に接合・同一個体共有関係が認められる。砂川遺跡A/F2地点内3ブロック間にも、A/F2地点の石器ブロック間にも接合・同一個体共有関係が認められる。砂川遺跡に関しては、第4章第1節で述べたように、残念ながら礫群の検討はできない。大型集落の大久保遺跡では、多数の世帯間に石器ブロック・礫群ともに緊密な接合関係で結ばれている。

　本節の締めくくりとして、大型・小型集落あわせて4遺跡について、礫群と石器ブロックそれぞれの接合・個体共有関係の異同を見ておきたい。礫群は世帯ユニット間に接合関係を有する東林跡・大久保遺跡と接合関係を持たない法政大学A-0地点とに分かれる。これに対し石器ブロックは全遺跡の全ブロック間に接合・個体共有関係が認められる。礫群と石器ブロックでは、接合・個体共有関係のあり方が異なっていることになった。その意味するところは何だろうか。

　つまるところ、その差は礫群と石器ブロックの背後にある担い手の性差によ

ると筆者は考える。法政大学 A-0 地点の例は、女性による日々の世帯の調理と家族の食事が、世帯単位で行われたことを推測させる。これに対し、東林跡・大久保遺跡は、少なくとも調理場面では協力的関係にあったことを示唆する。このように、調理あるいは食事も含め、世帯単位の独立性を示す法政大学 A-0 地点とそれ以外では違いがあることを窺わせる。

　これに対して、石器ブロックに関しては、全 4 遺跡でブロック間接合・個体共有関係が認められ、ムラ単位での協同行動が窺える。石器製作の究極の目的が狩猟具の製作にあるとすると、狩猟行動に際してはムラ全体の成人・青年男性が協同して行ったことを示唆しているとみることができるであろう。

　上記の諸点からも、世帯認定においては、少なくとも礫群と石器ブロックの二要素を勘案することが必要であり、砂川遺跡においては A/F 両地点にそれぞれ 1 戸ずつの世帯の存在を想定するのが妥当だということにもなる。こうした数少ない事例だけから、岩宿時代のムラの規模、構成原理や世帯間関係などを解き明かし、にわかに一般化するのは難しいが、岩宿時代集落の今後の興味ある研究課題である。

第 2 節　二つの生活空間と行動圏

　筆者はこれまで、細石刃文化の遺跡の立地を検討する中で、遺跡には野辺山のような高原にある遺跡群と武蔵野・相模野・下総・磐田原台地といった、野・原と呼ばれるような低地平野部の段丘・台地などの平坦地、あるいは赤城山麓、愛鷹山麓といった、なだらかなスロープを描く火山性低丘陵地帯に位置する遺跡群のあることを指摘し、それぞれを生活環境模式図として示してきた（鈴木 1988）。このことは高原地帯にはそこをホームグラウンドとする人々が暮らし、低地平野部という地理空間にもまたそこを生活領域として暮らす人々がいたということにほかならない。これをここで改めて「高原の生活空間」、「平野の生活空間」と呼び（図 I-16・17）、その意味するところを考えてみたい。

　野辺山高原には、矢出川遺跡群や中ッ原第 1 遺跡 G 地点、中ッ原第 5 遺跡

B地点、柏垂遺跡、馬場平遺跡と、古くから研究史に名を刻んだ遺跡が多数存在する（柴田他1992）。こうした多数の遺跡を擁する高原地帯は長野県下には多い。八千穂高原、白樺高原、富士見高原、蓼科高原、霧ケ峰高原、開田高原、菅平高原などと数え上げればきりがないほどである。こうした場所、特に霧ケ峰、八ヶ岳周辺では、黒曜石の原産地が多く存在するなど、目に見える遺跡立地の背景要因もある。

　低地・平野は列島全域において岩宿時代遺跡の主要な立地空間であるが、少なくとも中央日本以西九州までの間には高原の遺跡群が連綿と存在する。日本列島の岩宿文化の成立構造を考えるとき、東北日本と西南日本を、あるいは日本海側と太平洋側とを対置して捉えることが多い。一番わかりやすい例が湧別系細石刃文化（東北日本）と野岳・休場系細石刃文化（西南日本）とを対比的に捉えることなどである。これとともに、南北に細長い日本列島の北端（北海道）と西端（西北九州）、南端（琉球諸島）で大陸と接続し、あるいは近接していたという地理的な要素を意識しつつ考えることにもなる。

　南北に長いことはそれぞれ気候・生態系にくわえて、隣接、対面する大陸側との位置関係も異なり、そこに成立する暮らしも、それぞれ固有の性格を帯びることを念頭に、列島文化の初源の時代を考えるのが常道ともいうべき視点である。こうした視点に対して、高原と平野に二つの生活空間を描くことは、上記の南北軸に加えて高地と低地という対比軸を据えることになり、岩宿時代の社会と暮らしを、より立体的に理解することになる。

　岩宿時代は移動生活を常とし、居住性や耐久性に優れるかわりに構築に手間がかかる竪穴住居跡の発見例は無く、このことから見ても定住生活が始まるのは、縄文時代に入ってしばらくたってからであると考えられる。竪穴住居は縄文時代草創期に入ると少しずつ発見例が知られるようになることが、そのことを端的に示している。では、移動の暮らしでは一つのムラ（キャンプ）にどのくらいの日数（期間）留まっていたのだろうか。現在の石器主体の研究からは、原石から石器を作り始めて、その原石を使い切るか、手持ちの石器石材が乏しくなるまでの期間であるとか、あるいはムラの周辺で動植物食料資源が少なく

なるまでといった形で、漠然と語りうるにすぎない。具体的に幾日間くらいムラに滞在していたのかという答えを得る術は、石器側にはない。その答えを得る手立てが礫群の中にあること、そしてその日数の具体的推定案については、第3章で詳しく述べたところである。

　それでは、移動生活を送る岩宿時代の人々は、どのくらいの広さの範囲をその行動領域としていたであろうか。この点については、一年を通じての暮らしの拠点となる定住集落を持つ縄文時代に較べて、はるかに広い範囲を行動領域としていたという点だけはだれにも異論はない。国内最大級の黒曜石原産地として知られ、北海道東部に位置する白滝産黒曜石の岩宿時代における分布は、サハリンのソコル遺跡や国内では道南の美利河遺跡などにまで及ぶ（木村2005）。さらに北海道を超えて南下し、山形県湯ノ花遺跡、新潟県樽口遺跡他でも少量だが確認できるという。樽口遺跡は700km圏、新潟県上原E遺跡はおよそ900kmにも及ぶ（青木他2022）。ソコル遺跡は400km圏、美利河遺跡は300km圏に属し、100km圏の十勝平野などの遺跡では大量の白滝産黒曜石が運び込まれている。

　関東平野は多数の岩宿時代遺跡が密集することで知られるが、この関東平野を取り巻く北・西・南には何カ所もの黒曜石原産地が控え、各地の原産地の黒曜石が持ち込まれ利用されている。その象徴的な例が群馬県武井遺跡、神奈川県田名向原遺跡である。武井遺跡Ⅲ期では、分析された247点の黒曜石製槍先形尖頭器は、長野県星ヶ塔を中心に、小深沢、男女倉、麦草峠、栃木県高原山、神奈川県箱根畑宿、静岡県伊豆柏峠産が用いられている。田名向原遺跡で分析された黒曜石製の槍先形尖頭器185点では、麦草峠を主体に、和田峠、男女倉、星ヶ塔のほか箱根畑宿・鍛冶屋、伊豆柏峠、高原山など、神津島産を除く中部・関東各地の多様な原産地の黒曜石が用いられているという。このように広域に分布する多様な産地から、黒曜石が平野部の特定の遺跡に集積され、多量の槍先形尖頭器が作られたのは、そこが「中継遺跡」とでも呼ぶべき性格の遺跡で、ここから周辺の遺跡に流通していったのではないかと小菅将夫（2005）はいう。

　一方、ほとんどを地域石材に依存し、黒曜石非利用地帯である愛知県の事例

から、この点を対比的に見るとどのような姿が浮かび上がってくるだろうか。愛知県の岩宿時代から縄文時代草創期にかけての利用石材については、神取龍生（2009）・川合剛（2015）・平井義敏（2017）などの研究がある。使用石材を流域別に集計した川合の研究を見てみよう。川合は愛知県の石材を、チャート・下呂石・溶結凝灰岩・黒曜石・安山岩・その他など13種類に区分している。そして愛知県を東部の豊川流域、中央部の矢作川流域、西部の庄内川・木曽川流域に区分し、3河川流域ごとに石材組成比を示している。

　ここでは13種類の石材をチャート・下呂石・黒曜石・溶結凝灰岩他の4種類に大別して見てみたい（表V-1、図V-17）。これによると、豊川流域は溶結凝灰岩を主とする一群が72％を占め、これに次ぐチャートが22％で、両者で96％を占めている。西部の庄内川・木曽川流域ではチャートが圧倒的で90％を占め、残りを飛騨産の下呂石と東三河の溶結凝灰岩他が占める。この中間に位置する矢作川流域では、第1石材がチャートで53％を占め、溶結凝灰岩他の30％がこれに次ぎ、黒曜石が15％を占める。豊川流域や庄内川・木曽川流域のように一種類の石材が圧倒的に利用されるのとはまた異なったあり方を示している。

　美濃帯に近い西部域（尾張）はチャートの原産地が近く、これを手に入れやすい。東部の豊川流域（東三河）は溶結凝灰岩の原産地が中流域にあり、このことが流域の石材組成に直に反映した結果である。これらに対して中央部の矢作川流域（西三河）は、流域に有力な石材産地を持たず、東部と西部の主要石材産地からも遠く、西方のチャート、東方の溶結凝灰岩に依存しつつも、北方信州からの黒曜石の南下が、県下では一番多く15％を占めている。圧倒的有力石材を持たない矢作川流域集団の多方面への目配りの様子が窺える。

　石材分布の河川流域ごとのこうした顕著な傾向が、地域集団の移動、行動範囲を示すと考えると、石材利用傾向を異にする県下の三つの地域集団の行動域の大きさはどれほどに見積もられるだろうか。東部域の豊川右岸から西部域の木曽川左岸までの距離は下流域で約70km。したがって豊川／矢作川間、矢作川／木曽川間の距離はそれぞれ約35kmとなる。石材組成の3河川流域間のき

表V-1 愛知県の岩宿時代流域別石材組成比率

流域	器種	チャート	下呂石	サヌカイト	黒曜石	溶結凝灰岩他	合計
庄内川・木曽川流域 各流域とも上段点数、下段：%	ナイフ・台形・角錐状石器	67 89	4 5			4 5	75 100
	細石核	5 100					5 100
	全器種	72 90	4 5			4 5	80 100
矢作川流域（天竜川を含む）	ナイフ・台形・角錐状石器	89 49	2 1		34 19	56 31	181 100
	細石核	37 67	2 4		2 4	14 25	55 100
	全器種	126 53	4 2		36 15	70 30	236 100
豊川流域	ナイフ・台形・角錐状石器	16 17	3 3	1 1	5 5	68 73	93 99
	細石核	11 34				21 66	32 100
	全器種	27 22	3 2	1 1	5 4	89 71	125 100

溶結凝灰岩他：流紋岩・頁岩・凝灰岩・溶結凝灰岩・白色風化石材・濃飛流紋岩・メノウ・その他を含む。

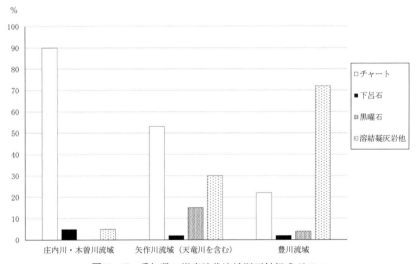

図V-17 愛知県の岩宿時代流域別石材組成グラフ

わだったコントラストに加え、隣接域へ広がる石材も考慮すると、この3河川間の距離30〜40km程の地理空間を基本に、西のチャートは豊川流域まで、東の溶結凝灰岩は庄内・木曽川流域までへと、少量ながらも分布を広げる。このことを手掛かりとすると、通年の行動域を50〜70km程度とひとまず捉えられるであろう。

ちなみに、滋賀県下での石材はほとんどがサヌカイトであるが、滋賀県から岐阜県域を超えて、愛知県下で発見された国府型ナイフを含むサヌカイト製石器がたった4点に過ぎないことは（小栗2010、川合2015、神取他2013）、その妥当性の傍証となるであろう。

上記のように、北海道では大きければ200〜300km以上に及ぶ行動域を有していた可能性があり、関東では、関東平野を取り囲むように分布する黒曜石原産地との位置・距離関係から、100〜150kmの行動圏を予測するのが実情を言い当てているのかもしれない。これらに較べると、愛知県下あるいはもう少し広く見て、静岡県西部天竜川から岐阜県域をへて三重県志摩半島あたりまでの非黒曜石・非サヌカイト地帯の東海地方では、50km程が通常の移動行動空間と想定される可能性が高い。

岩宿時代の愛知県下の石器石材は、西方岐阜県域に主たる分布域をもつ美濃帯のチャート、県東部豊川流域の溶結凝灰岩（白色風化石材）を主とする。いわば地域性の強い地元石材で構成される。一方、東海地方の東・北方には、伊豆・箱根、神津島、信州、高原山を起点とし、これら各原産地の黒曜石の頻繁な交叉的分布を前提とする、大三角形黒曜石分布圏が広がり、これを指標とする社会が存在していたとみられる。

これに対し、南アルプス・中央アルプス山系を越えて、東海地方西部へ向けて南下する黒曜石ルートは極めて乏しい。ここには関東平野を中心とするものとはまた別の地域社会が存在していたに違いない。こうした研究も手近にあるのが愛知県を含む東海3県下の石材状況である。当地固有の資料特性を生かした今後のさらなる研究がまたれる。

さて、岩宿時代の文化や社会あるいは暮らしの様々な局面を論じる際に、検

討対象とされる遺跡としては、火山灰が厚く堆積し、ムラが営まれた当時の姿をよりよく包み込んでいる関東地方や愛鷹・箱根山麓などの遺跡の資料価値が高いというのが、学界の暗黙の了解事項であろう。そういう見方からすると、愛知県下の事例の研究上の価値は大きくないということになる。しかし、火山灰に覆い隠されておらず、岩宿時代資料の発見のほとんどが表採であればこそ、遺跡は発見される機会も多く、遺物分布の実情をよりよく反映しているともいえる。

　ここで行動圏の広さという検討を行ったのは、上記のような意図から愛知県下の資料を検討対象としたものである。そして、黒曜石原産地を擁する中部高地の東方に広がる、関東平野などの黒曜石分布圏から見た行動・社会圏とはまた別の世界、もう一つの地域社会が東海地方西部には存在していることを言い添えておきたい。

第3節　ムラと暮らし

　縄文・弥生時代の住居には屋内炉が伴うのが通例である。古墳時代に入ると竈が普及する。その後の時代、伝統的な農山村の暮らしの中ではイエには囲炉裏が切られ、そこが日々の暮らしの中心となり、そこから家族の炉辺の集いと語らいが自然に生まれた。岩宿時代では石で囲ったり、地面が固く焼け締まって、明確な炉であると誰もが納得しうるような発見例は極めて稀である。どの遺跡でも普遍的に把握できるのは、ブロックをなして出土する石器群と焼け礫の分布ばかりである。その結果、研究はいきおい出土した石器群の製作技法の分析や、接合・個体別資料分析に基づくブロック間関係の検討が中心となり、砂川遺跡のような遺跡の構造論的研究が進んだ。

　また、1990年代以降では、石器石材の産地にまつわる研究が盛んである。黒曜石の産地分析が進み、黒曜石原産地とそこから持ち出され、運び込まれ用いられたムラ跡・遺跡群との関係から、集団の行動域等に関する議論がひろがる。異なる産地の黒曜石製石器が一つの遺跡から出土することの意味を問い、

遺跡を残した集団がどこからどういう経路を経てそこに至ったのか、あるいは特定の地域に諸集団がどのように行き交い、交流していたのかといった議論も進んだ。こうして黒曜石の産地推定にかかわる資料の蓄積から、定住以前の移動の暮らしがどのような空間的展開をしたものであったのか、徐々に明らかにされていった。

　しかしその一方で、彼らが暮らしの拠点としたムラが、どのような形で構成されていたのか、そこにはどんな暮らしがあったのかといった観点からの研究は、環状のムラを除けば、野口淳（2005）の研究以降ほとんど進展することはなかった。その要因はいろいろあるが、学界の視線が一斉に石材研究、分けても黒曜石などの産地推定結果を拠りどころとして成り立つ、上記のような分野に集中していったことが大きな背景としてあると筆者は感じている。編年論や石器製作技法論の後に盛んになった石材研究ではあったが、それでも「石器」の研究の範囲にとどまっていたことに変わりはない。そのことに加え、遺跡側の事情、端的に言えば、住居跡はもとより炉の検出事例の少なさなどが大きく影響している。その結果、住居単位の把握が難しい。縄文時代の集落論が竪穴住居の検出を基に進んでいることを想起すれば、そのことは容易に理解できる。

　ところで、縄文時代の竪穴住居に相当する、岩宿時代の住まいの場の推定要素としては何があるだろうか。その第一は石器である。石器こそ岩宿時代研究の普遍的な資料であり、手掛かりである。石器づくりは、道具の素材となる剥片作りから槍先などの道具の完成まで、主に屋外で行われたであろう。その第二は石蒸し調理行動の所産である礫群である。礫群による調理は、事前に礫を高温に加熱するやや大き目の焚火を必要とすることから、その作業も屋外で行われたことは間違いない。その痕跡が第三の要素である木炭粒の分布である。ただ、もろくて小さく風化もしやすく、石器や礫群と一緒にこれが確認される遺跡も極めて少ない。これまでに本書でも論じた法政大学A-0地点や東早淵遺跡は、その極めて例外的な貴重な事例である。

　翻って、縄文時代に目を転じてみると、竪穴住居の中に安定的に炉が設けられるようになるのは、草創期末から早期以降のことである。こうした点からも、

岩宿時代の住居の位置は、石器ブロック、礫群、木炭分布に近接する周辺のどこかということになる。そして、陽当たり、季節風の方向などを勘案しながら、日々欠かすことのできない焚火の場に面して住居は設けられ、その一角には世帯の炉も位置していたであろうという推測になる。

　石器ブロックは狩猟具、切削・加工具の製作過程で作り出されたものであり、使用後廃棄されたものである。究極的には狩りの道具の製作行為の結果残されたものである。皮革加工に欠かせない皮なめしの道具とされる掻器は女性が使用した蓋然性が高く、使用が重なって鈍くなった刃を再生させるような作業は、女性自身がおこなった可能性は捨てきれないにしても、これも含め石器製作全般は戸主である成人男性や、その世帯の一員であり狩猟と石器製作の経験を積んだ、青年男子の仕事と考えてよく、男性の表徴といってよいものである。

　礫群は石蒸し調理行動の結果残されたものである。日常の暮らしのなかで各世帯の食事を賄うのは、家政を担う成人女性であると考えてよいという点で（佐原 1975、西田 2007）、いわば戸主の配偶者たる女性の表徴と考えられる。礫群による調理は礫加熱のための焚火を毎回伴うものである。多くの礫を同時に加熱する必要性から、その焚火は多くの薪を要し、薪組みは大きく、したがって火勢は炉の火より強かったであろう。そのため、薪集めも女性にとって欠かせない重要な仕事であったに違いない。母親と一緒に薪集めを手伝う子供や老人たちにとっても、重要な仕事であった。

　木炭粒の分布は単なる焚火の痕跡に過ぎない。しかし、そこは石蒸し調理に伴う礫の加熱・調理の痕跡であり、あるいは世帯の会食の場、暖を取り集いの場ともなる炉の存在の有力な証拠ともなりうるものである。このように木炭分布は、竪穴住居の検出例のない岩宿時代にあって、住まいの位置やムラでの暮らしを考える際に、多義的意味を持つ重要な資料である。結局、木炭分布、焚火跡とは、言い換えれば炉であり、後代の囲炉裏であり、世帯の表徴に他ならならず、暮らし中核部を特定するための極めて重要な第三の資料である。こうした意味から、石器ブロック・礫群・木炭ブロックを、世帯ユニットを示す 3 点セットとして筆者は捉えている（鈴木 2018）。

このような意味を持つ3点セットを、男性、女性に振り分けて考えてみると、これまでの石器だけからの集落論は、成人男性限定の集落論であったことがはっきりしてくる。石器群研究に女性という観点から理解を進めたのは、おそらく堤隆（2000）の皮鞣しの道具である掻器の研究が唯一のものであろう。礫群や木炭分布を視野に入れることによってはじめて、成人男女と子供や老人からなる集落研究の入り口に立つことができることになる。

　岩宿時代の炉は住まいの中ではなく、屋外、住まいの入り口の近く、その前面の空間辺りにあったと考えれば、そこは石蒸し調理の行われた場所と隣接していたであろう。しかしその両者には同じ焚火の場、火処であってもその役割に違いがあった。世帯の住まいに付随する炉は、その機能として調理に用いられる事はもちろんだが、暖を取り、灯りともなり、家族のまどいの場という性格が強かったであろう。そして、その場所は固定的であり、そこでの焚火の火は小さくとも持続的で、絶えることのないように、一日中細心の注意のもとに女性たちによって管理されていたであろう。それ故、炉はどちらかといえば狭い限定的な空間を占めていたに違いない。それにもかかわらず発見が極めて少ないのは、格別その場を整地したり、石で囲ったりすることもなかったため、炉床が固く焼き締まることもなく、総じて、滞在期間が短かったことを示していることになる。

　上記のように、焚火の性格に違いはあるものの、炉の場所が、住居の入り口近くの戸外にあると想定する以上、石蒸し調理の場とも近接していたであろうから、木炭片の分布範囲が炉の位置を示すのか、石蒸し調理に伴う焚火の痕跡なのかは当面問う必要はないであろう。それよりも格段に重要なのは、それが世帯の存在の目に見える証の一つであるということである。その上で、石器ブロック・礫群・木炭分布の関係から、おのずと住まいの位置も推定可能となる。

　以上、石器群研究のほかに重要な研究領域として、礫群や木炭分布の研究があることを述べた。そのうちの礫群については、研究を進める上で石器と違って分析しにくい事情というものもあった。礫群構成礫は鶏卵大から拳大が一般的な大きさで、その点、石器よりも概して大きく存在感があって目立つ一方、

それは人の手によって加工されたものではなく、ただ加熱によって表面が赤化したり、割れたりしている自然物に過ぎないという点で、人工・加工物の分析を得意とする考古学研究者には、取り組みにくいものであることも確かである。筆者も同様な印象を抱いていた。

その打開策も思いつかぬまま、礫群が調理に用いられたものであるのなら、思い切って石蒸し調理実験を行い、実験に用いた礫と遺跡から出土する礫の割れや赤化の状態を比較し、その異同や特徴を調べてみることで、礫群の意味するところの理解や解析方法の手掛かりを得ようとした。良好な遺跡群が密集する静岡県東部の愛鷹山山麓や群馬県下赤城山麓の遺跡群など、火山山麓地帯の礫群の石材は安山岩などの火成岩であることが多い。耐熱性が高く、割れにくく、石蒸し調理の用材として適している一方、砂岩などに較べて赤化が顕著でなく、被熱しているかどうかも判別しにくい。このために、被熱による礫の割れという現象を介して、ムラの解析の材料とするには必ずしも適していない。

筆者が実際に発掘調査を行い、礫群を観察し、調査報告書を書くことになったのは、静岡県西部、天竜川東岸に位置する磐田原台地の遺跡においてのことであった。磐田原台地は岩宿時代遺跡の密集地帯として知られており、また、礫群を多用する地域であることもわかってきた。こうして当面の目標を磐田原台地の礫群の理解を深めることに特化し、実験素材とする礫は磐田原台地の礫群の主石材である砂岩を用いることにした。このことが結果的に幸いすることとなった。

砂岩は耐熱性が低く割れやすい。火を受けると赤化するとともに完形礫は割れて破損礫となり、加熱を繰り返すうち、完形礫の数は徐々に減っていき、やがて完形礫はすべて破損礫となる。同時に大きな礫は割れ、加熱のたびに破損礫はさらに破断を重ねて、より一層小さくなり、小さな礫がどんどん増えていく。その際、完形礫は加熱回数に比例して割れが進行し、その数は減っていく。加熱1回ごとの割れ率はほぼ一定であることもわかってきた。砂岩の完形礫は加熱回数に比例して一定の割合（約8％）で破損礫になっていくという発見は、やがて調理（食事）回数の推定／移動生活民のムラでの滞在日数（期間）の推

定へと、実験前には予想もしなかった世界が拓けてきた。

　こうして、移動生活を送る岩宿時代人のムラ跡を調べ、礫群の割れを丁寧に観察、集計していくと、やがて調理・食事回数が推定できる可能性が見えてきた。このことはとりもなおさず、岩宿時代人のムラでの滞在日数を推定する手掛かりを得たことに他ならない。それまで、礫群に関して日本の考古学界はその観察・解析法を手にしていなかったために、勢い岩宿時代研究の手段は石器のみに頼らざるを得なかった。

　石蒸し調理に最適な岩石は耐火性に優れた玄武岩や安山岩などの火成岩であるが、割れにくいがゆえに加熱・調理回数を推測できない。反対に砂岩は、割れ易ければこそ調理回数も推測できる。遺跡検出の実際の礫群では、しばしば礫群間で接合資料が観察される。割れればこそ、割れた礫同士の接合関係が多数生じ、調理行動にかかわる成人女性間、あるいは女性を介した世帯と世帯との関係を推測する手掛かりともなる。石蒸し調理の道具としてはどちらかというと不向きな割れやすい砂岩であればこそ、見えてくる生活行動の具体的な姿・世界がある。

　第3章で詳しく論じたように、磐田原台地の高見丘遺跡、多摩丘陵の法政大学A-0地点遺跡、武蔵野台地の東早淵遺跡などの礫群の事例研究からは、そこでの推定滞在日数は6日〜13日の値がえられている。それらのムラは関東・東海地方の事例にすぎないが、こうして、新しくムラを設営したその日から、1週間か10数日程度の間に、次の泊りを求めていつもの移動が始まったことが、石蒸し調理に伴う礫破損の実態研究から明らかになってきた。

　本書で示したように、石器に加えて礫群を介する研究が、どれほど豊穣な研究フィールドにつながっていく可能性があるのか、その具体像の一端を明らかにすることができた。しかしながら、それは、礫群研究の未開拓の広大な沃野のほんの一面に過ぎない。現在筆者等は、近畿地方を代表する高槻市郡家今城遺跡、特にそのうちの礫群を中心とした再整理作業を実施しているところであり、3万年前の大阪平野を生活領域とした人々のムラでの暮らし振りを明らかにしたいと考えている。その他の事例についても、今後、機会をとらえて実施

していくつもりである。

第4節　岩宿時代観 —結語に代えて—

　ここまで、植刃器、遺跡立地、食料と生業の研究と進み、そして、これまで学界では研究対象としては軽視されがちであった礫群を、調理行動の理解への鍵として積極的にとらえてきた。さらに、これを素材としてムラの構造の把握、ムラにおける男女の姿の視覚化という観点から記述を進めてきた。また、火の使用行動の痕跡である木炭分布を含め、礫群・石器ブロック・木炭分布を世帯認定の3点セットとして評価し、ムラとそこでの暮らしの叙述に努めてきた。こうした経過を踏まえて、最後に筆者の岩宿時代観とでもいうべきものを示すこととしたい。

　時代観といっても後の縄文時代や弥生時代のように生活像や社会をリアルに描くのは容易ではない。筆者の意図するところは、石器の叙述に終始しがちな既往の研究とは別に、縄文時代に先立つ日本列島文化の淵源の時代、岩宿時代に生きた人々の暮らしの実像を少しでも描きたいというところにある。まず初めに、おもに近年の特筆すべき大発見とも呼ぶべき青森県尻労阿部洞窟遺跡、沖縄県サキタリ洞遺跡の発掘成果を通して、彼らの暮らしの実像の一端を示していきたい。

　岩宿時代人はどのような食料の獲得活動（生業）を行い、どのような食料を食べて日々命をつないでいたのだろうか（食性）。まず、この点を整理しておきたい。これについては、種子島を含む九州島以北の古本州島、これを南北から挟む琉球諸島と北海道の三つの地域に分けて考える必要性のあることが、近年の調査ではっきりしてきた。岩宿時代研究は1949年群馬県岩宿遺跡の発掘に始まり75年の蓄積を有するが、発掘される資料はほとんど石器と礫に限られているため、この分野の実態は近年までほとんど分からなかった。

　岩宿時代人は狩猟と採集をもっぱらにしてきた。このうち、動物の狩猟の実態については、発掘調査による具体的な資料でこれを語ることは、長い間ほと

んど不可能な状態にあった。ところがここ十数年ほどで状況が一変した。本州の最北端青森県尻屋崎にほど近い尻労阿部洞窟の発掘調査によって、事態は急展開した。ここではノウサギを中心に、カモシカ・ヘラジカ・ヒグマなどの遺体の一部が、槍の穂先に用いられたナイフ形石器や台形石器・細石刃とともに発見され、これらの動物がナイフ形石器などによって捕獲され食卓にのぼったことが、初めて具体的に明らかにされた。長い岩宿時代研究の歴史の中でも特筆すべき大発見であった。

それまでは、化石資料から復元された動物相に基づいて、狩猟対象獣を推測するという、古生物学的方法によるしかなかった。尻労阿部洞窟での発見は、そこが仮に狩猟行動時の一夜の泊りの場にすぎず、彼らのムラが別の場所にあったにせよ、狩猟具であるナイフ形石器などとともに、初めて食料となった動物骨が一緒に発見されたことの意義は格別大きなものがある。出土した動物遺体の一部には火を受けた痕跡がみられることも、調理の痕跡を示すという点で大きな意味がある。

従来、ともすると勇壮な狩猟シーンを想像しがちであったところに、ノウサギ、カモシカなどからなるその動物遺体の種構成は、研究者にとっても驚きであった。日々の食卓を支えたのはノウサギが主であった可能性が高まり、そうであれば、その捕獲は台所を預かる成人女性によるものである可能性も高くなった。岩宿時代観の大転換ともいうべき発見であった。遺跡から石器や礫群などとともに出土したという意味では、神奈川県吉岡遺跡の一片のイノシシの乳臼歯の発見も重要である。こうしてノウサギ・カモシカ・イノシシは、ともに岩宿時代、縄文時代を経て現代にいたるまで、狩猟対象獣として万年単位の長きにわたって受け継がれてきたことがはっきりした。

一方、採集活動によって得られる植物食料についてはどうだろうか。遺跡から発掘された食料として重要なものは、新潟県荒屋遺跡などで検出されたオニグルミがあるに過ぎない。想定としてはチョウセンゴヨウ・ハシバミが重要で、オニグルミとともに、これらが岩宿時代の三大ナッツであると筆者は考えている。しかし、後二者はいまだに遺跡からの発見はない。オニグルミの殻は厚く

頑丈にできているが、それでも遺跡出土例はミリ単位の細片である。チョウセンゴヨウ・ハシバミは種実の外皮が薄く、仮に燃えて炭化したとしても残りにくいという事情によるものと考えている。

　こうした食料資源の実情を念頭に、ムラを中心にして辺りを眺めてみよう（図V-18）。日々の安定的な食料として重要なノウサギは、生息数も多くムラの近くの森や草むらで、女性が罠でとることが多かったと考えられる。シカやイノシシは男たちの狩りの対象であったにちがいない。ムラの付近にも生息するが、ノウサギに較べ行動範囲は広く、時には5km、10kmと追跡することもあったであろう。それでも猟果に恵まれず、疲れ果てて手ぶらで帰る日もあった。ヘラジカやヤギュウ、オオツノジカなどの大型獣ともなれば、その生息数も少なく、行動範囲も広い。10km時には20kmと追跡し、泊りを重ねての狩りとなることもしばしばあったに違いない。しかしながら、猟果に恵まれた時にはムラ人に大喜びで迎えられ、男たち狩人の誇らしさ、安堵感も大きく、ムラ人は飽食に満たされた日々がしばらく続いたことであろう。

　動物のなかではキツネやテンなどは、食料というより毛皮として重要だった。日々の食料を賄ううえで重要なウサギは毛皮獣としても重宝がられ、シカ類は皮革・骨角のいずれも様々な生活用具の素材として用いられたであろう。カモシカは食料としての肉も重要であったが、その毛皮は氷河時代の厳しい寒さを凌ぐのに欠かせない、耐寒性能の高さに重きが置かれていたのではないだろうか。

　晩夏から初秋にかけては、クロマメノキやコケモモの甘酸っぱい心地よい食感を楽しむことができた。もちろんユリ、クルミ、ハシバミ、チョウセンゴヨウと基幹食料があちこちで相次いで実り、収穫と保存に大わらわとなった。とりわけマツの実は結実期が短く、ムラ人は総出で近隣の森に出かけ、家族それぞれに思い思いに目をつけておいた場所で収穫に勤しんだ。マツは、よく晴れて乾燥した日には、松笠が開いて実が地面に落ちてしまう。マツの実一つ一つはハシバミやクルミに較べかなり小さいため、曇天で松笠の開かない日を選んで、棒で叩き落すなどして松笠ごと拾い集め、その後天日干しをし、実を収穫

したことであろう。
　これらのナッツは脂質に富み栄養価に優れると同時に保存性にも優れ、一定期間保存をしていたに違いない。また、狩りに出かける際には、携行食として腰袋に入れて持ち歩くことができるという点でも優れている。移動を常とする岩宿時代人の暮らしだが、この時期ばかりは、ムラでの滞在はほかの時期に較べて長くなった可能性がある。
　一方、ユリはデンプン質で加熱調理すれば、ねっとりとして甘く、肉類にも

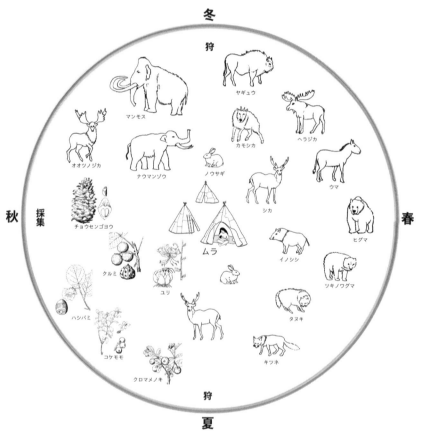

図V-18　岩宿ムラの1年

ナッツ類にもない格別な食味と栄養を持った貴重な食料で、ムラ人の大好物であったに違いない。収穫の容易さと相まって、日常の安定食料として重要であった。乳幼児の離乳食にもなったであろう。ユリのような根茎類は石蒸し調理に適している。肉類とも相性がよく、肉類のタタキと混ぜ合わせ岩宿時代ハンバーグも作られ、礫群で調理されたと筆者は想像する。

　さて、生業と食料問題に関して、近年格別大きなもう一つの発見があったのは、沖縄本島のサキタリ洞遺跡においてであった。ここでの発見も研究者の常識に大転換を迫るものであった。世界最古といわれる釣り針の発見がその事態を象徴している。その一方で、海産貝類は食料としてよりも、切削・加工具の材料として重要視されていた。陸獣としてイノシシ、リュウキュウジカ、リュウキュウムカシキョン、リクガメ、水産資源として淡水棲モクズガニ、カワニナ、オオウナギなどが捕獲され、海産魚類としてアイゴやブダイが食料とされていた。日本列島における最古の水産食料資源の安定的利用例である。陸塊としては小さく、どこからも海浜にほど近い琉球諸島ではあるが、サキタリ洞遺跡においては、陸獣、淡水産のモクズガニ、オオウナギなどがより重要な食料であったことは注視しておく必要がある。

　食料資源利用の季節性や捕獲の時刻すら明らかになったのも、これまで誰もが予期しなかったことであった。モクズガニ、カワニナは秋が旬で、秋から夏にかけて捕獲されたことが明らかになった。これと同時に、モクズガニの生活行動が夜行性であることから、捕獲の時刻は夜と考えるのが最も合理的であると推定されるにいたった（藤田 2019）。日本列島の南西部の島嶼地帯は海浜環境にありながら、海産魚類よりも淡水産食料資源が重きをなした暮らしがあったという点とともに、既成概念を超えた新鮮な驚きをともなう大発見であった。これまでは、ともすると古本州島を舞台とした寒冷気候下での暮らしを想起しがちであったが、こうした発見は従来の思考の枠組みに、大きな転換を迫るものとなった（図V-19）。

　さて、鹿児島県種子島以北の岩宿時代の日本列島には、焼け礫を用いた石蒸し調理の痕跡が広く認められることから、これまで礫群研究の重要性を縷々述

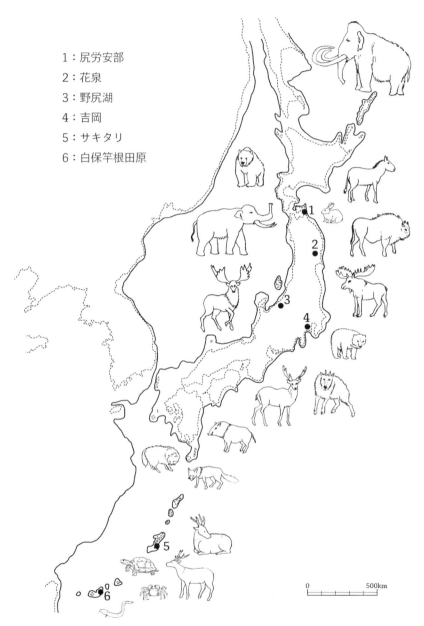

図V-19　列島の食対象となった動物相

べてきたところである。最古段階の礫群の例として、種子島の立切遺跡（中種子町教育委員会 1999・2002・2003・2012）や横峯 C 遺跡（南種子町教育委員会 1993・2000・2005）がある。また、現代の南太平洋などでは、ウム料理とよばれる石蒸し調理法が広くおこなわれていることはよく知られるところである（野島 1994・2005、印東 2002）。こうしたことから、筆者はこれまで漠然と石蒸し調理法の南方起源をイメージしていた。

　その起源問題に関しても、サキタリ洞遺跡における考古学的知見は二重の意味で気になるところである。サキタリ洞遺跡は紛れもない生活址であって、岩宿時代層である調査区ⅠのⅡ層は、多量の木炭を含む黒ずんだ土層であることから、そこで頻繁に火を焚いたことが推測されている。火を焚く行為の主要な場面は調理であっただろう。しかしながら、サキタリ洞遺跡では複数カ所の赤色土・炭化物集中が発見されているにもかかわらず、礫群の存在をうかがわせる焼け礫の片鱗すらも確認されていない。

　また、現在までのところ、奄美以南の琉球諸島では九州本土で見られるような集石遺構の検出例は少なく（安座間 2005）、年代も後出的であるという。こうした現状からは、古本州島の礫群の起源を種子島からさらに南下して、琉球諸島までたどるという、南方指向の発想が的外れなものであることを示唆しているのかもしれない。

　琉球諸島の岩宿時代遺跡の研究は今後一層の進展が期待されるところであるが、サキタリ洞遺跡での火にかかわる遺構の検出状態が上記のような状況であることに加え、朝鮮半島でも礫群の存在を聞かないことを考慮すると、**礫群（石蒸し調理）の起源は日本列島内の種子島を含む南九州の可能性が高まったと考えざるを得ないであろう**。その背景がどのようなものであったのか、今後の興味ある課題である。

　現状で言えることは、年代的に最古の位置にある礫群の事例を有する種子島から、黒潮の流れに沿って太平洋岸を北上し伊豆・房総半島まで、LGM の寒冷乾燥気候下においてさえ、照葉樹林の森の世界が広がっていたことの重要性である。そこにはアク抜きせずに食用となるシイやヤマノイモ、ユリが産す

る。本州島内陸部には植物食料としてチョウセンゴヨウが重要であることはこれまで強調してきたところである。現在の種子島、屋久島にはヤクタネゴヨウが生育する。屋久島に亭々としてそびえ、神々しいばかりのヤクタネゴヨウの巨木の森が想起されるが、太平洋岸のこの地は本州島内陸部より、一層植物食料の利用が可能な地域であった。

　このことは、九州以北の列島のほぼ全域が、狩猟中心の移動生活を営んでいた中、ここではより定着的な生活が成立する食料資源要素があった可能性が考えられる。そうした背景に重なるように、種子島、愛鷹山麓、三浦半島のAT以前の時代には、移動の生活とは一面相入れない性格を持つ陥穴が多用されていることは、礫群の発現契機を考える上でも示唆的である。

　石垣島白保竿根田原洞穴遺跡での成果は、多数の岩宿時代人骨の発見に特徴づけられる。仰臥屈位で葬られ、解剖学的に完全な状態で発見された人骨は、化石人類学的意義にとどまらず、そこが埋葬地であること、冥界への旅立ちの姿が明らかにされ（図Ⅴ-20）、現代の琉球諸島の崖葬墓にも通じるものであったということが判明した点でも意義深い。今後島内のどこかにあったムラ跡の発見が待たれるところである。その上に、これまで考古学的には十分な認知を受けることが少なかった、港川人や山下町洞人骨に対する認識が、サキタリ洞、白保竿根田原両遺跡の発掘調査によって進んだことも、列島史への甚大な貢献として見逃せない。

　さて、本章ではタイトルを「ヒト・ムラ・暮らし」とした。このうちの「ヒト」については、礫群の意味を追求する中で、調理に携わる成人女性を抽出し、これに対する狩猟者としての成人男性を対置する形で、男／女という概念的なヒトを語ることしかできなかった。しかし、白保竿根田原洞穴遺跡での発見によって、生物学的人間の姿も明らかになった。そのうちの一人として仰臥屈位で葬られた例を先に触れたところである。イラストに描かれたその姿には、一種の安らぎのようなものがうかがえ、鄭重に見送った人々の心根さえ感じさせる。それに加えて、報告書では遺存状態の良い4体の男性人骨について、以下のようにその体躯が明らかにされている。

1号：20代前半/身長158.6cm　2号：高齢/164.9cm　3号：20代前半/163.4cm　4号：高齢/165.2cm。155cm前後とされる港川人より高身長であるとされる。彼らの暮らしぶりを示すムラ跡は未発見であるが、サキタリ洞遺跡での成果を

図Ⅴ-20　白保竿根田原竿洞穴H4区に葬られた遺体の姿勢イメージ図（沖縄県埋蔵文化財センター2017より）

合わせて眺めると、琉球諸島が日本列島全域の中でも、おそらく九州島以北におけるものとは異なった個性的なヒトが生き、島嶼地域ならではの環境に順応した固有の日々の暮らしがあったことが推測される。

　日本列島文化の成立構造について、藤本強（1988）は、中央日本の「中の文化」に対し、ぼかし地帯を挟んで位置する北海道と南島の文化をもう二つの文化と呼び、三極構造として捉えた。藤本がこのように列島史を俯瞰した時点では、まだ南島の始源の時代についてははっきりせず、貝塚時代（縄文時代相当期）から説き起こしている。しかし今日、白保竿根田原洞窟、サキタリ洞遺跡の発見によって、三極ともども同じ歴史の深みをもつことが明らかになった。また、柳田国男（1978）以来の南島への眼差しが、列島史の淵源の時代まで遡ることともなった。

　我々の課題は、従来のような古本州島・北海道を中心とした石器の時代史ではなく、琉球諸島を含めた列島全域の生活・社会史の構築であろう。

註

（1）高原に対して平原とすれば言い回しはよいが、平原といえば、アフリカ、ユーラシアや北米のような一望千里の大平原・大草原のイメージが付きまとう。日本では関東平野といえどもこれほどのスケールの地形の広がりはなく、平野として

おきたい。岩宿時代の日本列島は、基本的に草原ではなく森の世界である。農耕社会の田園風景を思い起こしがちではあるが、ここでいう平野は高地に対して低地の段丘面などの平坦地や緩やかな傾斜の丘陵が広く展開する地理空間を指す。

引用・参考文献

【あ】

青木要祐・佐々木繁喜　2022「本州における白滝型細石刃石器群の石材消費」『日本旧石器学会第 20 回研究発表　シンポジウム予稿集』、日本旧石器学会

赤崎広志　2007『山田遺跡』、宮崎県埋蔵文化財センター

阿子島香　1992「実験使用痕分析と技術的組織—パレオインディアン文化の一事例を通して—」『加藤稔先生還暦記念　東北文化論のための先史学歴史学研究論集』、加藤稔先生還暦記念会

安座間充　2005「沖縄貝塚時代集石遺構集成」『紀要　沖縄埋文研究』3, 沖縄県立埋蔵文化財センター

麻生優・小田静夫　1966「静岡県磐田市大藤池端前遺跡」『人類学雑誌』第 74 巻第 2 号、日本人類学会

安蒜政雄　1974「砂川遺跡についての一考察—個体別資料による石器群の検討—」『史館』2、史館同人会

安蒜政雄　1979「日本の細石核」『駿台史学』第 47 号、明治大学

安蒜政雄　1990「先土器時代人の生活空間—先土器時代のムラ—」『日本村落史講座 2 景観Ⅰ原始・古代・中世』、雄山閣

安蒜政雄　1992「砂川遺跡における遺跡の形成過程と石器製作の作業体系」『駿台史学』第 86 号、駿台史学会

安蒜政雄　2006「旧石器時代の集落構成と遺跡の連鎖—環状ブロック群研究の一視点—」『旧石器研究』第 2 号、日本旧石器学会

安蒜政雄　2007「旧石器時代の住まい」『住まいの考古学』、学生社

安蒜政雄　2010『旧石器時代の日本列島史』、学生社

安蒜政雄・鈴木次郎・戸沢充則・服部敬史他　1974「砂川先土器時代遺跡　埼玉県所沢市砂川遺跡の第 2 次調査」、所沢市教育委員会

安蒜政雄・戸沢充則　1975「砂川遺跡」『日本の旧石器文化　2 遺跡と遺物＜上＞』、雄山閣出版

五十嵐彰　1998「考古資料の接合—石器研究における母岩・個体問題—」『史學』第 67 巻第 3・4 号

五十嵐彰　2003「砂川 A/F 問題」『旧石器人たちの活動をさぐる—日本と韓国の研究から—』、大阪市学芸員等共同研究「朝鮮半島総合学術調査団」旧石器シンポジウム実行委員会

五十嵐彰　2013「石器資料の製作と搬入」『史学』第 81 巻第 4 号、三田史学会
池谷信之　2009a『黒曜石考古学　原産地推定が明らかにする社会構造とその変化』、新泉社
池谷信之　2009b「旧石器時代における陥穴猟と石材獲得・石器製作行動―愛鷹・箱根山麓 BB Ⅲ層期を中心として―」『駿台史学』、第 135 号、駿台史学会
池谷和信　2019「犬を使用する狩猟法（犬猟）の人類史」『犬からみた人類史』、勉誠出版
出穂雅実　2005「後期旧石器時代のマンモス狩猟に関する若干の問題」『論集忍路子』Ⅰ、忍路子研究会
市川光雄　1982『森の狩猟民　ムブティ・ピグミーの生活』、人文書院
出居博編　2004『上林遺跡―佐野新都市開発整備事業に伴う埋蔵文化財発掘調査事業―』、佐野市教育委員会
出居博　2006「環状に分布する石器群に定住性を探る　上林遺跡集落形成論からの視座」『唐沢考古』25、唐沢考古学会
出居博　2008「ムブティ・ピグミーのダイアディック・バンドと上林遺跡」『唐沢考古』27、唐沢考古学会
出居博　2013「民族誌と旧石器時代環状集落」『考古学ジャーナル』No.640、ニュー・サイエンス社
出居博　2016「旧石器時代の環状集落　上林遺跡が営まれた社会と環境」『とちぎを掘る　栃木の考古学の到達点』、随想舎
伊藤玄三・峯岸章夫　1986『法政大学多摩校地遺跡群Ⅰ―A 地区―』、法政大学
伊藤徳弘・石橋裕子　2008『原田遺跡（4）―旧石器時代の調査―』、島根県教育庁文化財センター
稲田孝司　1977「旧石器時代の小集団について」『考古学研究』第 24 巻第 2 号、考古学研究会
稲田孝司　1989『哺乳動物化石の産状と旧石器文化』、岡山大学文学部研究叢書
稲田孝司　2001『先史日本を復元する 1　遊動する旧石器人』、岩波書店
稲田孝司　2004「旧石器時代の狩猟戦略と落とし穴『愛鷹山を駆けめぐった旧石器人』、静岡県埋蔵文化財調査研究所
伊庭功　1994「粟津貝塚の調査」『縄文の湖　琵琶湖粟津貝塚をめぐって』、雄山閣
伊庭功・中川治美　2000『粟津湖底遺跡自然流路　粟津湖底遺跡Ⅲ』、（財）滋賀県文化財保護協会
犬塚俊雄　1989「市内の旧石器時代遺跡に関する予報」『鎌ヶ谷市史研究』第 2 号
今田秀樹・小谷桂太郎・深澤幸江・柳田裕三　2003『高瀬Ⅲ遺跡・亀石山遺跡』、天瀬町教育委員会
今村啓爾　2004「箱根南西山麓先土器時代陥穴の使用方法」『考古学研究』第 51 巻

第 1 号、考古学研究会
今村啓爾　2006「先土器時代陥穴の使用方法　―愛鷹山麓 BB Ⅲ期の場合」『住の考古学』、同成社
岩崎泰一・小島敦子編　1986『下触牛伏遺跡　身体障碍者スポーツセンター建設予定地内埋蔵文化財発掘調査報告書』、(財) 群馬県埋蔵文化財調査事業団
岩宿博物館　2021『第 74 回企画展　岩宿人の暮しを調べる』、岩宿博物館
岩瀬彬・橋詰潤・出穂雅実　2010「日本列島の後期更新世後半における陸生哺乳動物相研究の現状と課題」『論集忍路子』Ⅲ、忍路子研究会
岩手県花泉町教育委員会　1993『花泉遺跡』
印東道子　2002『オセアニア暮しの考古学』、朝日新聞社
(財) 印旛郡市文化財センター　2006『千葉県佐倉市西御門明神台遺跡』、三菱地所株式会社
大井信夫　2001「近畿地方における最終氷期後半の植生復元」『小椋純一編　日本列島の原風景を探る』、京都精華大学創造研究所
大井信夫　2016「花粉分析に基づいた日本における最終氷期以降の植生史」『植生史研究』第 25 巻第 1・2 号、日本植生史学会
大川周三・鈴木次郎　1984『栗原中丸遺跡』、神奈川県立埋蔵文化財センター
岡村道雄　1985「機能論」『岩波講座　日本考古学 1　研究の方法』、岩波書店
岡村道雄・松藤和人・木村英明・辻誠一郎他　1998『シンポジウム [日本の考古学] 1 旧石器時代の考古学』、学生社
沖憲明　2005「冠遺跡群について」『旧石器考古学』67、旧石器文化談話会
沖津進　1998「日本列島における最終氷期以来のチョウセンゴヨウの分布変遷」『平成 8 年度～平成 9 年度科学研究費補助金（基盤研究 C (2)）研究成果報告書』
沖津進・百原新　1997「日本列島におけるチョウセンゴヨウ (Pinus koraiensis Sieb. et Zucc.) の分布」『千葉大学園芸学部学術報告』51 号
沖縄県立埋蔵文化財センター　2017a『白保竿根田原洞穴遺跡　重要遺跡範囲確認調査 1―事実報告編―』、沖縄県立埋蔵文化財センター
沖縄県立埋蔵文化財センター　2017b『白保竿根田原洞穴遺跡　重要遺跡範囲確認調査 2―総括報告編―』、沖縄県立埋蔵文化財センター
沖野実・青野美和・富山亜紀子　2018『高見Ⅰ遺跡 2 次』、(公財) 愛媛県埋蔵文化財センター
奥村潔・石田克・河村善也・熊田満他　1978「岐阜県熊石洞産のヘラシカ化石について」『Bulletin of the Osaka Museum of Natural History』No.31、大阪市立自然史博物館
奥村潔・石田克・河村善也・熊田満他　1982「岐阜県熊石洞産後期洪積世哺乳動物群とその ^{14}C 年代の意義」『地球科学』36 巻 4 号、地学団体研究会

小栗康寛　2010「渥美半島の旧石器文化について―特に AT 降灰以降を中心に―」『渥美半島の考古学―小野田勝一先生追悼論文集―』、小野田勝一先生追悼論文集刊行会

小田静夫　2002「山下町第 1 洞穴出土の旧石器について」『南島考古』No.22、沖縄考古学会

小野昭　2011「解説　日本における旧石器時代研究の枠組みと現状」『Anthropological Science (Japanese Series)』Vol.119 (1)、日本人類学会

小野昭編　2019『人類と資源環境のダイナミクス I　旧石器時代』、雄山閣

小野有吾・五十嵐八重子　1991『北海道の自然史　氷期の森林を旅する』、北海道大学図書刊行会

織笠明子　2010「東林跡遺跡」『鎌ケ谷市史　資料編 I（考古）』、鎌ケ谷市、遺物悉皆データの CD が添付されている。

織笠昭　1983「細石刃の形態学的一考察」『人間・遺跡・遺物―わが考古学論集 1―』、東京、文研出版（織笠昭『石器文化の研究』、新泉社 2005 に再録）

【か】

海部陽介　2005『人類がたどってきた道　"文化の多様化"の起源を探る』、日本放送出版協会

鹿児島県埋蔵文化財センター　2006『伏野遺跡　隠迫遺跡　栃堀遺跡　仁田尾遺跡　御仮屋跡遺跡』

鹿児島県埋蔵文化財センター　2008『仁田尾遺跡』

片桐千秋・仲座久宜・徳嶺里江・石原与四郎他　2019『白保竿根田原洞穴遺跡　重要遺跡範囲確認調査 3―補遺編―』、沖縄県立埋蔵文化財センター

加藤晋平　1975「岩手県花泉化石床出土の人類遺物」『月刊文化財』138 号、文化庁文化財保護部

加藤晋平　1981「旧石器時代の漁撈活動―先土器時代の経済活動を考える上で―」『信濃』第 33 巻第 4 号、信濃史学会

加藤晋平　1996「南西諸島への旧石器文化の拡散」『地学雑誌』第 105 巻第 3 号、日本地質学会

加藤晋平・鶴丸俊明　1976『岩手県花泉下金森遺跡―1975―』、花泉町教育委員会

加藤秀之・栩木真　1987『井の頭遺跡群武蔵野市御殿山遺跡第 1 地区 D 地点』、御殿山遺跡調査会

加藤博文　1996「モービル・トゥールとしての両面調整石器―縄文に向かう技術組織の変動―」『考古学雑渉　西野元先生退官記念論文集』、西野元先生退官記念会

かながわ考古学財団　1997『宮ケ瀬遺跡群 XII　上原遺跡』、（財）かながわ考古学財団

鹿又喜隆　2003「荒屋型彫刻刀の機能―荒屋遺跡第2・3次発掘調査出土資料の分析を通して―」『シンポジウム　日本の細石刃文化　Ⅱ―細石刃文化研究の諸問題―』、八ヶ岳旧石器研究グループ

鹿又喜隆　2004「細石刃の装着法と使用法―荒屋遺跡・タチカルシュナイ第Ⅴ遺跡C地点出土資料の分析から―」『考古学雑誌』第88巻第4号、日本考古学会

鎌田俊昭　2019「日本列島における前期旧石器時代研究の方向性―日本前期旧石器時代研究はどこへ行くのか？―」『みちのくの考古学　50周年記念誌』、みちのく考古学研究会

川合剛　1996「愛知の旧石器資料（6）　愛知県旧石器出土地名表」『名古屋市博物館研究紀要』第19巻

川合剛　2002「有舌尖頭器」『縄文時代の石器　関西の縄文草創期・早期』、関西縄文文化研究会

川合剛　2010「愛知県」『日本列島の旧石器時代遺跡―日本旧石器（先土器・岩宿）時代遺跡のデータベース―』、日本旧石器学会

川合剛　2015「後期旧石器時代～縄文時代草創期の遺跡・石器・石材」『平成27年度考古学セミナー　あいちの考古学2015資料集』、愛知県埋蔵文化財センター・名古屋市博物館ほか

川合剛　2020「愛知県の後期旧石器時代から縄文時代草創期の遺跡分布について」『東海石器研究』第10号、東海石器研究会

川口貞徳　1982「縄文草創期の貯蔵穴―鹿児島県東黒土田遺跡―」『季刊考古学』創刊号、雄山閣

川口雅之・小林晋也・長野眞一　2009『大津保畑遺跡　小園遺跡』、鹿児島県立埋蔵文化財センター

河村善也　1985「最終氷期以降の日本の哺乳動物相の変遷」『月刊地球』第7巻第6号、海洋出版株式会社

河村善也　2001「最終氷期から縄文時代にかけての日本の動物相」『日本列島の原風景を探る』、京都精華大学創造研究所ライブラリー、京都精華大学創造研究所

河村善也　2010「更新世の哺乳類」『講座日本の考古学1　旧石器時代（上）』、青木書店

河村善也　2014「日本とその周辺の東アジアにおける第四紀哺乳動物相の研究―これまでの研究を振り返って―」『第四紀研究』第53巻第3号、日本第四紀学会

神取龍生　2009「三河地域における二側縁加工ナイフ形石器についての一考察」『三河考古』20、三河考古刊行会

神取龍生・天野雄矢　2013『下六光寺遺跡　豊川西部土地区画整理事業に伴う埋蔵文化財調査報告書』、豊川市教育委員会

菊池強一・武田良夫・小向裕明他　1986『金取遺跡発掘調査報告書』、宮守村教育委

員会
北九州市教育文化事業団埋蔵文化財調査室　1996『金山遺跡Ⅵ区』、(財) 北九州市教育文化事業団
北村四郎・村田源　1980『原色日本植物図鑑　木本編Ⅱ』、保育社
木村英明　2005『北の黒曜石の道　白滝遺跡群』、新泉社
木村英明　2020『北の黒曜石の道　白滝遺跡群＜改訂版＞』、新泉社
工藤雄一郎　2012『旧石器・縄文時代の環境文化史』、新泉社
栗島義明　1986「先土器時代遺跡の構造論的研究序説」『土曜考古』第 11 号、土曜考古学研究会
栗島義明　1987a「先土器時代における移動と遺跡形成に関する一考察」『古代文化』第 39 巻第 4 号、(財) 古代学協会
栗島義明　1987b「先土器遺跡の研究―個体消費及び石器の交換・譲渡からみた砂川先土器時代遺跡形成の背景―」『考古学研究』第 34 巻第 3 号、考古学研究会
栗島義明　1988「砂川先土器時代遺跡の構造―先土器時代遺跡の形成と集団構成について―」『日本考古学協会第 54 回総会研究発表要旨』、日本考古学協会
栗島義明　1991「人と社会」『石器文化研究』3、石器文化研究会
栗島義明　1992「交換と分配―個体別資料分析から見た互酬的関係―」『加藤稔先生還暦記念　東北文化論のための先史学歴史学論集』、今野印刷
栗島義明　1999「遺跡構造研究が明らかにしたもの」『旧石器考古学』58、旧石器文化談話会
黒田篤史・小向裕明・武田良夫・菊池強一　2017「岩手県遠野市金取遺跡の調査」『第 31 回東北日本の旧石器文化を語る会　予稿集』、東北日本の旧石器文化を語る会
黒坪一樹　1983「日本先土器時代における敲石類の研究―植物食利用に関する一試論―（上）」『古代文化』第 35 巻第 12 号、(財) 古代学協会
黒坪一樹　1984「日本先土器時代における敲石類の研究―植物食利用に関する一試論―（下）」『古代文化』第 36 巻第 3 号、(財) 古代学協会
黒坪一樹　2004「飛騨トチムキ石と岩宿時代敲石類研究への視点」『山下秀樹氏追悼考古論集』、山下秀樹氏追悼考古論集刊行会
黒坪一樹・中村真理　2010「礫石器」『講座日本の考古学 1 旧石器時代（上）』、青木書店
桑原拓一郎・菊池隆男・鈴木毅彦他　1999「房総半島、夷隅川下流における酸素同位体ステージ 3 の段丘面と当時の海面高度」『第四紀研究』第 38 巻第 4 号、日本第四紀学会
國學院大學文学部考古学研究室編　1997『長野県木曽郡開田村柳又遺跡 A 地点　第 7 次発掘調査報告書』、國學院大學考古学研究室
小菅将夫　2005「槍先形尖頭器文化期の黒曜石の動態」『考古学ジャーナル』No.525、

ニュー・サイエンス社
小菅将夫　2006『赤城山麓の3万年前のムラ　下触牛伏遺跡』、新泉社
小林謙一・工藤雄一郎・国立歴史民俗博物館編　2011『縄文はいつから!?』、新泉社
小林達夫　1996『縄文人の世界』、朝日選書57、朝日新聞社
小林達夫　2008『縄文の思考』、ちくま新書713、筑摩書房
小林達雄・小田静夫・羽鳥謙三・鈴木正男　1971「野川先土器時代遺跡の研究」『第四紀研究』第10巻第4号、日本第四紀学会
御殿山遺跡調査会　1987『井の頭遺跡群　武蔵野市御殿山遺跡第1地区D地点』、御殿山遺跡調査会
後藤和民　1979「狩漁撈の技術と変遷」『日本考古学を学ぶ (2)』、有斐閣
近藤洋一・間島信男・野尻湖哺乳動物グループ　2007「野尻湖層の脊椎動物化石と古環境」『亀井節夫先生傘寿記念論文集』
近藤義郎　1989「日本における考古学的時代区分」『山梨県考古学論集Ⅱ　山梨考古学協会10周年記念論集』、山梨県考古学協会

【さ】
酒井弘志　2020「全国環状ブロック群集成2020」『墨古沢遺跡国指定史跡指定1周年記念シンポジウム　「34,000年前、墨古沢は日本の中心であった」　予稿集』、酒々井町
阪口豊　1989『尾瀬ヶ原の自然史』、中公新書、中央公論社
坂下貴則　2016「Ⅴ　石器石材加熱実験」、『(公財)古代学協会年報　初音』6
桜井準也　1993「細石刃文化遺跡と河川次数分析―内水面漁撈を考える―」『細石刃文化研究の新たなる展開　Ⅱ』、佐久考古学会・八ヶ岳旧石器研究グループ
佐藤孝雄　2019「動物遺体から探る先史時代の狩猟活動」『シンポジウム　Hunting 狩猟相解明のためのアプローチ』、八ヶ岳旧石器グループ
佐藤宏之　1992「北方系削片系細石刃石器群と定住化仮説」『法政大学大学院紀要』29、法政大学
佐藤宏之　2002「日本列島旧石器時代の陥し穴猟」『先史狩猟採集文化研究の新しい視野』国立民族学博物館研究報告、第33集
佐藤宏之　2005「環状集落をめぐる地域行動論　―環状集落の地域行動論」『日本旧石器学会第3回講演・研究発表シンポジウム予稿集』、日本旧石器学会
佐藤宏之　2006「環状集落の社会生態学」『旧石器研究』第2号、日本旧石器学会
佐藤宏之　2010「陥し穴猟」『講座日本の考古学　2旧石器時代 (下)』、青木書店
佐藤宏之　2019『旧石器時代　日本文化のはじまり』、敬文社
佐藤宏之・山田哲・出穂雅実　2011「旧石器時代の狩猟と動物資源」『日本列島の3万5千年―人と自然の環境史　2野と原の環境史』、文一総合出版

佐原眞　1975「第1章　海の幸と山の幸」『日本生活文化史1　日本的生活の母体　先史―古墳』、河出書房新社

佐原眞　1987『体系日本の歴史1　日本人の誕生』、小学館

更級源蔵・更科光　1976『コタン生物記　1樹木・雑草篇』、法政大学出版局

澤浦亮平　2021「動物考古学から見た旧石器時代の狩猟と石製狩猟具」『九州旧石器』、第21号、九州旧石器文化研究会

澤浦亮平・奈良貴史・渡辺丈彦・澤田純明他　2013「青森県尻労安部洞窟の発掘調査成果（2011～2013年）」『動物考古学』32、動物考古学研究会

澤浦亮平・澤田純明・佐藤孝雄　2015「旧石器時代人の狩猟活動とその季節性」『公開シンポジウム　下北の石器時代　東通村尻労安部洞窟の調査成果』、尻労安部洞窟調査団

澤田純明　2018「旧石器時代の動物考古学をめぐる諸問題」『東北日本の旧石器時代』、六一書房

芝康次郎　2011『九州における細石刃石器群の研究』、六一書房

司馬遼太郎　1979『街道をゆく8　熊野・古座街道　種子島道ほか』、朝日文芸文庫

柴田直子・西村直子・花田八千代・林浩世他　1992『川上村誌　先土器時代』、川上村教育委員会

柴田亮平　2012「愛鷹・箱根山麓の礫群の初源と様相」『石器文化研究』18、石器文化研究会

柴田亮平　2018「第3章第3節　重量分布・平面分布・個体数・接合状況・使用回数の検討」『礫群から見た岩宿時代集落の研究』、古代学協会研究報告　第14輯

渋谷綾子・ピーター・マシウス・鈴木忠司　2006「旧石器時代の石器資料の残存デンプン標本」『新潟県立歴史博物館研究紀要』、第7号

島田和高　2008『2008年度明治大学博物館特別展解説図録　氷河時代の山をひらき、海をわたる―日本列島人類文化のパイオニア期―』、明治大学博物館

島田和高　2009「黒耀石利用のパイオニア期と日本列島人類文化の起源」『駿台史学』第135号、駿台史学会

島田和高　2011「後期旧石器時代前半期における環状ブロック群の多様性と現代人の拡散」『資源環境と人類』No.1、明治大学黒耀石研究センター

清水基夫・平城好明　2001「ユリ」『趣味の園芸作業12か月⑱』、NHK出版

白石浩之　1992「旧石器時代後期から縄文時代草創期の集落」『神奈川の考古学』第2集、神奈川県立埋蔵文化財センター

白石浩之他編　1997『吉岡遺跡群Ⅳ』、かながわ考古学財団

新谷和孝・神村透・角張淳一・渡辺誠他　1995『お宮の森裏遺跡発掘調査報告書』、上松町教育委員会

杉原荘介　1967「"Sugihara's Hypothesis"を破ってほしい」『考古学ジャーナル』

No.8、ニュー・サイエンス社
杉原荘介・小野真一 1965「静岡県休場遺跡における細石器文化」『考古学集刊』第3巻第2号、東京考古学会
杉山真二 2010「更新世の植生と環境」『講座日本の考古学1 旧石器時代(上)』、青木書店
鈴木敬治 1974「日本におけるウルム氷期の植生の変遷と気候変動(予報)」『第四紀研究』第12巻第4号、日本第四紀学会
鈴木敬治・亀井節夫 1971「第四紀の生物地理」『第四紀』、共立出版
鈴木次郎 1999「寺尾・栗原中丸両遺跡の石器石材の再検討」『研究紀要 かながわの考古学』4、神奈川県立埋蔵文化財センター・(財)かながわ考古学財団
鈴木次郎 2010「ナイフ形石器文化後半期の居住様式」『講座日本の考古学2 旧石器時代(下)』、青木書店
鈴木次郎・矢島国雄 1979「先土器時代の石器群とその編年」『日本考古学を学ぶ(1)』、有斐閣
鈴木次郎・白石浩二 1980『寺尾遺跡 県立綾瀬高等学校建設にともなう発掘調査』、神奈川県埋蔵文化財発掘調査報告18、神奈川県教育委員会
鈴木次郎・恩田勇・富永樹之・三瓶裕司 1996『宮ケ瀬遺跡群Ⅵ サザランケ(No.12)遺跡 宮ヶ瀬ダム建設に伴う発掘調査』、かながわ考古学財団調査報告8、(財)かながわ考古学財団
鈴木忠司 1971「野岳遺跡の細石核と西南日本における細石刃文化」『古代文化』第23巻第8号、(財)古代学協会
鈴木忠司 1978『静岡県磐田市寺谷遺跡第3次発掘調査概報』、磐田市教育委員会
鈴木忠司 1979a「東海地方の細石刃文化について」『日本古代学論集 (財)古代学協会創立25周年・平安博物館開設10年記念』、(財)古代学協会
鈴木忠司 1979b「中部地方南部の細石器文化」『駿台史学』第47号、駿台史学会
鈴木忠司 1983「静岡県寺谷遺跡 先土器時代のムラの景観」『探訪 先土器時代の遺跡』、有斐閣
鈴木忠司 1983「日本細石刃文化の地理的背景―先土器時代遺跡論の試み―」『角田文衞博士古稀記念 古代学叢論』、(財)古代学協会
鈴木忠司 1983「コペンハーゲンに細石器を訪ねて」『土車 平安博物館だより』第26号、(財)古代学協会
鈴木忠司 1983a「静岡県 寺谷遺跡 先土器時代のムラの景観」『探訪先土器の遺跡』、有斐閣
鈴木忠司 1983b「富山県 野沢遺跡 先土器時代生活址の復原」『探訪先土器の遺跡』、有斐閣
鈴木忠司 1984『先土器時代の知識』、東京美術出版

鈴木忠司　1985「再論日本細石刃文化の地理的背景―生業論への視点―」『日本原史』、吉川弘文館
鈴木忠司　1988a「素描・日本先土器時代の食糧と生業」『京都文化博物館研究紀要　朱雀』第1集
鈴木忠司　1988b「平安博物館調査地点の先土器時代石器群」『宮地前遺跡』、別府大学博物館
鈴木忠司　1988c「ムラと生活」『考古学ゼミナール　日本人類文化の起源』、六興出版
鈴木忠司　1990「先土器・旧石器そして岩宿時代」『古代学研究所研究紀要』第1輯、（財）古代学協会
鈴木忠司　1992「三州愛郷猪狩記」『京都文化博物館研究紀要　朱雀』第5集
鈴木忠司　1993a「日本列島細石刃文化の分布論的検討―地理・動植物、そして人口―」『北方ユーラシアにおける細石刃石器群の起源と拡散』、札幌大学
鈴木忠司　1993b「細石刃文化と生業」『シンポジウム1993.10　細石刃文化研究の新たなる展開Ⅱ　細石刃文化の諸問題』、佐久考古学会・八ヶ岳旧石器研究グループ
鈴木忠司　1994a「日本細石刃文化遺跡地名表」『京都文化博物館研究紀要　朱雀』第7集
鈴木忠司　1994b「岩宿文化論―時代呼称問題とその周辺―」『市民の考古学1　論争と考古学』、名著出版
鈴木忠司　1995「野・原・山と考古学―豊川流域の遺跡分布から―」『大野原湿原研究会報告集』Ⅳ、作手村教育委員会
鈴木忠司　1996a「岩宿時代の陥穴状土坑をめぐる二三の問題」『下原遺跡Ⅱ』、静岡県埋蔵文化財調査研究所
鈴木忠司　1996b「採集経済と自然資源」『考古学による日本歴史16　自然環境と文化』、雄山閣
鈴木忠司　1998「茶臼山　愛知県最初の岩宿時代の調査」『野帳の会　考古学論集―久永春男先生頌寿記念―』、久永春男先生頌寿記念論集刊行会
鈴木忠司　1999a「暮しの舞台装置を見る目」『地理学がわかる』、AERA MOOK No.48、朝日新聞社
鈴木忠司　1999b「細石刃文化の伝搬と時代の背景」『第7回　岩宿フォーラム／シンポジウム　岩宿発掘50年の成果と今後の展望　予稿集』、笠懸野岩宿文化資料館
鈴木忠司　1999c「日本細石刃文化遺跡地名表・補遺」『京都文化博物館研究紀要　朱雀』第11集
鈴木忠司　2000「遺跡の構造研究と旧石器時代社会の復元」『シンポジウム日本旧石

器時代研究の原点を振り返る　岩宿発掘50年』、明治大学
鈴木忠司　2001a「岩宿時代の槍と陥穴」『考古学ジャーナル』No.468、ニュー・サイエンス社
鈴木忠司　2001b「岩宿時代のムラ」『地質と調査』通巻第89号、土木春秋社
鈴木忠司　2004a「岩宿時代人はドングリを食べたか―石蒸し調理実験から―」『山下秀樹氏追悼考古論集』、山下秀樹氏追悼論文集刊行会
鈴木忠司　2004b「続・岩宿時代人はドングリを食べたか―水さらしアク抜き実験から―」『京都文化博物館研究紀要　朱雀』第16集
鈴木忠司　2006「岩宿時代の水と川をめぐる立地論―サケ漁の周辺―」『京都文化博物館研究紀要　朱雀』第18集
鈴木忠司　2007a「岩宿（旧石器）時代の台石―デンプン質食料をめぐって―」『平成16-18年度科学研究費補助金　基盤研究B 稲作以前の日本における主食食物の研究実績報告書　研究代表者　西田恭巳』、新潟県立歴史博物館
鈴木忠司　2007b「岩宿時代の台石とその意義について―植物食をめぐる基礎的研究―」『古代文化』、第59巻第3号、（財）古代学協会
鈴木忠司　2008「岩宿時代の植物質食料」『旧石器研究』、第4号、日本旧石器学会
鈴木忠司　2010「旧石器時代の遺跡立地」『講座日本の考古学1 旧石器時代（上）』、青木書店
鈴木忠司　2012a『岩宿時代集落と食の理解に向けての基礎的研究―石蒸し調理実験1999～2011―』古代学協会研究報告第9輯、（財）古代学協会
鈴木忠司　2012b「ドングリのアク抜き実験と岩宿時代の植物食」『縄文時代の資源利用―民俗学と考古学から見た堅果類の利用及び水場遺構―』、縄文時代の資源利用研究会
鈴木忠司　2015「岩宿時代集落研究と発掘調査報告書のあり方」『古代文化』第67巻第2号、（公財）古代学協会
鈴木忠司　2016a「東林遺跡上層ムラの遺物分布」『鎌ケ谷市史研究』第29号、鎌ケ谷市
鈴木忠司　2016b「礫群解析法の一つの試み―赤岩遺跡の事例から―」『旧石器研究』第12号、日本旧石器学会
鈴木忠司　2018b「第1篇　法政大学多摩校地遺跡群　A地区0地点」『礫群から見た岩宿時代集落の研究』、古代学協会研究報告第14輯、（公財）古代学協会
鈴木忠司　2019「砂川遺跡のブロックと礫群」『シンポジウム／自然環境と人類2019』、明治大学黒耀石研究センター
鈴木忠司　2020a「東林跡遺跡上層ムラの構成」『考古学集刊』第16号、明治大学考古学研究室
鈴木忠司　2020b「旧石器時代の遺跡立地から暮らしの実像を探る」『令和2年度公

開セミナー　旧石器時代の遺跡立地―相模野台地を中心に―』、(公財)かながわ考古学財団

鈴木忠司　2020c「石蒸し調理実験2018・2019と遺跡理解への可能性―チャート礫・凝灰岩礫の加熱実験2)3)および石器石材加熱実験6)7)をめぐって―」『考古論叢神奈河』、第28集、神奈川県考古学会

鈴木忠司編　1980『寺谷遺跡』、平安博物館・磐田市教育委員会

鈴木忠司編　1982『野沢遺跡』、平安博物館

鈴木忠司編　1992『大分県丹生遺跡群の研究』、古代学研究所研究報告第3輯、(財)古代学協会

鈴木忠司編　1994『匂坂中遺跡群発掘調査報告書』、磐田市教育委員会

鈴木忠司編　2018a「礫群から見た岩宿時代集落の研究」、古代学協会研究報告第14輯、(公財)古代学協会

鈴木忠司・竹内直文編　1996『匂坂中遺跡発掘調査報告書Ⅱ』、磐田市教育委員会

鈴木忠司・黒坪一樹・土江伸明・湯村功　1991「5. 白須地点検出の大型植物化石について」『大野原湿原研究会報告集』Ⅱ、作手村教育委員会

鈴木忠司・黒坪一樹　2000「岩宿時代敲石類研究への視点―桑飼下遺跡出土資料から―」『九州旧石器』第4号、九州旧石器文化研究会

鈴木忠司・礫群調理実験グループ　2000「礫群による石蒸し料理予備実験記録」『京都文化博物館研究紀要　朱雀』第12集

鈴木忠司・礫群調理実験グループ　2001「石蒸し調理実験記録1)―岩宿時代の食をめぐって―」『京都文化博物館研究紀要　朱雀』第13集

鈴木忠司・竹内直文・礫群調理実験グループ　2002「石蒸し調理実験記録2)―礫加熱の諸方法をめぐって―」『京都文化博物館研究紀要　朱雀』第14集

鈴木忠司・竹内直文・礫群調理実験グループ　2003「石蒸し調理実験記録3)―礫加熱法と調理特性をめぐって―」『京都文化博物館研究紀要　朱雀』第15集

鈴木忠司・竹内直文・礫群調理実験グループ　2004「石蒸し調理実験記録4)―ヴァヌアツ式礫加熱法と礫破損率をめぐって―」『京都文化博物館研究紀要　朱雀』第16集

鈴木忠司・竹内直文・礫群調理実験グループ　2005「石蒸し調理実験記録5)―玄武岩礫群と砂岩礫群との破損率の比較をめぐって―」『京都文化博物館研究紀要　朱雀』第17集

鈴木忠司・竹内直文・礫群調理実験グループ　2006「石蒸し調理実験記録6)―破損率の石質別比較および礫群規模と調理可能量をめぐって―」『新潟県立歴史博物館研究紀要』第7号

鈴木忠司・竹内直文・礫群調理実験グループ　2007「石蒸し調理実験記録7)―破損率の進行と使用回数、礫群規模と調理量をめぐって―」『京都文化博物館研究紀

要　朱雀』第 19 集
鈴木忠司・八田一　2007「ドングリの可食化に関する食品科学的検討Ⅱ―岩宿時代の堅果類利用に関する実験考古学的試み―」『日本における稲作以前の主食植物の研究　課題番号：16300290　平成 16 年度～平成 18 年度科学研究費補助金基盤研究（B）（1）研究成果報告書　研究代表者　西田泰民』
鈴木忠司・竹内直文・礫群調理実験グループ　2008「石蒸し調理実験記録 8）―玄武岩の耐熱性とストーン・ボイリングをめぐって―」『京都文化博物館研究紀要　朱雀』第 20 集
鈴木忠司・竹内直文・礫群調理実験グループ　2009「石蒸し調理実験記録 9）―安山岩礫による石蒸し調理実験とストーン・ボイリングをめぐって―」『京都文化博物館研究紀要　朱雀』第 21 集
鈴木忠司・竹内直文・礫群調理実験グループ　2010「石蒸し調理実験記録 10）―安山岩礫による石蒸し調理実験とストーン・ボイリングをめぐって 2」『京都文化博物館研究紀要　朱雀』第 22 集
鈴木忠司・竹内直文・礫群調理実験グループ　2013「石蒸し調理実験記録 2012―凝灰岩・石英斑岩による石蒸し調理実験をめぐって―」（公財）古代学協会年報『初音』3
鈴木忠司・竹内直文・坂下貴則・礫群調理実験グループ　2014「石蒸し調理実験記録 2013―石英斑岩礫、小規模礫群調理および石器石材加熱実験をめぐって―」（公財）古代学協会年報『初音』4
鈴木忠司・竹内直文・坂下貴則・礫群調理実験グループ　2015「石蒸し調理実験記録 2014―小規模礫群調理および石器石材加熱実験 2）をめぐって―」（公財）古代学協会年報『初音』5
鈴木忠司・渡邊武文　2016「礫群使用回数推定法試論―岩宿時代集落研究によせて―」『古代文化』第 67 巻第 4 号、（公財）古代学協会
鈴木忠司・安蒜正雄・坂下貴則・飯田茂雄　2017「砂川 1968 年、補遺『礫群』」『考古学集刊』第 13 号、明治大学
鈴木忠司・織笠明子・德永裕　2017「東林遺跡上層ムラの礫・石器分布とその関係」『鎌ケ谷市史研究』第 30 号、鎌ケ谷市
鈴木忠司・坂下貴則・礫群調理実験グループ　2017「石蒸し調理実験報告 2016―小規模礫群調理および石器石材加熱実験 4）をめぐって―」（公財）古代学協会年報『初音』7
鈴木忠司・手島美香　2017「千葉県東林跡遺跡および茨城県赤岩遺跡の基礎データ」、（公財）古代学協会年報『初音』7
鈴木忠司・坂下貴則・柴田亮平・加藤秀之他　2018「第 1 篇　法政大学多摩校地遺跡群 A 地区 0 地点」『礫群から見た岩宿時代集落の研究』、古代学協会研究報告

第 14 輯

鈴木忠司・森川実　2018「第 3 篇　西御門明神台遺跡」『礫群から見た岩宿時代集落の研究』、古代学協会研究報告第 14 輯

鈴木忠司・森川実・德永裕　2018「第 2 篇　東林跡上層遺跡」『礫群から見た岩宿時代集落の研究』、古代学協会研究報告第 14 輯

鈴木忠司・坂下貴則　2019「法政大学多摩校地 A-0 地点の補論的検討―石器群を巡る分布論、ブロック間比較を中心として―」『法政考古学』第 45 集、法政考古学会

鈴木忠司・平山尚言・坂下貴則・礫群調理実験グループ　2020「石蒸し調理実験 2018・2019 と遺跡理解への可能性」『考古論叢神奈河』第 28 集、神奈川県考古学会

鈴木敏中　1999『初音ヶ原遺跡―初音ヶ原遺跡 A 遺跡第 2 地点、初音ヶ原遺跡 B 遺跡第 3 地点』、三島市教育委員会

鈴木三男　2016『クリの木と縄文人』、同成社

須藤隆司　1994「先土器時代集落の成り立ち」『信濃』第 43 巻第 4 号、信濃史学会

須藤隆司　2020「鏑川・利根川流域を遊動した狩猟採集民の環状集落」『岩宿フォーラム 2020／シンポジウム　北関東地方の環状ブロック群　予稿集』、岩宿博物館

砂川遺跡調査団　1974『砂川先土器時代遺跡　埼玉県所沢市砂川遺跡の第 2 次調査』、所沢市教育委員会

砂田佳弘　2020「相模野細石器出現期の研究現状と課題 2020」『神奈川考古』第 56 号、神奈川考古同人会

諏訪間順　2019『相模野台地の旧石器考古学』、新泉社

諏訪間順　2023「総論　日本列島に到達した人類最古の石器群」『考古学ジャーナル』No.777、ニュー・サイエンス社

駿台史学会　1979「特集　日本細石器文化の研究」『駿台史学』第 47 号、明治大学

瀬川拓郎　2001「上川盆地におけるサケの生態と漁法」『旭川市博物館研究報告』第 7 号

瀬川拓郎　2003「神の魚を追いかけて―石狩川をめぐるアイヌのエコシステム」『エコソフィア』第 11 号、昭和堂

瀬川拓郎　2005『アイヌ・エコシステムの考古学』、北海道出版企画センター

瀬口眞司　2016『琵琶湖に眠る縄文文化　粟津湖底遺跡』、新泉社

芹沢長介　1965「大分県早水台遺跡における前期旧石器の研究」、『日本文化研究所研究報告』第 1 集、東北大学

芹沢長介・須藤隆編　2003『荒屋遺跡第 2・3 次発掘調査報告書』東北大学大学院文学研究科・川口町教育委員会

仙台市教育委員会　1992『富沢遺跡第 30 次発掘調査報告書第 II 分冊　旧石器時代編』

相馬寛吉・辻誠一郎　1987「植生」日本第四紀学会編『日本第四紀地図解説』、東京大学出版会

相馬寛吉・辻誠一郎　1988「植物化石から見た日本の第四紀」『第四紀研究』第26巻第3号、日本第四紀学会

【た】

大工原豊　1990・1991「AT下位の石器群の遺跡構造分析関する一試論　―群馬県下のAT下位石器群の遺跡の在り方を中心として―（1）（2）」『旧石器考古学』41・42、旧石器文化談話会

高尾好之　2006「東海地方の地域編年」『旧石器時代の地域編年的研究』、同成社

高橋啓一　2007「日本列島の鮮新・更新世における陸生哺乳動物相の形成過程」『旧石器研究』第3号、日本旧石器学会

高野浩之・間宮正光・野村浩史・後藤俊一　2013『赤岩遺跡Ⅱ　三美中道遺跡Ⅰ』、常陸大宮市教育委員会

高原光　1998「6　近畿地方の植生史」『図説日本列島植生史』、朝倉書店

高原光　1999「丹後半島大フケ湿原周辺における最終氷期以降の植生変遷」『日本花粉学会誌』45-2、日本花粉学会

高原光　2011「日本列島とその周辺域における最終間氷期以降の植生史」『シリーズ日本列島の3万5千年―人と自然の環境史6　環境史をとらえる技法』、文一総合出版

高松龍暉・山口卓也　1981・1985「但馬地方における旧石器について（1）（2）」『兵庫考古』第13・21号、兵庫考古学会

高宮広土　2005『島の先史学　パラダイスではなかった沖縄諸島の先史時代』、ボーダーインク

高屋敷飛鳥　2013「旧石器時代環状ブロック群の研究動向」『古代文化』第65巻第1号、（財）古代学協会

高山市教育委員会　1986『飛騨の考古学遺物集成』Ⅰ

竹内貞子　1993「花泉遺跡の花粉分析」『花泉遺跡』、花泉町教育委員会

竹内直文　1996「岩宿時代の礫群の使用法に関する一考察―磐田原台地、特に匂坂中遺跡の事例を通して―」『静岡県考古学研究』28、静岡県考古学会

竹内直文　1996「第25章第4節　属性検討のまとめ」『匂坂中遺跡発掘調査報告書』Ⅱ、磐田市教育委員会

竹内直文　1997「岩宿時代の礫群礫についての覚書―保坂論文の反論に答えて―」『静岡県考古学研究』29

竹内直文　2005「礫群の重量分布検討の意義」『考古学ジャーナル』No.531号、ニュー・サイエンス社

竹内直文　2007「『未使用』の礫群」『静岡県考古学研究』39、静岡県考古学会

竹内直文　2017「礫群の重量分布検討から見た使用回数の試算」『古代文化』第69巻第3号、(公財) 考古学協会

竹内直文・渡邊武文　2013『高見丘遺跡群発掘調査報告書』、磐田市教育委員会

田中二郎　1990『ブッシュマン　生態人類学的研究　新装版』、思索社

田端英雄　2000「日本の植生帯区分は間違っている―日本の針葉樹林帯は亜寒帯か」『科学』5月号、岩波書店

田村隆　1996「旧石器時代」『市原市武士遺跡1』、(財) 千葉県文化財センター

田村隆　2012「ゴミ問題の発生」『物質文化』92号、物質文化研究会

田村隆　2015「礫群の形成、特に閉鎖式ピット・オーブンについて」『研究連絡誌』76号、(公財) 千葉県教育振興財団

樽野博幸・奥村潔・石田克・田中嘉寛　2019『熊石洞産脊椎動物化石目録』、大阪市立自然史博物館収蔵資料目録、第50集

知念勇　1976「山下町第1洞穴遺跡」『日本の旧石器文化　3遺跡・遺物 (下)』、雄山閣

塚田松雄　1974a「第10章　日本における最終氷期以降の植生」『生態学講座Ⅱ―応用編―』、共立出版

塚田松雄　1974b『花粉は語る―人間と植生の歴史―』、岩波新書

塚田松雄　1984「日本列島における約2万年前の植生図」『日本生態学会誌』第34巻第2号、日本生態学会

津島秀章　1999a「遺跡構造に関する一考察　後期旧石器時代・環状ブロック群の中央域について」『(財) 群馬県埋蔵文化財調査事業団研究紀要』16

津島秀章　1999b「石器石材と遺跡構造―石器石材からみる環状ブロック群の構造―」『(財) 群馬県埋蔵文化財調査事業団研究紀要』17

津島秀章　2007「二立散石―原産地分析からみた環状ブロック群の構造―」『(財) 群馬県埋蔵文化財調査事業団研究紀要』25

津島秀章　2009「集合と分散―石器原産地分析からみた中型環状ブロック群の構造―」『(財) 群馬県埋蔵文化財調査事業団研究紀要』27

津島秀章　2013「関東地方における環状ブロック群の分布と構造―北関東―」『考古学ジャーナル』No.640、ニュー・サイエンス社

辻誠一郎　1985a「最終間氷期以降の植生史―関東地方を例にして―」『月刊　地球』第7巻第6号、海洋出版株式会社

辻誠一郎　1985b「火山活動と古環境」」『岩波講座　日本考古学　2人間と古環境』岩波書店

辻誠一郎　1995「植生史の地史的変遷」『生物-地球環境の科学　南関東の自然誌』、朝倉書店

辻誠一郎　1998「日本列島最終氷期最盛期の植生図」『シンポジウム　日本の考古学

1　旧石器時代の考古学』、学生社
辻誠一郎　2001「先史・歴史時代の植生」『千葉県の自然史　本編 5　千葉県の植物 2―植生―』、千葉県
辻誠一郎　2002a「日本列島の環境史」『日本の時代史 1　倭国誕生』、吉川弘文館
辻誠一郎　2002b「列島の環境史」『いくつもの日本Ⅱ　あらたな歴史へ』、岩波書店
辻誠一郎　2005「3　更新世と完新世の植物」『ドイツ展記念　概説日本の考古学　上巻』、学生社
辻誠一郎・吉川昌伸・吉川純子他　1985「前橋台地における更新世末期から完新世初期の植物化石群落と植生」『第四紀研究』第 23 巻第 4 号、日本第四紀学会
辻秀子　1983「可食植物の概観」『縄文文化の研究　2 生業』、雄山閣
辻本崇夫　1987「礫群の形成過程復元とその意味」『古代文化』第 39 巻第 7 号、(財)古代学協会
堤隆　1991『中ッ原第 5 遺跡 B 地点の研究』、八ヶ岳旧石器研究グループ
堤隆　1994「細石刃はどのように使われたか」『大和市史研究』第 20 号、大和市
堤隆　1995a「植刃器製作の実験的研究」『中ッ原第 1 遺跡 G 地点の研究』、八ヶ岳旧石器研究グループ
堤隆　1995b『中ッ原第 1 遺跡 G 地点の研究Ⅰ』、八ヶ岳旧石器研究グループ
堤隆　1996『中ッ原第 1 遺跡 G 地点の研究Ⅱ』、八ヶ岳旧石器研究グループ
堤隆　1996「遺跡の空間構造と遊動パターンについての素描―相模野台地のⅤ～Ⅳ下層段階―」『石器文化研究』5、石器文化研究会
堤隆　1997「荒屋型彫刻刀形石器の機能推定―埼玉県白草遺跡の石器使用痕分析から―」『旧石器考古学』54、旧石器文化談話会
堤隆　2000「搔器の機能と寒冷適応としての皮革利用システム」『考古学研究』第 47 巻第 2 号、考古学研究会
堤隆　2004『氷河期を生き抜いた狩人　矢出川遺跡』、新泉社
堤隆　2005「最終氷期末における内水面漁撈の導入をめぐって」『現代の考古学 2　食糧獲得社会の考古学』、朝倉書店
堤隆・八ヶ岳旧石器研究部グループ　2015『矢出川　日本列島で最初に発見された細石刃石器群の研究』、信毎書籍出版センター
津村義彦・百原新　2011「植物化石と DNA からみた温帯性樹木の最終氷期最盛期のレフュージア」『シリーズ 日本列島の 3 万 5 千年―人と自然の環境史 6　環境史をとらえる技法』、文一総合出版
東北日本の旧石器文化を語る会　2017「公開シンポジウム　金取遺跡と東アジアの前期旧石器」『第 31 回東北日本の旧石器文化を語る会　予稿集』
戸沢充則　1968「埼玉県砂川遺跡の石器文化」『考古学集刊』第 9 号、明治大学考古学研究室

戸沢充則　1971「小林・小田・羽鳥・鈴木論文に対する論評」『第四紀研究』第10巻第1号、日本第四紀学会

戸沢充則　1979「先土器時代論」『日本考古学を学ぶ（3）原始・古代の社会』、有斐閣

戸沢充則・安蒜政雄・鈴木次郎・矢島國雄　1974『砂川先土器時代遺跡　埼玉県所沢市砂川遺跡の第2次調査』、所沢市教育委員会

戸沢充則・鶴丸俊明　1982『多聞寺前遺跡Ⅱ』、多門寺前遺跡調査会

栩木真　1987「御殿山遺跡第1地区D地点第5号礫群から」『武蔵野市御殿山遺跡第1地区D地点』、御殿山遺跡調査会

冨成哲也・大船孝弘　1978『郡家今城遺跡発掘調査報告書―旧石器時代以降の調査―』、高槻市教育委員会

【な】

中川毅　2017『人類と気候の10万年史』、講談社、ブルーバックス

長崎潤一・桜井英治　1986『東京都練馬区東早淵遺跡』、練馬区遺跡調査会・練馬区教育委員会

仲座久宜・稲田孝司・佐藤宏之・徳嶺里江他　2017『白保竿根田原洞穴遺跡　重要遺跡範囲確認調査報告書2―総括報告篇―』、沖縄県立埋蔵文化財センター

中沢祐一　2017「後期旧石器時代のヨーロッパにおける礫群―狩猟採集社会におけるストーンボイリングの役割と意義―」『古代文化』第69巻第3号、（公財）古代学協会

中種子町教育委員会　1999『立切遺跡　京塚遺跡』、中種子町教育委員会

中種子町教育委員会　2002『立切遺跡』、中種子町教育委員会

中種子町教育委員会　2003『立切遺跡』、中種子町教育委員会

中種子町教育委員会　2012『立切遺跡』、中種子町教育委員会

中津由紀子・千浦美智子・小田静夫他　1977『新橋遺跡』、国際基督教大学考古学研究センター

長沼孝・寺崎康史　2022『氷河期の大石器工房　ピリカ遺跡』、新泉社

那須孝悌　1980「ウルム氷期最盛期の古植生について」『文部省科学研究費補助金総合研究（A）334049　ウルム氷期以降の生物地理に関する総合研究（代表者　亀井節夫）昭和54年度報告書』、京都大学

那須孝悌　1985「先土器時代の環境」『岩波講座日本考古学　2 人間と環境』、岩波書店

奈良貴史・渡辺丈彦・澤田純明・澤浦亮平・佐藤孝雄　2015『青森県下北郡東通村尻労阿部洞窟遺跡Ⅰ―2001〜2012年度発掘調査報告書―』、六一書房

南原公平　1972『最新　信州の高原』、令文社

西内李佳　2017「最終氷期最寒冷期の本州中部から西部の森林植生の標高・地形分布」

（千葉大学学位請求論文）、千葉大学
西田利貞　2007『人間性はどこから来たか　サル学からのアプローチ』、京都大学学術出版会
西田正規　1986『定住革命　遊動と定住の人類史』、新潮社
二上山博物館　2011『平成23年度特別展　サヌカイト―元始の鉄―』、二上山博物館
新田浩三　2017「千葉県における礫群の推移」『古代文化』第69巻第3号、（公財）古代学協会
新田浩三・落合章雄　2011『流山新市街地地区埋蔵文化財報告書5』、（独法）都市再生機構・（財）千葉県教育振興財団
日本旧石器学会　2010『日本列島の旧石器時代遺跡―日本旧石器（先土器・岩宿）時代遺跡のデータベース―』、日本旧石器学会
日本熱測定学会編　2006『山頂はなぜ涼しいか』、東京化学同人
練馬区遺跡調査会　1992『練馬区愛宕下遺跡調査報告書』、練馬区遺跡調査会
野口淳　2005「旧石器時代遺跡研究の枠組み―いわゆる『遺跡構造論』の解体と再構築―」、『旧石器研究』第1号、日本旧石器学会
野口淳　2009『武蔵野に残る旧石器人の足跡　砂川遺跡』、新泉社
野嶋洋子　1994「石蒸し焼き料理法の諸相―オセアニアにおける調理の民族考古学的研究に向けて―」『民族学研究』第59巻第2号、日本民俗学会
野嶋洋子　2005「焼石調理の民族誌―礫群研究の民族考古学的視点―」『考古学ジャーナル』No.531、ニュー・サイエンス社
野尻湖哺乳類グループ　2010「長野県信濃町の上部更新統野尻湖層からヘラジカ化石の初めての産出」『地球科学』64巻6号、地学団体研究会
野尻湖発掘調査団　1997『最終氷期の自然と人類』、共立出版株式会社
野尻湖発掘調査団　2018『野尻湖のナウマンゾウ―市民参加出さぐる氷河時代』、新日本出版

【は】
萩谷千明　2020「岩宿シンポジウム2020を開催するにあたって」『岩宿フォーラム2020/シンポジウム　北関東の環状ブロック群　予稿集』、岩宿博物館
橋本勝雄　1989「AT降灰以前における特殊な遺物分布の様相」『考古学ジャーナル』No.309、ニュー・サイエンス社
橋本勝雄　1993「環状ユニット（環状ブロック群）の全国分布とその意義」『第1回岩宿フォーラム/シンポジウム「環状ブロック群」―岩宿時代の集落の実像に迫る―　資料集』、笠懸野岩宿文化資料館
橋本勝雄　1997a「後期旧石器時代の遺跡分布と立地」『考古学ジャーナル』No.413、ニュー・サイエンス社

橋本勝雄　1997b「東日本におけるホロカ型細石刃石器群の様相とその時間的位置づけ」『旧石器考古学』80、旧石器文化談話会
橋本勝雄　2006「環状ユニットと石斧の関わり」『旧石器研究』第2号、日本旧石器学会
橋本勝雄　2010「ナイフ形石器文化前半期の居住様式」『講座日本の考古学2　旧石器時代（下）』、青木書店
橋本勝雄　2012「北方系細石刃石器群の研究」『岩宿フォーラム2012/シンポジウム　北関東の細石刃文化　予稿集』、岩宿博物館
橋本勝雄　2013「総論　環状ユニット（ブロック群）を考える」『考古学ジャーナル』No.640、ニュー・サイエンス社
橋本勝雄・須田良平　1987「旧石器時代─1986年の動向─」『考古学ジャーナル』No.277、ニュー・サイエンス社
長谷川豊　1996「縄文時代におけるイノシシ猟の技術的基盤についての研究─静岡県・大井川上流域の民俗事例調査から─」『動物考古学』第6号、動物考古学研究会
長谷川豊　2000「縄文時代における狩猟技術の到達水準について─後期旧石器時代の狩猟活動への展望─」『旧石器考古学』60、旧石器談話会
長谷川豊　2011「長野県湯倉洞窟における縄文時代のシカ猟─静岡県梅ケ島のシカ猟をもとに─」『古代文化』第62巻第4号、（財）古代学協会
長谷川豊　2013「考古学研究者が記録したシカ猟─長野県八ヶ岳西南麓における事例─」『動物考古学』第30号、動物考古学研究会
長谷川豊　2020「縄文時代草創期における陸棲哺乳類の捕獲について─資料集成と若干の分析─」『史峰』第48号、新進考古学同好会
長谷川豊　2022「縄文時代早期前・中葉における陸棲哺乳類の捕獲について─資料集成と若干の検討─」『史峰』第50号、新進考古学同好会
畑中健一　1989「貫川遺跡第1次第5地点の花粉分析結果概要」『貫川遺跡2─貫川都市小河川改修工事に伴う埋蔵文化財発掘調査報告─』、（財）北九州市教育文化事業団埋蔵文化財調査室
畑中健一・野井英明　1994「北部九州における最終氷期最盛期の花粉群集」『北九州大学文学部紀要（人間関係学科）』第1巻、北九州大学文学部
八田一・鈴木忠司　2007「ドングリの可食化に関する食品科学的検討Ⅰ─渋味成分（タンニン）の抽出および定量方法の確立─」『日本における稲作以前の主食植物の研究　課題番号：16300290　平成16年度〜平成18年度科学研究費補助金　基盤研究（B）(1) 研究成果報告書　研究代表者　西田泰民』
原ひろこ　1989『ヘアー・インディアンとその世界』、平凡社
東早淵遺跡調査団　1986『東京都練馬区東早淵遺跡』、練馬区遺跡調査会・練馬区教

育委員会
樋上昇・堀木真美子・鬼頭剛・川添和暁他　2020『川向東貝津遺跡』、(公財) 愛知県教育・スポーツ振興財団、愛知県埋蔵文化財センター
比丘尼橋遺跡調査団・東京都建設局　1993『東京都練馬区比丘尼橋遺跡B地点調査報告書』、東京都建設局
飛騨考古学会旧石器分科会・長塚俊司　2001（井上善六・小島準一・吉朝則富）2005「岐阜県高根村日和田池ノ原遺跡群の報告（その1）」『石器に学ぶ』第8号、石器に学ぶ会
飛騨考古学会旧石器分科会・長塚俊司（井上善六・小島準一・吉朝則富）　2005「岐阜県高山市高根町日和田池ノ原遺跡群の報告（その2）」『石器に学ぶ』第8号、石器に学ぶ会
兵庫県教育委員会　1991『板井寺ケ谷遺跡』
平井義敏　2017「愛知県における石材環境区分―チャートと白色風化石材について―」『東海石器研究』第7号、東海石器研究会
平山尚言　2016『権田原遺跡Ⅰ　旧石器時代～縄文時代編』、横浜市教育委員会・(公財) 横浜市ふるさと歴史財団
藤田祐樹　2019『南の島のよくカニ食う旧石器人』、岩波科学ライブラリー287、岩波書店
藤野次史　1985「広島県佐伯郡吉和村冠遺跡群採集の遺物（1）」『広島大学文学部帝釈峡遺跡群発掘調査室年報』Ⅷ、広島大学
藤野次史　2001「石器群の年代と様相」『冠遺跡群』Ⅷ、広島県教育委員会
藤本強　1979『北辺の遺跡』、教育社
藤本強　1988『もう二つの日本文化　北海道と南島の文化』、東京大学出版会
古田幹　2003～2005「考古資料としての出土礫について考える（1）～（3）」『慶應義塾高等学校紀要』第34号～第36号、慶應義塾高等学校
古田幹　2016～2022「考古資料としての出土礫（1）～＜補論＞」『慶應義塾高等学校紀要』第47号～第52号、慶應義塾高等学校
古田幹　2017a「礫の使用状況と礫群の形成」『古代文化』第69巻第2号、(公財) 古代学協会
古田幹　2017b「礫群の形成状況の推定」『古代文化』第69巻第3号、(公財) 古代学協会
古田幹　2018「礫の使用状況および礫群形成の様相の推定」『日本考古学』第46号、日本考古学協会
古田幹　2020「礫群構成礫の再使用に関する検討」『旧石器研究』第16号、日本旧石器学会
古谷正和　1984「花粉化石調査（泉州沖関西国際空港海底地盤の花粉層序）」『関西

国際空港地盤地質調査」、川崎地質株式会社

保坂康夫 1986「先土器時代の礫群の分布とその背景」『山梨考古学論集Ⅰ』、山梨県考古学協会

保坂康夫 1987「礫群使用の非日常性について」『古代文化』第 39 巻第 7 号、(財) 古代学協会

保坂康夫 1992「礫群は何を語るか」『考古学ジャーナル』No.351、ニュー・サイエンス社

保坂康夫 1996「遺跡内の空間構造(礫群)」『石器文化研究』5、石器文化研究会

保坂康夫 1997「実験データによる礫群礫の破損過程と使用過程の検討─竹内論文「岩宿時代の礫群の使用法に関する一考察」に対するコメントとして─」『静岡県考古学研究』29、静岡県考古学会

保坂康夫 2005「礫群研究の新視点」『考古学ジャーナル』No.531、ニュー・サイエンス社

保坂康夫 2010「礫群」『講座日本の考古学 2 旧石器時代(下)』、青木書店

保坂康夫 2012a『日本旧石器時代の礫群をめぐる総合的研究』、礫群研究出版会

保坂康夫 2012b「付載 礫群関係遺跡地名表及び礫群関係各種集計表」『岩宿時代集落と食の理解に向けての基礎的研究─石蒸し調理実験 1999 〜 2011 ─』古代学協会研究報告第 9 輯、(財) 古代学協会

保坂康夫 2013「コメント①小保戸遺跡第 3 文化層の環状分布を礫群の立場から説明する」『公開セミナー 神奈川の発掘調査成果に見る考古学研究の転換点─「発見」から導かれる研究の方向性─ "ミニシンポ 小保戸遺跡の環状礫群は住居跡か?"』

保坂康夫 2016「礫群使用過程論の新展開」『広島大学大学院文学研究科・考古学研究室 50 周年記念論文集・文集』、広島大学考古学研究室 50 周年記念論文集・文集刊行会

保坂康夫 2017「礫群の使用回数論から形成回数論へ─居住期間・集団数と礫の抜き取り頻度から─」『古代文化』第 69 巻第 3 号、(公財) 古代学協会

保坂康夫・高野玄明・河西学 1989『丘の公園第 2 遺跡発掘調査報告書』、山梨県教育委員会

星川清親・千原光雄 1970『食用植物図説』、女子栄養大学出版部

ボジンスキー G.・小野昭訳 1991『ゲナスドルフ:氷河時代狩猟民の世界』、六興出版

堀田満 1974『カラー自然ガイド 野山の木Ⅰ』、保育社

堀越増興・青木淳一 1985『日本の自然 6 日本の生物』、岩波書店

【ま】

前川明彦・戸田哲也・麻生順司・石川真紀他 2020『船久保遺跡第 5 次調査』、玉川

文化財研究所
前田義人　1989『貫川遺跡2―貫川都市小河川改修工事に伴う埋蔵文化財発掘調査報告―』、(財) 北九州市教育文化事業団埋蔵文化財調査室
牧野富太郎　1982『原色牧野大図鑑』、北隆館
増渕和夫・上西登志子　1996「植生を中心とした縄文草創期の自然環境」『考古学講座　かながわの縄文文化の起源を探る』、神奈川県考古学会
松岡數充　1994「最終氷期最盛期頃の照葉樹林―東シナ海東部・男女海盆から得た柱状試料中の約24,000年前の花粉群集―」『日本花粉学会誌』40 (1)、日本花粉学会
松岡數充・三好孝夫　1998「最終氷期最盛期以降の照葉樹林の変遷―東シナ海東部から日本海沿岸を中心として―」『図説 日本列島植生史』、朝倉書店
松原和也　1999『越遺跡』、開田村教育委員会
松山利夫　1977「野生堅果類、とくにトチノミとドングリ類のアク抜き技術とその分布」『国立民族学博物館』2巻3号
三瓶裕司　2020「相模野第Ⅴ期―約1万9千年前の世界―」『令和2年度公開セミナー　旧石器時代の遺跡立地―相模野台地を中心に―』、(公財) かながわ考古学財団
湊正雄　1974「花泉層のヘラジカ」『日本の第四系』、築地書館
南種子町教育委員会　1993『横峯遺跡』、南種子町教育委員会
南種子町教育委員会　2000『横峯C遺跡』、南種子町教育委員会
南種子町教育委員会　2005『横峯C遺跡―農免農道整備事業西部中央2期地区に伴う埋蔵文化財発掘調査報告書―』、南種子町教育委員会
宮崎県旧石器文化談話会　2005「宮崎県下の旧石器時代遺跡概観」『旧石器考古学』66、旧石器文化談話会
宮崎県埋蔵文化財センター　2002『上ノ原遺跡』
村井大海　2020「列島の環状ブロック群の分布とその特徴」『墨古沢遺跡国指定史跡指定1周年記念シンポジウム　「34,000年前、墨古沢は日本の中心であった」予稿集』、酒々井町
森先一貴　2010『旧石器社会の構造的変化と地域適応』、六一書房
森先一貴　2022『旧石器社会の人類生態学』、同成社
守田益宗・崔基龍・日比野紘一郎　1989「4　中部・東海地方の植生史」『図説日本列島植生史』、朝倉書店

【や】

矢島國雄　1977「先土器時代における遺跡の構造と遺跡群への予察」『考古学研究』第23巻第4号、考古学研究会
矢島國雄・鈴木次郎　1976「相模野台地における先土器時代研究の現状」『神奈川考古』1、神奈川考古同人会

安田喜憲　1978「大阪府河内平野における過去1万3千年間の植生変遷と古地理」『第四紀研究』第16巻第4号、日本第四紀学会

安田喜憲　1980『環境考古学事始　日本列島2万年』、NHKブックス、日本放送出版協会

柳田国男　1978『海上の道』、岩波文庫、岩波書店

薮下詩乃・坂下貴則・鈴木忠司　2020「法政大学多摩校地遺跡A-0地点出土石器の機能論的検討―使用痕の顕微鏡観察から―」『法政考古学』第46集、法政考古学会

山崎克己　1980「静岡県磐田市寺谷遺跡第5次発掘調査概報」、磐田市教育委員会

山崎真治　2015『島に生きた旧石器人　沖縄の洞穴遺跡と人骨化石』、新泉社

山崎真治　2018「沖縄県南城市サキタリ洞遺跡の発掘調査」『九州旧石器』第22号、九州旧石器文化研究会

山崎真治編　2018『沖縄県南城市サキタリ洞遺跡発掘調査報告書I』、沖縄県立博物館・美術館

山崎真治　2020「旧石器人と海」『九州旧石器』第24号、九州旧石器文化研究会

山下秀樹・林昭三　1991「岩宿時代の堅果類利用に関わる古植物学的背景」『京都文化博物館研究紀要　朱雀』第4集

山下秀樹　1992「岩宿時代研究と古植生復原」『植生史研究』第1巻第1号、日本植生史学会

山下秀樹編　1985『広野北遺跡』、平安博物館・静岡県豊田町教育委員会

山下秀樹・南博史　1986『兵庫県三田市溝口遺跡―北摂工業地区―』、(財)古代学協会

山田しょう　2021・2022「ウサギ・石器・イヌワシ？―青森県尻労安部洞窟の語るもの―(前編・後編)」『旧石器考古学』85・86、旧石器文化談話会

山中一郎　1984「パンスヴァン：その研究史的位置」『文化財学報』3　奈良大学文学部文化財学科

リチャード・ランガム、依田卓巳訳　2010『火の賜物』、NTT出版

山原俊明・寺崎康史　2010「旧石器文化の編年と地域性　北海道」『講座　日本の考古学　1旧石器時代(上)』、青木書店

吉川昌伸　2018「旧石器時代から縄文時代草創期における東北日本の植生史研究と課題」『東北日本の旧石器時代』、六一書房

吉田明弘・鈴木三男・金憲奭他　2011「茨城県花室川堆積物の花粉・木材化石からみた最終氷期の環境変遷と絶滅種ヒメハリゲヤキの古生態」『植生史研究』第20巻第1号、日本植生史学会

【わ】

早稲田大学校地埋蔵文化財調査室編　1994『城山遺跡の調査』、早稲田大学

早稲田大学校地埋蔵文化財調査室編　1996『東伏見総合グラウンド遺跡 B 地区調査報告書』、早稲田大学
渡辺誠　1970「カモシカ遺存体出土の縄文時代遺跡」『小田原考古学研究会会報』第 2 号、小田原考古学研究会
渡辺誠　1975『縄文時代の植物食』、雄山閣
渡辺誠　1983『縄文時代の漁業』、雄山閣
綿貫俊一・堤隆　1987「荒屋遺跡の細石刃文化資料」『長野県考古学会誌』第 54 号、長野県考古学会

【英文】
Iwase,A. et al.　2012 'Timing of megafaunal extinction in the late Late Pleistocene on the Japanese Archipelago', Quaternary International 255
Nakagawa,T. et al.　2005 'Pollen/event stratigrapy of the varved sediment of Lake Suigetsu, central Japan from 15,701 to 10217 SG vyr BP (Suigetu verve years before present) :Description, interpretation, and correration with other regions' Quaternary Science Review 24
Smith,V.C., et al.　2013 'Identification and correlation of visible tephras in the Lake Suigetsu SG06 sedimentary archive,Japan:chronostratigraphic markers for sync horonising of east Asian/west Pasific palaeochrimatic records across the last 150ka' Quaternary Science Review 67
Steward, Julian H.　1933 Ethnography of the Owens Valley Piaute. Univ. Cal. Publ. Amer. Arch, and Ethn 33
Steward, Julian H.　1938 Basin-Plateaw Aboriginal Sociopolitical Groups. Smithsonian Institution Bureau of American Ethnology Bulletin 120.
Tsukada, M.　1982 'Cryptomeria japonica : glacial refugia and late-glacial and postglacial migration' Ecology 63
The National Museum　1967, 'National Museum Guides', Copenhagen
Takeuchi,S., et al.　1987 'Pollen analysis of the Hanaizumi Formation Iwate Prefecture North-east Japan' Siato Ho-on Kai Mus. Nat.Hist.,Res.Bull. No.55

巻末付表　チョウセンゴヨウ産出地一覧

	産出地	産出層	¹⁴C年代 (yBP)	¹⁴C年代	誤差	Intcal20 2σ (cal BP)	Intcal20 2σ (cal BP) 平均値	大型植物化石 (A), 花粉化石 (B) の主な種類	文献 No.
1	青森県三戸郡南郷村大平	三本木層(大平)海抜205m(以下,同様)	26,600＋1,750-1,500	26600	1750	36080-27730	31630	A:アカエゾマツ・グイマツ・アカトドマツ・チョウセンゴヨウ・コメツガ・ミツガシワ　B:Picea, Abies, Betula, Tsuga, Cryptomeria, Chamaecyparis をわずかに含む	40・100
2a	岩手県花泉町	花泉層Ⅲ泥炭 33m	21,430±800	21430	800	27370-23920	25750	B:Picea, Pinus が多く, Tsuga, Abies は少ない. Quercus, Fagus は僅か	20・22
2b		花泉層Ⅳ泥炭 31m	28,070＋1,250-1,100	28070	1250	35430-30080	32710	A:カラマツ・エゾマツ・チョウセンゴヨウ　B:Picea, Pinus が多く, Tsuga, Abies は少ない. Quercus, Fagus は僅か	
2c		E地点東・西摩Ha1帯～Ha4(白砂層)帯						B:Pinus, Picea を主とし, Abies, Tsuga, Betula, Lalix などを伴う.	40・106
3	宮城県仙台市一本杉	一本杉植物化石層(下部泥炭) 51m	30,4000±1,500	30400	1500	39340-31740	35340	A:グイマツ・チョウセンゴヨウ　B:Tsuga, Abies, Picea, Betula 優勢, Cryptomeria あり	50・105
4a	宮城県仙台市太白区富沢遺跡第30次調査	25～27層 9～16m	25層:21,760±490 27層:19,430±400～24,300＋1,400-1,190	21760 19430 23400	490 400 1295	27200-25150 24320-22470 30960-25360	26130 23450 28000	A:グイマツ・トミザワトウヒ・チョウセンゴヨウ　B:ダイマツ・トミザワトウヒ・チョウセンゴヨウ・ツガ属・ブナ属・ハンノキ属・ハシバミ・ツツジ科	31・35
4b	宮城県富沢遺跡第88・89次	13層	各堆積期の終わりに凍結擾乱の跡 14層はAT層					A:チョウセンゴヨウのみ	87
		11層						A:チョウセンゴヨウの種子多産, グイマツ, カラマツ属, トウヒ属の球果	
		9層						A:トドマツ, カラマツ属の球果, グイマツ, チョウセンゴヨウ	
5	山形県米沢盆地川樋低地 Zone FG : cold and dry climate stage FG帯は全層を通じて亜寒帯の針葉樹林帯 274～280m	FG-1帯 540～490cm	29,000～26,500	29000	1	33790-33230	33520	B:Boreal conifer-Betula stage : Pinus, Abies, Ericaseae, Betula	53
		FG-2帯 480～370cm	26,500～19,100	26500	1	31040-30470	30860	B:Pinus-Picea-Myrica stage : Pinus, Abies, Picea, Tsuga, Myrica (ヤマモモ属), Lalix	
		FG-3帯 360～250cm	19,100～14,000	19000 14000	1 1	23020-22890 17100-16960	22960 17040	B:Boreal conifer-Betula stage : FG-2帯とほぼ似通った傾向.	
6	福島県相馬郡新地	第Ⅴ段丘堆積物 12m	28,050±1,550	28050	1550	36660-29320	32920	A:チョウセンゴヨウ・シラネマツハダ・グイマツ	102

7a	福島県桑折町東部	藤田層上部泥炭 70m	18,750±500	18750	500	23830–21460	22740	A：エゾマツ・チョウセンゴヨウ・ダイマツ・アカエゾマツ B：Picea, Abies, Tsuga, Betula, Larix 優勢、Fagus, Cryptomeria なし。	86
7b	福島県桑折町東部	藤田層最上部泥炭 70m	18,750±501	18750	500	23830–21460	22740	A：アカエゾマツ・ダイマツ・アカドマツ・チョウセンゴヨウ・コメツガ・ミツガシワ	32・86
8	福島県桑折町西部	藤田層上部泥炭 75m	25,400±1,150	25400	1150	32760–27380	29850	A：ヒメバラモミ・チョウセンゴヨウ	
9	福島県猪苗代町砂川	砂川層 525m	23,720±980	23730	980	30160–26080	28190	A：チョウセンゴヨウ・カラマツ・ヒメバラモミ	
10	福島県郡山市山田原	大槻層上部泥炭 338m	23,800±1,100	23800	1100	30710–26010	28300	A：コメツガ・チョウセンゴヨウ・エゾマツ・アカエゾマツ・サワラ・ハンノキ・ツガン B：Picea, Tsuga, Abies, Cryptomeria or Chamaecyparis 多く、Sciadopitys, Betula 伴う。	32
11	福島県新鶴村松坂	立石田層 354m	17,900±600	17900	600	23110–20250	21700	A：チョウセンゴヨウ・コメツガ・シラベ・ドウヒ	33
12a	栃木県宇都宮市中里 183m	Nk-3帯（コア深度 102～67cm）（露頭上） Nk-4帯	下部 23,516～23,233 cal BP 中部 20,382～20,171 cal BP					A：チョウセンゴヨウ（種子） B：コナラ亜属（25～49%）が最も高率で産出。マツ属単維管束亜属 Pinus subgen. Haploxylon（7～34%）も多産する。	55
12b			下部 18,837～18,716 cal BP 上部 16,768～16,520 cal BP					A：チョウセンゴヨウ（種子） B：マツ科針葉樹がやや減少し、カバノキ属、クルミ属、アサダ属、ニレ属－ケヤキ属、カエデ属、シナノキ属が増加する。	55
13	群馬県前橋市前橋泥炭層	MB-1直下未分解質泥炭	最上部 13,130±230	13130	230	16450–15100	15760	A：トウヒ属バラモミ節、カラマツ属、チョウセンゴヨウ B：前橋泥炭層中の As-YP 下位では、チョウセンゴヨウ・トウヒ・とメバラモミ節の針葉樹が主要素で、カバノキ属・ハンノキ属が伴う。	43
14	群馬県勢多郡北橘村赤城山南麓一之宮下足痕跡	C-Ⅲ帯 約 85m	As-YP（1.3～1.4 万年前）以前	14000	1	17100–16960	17040	B：トウヒ属バラモミ節、マツ属（チョウセンゴヨウ）多産、カラマツ属、ハンノキ属・カバノキ属を伴う	63
15	群馬県勢多郡北橘村元総社寺田遺跡	As-YP（浅間―板鼻黄色軽石）直下埋没林 110m	As-YP（1.3～1.4 万年前）以前					A：トウヒ属バラモミ節、チョウセンゴヨウ（種子）、カラマツ属、マツ属、ハンノキ属、ツバキ属、ブドウ属 B：チョウセンゴヨウ（単維管束亜属主）、ツガ属、カバノキ属、ハンノキ属、ツガ属、モミ属、サ	28
16	群馬県二宮町原分	中部礫層 48m	20,290±780	20290	780	26350–22880	24530	A：チョウセンゴヨウ（種子）・トウヒ・カラマツ属 B：Abies, Tsuga, Picea, Pinus (subgen. Haploxylon), Betula	42

巻末付表　423

17	茨城県花室川	HMR-3帯 約10m	ca.3.5～ca.1.7ka					55・86
18	埼玉県所沢市お伊勢山遺跡	B合西支舎部三ヶ島上部層下部 (MkU-L) 約120m	化石出土層準に対応する新規ローム中部層の上部にAT挟在				A：チョウセンゴヨウの種子多産、トウヒ属、ニレ属、サワグルミ属、ハンノキ属、サクラ属、エゴノキ属 B：マツ属単管束亜属、カヤ材	85
19	千葉県いすみ市岬町椎木一ヶ谷 (Loc.2)	下部層中の泥質シルト層 30～35m	33,290±230 32,500±330	33290 32500	230 380	39050-37220 38250-36090	38090 36980	A：チョウセンゴヨウ (種子)、コメツガ球果、トチノキ属果、モミ属材、マツ属単管束亜属材、トウヒ属材、カラマツ属材、アサダ材、クマシデ属イヌシデ節果、カヤ材 B：トウヒ属 Picea (約20～40%)、マツ属 Pinus (約10～40%)、ツガ属 Tsuga (約10%)。モミ属 Abies、スギ属 Cryptomeria、ハンノキ属 Alnus、コナラ亜属 Quercus subgen. Lepidobalanus も。	29・44
20	千葉県八千代市新川低地	B層 (花粉帯I)・C層最下部 (花粉帯II) 3m	花粉帯I上部：28,903±920 花粉帯I中位：17,410±260	28903	920	35220-31270	33260	B：I帯 Pinaceae Zone ゴヨウマツ亜属主、Picea、Abies、Tsuga を伴う。Alnus、Betula、Carpinus、Lepidobalanus、Ulmus-Zelkova、Tilia など低率。II帯 Haploxylon-Picea-Lepidobalanus Zone マツ科の属少、Lepidobalanus、Carpinus、Ulmus-Zelkova、Celtis-Aphananthes 増加	4・44
21	新潟県樽口遺跡	V層 (AT上位) 207m	V層下部	17410	260	21890-20450	21110	B：モミ属、ツガ属、トウヒ属、カバノキ属、ハンノキ属も多い。	66
22	新潟市赤塚木山 (B22号)	白根累層 地表3.5 (-127)	18,300±500	18300	500	23660-20890	22160	B：Abies、Pinus、Picea、Tsuga 他のものはほとんどなし	54
23a	新潟県西蒲原郡黒崎村黒鳥 (B24号)	白根累層 地表 (-120)	12,300±300 (化石の層準より 10m上)	12300	300	15380-13590	14480	B：Fagus、Pinus 多く、Abies、Tsuga、Cryptomeria、Quercus、Juglans、Ulmus-Zelkova 伴う	54
23b	〃	〃 地表 (-132)	13,150±350	13150	350	16980-14550	15790	B：Tsuga、Pinus、Abies、Picea 多く、Fagus、Gramineae 伴う	54
23c	〃	〃 地表3.5 (-155)	24,600±1,500 (化石の層準より 5m上)	24600	1500	32970-26080	29330	B：Pinus、Picea、Tsuga、Fagus 多く、Cryptomeria、Quercus、Tilia、Juglans、Ulmus-Zelkova 伴う	54
24	新潟県長岡市関原関原砂丘堆積物 50m	関原砂丘堆積物 50m	29,780±2,270-1,770	29780	2270	41670-30290	35470	B：Pinus、Picea、Tsuga、Fagus 多く、Cryptomeria、Quercus、Tilia、Juglans、Ulmus-Zelkova 伴う	54
25a	新潟県十日町市馬場	正面砂丘堆積物 195m	12,160±260	12160	260	15100-13510	14280	B：Tsuga、Pinus、Abies、Picea 多く、Fagus、Quercus、Betula、Alnus、Carpinus を伴う	54

巻末付表 425

25b	新潟県十日町市新町新田	千手段丘堆積物 170m	22,600±850	22600	850	28800-25270	26980	A：ヒメバラモミ・チョウセンゴヨウ・ミツガシワ B：Tsuga, Pinus, Abies, Piceae 多く, Alnus, Betula, Fagus, Quercus, Jugrans, Graminea 伴う	54
26	長野県上水内群信濃町野尻湖	上部野尻湖層Ⅰ～中部野尻湖層Ⅱ 650 m	23,530±1,180～27,680±1,950	23530 27680	1180 1950	30740-25810 38760-28620	28070 32980	A：チョウセンゴヨウ・コメツガ・ヒメバラモミ・カラマツ・オニグルミ・ハシバミ・スギ属 B：Picea, Pinus, Tsuga 多く, Abies, Cryptomeria, Jugrans, Fagus, Ulmus, Zelkova, Graminea, Cyperaceae 伴う	54
27	長野県南安曇郡明科町	吐中針葉樹層 600m	15,700±390	15700	390	19960-18230	19070	A：チョウセンゴヨウ・コメツガ・シラベ・ヒメバラモミ（?）・トウヒ	54
	長野県矢出川遺跡 花粉帯Ⅰ	下部の泥炭層 29,400+800-700	氷期	29400	750	35380-31890	33740	B：トウヒ属・モミ属・ツガ属、ゴヨウマツ亜属、ハシバミ属、コナラ亜属、ハンノキ属、ニレ属、ケヤキ属、オニグルミ属	
28	花粉帯Ⅱ	砂礫層　この上位の灰色～青灰色粘土層	氷期					B：コナラ亜属、ゴヨウマツ亜属、トウヒ属、ゴヨウマツ亜属の減少が著しい。後半にはハンノキ属が最も高い出現率。	46・47・81・82
	花粉帯Ⅲ		晩氷期					B：トウヒ属、ゴヨウマツ亜属などが少ないがシバミ属、ホタルイ属、ヒルムシロ属	
29a	長野県茅野市下菅沢	中村第3泥炭層 (C-28) 890m	29,100+2,300-2,200	29100	2300	41530-29590	34860	A：ヒメバラモミ・トウヒ・ヒメマツハダ・ミツガシワ・ホタルイ属・ヒルムシロ属 B：Picea 特に多く, Pinus, Abies, Tsuga, Cyperaceae, Graminrae 多く, Betura, Corylus, Quercus, Altemicia 伴う。	54
29b	茅野市下菅沢南大塩	中村第2泥炭層 (C-36) 950m	29,100+2,300-1,700	29100	2300	41530-29590	34860	B：Picea, Pinus, Abies, Tsuga, Graminea, Cyperaceae 多く, Larix, Betura, Ericaceae, Sciadopitys 伴う。	
29c	〃	中村第2炭層 (C-37) 940m	29,800+2,600-2,100	29800	2100	41110-30740	35260	B：Pinus, Picea 多く, Abies, Tsuga, Larix, Alnus, Betura, Ulmus-Zelkova 伴う。	
30	長野県輸川村平沢	坂下礫層相当層 930m	22,840±950-21,550±930	22840 21550	950 930	29280-25270 27800-23840	27270	B：Picea, Abies, Pinus, Tsuga, Betula, Alnus, Myrica.	54
31	山梨県笛吹市京戸川	Ko-1 630m	下部にAT 上部で24,550-23,850 cal BP					A：単維管束亜属を含むマツ属が26～45%と最も多い。 B：ツガ属、トウヒ属、カバノキ属、ハンノキ属	55
32	東京都練馬区尾崎遺跡	植物遺体包含層 31m	14,000±115 13,600±110	14000 13600	115 110	17360-16660 16840-16080	17020 16440	A：チョウセンゴヨウ・ヒメバラモミ・カラマツ属・サクラ属	11

33	東京都小金井市野川中州北	第2泥炭層 46m	21,370 ± 610	21370	610	27070-24280	25660	A：チョウセンゴヨウ・ヒメバラモミ・ツバハバミ・カラマツ B：コナラ亜属、ハンノキ属、トウヒ属、カバノキ属、ヒカゲノカズラ属、シナノキ属、トガサワラ属、マツ属単維管束亜属	58
34	東京都中野区北江古田遺跡	D層 38m	22,400 ± 400 y BP	22400	400	27400-25900	26690	A：チョウセンゴヨウ、ヒメコマツ・オニグルミ・ハシバミ・コナラ・ナラガシワ・サワシバ・チゴノキ・トチノキ属・ブドウ属・ヘビイチゴ属・オランダイチゴ属または属またはミズキ属ロ属 B：ハンノキ属最優占、トウヒ属、コナラ亜属、クマシデ属－アサダ属がこれに次ぎ、マツ属単維管束亜属とカバノキ属の産出が目立つ	8・79・90・95
35	東京都中野区松が丘遺跡遺跡	E層 29m	11,190 ± 210～13,170 ± 180	11190 13170	210 180	13460-12740 16330-15270	13100 15810	A：チョウセンゴヨウ（種子）、トウヒ属バラモミ節、カヤノキ属、ハンノキ B：MTP-I帯 カバノキ属、ニレ属、ケヤキ属、ハンノキ属、ツガ属（大半単維管束亜属）、モミ属、ツガ属、トウヒ属に特徴	45
36	神奈川県大和市月見野上野遺跡第1地点	調査区2区 D-27西壁 BB2U～L1S 80m	BB1下底部 19,710 ± 680 y BP BB0中部 13,570 ± 410 y BP	19710 13570	680 410	25560-22400 17710-15230	23880 16420	A：花粉の検出量は少ないが、36試料全てにおいてCorylus（ハシバミ属）が優勢、この間、L2およびBB1上部、L1Hの層準においては針葉樹ではPinus（マツ属）が一番多い。但し、亜属の区分はなされていない。	1
37	神奈川県川崎市麻生区環境センター	下部層中の泥炭層 40m	上位泥炭層 14,200 ± 160 y BP 下部礫層 15,680 ± 70	14200 15680	160 70	17860-16880 19110-18820	17300 18950	A：シラビソ、トウヒ属、チョウセンゴヨウ、ゴヨウマツ類、カラマツ属、ハンノキ、ハンノキ B：Pinus, Abies, Picea, Tsuga, Larix, Alnus, Betula	70
38	静岡県伊東市－碧湖 187m 花粉帯I（IP-I）	深度 24.90～24.30m	29,610 ± 2,120	29610	2120	40890-30340	35090	B：Pinus（Haploxylon-type＝ゴヨウマツを含む）が高率で出現。Cryptomeria（スギ属）、Sciadopitys（コウヤマキ属）、Fagus（ブナ属）も10～20%程度 ついで、Abies（モミ属）、Picea（トウヒ属）、Betula（カバノキ属）、Carpinus（クマシデ属）、Ulmus-Zelkova（ニレ・ケヤキ属）の花粉が出現する。針広混交林の時代。	19
	花粉帯II（IP-II）	深度 22.70～19.50m	20,980 ± 1,030 y BP	20980	1030	27560-23040	25310	B：I帯に較べPinusの出現率はいくぶん低下する。Cryptomeria, Sciadopitys, Tsuga（ツガ属）、Piceaなどの針葉樹が増加する。本帯の下部は深度 22.70～21.50m 引き続き広葉樹をともなう針広混文林である。Alnus湿地林（ハンノキ属）以外は減少。Alnus湿地林の拡大期。	

38	花粉帯III (IP-III)	深度18.90〜17.20m	—			19	B：II帯同様樹木花粉の出現率が高い。II帯で優勢だったCryptomeria, Sciadopitysが多少減少する。Abies, Tsuga, Piceaなどの針葉樹は増加する。これに対し、Alnus（ハンノキ属）を除く広葉樹花粉はほとんど見られなくなる。
	花粉帯IV (IP-IV)	深度17.20〜15.50m	25,310±1,510yBP	25310	1510	33960-27080	30040	B：II・III帯同様樹木花粉の出現率は高い。特にFagusは30%近く出現、針葉樹広葉樹花粉の増加するAbies（モミ属）, Carpinus（クマシデ属）, Ulmus-Zelkova などの落葉広葉樹花粉の増加するAbies（モミ属）, Tsuga（ツガ属）, Picea（トウヒ属）がやや減少し、特にCryptomeria（スギ属）, Sciadopitys（コウヤマキ属）は上部ではほとんど見られなくなる。
	花粉帯V (IP-V)	深度12.70〜7.50m	22,460±1,100yBP	22460	1100	29490-24540	26930	B：Abies（モミ属）, Picea（トウヒ属）は減少するが、他の針葉樹は依然として優勢。Alnus（ハンノキ属）は減少の傾向を示し、反対に草本類が漸増し始める。
39	愛知県南設楽郡作手村大野原湿原マツ科針葉樹林から落葉広葉樹林への移行期	2.1〜1.9m 535m	泥炭14C年代：195〜199cm 12,120±190	12120	190	14880-13590	14160	A：チョウセンゴヨウ（種子）：同じ湿原内の白須地点、U-Oki火山灰（10,700年前降下）の下位層準で。B：Pinus (Haploxylon)、Pinus (Diploxylon), Abies, Picea, Tsuga（コメツガ・ツガの両種）, Lepidobalanus, Fagus, Castanea, Betula, Corylus, Carpinus laxiflora タイプ, Zelcova タイプ, Acanthopanax, Acer
40	岐阜県吉城郡宮川村宮ノ前遺跡	第17層 細石刃文化期 430m	13,547-12,977 cal BP 15,672-15,278 cal BP				25	B：Pinus koraiensis Sieb. et Zucc. チョウセンゴヨウ（種子）・Abies veitchii Lindley シラビソ / Picea トウヒ属ハリモミ節・トウヒ節, バンノキ亜属 (Subgen. Alnus) sp. ハンノキ亜属
41	岐阜県瑞浪市大湫盆地 OK4-XII帯	深度2.5〜2.1m	約30〜26ka 最下部にAT					B：Tsuga, Pinus subgen. Haploxylon が主要素。Picea, Abies, Betula を伴う。盆地内、周囲の山地ではマツ科針葉樹が広がり、落葉樹花粉の急減とマツ科針葉樹花粉の急増から、気候は急激に冷涼化したと考えられる。MIS2に対比。
	OK4-XIII帯	深度2.0〜1.2m	約26〜16ka 上部に阪手火山灰				21	B：Pinus subgen. Haploxylon, Tsuga, Betula が主要素。深度1.6-1.7mでQuercus subgen. Lepidobalanus（コナラ亜属）, Carpinus（クマシデ属）, Fagus が急増。低木類ではAlnus（ハンノキ属）の混生する森林。盆地内ではマツ科針葉樹と落葉広葉樹の花粉が漸増することから、気候は次第に温暖化した。
42	三重県桑名郡多度町	中位段丘堆積物 50m	18,340±430	18340	430	23160-21020	22210	B：チョウセンゴヨウ（種子）・ツガ・トウヒ・ツガ・カラマツ・ミズメ・ブナ・トチノキ, Scara, コナラ多く, Pinus (14.0%), Alnus (3.1%), Picea, Abies, Gramineae, Cyperaceae 多く, Betula, Quercus, Fagus 伴う。

43	滋賀県湖北地方山門湿原	AT上位のYM-3帯 300m				B:Tsugaに加えPinus (Haploxylon)、Abies増加。Betula	38
44a	滋賀県近江八幡 87m	近江八幡植物遺体層中部	12,650±250	12650	15740–14080	14940	A:チョウセンゴヨウ・カラマツ・ヒメマツハダ・ヒノキ・トウヒ・エゾマツ・エゾトウヒ・コメツガ・ツガ・マツカジデ・ムカロジ	6
44b		近江八幡植物遺体層下部	14,480±550 15,100±400	14480 15100	18930–16190 19280–17380	17620 18380	B:Pinus (含Haploxylon), Picea, Abies, Tsuga, Alnus, Gramineae, Cyperaceae多、Betula, Quercus, Fagus伴う。	
45	滋賀県神崎郡永源寺町	甲津畑植物遺体層中上部 295m	30,000±1,700	30000	39500–31170	35030	A:ヤッガタケトウヒ・チョウセンゴヨウ・ヒメコマツ・ウラジロモミ・コメツガ・イラモミ、ヒノキ・クロベ・ヒヤマヘンノキ・ブナ・ミズナラ・マンサク	3·6·10·91
46	京都府丹後半島大フケ湿原	花粉帯OF-3〜OF-5帯 OF-3帯直下にAT 550m	OF-4帯上部:14,760±215 OF-5帯上部:12,680±70y.B.P	14760 12680	18640–17390 15340–14880	17990 15110	B:OF-3帯:Abies, Tsuga, Picea (少) Pinus subgen. Haploxylon, Betula OF-4帯:Abies, Tsuga, Picea (増加), Pinus subgen. Haploxylon, Betula B:OF-5帯:Abies, Tsuga, Picea, Pinus subgen. Haploxylon, Betula	39
47	京都府亀岡市天川						A:シラベ、イラモミ、チョウセンゴヨウ、ハンノキ	89
48	京都市左京区岡崎平安神宮	低位段丘相当層 55m	23,500±1,000	23500	30030–25950	27960	B:Pinus, Betula, Quercus, Alnus多、Picea, Abies, Tsuga, Fagus, Sciadopitys, Ulmus, Gramineae	53
			26,400±1,600	26400	35150–27770	31270	B:Pinus, Betula, Quercus, Tsuga, Picea, Abies, Alnus, Gramineae	
49	大阪府大東市深野緑ケ丘	天満層 3m	19,800±300層準	19800	24580–23060	23830	A:ミツガシワ B:Pinus, Tsuga, Picea, Abies	3·67
50	大阪府羽曳野市古市	L帯 a〜d 晩氷期針広混交林の時代 20m	B.P.13,000〜10,200	13000 10200	15690–15420 11940–11820	15570 11880	B:La亜帯:ハシバミ属(Corylus)・カバノキ属(Betula)・Pinus (Haploxylon) 時代 Lb亜帯:Pinus (Haploxylon) 時代 Lc亜帯:Quercus・Pinus (Haploxylon) 時代 Ld亜帯:Pinus (Haploxylon) 時代	80
51	大阪府泉南郡大阪国際空港	P2帯d亜帯 (57-30地点) 本帯中にAT -20m	22,990±2,070	22990	34310–23260	28320	A:温帯要素はほとんど姿を消し、亜高山性の草本タクサが優占するという独特の組成を示す。 B:Diploxylon, Haploxylon, Tsuga, Abies, Picea, Quercus, Gramineae, Cyperaceae, Artemisia	67
52	奈良県都介野盆地						A:チョウセンゴヨウ (種子)	75

No.	所在地	層位	試料・年代	年代1	年代2	cal BP	median	内容	頁
53	奈良県天理市福住町	並松層	姶良 Tn 火山灰 28,100±800	28100	800	34310-31030	32520	A：モミ属、ツガ属、トウヒ属、マツ属単維管束亜属　B：土蜘蛛期　Abies、Picea、Pinus (Haproxylon) 主	41・72・73
54	奈良田原本町		姶良 Tn 火山灰 28,100±800	28100	800	34310-31030	32520	A：チョウセンゴヨウ、ブナ	10
55	兵庫県多紀郡板井寺ヶ谷 220m	V期：花粉群集帯ITS-4	AT 上位 21,500±230	21500	230	26290-25280	25790	A：ヒメコマツ　B：マツ属単維管束亜属、コナラ	9・10・98
56	兵庫県神戸市六甲アイランド	Ⅲ・Ⅳ帯　約-35～25m	25,920+610-570～14,400±400	25920	610	31230-29020	30190	B：二葉松、五葉松、モミ属、ツガ属、カバノキ属、コナラ亜属、トウヒ属	68
57	岡山県岡山市田益田中遺跡	皿区暗褐灰色粗砂下（掘下げ最下層）7m	—					B：チョウセンゴヨウ（種子）、ツガ属・マツ属単維管束亜属（鱗片）	16
58	岡山県真庭郡八束村花園 430m	蒜山層の段丘砂層	21,710±760	21710	760	27650-24360	26060	A：ヒメバラモミ、ハコヤナギ属　B：ゴヨウマツ類、モミ属、ツガ属、トウヒ属、カバノキ属、ハンノキ属、ハンノキ亜属、コナラ亜属	14・55
59	広島県尾道市道尾造船所	3m	AT 直下 23,900±615	23900	615	29650-27140	28240	A：AT の前も後もカヤツリグサ科多産。湿原という。	57
60	広島県尾道市道丸善化成	0m	23,200±600	23200	600	28830-26290	27510	B：ゴヨウマツ亜属高出現率。カバノキ属産出なし。AT 直上からゴヨウマツ亜属が急増、トウヒ属も増加。	
61	東広島市五反田遺跡	⑩層 220m	年代測定試料 4 件 約 32,000～25,000	32000 25000	1	36480-36130 29250-29120	36300 29190	A：トウヒ属優勢、マツ属球果、チョウセンゴヨウ（種子）　B：モミ属、ツガ属、トウヒ属、マツ属（単維管束亜属、複維管束亜属）、ケヤマハンノキ型、ハンノキ属、コナラ亜属	65
62	鳥取県日南町下花口 485m	下花口層	22,030±1,240	22030	1240	29320-23790	26520	A：コメツガ、チョウセンゴヨウ、トウヒ属、モミ属　B：ツガ属、カバノキ属、ハンノキ属、トウヒ属、五葉松類、Abies を伴う。	13・55・56
63	鳥取県大田市白杯高津	220m	23,741-23,493 cal BP					A：チョウセンゴヨウ（種子）、シラビソ球果、モミ属の葉、トウヒ属のコメツガ球果他	56
64	島根県仁田郡横田町小峠下横田層	亀ヶ市層（池田軽石）の上、U2（浮布軽石）の下 440m	—					A：ヤツガタケトウヒ Picea koyame、コメツガ Tsuga diversifolia、チョウセンマツ Pinus koraiensis、モミ属 Abies sp.	12・14
65	愛媛県久万高原町上黒岩遺跡	8 層：A-8c 北壁 420m	12,420±60 y BP 12,900-12,200 cal BP	12420	60	14940-14230	14570	B：ゴヨウマツ類、トウヒ属、モミ属、ハンノキ属、カバノキ属　A：マツ属単維管束亜属（炭化材 1 点）	64

66	福岡県北九州市小倉南区曽根川第1次調査第5地点	地表下約2.3〜2.4mの泥炭層 花粉帯NP-b	〜20,100±250 y BP	20100	24960〜23460	24210	A：トウヒ属優占、チョウセンゴヨウ（種子） B：トウヒ属、モミ属、コナラ亜属、マツ属（ゴヨウマツ亜属主）、ハンノキ属、ハシバミ属、ツガ属	60・62・69
67	北九州市小倉南区長野E遺跡	地表下1.6〜1.9mのⅦ層 3m	最終氷期最盛期の堆積物		250		A：チョウセンゴヨウ（種子） B：トウヒ属優占、マツ属（ゴヨウマツ型）、モミ属、ツガ属を伴い、ハンノキ属（Alnus）が出現。	24・59
68	長崎県福井洞窟遺跡 102m	4層 細石刃文化期	13,500±50 y BP 他	13500	16470〜16080	16280	A：マツ属（ニヨウマツ類・ゴヨウマツ類を含む）1点	30
		9層 細石刃文化期	14,200±50 y BP 他	14200	17400〜17080	17240	A：マツ属（ニヨウマツ類・ゴヨウマツ類を含む）4点	
69	大分県大野郡大野原 228m	13a〜13b層（ナウマンゾウ化石産出層準）	37,250±1,880 y BP	37250	46350〜38620	42200	B：マツ属（Pinus）ゴヨウマツ型 Haploxylon type、ニヨウマツ型 Diploxylon type）、モミ属（Abies）、トウヒ属（Picea）、ツガ属（Tsuga）、コウヤマキ属（Sciadopitys）、クリ属（Castanea）、Quercus subgen. コナラ亜属（Lepidobalanus）、ブナ属（Fagus）、カバノキ属（Betula）、オニグルミ属（Juglans）、シナノキ属（Tilia）。ヒメバラモミ材・球果正倒的、イスエンジュ、ミズキ、ハリギリ	61

・産出地列座にあたり、旧稿（鈴木1988a）では第四紀古植物研究グループ1974、那須1980を拠り所としている。本稿はその後の事例としても知りえたものを追加した。
・測定年代値は基本的にy BP値を示す。較正年代かつ当時のままcal BPを表示。産出地名は報告当時のまま、その後の行政区名変更を反映していない。
・産出化石名の表示方法は基本的に原著に従い、統一はしていない。化石名は大型植物化石一覧（A）と花粉化石一覧（B）に分けて表示している。
・文献欄は必ずしも当該産出地の最新の研究を引いているのではなく、単に典拠を示すに過ぎない。

参考文献

1 相место薫 1986「月見野遺跡群上野遺跡第1地点」、大和市教育委員会
2 石田 仁・中堀謙二 1987「愛知県作手村大原野湿原の花粉分析—過去1万数千年間の花粉群集変遷―」「第35回日本林学会中部支部論文集」
3 市原 実・高谷好一 1965「甲津畑植物遺体層の絶対年代—日本の第四紀層における最終氷期以降の植生変遷」「地球科学」72号
4 稲田 晃・大浜和子・鳥村健二 1998「千葉県八千代市新川低地における第四紀以降の植生変遷」「第四紀研究」第37巻第4号
5 岩井淳一 1959年「花泉獣骨発掘地質砂の粒度分布」「国立科学博物館研究報告」第4巻第3号、国立科学博物館
6 植村善博・横山卓雄 1983「地形と地層・地質」「花泉湖編集委員会編『琵琶湖、その自然と社会』
7 植田房雄・岩井淳一・尾崎博 1962「花泉含哺乳動物化石層の堆積物」「国立科学博物館研究報告」第6巻第1号、国立博物館
8 大井信夫・辻誠一郎 1987「4. 花粉化石群の記載」「北江古田遺跡発掘調査報告書(2)」、中野区・北江古田遺跡調査会
9 大井信夫・南木睦彦・能城修一 1991「第3節 板井寺ケ谷遺跡の植物化石と周辺の古植生」「板井寺ケ谷遺跡」、兵庫県教育委員会

10 大井信夫 2001「近畿地方における最終氷期後半の植生復元」『日本列島の原風景を探る─植生景観の歴史と人間活動・気候変動等の相関─』、京都精華大学創造研究所ライブラリー

11 大沢進 1982「江古田層相当層準の大型植物化石」『東京都練馬区尾崎遺跡』、練馬区遺跡調査会、練馬区教育委員会

12 大西郁夫 1986「中国地方の第四紀後期植物・花粉群─その1 島根県横田町小峠および下横田の後期更新世花粉フロラ─」『島根大学地学研究報告』5

13 大西郁夫 1987「中国地方の第四紀後期植物・花粉群─その2 鳥取県日南町下花口の合チョウセンマツ泥炭層と鍵掛峠の砂まじり泥層─」『島根大学地質学研究報告』6

14 大西郁夫 1990「日本海西部沿岸地域の更新世中期以降の植生変化」『第四紀研究』第29巻第3号

15 大西郁夫・赤木三郎・三好環 1987「鳥取県産合チョウセンマツ泥炭層の14C年代─日本の第四紀層の14C年代─」『地球科学』41

16 岡山県教育委員会 1999 田益田中(篠ヶ瀬川調節池)遺跡

17 沖津進 1993「シホテ・アリン山脈に分布するチョウセンゴヨウ─落葉広葉樹混交林からみた北海道の針広混交林の成立と位置づけ」『地理学評論』66A-9

18 叶内敦子 1987「鬼怒沼湿原植物の花粉分析」『第四紀研究』第26巻第2号

19 叶内敦子・田原豊・中村純他『静岡県伊東市一碧湖(沼地)におけるボーリング・コアの層序と花粉分析』『第四紀研究』第28巻第1号

20 加藤芳平・鶴丸俊明 1976「岩手県花泉下金森遺跡─1975─」、花泉教育委員会

21 神谷千穂・守田益宗・佐々木俊法 2009「岩手県胆沢市大鴻盆地における約17万年間の植生史変遷」『植生史研究』第17巻第2号

22 関東ローム研究会・信州ローム研究会 1962「花泉層の堆積環境とその地質時代について」『地球科学』第62号所収、地学団体研究会

23 北江古田遺跡調査会 1987「北江古田遺跡発掘調査報告書(2)」、中野区

24 (財)北九州市教育文化事業団埋蔵文化財調査室 1985「下陣野遺跡発掘調査報告書」

25 岐阜県宮川村教育委員会 1998「宮ノ前遺跡発掘調査報告書」

26 木村一郎・三澤芽生・竹内安江 1984「三重県多気町の第四紀層の段丘堆積層と歯質土の14C年代─日本の第四紀層の14C年代(151)─」『地球科学』38

27 (財)群馬県埋蔵文化財事業団 1992「二宮千足遺跡」

28 (財)群馬県埋蔵文化財調査事業団 1996「元総社寺田遺跡Ⅲ 木編・木器編」

29 桑原拓一郎・菊池隆彦・鈴木毅彦他 1999「房総半島、夷隅川下流域における酸素同位体ステージ3の段丘面と当時の古海面高度」『第四紀研究』第38巻第4号

30 佐世保市教育委員会 2016「史跡福井洞窟発掘調査報告書」

31 斎野裕彦 2015「日本の遺跡50 富沢遺跡 東北の旧石器野営跡と湿地林環境」、同成社

32 鈴木敬治・小河清男・大場実一他 1964「福島盆地北西部の藤田層状堆積層より産出した木材の絶対年代」『地球科学』73

33 鈴木敬治・藤田至則・矢島隆一他 1972「若松地域の地質、福島県地質報告5万分ノ1地図幅」『若松』:1-61

34 鈴木忠 黒岸一樹 土江伸明他 1991「白須に検出の大型植物化石について」『大野原湿原研究会報告集Ⅱ』、愛知県南設楽郡作手村教育委員会

35 仙台市教育委員会 1992「富沢遺跡第30次発掘調査報告書第Ⅱ分冊旧石器時代編」

36 第四紀古植物研究グループ　1974「日本におけるウルム氷期の植生変遷と気候変動（予報）」『第四紀研究』第 12 巻第 4 号、日本第四紀学会
37 高原光・竹岡政治　1986「京都市八丁平湿原周辺における最終氷期以降の植生変遷」『日本生態学会誌』36 巻
38 高原光　1993「滋賀県山門湿原周辺における最終氷期以降の植生変遷」『日本花粉学会会誌』39 巻第 1 号
39 高原光ほか　1999「丹後半島大ヶ谷湿原周辺における最終氷期以降における植生変遷」『日本花粉学会会誌』45
40 竹内貞子　1970「青森県大平における三木木層の 14C 年代」『地球科学』25-4
41 竹内貞子　1993「花泉遺跡の花粉分析」『花泉遺跡』、岩手県花泉町教育委員会
42 天理大学考古学研究室　1994「奈良盆地の古環境と農耕」、天理大学
43 辻誠一郎・南木睦彦・鈴木三男　1984「栃木県南部、二宮町における立川期の植物遺体群集『第四紀研究』第 23 巻第 1 号
44 辻誠一郎・吉川昌伸　1985「前橋台地における更新世末期から完新世初期の植物化石群集と植生」『第四紀研究』第 23 巻第 4 号
45 辻誠一郎　2001「第 2 章第 1 節 先史・歴史時代の植生」『千葉県の自然誌 本編 5 千葉県の植生』、千葉県
46 辻誠一郎・小山修司・小杉正人他　1989「松が丘遺跡の古環境復元」『松が丘遺跡発掘調査報告書、中野区教育委員会・中野区松が丘遺跡調査会
47 戸沢充則　1981『報告 野辺山シンポジウム 1980』、明治大学
48 戸沢充則　1982『報告 野辺山シンポジウム 1981』、明治大学
49 戸沢充則　1983『多門寺前遺跡Ⅱ』、多門寺前遺跡調査会
50 直良信夫　1959「岩手県花泉金森の化石平と人類遺物と考察される骨角器について」『第四紀研究』第 1 巻第 4 号
51 中川久夫・相馬寛吉・石田琢二他　1961「仙台付近の第四紀系および段丘地（2）」『第四紀研究』第 2 巻第 1 号
52 中堀謙二　1995「愛知県作手村大野原・湿原の周辺山地における過去 1 万 2 千年間の植生変遷」『大野原湿原研究報告集Ⅳ』、愛知県作手村教育委員会
53 中山知子・宮城豊彦　1884「閉鎖系堆積物から見た最終氷期中葉以降の環境変化と斜面地形発達過程」『東北地理』36-1
54 那須孝悌　1970「京都平安神宮境内の沖積層の花粉分析」『東山学園研究紀要』15 号
55 那須孝悌　1980「ウルム氷期最盛期の古植生について」『支部学科学研究費補助金総合研究（A）334049 ウルム氷期以降の生物地理に関する総合研究 昭和 54 年度報告書』
56 西内李佳　2017「最終氷期寒冷期の本州中部から西部の森林植生の標高減、地形分布」、千葉大学審査学位論文
57 西内李佳・百原新・遠藤邦彦　2015「最終氷期寒冷期末期の北関東丘陵域における古植生分布中里一宇都宮市中里の植物化石群からの復元一」『第四紀研究』第 54 巻第 4 号
58 西内李佳・塚腰実　2017「三木茂標本の大型植物化石と花粉化石から復元した最終氷期最寒冷期の中国地方北西部の針葉樹林」『植生史研究』第 26 巻第 1 号
59 野川中州北遺跡調査団　1987『野川中州北遺跡』、小金井市遺跡調査会・東京都建設局
60 畑中健一　1985「特論 長野 E 遺跡の花粉分析」『長野 E 遺跡調査報告書』、（財）北九州市教育文化事業団埋蔵文化財調査室
61 畑中健一　1989「貫川遺跡第 1 次第 5 地点の花粉分析結果概要（2）」、（財）北九州市教育文化財団埋蔵文化財調査室
62 畑中健一　1989「大分県大野町大ゾウ化石包含層の花粉化石群集」『哺乳動物化石の産状と旧石器文化（人間関係紀要 2
63 畑中健一・野井英明　1994「北九州における最終氷期最盛期前後の花粉群集」『北九州大学文学部紀要（人間関係学科）』1

64 パリノ・サーヴェイ株式会社 1992「二宮千足遺跡の古環境解析」『二之宮千足遺跡 一般国道17号（上武道路）改築工事に伴う埋蔵文化財発掘調査報告書（自然科学・分析編）』，群馬県埋蔵文化財調査事業団調査報告書第125集
65 春成秀爾・小林健一編 2009『愛媛県上黒岩史跡の研究』，国立歴史民俗博物館研究報告，第154集
66 （財）東広島市教育文化振興事業団 1994『西条町下三永反田遺跡発掘調査報告書』
67 藤田英忠 1996「梅口遺跡上・中段の花粉分析」『三面ダム関連遺跡発掘調査報告書Ⅴ 梅口遺跡』，新潟県朝日村教育委員会
68 古谷正和 1985「花粉化石調査（泉州沖関西国際空港海底地盤の花粉層序）」『関西国際空港海底急行地盤地質調査』
69 前田保夫 1985「六甲アイランドの最終氷期相当層の花粉分析」『月刊地球』第7巻第6号，海洋出版株式会社
70 前田義人 1989「貫川遺跡2一貫川都市小河川改修工事時にともう埋蔵文化財発掘調査報告2―」，北九州市教育文化事業団埋蔵文化財調査室
71 増渕和夫・上西登志子 1996「植生を中心とした縄文草創期の自然環境」『考古学講座 かながわの縄文文化の起源を探る』，神奈川県考古学会
72 町田洋・荒井房夫 2003『新編 火山灰アトラス 日本列島とその周辺』，東京大学出版会
73 松岡数充 1984「花粉分析よりみた奈良盆地およびその周辺における35,000YBP以降の森林植生変遷」埋蔵文化財天理教調査団『奈良盆地の古環境、布留遺跡をめぐって、考古学調査研究中間報告10』
74 松岡数充 1985「平戸市堤西牟田遺跡の花粉・胞子（予報）」『堤西牟田遺跡』，平戸市教育委員会
75 松岡数充 1978「奈良県都介野地域の後期洪積層の植物化石」『第四紀研究』第17巻第3号
76 松岡数充 1985「平戸市西牟田遺跡の花粉・胞子（予報）」平戸市教育委員会『堤西牟田遺跡』
77 松岡数充 1995「第3章 最終氷期最盛期以降の平戸の古環境」『平戸市史 自然・考古編』平戸市
78 松本七郎・蕪一 1956「陸中国西磐井郡花泉町金森発見の鮮新世末葉化石床の哺乳類」『動物学雑誌』第65巻第6号，日本動物学会
79 南木睦彦・松寒千年 1985「三重県多度町から産出した約18,000年前の大型植物遺体群集（2）」『第四紀研究』第24巻第1号
80 南木睦彦 1987「北江古田遺跡の大型植物化石遺体」『北江古田遺跡発掘調査報告書』，中野区・北江古田遺跡調査会
81 安田喜憲 1974「大阪府河内平野における過去1万3千年間の植生変遷と古地理」『第四紀研究』第16巻第4号
82 安田喜憲 1981「長野県矢出川遺跡群の古環境復元調査報告（1）」『報告・野辺山シンポジウム1980』，明治大学
83 安田喜憲 1982a「長野県矢出川遺跡群の古環境復元調査報告（2）」『報告・野辺山シンポジウム1981』，明治大学
85 安田喜憲 1982b「気候変動」『縄文文化の研究』Ⅰ，雄山閣
86 安田喜憲 1985「環日本海文化の変遷―花粉分析学の視点から―」『国立民族学博物館研究報告』9
87 早稲田大学所沢校地文化財調査室 1991『お伊勢山遺跡の調査 第2部 旧石器時代』，早稲田大学
88 吉田悟・伊藤七郎・鈴木敬治 1969「東北地方南部の阿武隈川流域の第四紀編年と2・3の問題」『地団研専報』15：99-158
89 吉田明弘・鈴木三男・金憲奭・大井信三 2011「茨城県完連川堆積物の花粉化石から見た最終氷期の環境変遷と絶滅種ヒメバリゲヤキの古生態」『植生史研究』第20巻第1号
90 吉川純子 1995「3 仙台市富沢遺跡第88次調査で産出した大型植物化石」『富沢遺跡第88次・第89次発掘調査報告書』
91 Furutani, M. 1989: Stratigraphcal subdivsion and pollen zonation of the Middle and Upper pleistocene in the coastal area of Osaka Bay,Japan,Journal of Geoscience Osaka City University 4 art.4:91-121.
92 Kokawa,S. 1961:Distribution and phytostratigraphyof Menyanthes remains in Japan,Journal of Biology Osaka City University 12:124-131.

92 Miki,S. 1938:'On the change of flora of Japan since the Uppere Pliocene and the floral composition at the presennt.'Jap.J.Bot.9:213-251
93 Miki,S. 1957:'Pinaceae of Japn,with special reference to its remains',Journal Institute Polytechnics Osaka City University ser.D.8:231-272.
94 Miyamoto,S.,Yasuda,Y. and Kitagawa, H. 1996.'Palaeoenvironment in the last glacial maximam around the Naka-ikemiMoor,Fukui Prefecture,centoral japan',Geographical Report of Tokyo Metropolitan University No.31:131-137.
95 Miyosi,N.,Fujiki,T. and Morita,Y. 1999. 'Palynology of a 250-m core from Lake Biwa :a 430,000-year record of glacial-interglacial vegetation change in Japan'. Review of Palaeobotany 104:267-283.
96 Miyosi,N. and Yano,N. 1986 'Late Pleistcene and Holocene vegetation history of the Ohnuma moor in the Chugoku mountains, western Japan '. Review of Plaeobotany and Palynology 45 :355-376.
97 Naora,N.1958.On the fossil plant bed at Egota,Tokyo.Memoires of school science and Engineering.22:11-30
98 Ooi, N. 1992 'Pollen Spectra around 20000 years ago during the Last Glacial from the Nara Basin, Japan,Quaternary Research (Daiyonki-Kenkyu)31 :203-212
99 Ooi. N. 1993 'A Reconstruction of vegetation at Itai-Teragatani Site,HyogoPrefecture,Japan, based on the spatial distribution of fossil pollen grains just below the Aira-Tn ash,about 24000 years ago', Jpanese Jurunal of histrical Botany 1:49-57.
100 Ooi, N.,Minaki, M. and Noshiro S. 1990,'Vegetation changes around the Last Glacial Maximum and effects of the Aira-Tn ash, at the Itai-Teragatani site,central Japan',Ecolojical Research 5:81-91.
101 Ooi. N. and Tsuji S. 1989.'Palynological study of the peat sediments around the Last Glacial Maximum at Hikone, the East Shore of Lake Biwa,Japan'. Journal of Phytogeography & Taxonomy 27:37-42.
102 Sohma,K. 1958:'Palynological studies on Pleistcene peaty lignite and a Pliocene lignite from Aomori Prefecture.Ecological Rev.14,291-300.'
103 Sohma,K. 1959:'On woody remains from a Pleistocene peaty lignite at Otai,Aomori Prefecture.Ecological Rev.15,67-71.'
104 Suzuki,K. and Soma, K. 1965'Late Pleistcene stratigraohy and palaeobotany of the Koriyama basin. 'Sci. Rep. Tohoku Univ., 4th. Ser. (Biol.) 31-3 : 217-242
105 Suzuki,K. & Nakagawa, H. 1971'Late Pleistcene flola from the Pacific coast of Fukushima Prefecture,Japan. 'Sci. Rep. Tohoku Univ. 2nd. Ser. (Giol) 42-2 : 187-198
106 Takahara, H. and Kitagawa, H. 2000:'Vegetation and climatic history since the last interglacial in Kurota Lowland,western Japan',Palaeogeography, Palaeoclimatology,Plaeoecology 155:123-134.
107 Takahara, H. and Takeoka, M. 1992:'Post-glacial vegetation hisotry around Torihama Fukui Prefecture,Jpan',Ecological Research 7:79-85
108 Takeuti,S. 1962:'Palynological studies on the Pleistocene sediments of Ipponsugi in the northern part of Sendai City Japan.'Sci. Rep. Tohoku Univ., 2nd. Ser. (Giol.), Spec. vol. 5 : 275-277
109 Takeuti,S. and Ozaki, H. 1987'pollen analysis of the Hanaizumi Formaition, Iwate Prefecture,North-east Japan.'saiito Ho-on kai Mus.Nat. Hist.,Res.Bull.,No.55

あ と が き

　本書執筆の動機は坂下貴則氏の勧めによる。集落研究や石蒸し調理実験を通じて、同氏とは長い共同研究の期間があり、共著論文も少なくない。特に第4章で論じた集落分析に関しては、リライトとしたとは言え、ほとんど共著にも等しい。こうした点を含め、最後まで助言と励ましと協力を惜しまれなかった同氏に、まず初めに深甚の謝意を表したい。全体的な構成や第四紀学的問題について、様々に示唆と教示をいただいた小野昭氏にもあわせてお礼申し上げたい。暦年較正作業は工藤雄一郎氏のご厚意によるものであることも、ここに明記しておきたい。

　本書はこれまでに行ってきた研究を土台としたものであるが、列島の岩宿時代を俯瞰した第5章については、初めての試みである。このほかは、発掘調査と石蒸し調理実験から得た知見が中心となっている。石蒸し調理実験では、お名前を挙げきれないほど、実に多くの方々のご援助・ご協力があった。とりわけ、伊場遺跡公園の一画を実験会場として使用させていただくことについては、鈴木敏則氏をはじめとする浜松市博物館関係者の皆さんのご理解によるものである。また、実験準備と進行を一手に取り仕切っていただいた林浩世・進藤貴和子両氏の協力なくしては成り立たなかったであろう。お二人のご尽力に心からの謝意を表したい。

　石器や礫群の研究にはその手段として、常に辛抱強い接合作業を伴う。これについては、この50年間、会社勤めのかたわらその天才的能力を発揮し、筆者が係わったすべての研究を支えていただいた徳永裕氏にも、この場を借りて敬意と謝意を表したい。

　作図については、その大部分を川合剛・林浩世・水野知恵子の各氏、これにくわえて、森川美香・野島泉・戸塚和美各氏のご厚意に甘えさせていただいた。

本書中のあちこちに何気なく顔を出すイラストは長年の友人・久末美貴子氏の手になるものである。

　少年のころ、ふとしたきっかけで鏃拾いに夢中になった。それ以来、今日まで考古学・石器に魅せられつづけている。この間、私は師にも恵まれた。故郷の郷土史家・磯貝清市、三河考古学会の指導者・久永春男、大学入学以降では、戸沢充則、渡辺誠、佐原眞、角田文衞博士など、優れた考古学者に教えを受けることができた。本書を献呈できないことが、ただただ悔やまれる。

　また、竹内直文氏をはじめ磐田市教育委員会の皆さんの知遇をえて、岩宿時代の遺跡が密集する磐田原台地に長い間通い、発掘調査や出土品を見続けることができたことも幸運であった。私にとって磐田原台地はかけがえのない学びと発想の場となり、私の考古学の礎となった。

　そして、本書の執筆の過程で、様々な課題に対して、ご教示、ご援助をいただいた多くの方々にも、以下に、ご芳名を記し謝意を表したい。

　会田容弘・安蒜政雄・飯田茂雄・池谷信之・犬塚俊雄・岩田勲・沖憲明・小倉淳一・織笠明子・鎌田俊昭・川道寛・神取龍生・絹川一徳・木村英明・工藤敏久・黒坪一樹・小菅将夫・後藤和風・佐川正敏・佐藤巧庸・佐藤孝雄・澤浦亮平・島田和高・島立桂・荘司一歩・鈴木次郎・須藤隆司・諏訪間順・高橋啓一・都築恵美子・中村健二・西田泰民・新田浩三・野口淳・萩野谷悟・萩谷千明・橋本勝雄・長谷川豊・林竜馬・平井義敏・平山尚言・古田幹・保坂康夫・牧田甲・町川克己・三瓶裕司・三石宏・薮下詩乃・山崎真治・山手誠治・山本直人・吉朝則富・脇幸生・渡辺丈彦・渡辺武文・綿貫俊一

　本書に幾許かでも見るべきものがあるとすれば、上記諸氏・諸先生との邂逅によるものであることを書き添えて擱筆する。

　　2024年8月

　　　　　　　　　　　　　　　　　　　　　　　　　　　　　鈴木忠司

岩宿時代日本列島の生業と集落
　　いわじゅくじだいにほんれっとう　せいぎょう　しゅうらく

■著者略歴■

鈴木　忠司（すずき　ちゅうじ）

1946 年、愛知県生まれ。
明治大学大学院修士課程修了。
元・京都府京都文化博物館学芸員
主要著書
『先土器時代の知識』東京美術、1984 年。「採集経済と自然資源」『考古学による日本歴史』16、雄山閣、1996 年。「暮らしの舞台装置を見る目」『AERAMOOK 地理学がわかる』48、朝日新聞社、1999 年。「岩宿時代の水と川をめぐる立地論—サケ漁の周辺—」『京都文化博物館研究紀要』第 18 集、2006 年。「岩宿時代の植物質食料」『旧石器研究』第 4 号、2008 年。「旧石器時代の遺跡立地」『講座日本の考古学』第 1 巻、青木書店、2010 年。「礫群使用回数推定法試論」『古代文化』67-4、2016 年。『礫群から見た岩宿時代集落の研究』、(公財) 古代学協会、2018 年。「旧石器時代の遺跡立地から暮らしの実像を探る」『旧石器時代の遺跡立地—相模野台地を中心に—』(公財) かながわ考古学財団、2020 年。

2024 年 11 月 20 日発行

著　者	鈴木忠司
発行者	山脇由紀子
印　刷	亜細亜印刷㈱
製　本	㈱積信堂

発行所　東京都千代田区平河町 1-8-2
　　　　山京半蔵門パレス (〒102-0093)
　　　　㈱同成社
　　　　TEL　03-3239-1467　振替 00140-0-20618

©Suzuki Chuji 2024. Printed in Japan
ISBN978-4-88621-990-9 C3021